Gerhard Lehmbruch

Parteienwettbewerb im Bundesstaat

Gerhard Lehmbruch

Parteienwettbewerb im Bundesstaat

Regelsysteme und Spannungslagen im politischen System der Bundesrepublik Deutschland

3., aktualisierte und erweiterte Auflage

Westdeutscher Verlag

Bibliografische Information Der Deutschen Bibliothek
Die Deutsche Bibliothek verzeichnet diese Publikation in der Deutschen Nationalbibliografie;
detaillierte bibliografische Daten sind im Internet über <http://dnb.ddb.de> abrufbar.

1. Auflage 1976, erschienen im Kohlhammer Verlag, Stuttgart
2., erweiterte Auflage 1998
3., aktualisierte und erweiterte Auflage 2000

Alle Rechte vorbehalten
© Westdeutscher Verlag GmbH, Wiesbaden, 2000

Der Westdeutsche Verlag ist ein Unternehmen der Fachverlagsgruppe BertelsmannSpringer.
www.westdeutscher-verlag.de

Das Werk einschließlich aller seiner Teile ist urheberrechtlich geschützt. Jede Verwertung außerhalb der engen Grenzen des Urheberrechtsgesetzes ist ohne Zustimmung des Verlags unzulässig und strafbar. Das gilt insbesondere für Vervielfältigungen, Übersetzungen, Mikroverfilmungen und die Einspeicherung und Verarbeitung in elektronischen Systemen.

Die Wiedergabe von Gebrauchsnamen, Handelsnamen, Warenbezeichnungen usw. in diesem Werk berechtigt auch ohne besondere Kennzeichnung nicht zu der Annahme, dass solche Namen im Sinne der Warenzeichen- und Markenschutz-Gesetzgebung als frei zu betrachten wären und daher von jedermann benutzt werden dürften.

Umschlaggestaltung: Horst Dieter Bürkle, Darmstadt

Gedruckt auf säurefreiem und chlorfrei gebleichtem Papier

ISBN-13: 978-3-531-43126-0   e-ISBN-13: 978-3-322-80852-3
DOI: 10.1007/978-3-322-80852-3

Aus der Vorbemerkung zur 2. Auflage

Die erste Auflage dieser Untersuchung erschien 1976, etwa zur Halbzeit der sozialliberalen Regierungskoalition, die mit einem christlich-demokratisch beherrschten Bundesrat zu leben hatte. Damals prognostizierte ich, daß sich eines Tages eine CDU-geführte Bundesregierung mit einer SPD-Mehrheit in der Ländervertretung konfrontiert sehen könnte. Das hat sich dann fünfzehn Jahre später bestätigt. Aber das war nicht einfach eine spiegelbildliche Wiederholung der Konstellation der siebziger Jahre. Wiederum tauchte der Topos der „Reformblockaden" durch die Ländervertretung auf, indessen - wie zu zeigen sein wird - in eigentümlich zugespitzter Weise.

Es lag nahe, die längst vergriffene Untersuchung wieder zugänglich zu machen. Eine unveränderte Neuauflage hätte indes die Auseinandersetzungen zwischen den Mehrheiten von Bundestag und Bundesrat nicht verständlich machen können, die im Scheitern des Steuerreformgesetzes 1997/1998 gipfelten. Die Ausgangsbedingungen haben manche Wandlungen erfahren. Seit den siebziger Jahren haben sich sowohl der deutsche Föderalismus als auch das Parteiensystem zum Teil spürbar verändert, und das findet seinen Niederschlag in manchen neuen Konfliktkonstellationen. Auch die Wandlungsprozesse, welche die deutsche Vereinigung ausgelöst hat, sind noch keineswegs abgeschlossen. Hinzu kommt, daß politische Akteure aus Erfahrungen der Vergangenheit lernen können - ob zum Guten oder zum Schlechten. Dafür bieten die neunziger Jahre wiederum wichtiges Anschauungsmaterial.

Konstanz und Tübingen, im Juli 1998

Vorbemerkung zur 3. Auflage

Nach dem Ende der Ära Kohl bietet die Neuauflage die Gelegenheit, die Analyse der Wechselwirkungen zwischen Parteiensystem und bundesstaatlichen Institutionen an den Erfahrungen der Frühphase der rot-grünen Koalition noch einmal zu überprüfen. Von dieser Ergänzung (zum 5. Kapitel) abgesehen habe ich mich auf unerläßliche Aktualisierungen beschränkt und stilistische Unebenheiten sowie einige kleinere Textfehler bereinigt.

Im April 2000

Dem Gedenken
an
Theodor Eschenburg
(1904-1999)

Inhalt

Einleitung: „Reformblockaden" oder institutionelle Verwerfungen? 9
1. **Konkurrenzdemokratie und Verhandlungsdemokratie** 14
1.1. Innenpolitische Regelsysteme im modernen Staat 14
1.2. Konkurrenzdemokratie und die Handlungslogik des Parteienwettbewerbs 19
1.3. Verhandlungssysteme und Verhandlungsdemokratie 24
1.4. Die Verschränkung von Entscheidungsebenen und Regelsystemen 27
2. **Das Parteiensystem auf dem Wege zum bipolaren Wettbewerb** 31
2.1. Das Vielparteiensystem als Verhandlungssystem 31
2.2. Die Konzentrationsbewegung des westdeutschen Parteiensystems 37
2.3. Die sozialliberale Koalition und der polarisierte Wettbewerb 45
2.4. Die Erosion des Dreiparteiensystems und ihre Folgen 48
2.5. Das Parteiensystem und die deutsche Vereinigung 52
2.6. Koalitionsmanagement und Informalisierung des Parlamentarismus 55
3. **Der deutsche Bundesstaat als Verhandlungssystem** 59
3.1. Kooperation im obrigkeitlichen Bundesstaat der Bismarckverfassung 59
3.2. Der Bundesstaat im Zeichen der Parlamentarisierung 65
3.3. Interdependenzen von Vielparteiensystem und Bundesstaat 70
3.4. Die Konstruktion des Bundesrates als Widerlager zur „Parteipolitik" 77
3.5. Die Parteien als Bindeglieder zwischen Bundes- und Länderpolitik 82
4. **Unitarisierung und Politikverflechtung** 89
4.1. „Bündischer Unitarismus" in der Bonner Republik 89
4.2. Die wachsende Bedeutung der Selbstkoordinierung der Länder 98
4.3. Die Unitarisierung und der Exekutivföderalismus 104
4.4. Die Finanzreform der Großen Koalition und die Politikverflechtung 112
4.5. Der Bundesstaat zwischen armen und reichen Ländern 123
4.6. Die deutsche Vereinigung als Herausforderung an den Föderalismus 127
5. **Im Spannungsfeld von Parteienwettbewerb und Föderalismus** 134
5.1. Adenauer und die Entdeckung der Interdependenz der Arenen 134
5.2. Die sozialliberale Koalition und die Konfrontation im Bundesrat 141
5.3 Die kooperativen Planungsgremien im Parteienkonflikt 149
5.4. Die Informalisierung des Bundesstaates in der Ära Kohl 158
5.5. Die Nemesis der informellen Koordinierungspraxis 162
5.6. Die rot-grüne Koalition vor den bundesstaatlichen Kompromißzwängen 173

6.	Entflechtungsstrategien und ihre Chancen	179
6.1.	Engpässe im Verhältnis von Bundesstaat und Parteienparlamentarismus	179
6.2.	Die Perspektive der Europäisierung	184
6.3.	Entflechtung des Bundesstaates?	186
6.4.	Flexibilisierung des Parteienwettbewerbs	194

Bibliographischer Anhang 200
    Ergänzende Hinweise zum Forschungsstand 200
    Literaturverzeichnis 205

Sachregister 212

Einleitung:
„Reformblockaden" oder institutionelle Verwerfungen?

Thema dieser Untersuchung sind die Krisen, in welche die bundesstaatlichen Institutionen erstmals mit Beginn der siebziger Jahre und dann wieder in den neunziger Jahren geraten sind. Ihr Ursprung liegt darin, daß sich der Parteienkonflikt seit der Bildung der sozialliberalen Koalition verschärft hat und auch auf das Verhältnis von Bund und Ländern durchschlägt. Es soll im folgenden gezeigt werden, daß hier ein Strukturbruch im politischen System der Bundesrepublik Deutschland zutage tritt, der durch eigentümliche entwicklungsgeschichtliche Verwerfungen bedingt ist: Das Parteiensystem einerseits, das föderative System andererseits sind von tendenziell gegenläufigen Handlungslogiken und Entscheidungsregeln bestimmt und können sich unter bestimmten Bedingungen wechselseitig lahmlegen. Schon das Festlaufen zahlreicher Reformvorhaben der sozialliberalen Regierungskoalition in den bundesstaatlichen Institutionen war ein Ausdruck dieser strukturellen Spannungen. In der zweiten Hälfte der neunziger Jahre haben die selben institutionellen Verwerfungen aber auch dazu geführt, daß man im Unternehmerlager und in konservativen Sektoren der Öffentlichkeit von einem „Reformstau" sprach, der die Anpassungsfähigkeit der deutschen Politik an die Herausforderungen einer gewandelten internationalen Umwelt dramatisch gefährde.

Nach dem Regierungswechsel von 1969, der einen sozialdemokratischen Bundeskanzler brachte und die CDU im Bundestag in die Opposition verwies, schien ein Programm der „inneren Reformen", in dessen Rhetorik John F. Kennedys Proklamation der „New Frontier" und Lyndon B. Johnsons „Great Society" anklangen, zunächst eine tiefgreifende innenpolitische Wende zu verheißen. Die Vieldeutigkeit und Unschärfe der „Reform"-Rhetorik erleichterten zwar die politische Mobilisierung, erschwerten indes auch eine klare Einschätzung von möglichen Zielen und Spielräumen der Veränderung. Zumal unter Sozialdemokraten, die nach fünfzehn Jahren der Opposition und drei Jahren einer zuletzt schwer ertragenen Juniorpartnerschaft in der Großen Koalition nun die Führung übernahmen, war das Hochgefühl verbreitet, es habe sich ein „Machtwechsel" vollzogen, der viele überfällige Veränderungen in den politischen, gesellschaftlichen und wirtschaftlichen Strukturen erlaube. Dem entsprach auf der Seite der konservativen Kräfte, gleichsam spiegelbildlich, die vage Furcht vor dem Heraufkommen „schwedischer Zustände". Doch wenige Jahre später war hinreichend deutlich, daß dem bemerkenswerten Kurswechsel in der Außenpolitik keineswegs ähnlich tiefgreifende Veränderungen in der Innenpolitik entsprachen. Schon in der zweiten Legislaturperiode der Koalition wurden die Schranken von „Reformpolitik" zu einem wichtigen Diskussionsthema sowohl bei den politischen Akteuren (insbesondere innerhalb der Sozialdemokratischen Partei) als auch in der Sozialwissenschaft. Ganz offensichtlich hatte man die möglichen Hindernisse für eine Politik der Reformen nur zum Teil vorhergesehen, und die Versuche, solche Hindernisse vorbeugend aus dem Wege zu räumen, erwiesen sich vielfach als unzureichend.

Reformen setzen Prozesse der Konsensbildung voraus. 1969 hatten die führenden sozialdemokratischen Politiker zwar ein Konsensproblem offensichtlich genau gesehen und von vornherein als mögliche Hürde einer Reformpolitik einkalkuliert, nämlich das der koalitionsinternen Konsensbildung. Eine geschickte Politik bewußter Rücksichtnahme auf den kleineren, liberalen Partner vermochte mögliche Friktionen jahrelang zu vermeiden. Die oft behauptete „Bremserrolle" der FDP innerhalb der Koalition ist wohl für manche führenden Sozialdemokraten mitunter ein nicht unwillkommenes Alibi gegenüber Kritikern in den eigenen Reihen gewesen. Und in der Bilanz der „Reformpolitik" stand der Zurückhaltung der FDP in einer Materie wie der Mitbestimmung das Engagement der Liberalen beispielsweise in wichtigen Fragen der Rechtspolitik gegenüber. Die mit der Koalitionsproblematik verbundene Auseinandersetzung über eine Wahlreform, welche die kleinen Parteien eliminieren und einen „alternierenden Parteienwettbewerb" ohne Koalitionszwang ermöglichen sollte, hatte noch während der Großen Koalition (1966-1969) eine beherrschende Rolle gespielt, aber in der politischen Publizistik der Folgezeit ist sie bemerkenswerterweise weitgehend eingeschlafen. Unter den Faktoren, welche den Handlungsspielraum der Regierungen Willy Brandt und Helmut Schmidt eingeengt haben, war die Zusammensetzung der Regierungsmehrheit lange Zeit sicher nicht der gewichtigste. Erst seit den späten siebziger Jahren ließen sich die Interessengegensätze zwischen den Koalitionspartnern so schwer beherrschen, daß sie schließlich 1982 zum Auseinanderbrechen der sozialliberalen Regierungsmehrheit führten.

Im Unterschied zur Koalitionsproblematik wurde aber ein anderes Konsensproblem in den Anfängen dieser Regierungsmehrheit ganz offensichtlich kaum einkalkuliert, nämlich das bundesstaatliche. Die Chancen der Opposition, die Regierungspolitik durch die CDU-Mehrheit des Bundesrates zu konterkarieren, hat man wohl unter anderem deshalb unterschätzt, weil es damals in einigen Bundesländern Regierungsmehrheiten aus CDU und FDP gab, sich somit die Koalitionen in Bund und Ländern teilweise überlappten. Darüber hinaus machte aber die Leidensgeschichte des Bildungsgesamtplans frühzeitig deutlich, daß auch die Mehrheit, über die der Bund mit den sozialdemokratisch geführten Landesregierungen in der Bund-Länder-Kommission für Bildungsplanung verfügte, für sich nicht ausreichte, um eine Bildungspolitik im Sinne der Reformprogrammatik durchzusetzen. Die Kompromißzwänge des „kooperativen Föderalismus" waren durch den Regierungswechsel keineswegs gemildert worden, und schon daran zeigte sich, daß von einem „Machtwechsel" doch nur sehr eingeschränkt die Rede sein konnte.

Die Opposition hatte aus den Erfahrungen jener Jahre gelernt, und unter der Führung von Helmut Kohl entwickelte sie, als sie im Bund wieder zur Macht gekommen war, systematisch einen Stil der informellen Koordinierung der Mehrheiten in Bundestag und Bundesrat, der das bundesstaatliche Störpotential für die Parteiregierung erfolgreich minimierte, solange die gleichgerichteten Mehrheiten hielten. Als aber zu

Beginn der neunziger Jahre die Mehrheiten erneut - und diesmal mit umgekehrten Vorzeichen - auseinanderliefen, zeigte sich allmählich die Nemesis des konsequent parteizentrierten Koordinierungsstils. Wie im folgenden gezeigt werden soll, schlugen zwar während der sozialliberalen Ära die Parteienkonflikte in das Verhältnis der Staatsorgane durch, aber die föderativen Aushandlungsprozesse wurden damals noch durch die Mechanismen koalitionsinterner Kompromißbildung erleichtert. In den neunziger Jahren hatte sich indes das Parteiensystem so verändert, daß diese Mechanismen immer weniger griffen. Ließ sich die Beziehung zwischen den gesetzgebenden Körperschaften in den siebziger Jahren noch als eine stille, wenngleich widerwillig durchgehaltene Große Koalition charakterisieren, so versagten in der zweiten Hälfte der neunziger Jahre die eingeübten Strategien der Kompromißbildung zunehmend ihren Dienst. Daß wir es mit einer strukturellen „Verwerfung" innerhalb des politischen Systems zu tun haben, war in der Vergangenheit nicht immer sichtbar, weil unter günstigen Bedingungen das Parteiensystem Aushandlungsroutinen entwickelt, die dem Föderalismus institutionell angepaßt sind. Erst am Scheitern der Steuerreform und anderer Regierungsvorhaben, die der Diskussion über den deutschen „Reformstau" neue Nahrung gaben, zeigte sich das Problem der Verwerfungen im deutschen politischen System in seiner ganzen Schärfe.

Im folgenden soll also der Frage nachgegangen werden, die Wilhelm Hennis schon während der sozialliberalen Ära als „ein Kernproblem der westdeutschen Verfassungsstruktur" bezeichnet hatte: der „Vereinbarkeit eines parlamentarischen Regierungssystems mit Alternierungschance einerseits, einer starken Länderstruktur und föderativ orientierten Parteien andererseits" (Hennis 1974, Anm. 29). Dabei wird sich zeigen, daß verfassungspolitische Überlegungen, die sich etwa auf die Frage richten, ob eine Partei, die im Bundestag die Opposition stellt, ihre gleichzeitige Mehrheitsposition im Bundesrat mißbraucht - also die CDU in den Jahren von 1969 bis 1982, die SPD zwischen 1990 und 1998 -, solange vordergründig bleiben müssen, als sie nicht die funktionalen Zusammenhänge zwischen Parteiensystem und bundesstaatlicher Struktur in den Blick nehmen. Zwar soll die Frage von Hennis nach der Vereinbarkeit von alternierender Parteiregierung und Föderalismus hier nicht kurzerhand negativ beantwortet werden. Die Dinge liegen verwickelter; doch es wird zu zeigen sein, daß die eigentümliche institutionelle Konstruktion des deutschen Bundesstaates insbesondere das Steuerungspotential des Parteienwettbewerbs deutlich begrenzt und darüber hinaus in bestimmten Konstellationen zu schwerwiegenden institutionellen Funktionsstörungen führen kann. Ich konstatiere wohlgemerkt keine „generelle Unvereinbarkeit von Parteien- und Bundesstaatlichkeit" (so Abromeit 1993, 142; vgl. auch Abromeit 1984, 143), denn nicht von „Unvereinbarkeit" ist hier die Rede, sondern von „Inkongruenz". Und das bezieht sich keineswegs „generell" auf Parteiensystem und Föderalismus als Gattungsbegriffe, sondern auf spezifische „Handlungslogiken" und „Regelsysteme", die - wie hier gezeigt werden soll - in bestimmten Abschnitten der Entwicklungsgeschichte in den beiden wichtigsten Arenen des politischen Systems, dem Parteiensystem hier und dem Bundesstaat dort, dominant geworden sind.

Die entwicklungsgeschichtliche Perspektive ist für die Erklärung der hier untersuchten strukturellen Verwerfungen von zentraler Bedeutung. Ändern sich die politischen Rahmenbedingungen, insbesondere bei institutionellen Umbrüchen, dann müssen sich die Akteure in den beiden Arenen solchen Veränderungen in kollektiven Lernprozessen anpassen. Beispiele dafür gibt es beim der Sturz der Monarchie 1918 und der damit verbundenen Einführung der parlamentarischen Demokratie, oder bei der Rekonstituierung eines stark veränderten Parteiensystems nach dem zweiten Weltkrieg. Die politischen Akteure können auf solche Veränderungen reagieren, indem sie unter veränderten institutionellen Rahmenbedingungen womöglich auch eine neue „Handlungslogik" entdecken. Ein Beispiel dafür ist die Einführung des parlamentarischen Regierungssystems: Sobald die Regierung aus der Mitte des Parlaments hervorgeht, ist es für die Parteiführer (umgangssprachlich ausgedrückt) ganz „logisch", wenn sie ihr strategisches Handeln von nun an am Ziel der Regierungsbeteiligung ausrichten. Sie werden mit der Zeit ein ganzes Repertoire an Strategien ausbilden, die sich bei der Verfolgung ihrer Ziele als erfolgversprechend erwiesen haben. Aber Individuen und politische Kollektive reagieren nicht einfach mechanisch auf veränderte äußere Reize, sondern ihr Handeln ist in ihre Wahrnehmung der Wirklichkeit eingebettet, und gerade bei starken Veränderungen der äußeren Rahmenbedingungen kann es für die Vereinfachung einer komplexen Realität unter Umständen hilfreich sein, wenn man sie auch im Rahmen früherer Erfahrungen interpretiert und an strategischen Repertoires festhält, die sich in der Vergangenheit bewährt haben. Das Entdecken von alternativen Strategien und neuen Problemlösungen kann mit erheblichen Kosten und mit der Wahrnehmung schwer kalkulierbarer Risiken verbunden sein. Deshalb erweisen sich (gerade im internationalen Vergleich) politische Strukturen oft als erstaunlich „pfadabhängig", das heißt, auch ihre Fortentwicklung weicht nicht wesentlich von dem ursprünglich eingeschlagenen Pfad ab.

Unser Problem ergibt sich nun daraus, daß die beiden hier untersuchten „Arenen" nicht in der selben Weise durch Kontinuität geprägt sind. Der Bundesstaat, als eines der beiden Strukturelemente des politischen Systems, die hier im Mittelpunkt stehen, verdankt der Bismarckschen Verfassung eine Reihe zentraler institutioneller Konstruktionsprinzipien, an denen man auch über erhebliche Systemumbrüche hinweg festgehalten hat. Im Parteiensystem haben wir es dagegen mit einer stärker ausgeprägten Diskontinuität zu tun. Um seine Strukturen angemessen zu erfassen, muß man sowohl seine Wurzeln im Demokratisierungsprozeß seit der Mitte des 19. Jahrhunderts als auch die tiefgreifenden Umschichtungen nach dem zweiten Weltkrieg im Auge behalten. Ohne diese eigentümliche Asymmetrie von Kontinuität und Diskontinuität der Grundstrukturen, die sich nur der entwicklungsgeschichtlichen Analyse erschließt, läßt sich die Beziehung von Föderalismus und Parteiensystem nicht verstehen.

Ich habe diese Beziehung mit dem Begriff der entwicklungsgeschichtlichen „Verwerfung" charakterisiert und mich damit einer Analogie aus der Geologie bedient, um die Problematik zu veranschaulichen. Sie ist dem bekannten Modell der Plattentektonik entlehnt, in dem die Erdkruste aus Schollen (wie den großen Kontinentalplatten) besteht, die auf dem Erdmantel schwimmen. Wenn sich nun zwei Schollen gegeneinander bewegen, wie beispielsweise an der Pazifikküste Amerikas, können sie sich an den Rändern gewissermaßen ineinander verhaken, und die dabei aufgebauten Span-

„Reformblockaden" oder institutionelle Verwerfungen? 13

nungen entladen sich von Zeit zu Zeit in Erdbeben. Mit Hilfe dieser Metapher mag man sich verdeutlichen, weshalb der polarisierte Parteienwettbewerb in dem auf Aushandeln angelegten bundesstaatlichen Institutionengefüge über Jahre hinweg verhältnismäßig reibungslos funktionieren kann, bis unter bestimmten Bedingungen die Regelsysteme kollidieren. Man kann lange Zeit ganz gut auf dem Andreas-Graben leben, man kann dort sogar - wie es die Stanford-Universität getan hat - ein Synchrotron bauen. Man darf sich nur nicht wundern, wenn es irgendwann ein Erdbeben gibt. Was neuerdings „Reformstau" genannt wurde, ist eine vergleichbare Ausnahmeerscheinung, aber sie ist ebenso strukturell bedingt. Es fragt sich, ob sie ebenso wenig vermeidbar ist. Darauf werde ich am Ende dieser Untersuchung zurückkommen.

1. Konkurrenzdemokratie und Verhandlungsdemokratie

1.1. Innenpolitische Regelsysteme im modernen Staat

Die „Verwerfung" innerhalb des politischen Systems, von der hier die Rede ist, ergibt sich daraus, daß sich die eigentümlichen Handlungslogiken auseinander entwickelt haben, die im Parteiensystem einerseits, im bundesstaatlichen Beziehungsgeflecht andererseits vorherrschen und sich zu „Spielregeln" verfestigt haben. In früheren Entwicklungsabschnitten des deutschen Nationalstaates (seit es Parteienkonkurrenz und Föderalismus überhaupt gab) waren die Handlungslogiken des Parteiensystems und des Bundesstaates einander bemerkenswert ähnlich geworden und stützten sich daher auch in starkem Maße gegenseitig ab. Nach dem Zweiten Weltkrieg aber werden sie zunehmend gegenläufig, so daß in bestimmten Konstellationen die institutionalisierten Funktionsabläufe des politischen Systems blockiert werden können.

Die Spielregeln, von denen hier die Rede ist, liegen in einem Bereich, den staatsrechtliche Normierungen nicht abdecken. Sie sind zwar nicht unabhängig von verfassungsmäßigen Kompetenzzuweisungen und von institutionalisierten Prozeduren, also etwa vom Wahlsystem, von den Vorschriften über die parlamentarische Verantwortlichkeit der Regierung oder von der Geschäftsordnung des Parlaments; aber sie haben ihr Eigengewicht und beeinflussen die praktische Handhabung der Kompetenz- und Verfahrensnormen. Die Politikwissenschaft subsumiert das gern dem Begriff der „politischen Kultur", die nationale politische Systeme voneinander unterscheidet. Spielregeln der politischen Konfliktaustragung sind im wesentlichen nicht kodifiziert, sie werden als solche von den Handelnden oft genug nur bruchstückhaft bewußt gemacht und noch weniger etwa schriftlich niedergelegt, sondern sind in einem funktionierenden Gemeinwesen Bestandteil eines gelebten Einverständnisses, das den gegenseitigen Beziehungen der politischen Akteure zugrunde liegt - vergleichbar etwa den „Spielregeln", die sich aus der Rollenverteilung in einer Familie ergeben.

Es ist nun charakteristisch für politische Systeme, daß die möglichen Spielregeln, nach denen hier Konflikte und Interessengegensätze ausgetragen werden, eine erhebliche Variationsbreite aufweisen. Das läßt sich entwicklungsgeschichtlich bis zu jenem Zeitabschnitt zurückverfolgen, seit im modernen Territorialstaat die friedlich geregelte Austragung von Konflikten zwischen gesellschaftlichen Gruppen überhaupt legitim geworden ist, seit es also eine „Innenpolitik" gibt: beginnend mit den Religionsfriedensschlüssen und voll seit dem Aufstieg der Parlamente im 18. und 19. Jahrhundert. Innerhalb dieser Variationsbreite lassen sich, wie es scheint, drei besonders wichtig gewordene Regelsysteme (oder, wenn man will, „Stile" der Konfliktregelung) unter-

1.1. Innenpolitische Regelsysteme im modernen Staat

scheiden: (1) das hierarchische Regelsystem der autoritären Konfliktentscheidung, (2) das Regelsystem des Parteienwettbewerbs um zeitlich befristete Machtausübung mit dem Mehrheitsprinzip als fundamentaler Spielregel, und (3) das Regelsystem des „Verhandelns". Um diese Typologie zu erläutern, müssen wir hier ein wenig ausholen.

Das erste, das hierarchisch-autoritäre Regelsystem, entstammt entwicklungsgeschichtlich vor allem dem aufgeklärten Absolutismus und spielt in jenen Ländern eine besonders große Rolle, die dieser Epoche die Tradition einer politisch und gesellschaftlich einflußreichen bürokratischen Staatsverwaltung verdanken. Sein Grundprinzip können wir in der politischen Ideengeschichte bis zu den französischen „politiques" und zu Jean Bodin zurückverfolgen, die in den Religionskriegen des 16. Jahrhunderts den Begriff des souveränen Staates entwickelten, der den inneren Frieden herstellen soll. Staatliche Autorität wird nach dieser Vorstellung zum Konfliktschlichter, und sie bedient sich dafür jenes hierarchisch aufgebauten Herrschaftsapparates, der sich in der Folgezeit in Frankreich und anderen kontinentaleuropäischen Ländern ausgebildet hat. Man kann den Grundgedanken bei dem Hegelianer Lorenz von Stein wiederfinden, der 1850 in seiner „Geschichte der sozialen Bewegung in Frankreich" das Programm des „Königtums" der sozialen Reform entwickelt, das als Repräsentant der Selbständigkeit des Staates über einer durch Klassengegensätze charakterisierten Gesellschaft „für die Hebung der niederen, bisher gesellschaftlich und staatlich unterworfenen Klasse auftreten" und so die gesellschaftlichen Interessengegensätze ausgleichen soll. Derlei Vorstellungen haben ohne Zweifel für das Selbstverständnis der preußisch-deutschen Bürokratie eine nicht geringe Rolle gespielt. Verwandte Gedanken finden sich in gewissen Strömungen der politischen Ideengeschichte in Frankreich, insbesondere im „Bonapartismus" und bis hin zu der gaullistischen Konzeption eines Staatspräsidenten, der als oberster Schlichter der politischen Konflikte den letztinstanzlichen Schiedsspruch („arbitrage") fällt. Die eigentümlichen Merkmale dieses Stils autoritärer Konfliktregelung findet man denn auch in dem „französischen Modell des bürokratischen Systems" wieder, wie es der Pariser Soziologe Michel Crozier analysiert hat: Weil die Beziehungen zwischen Individuen und Gruppen überwiegend durch Mißtrauen, Distanz und gegenseitige Abkapselung charakterisiert seien, könnten diese ihre Konflikte nicht im direkten Umgang miteinander in geregelter Weise austragen; vielmehr erwarteten sie dies von einer übergeordneten Autorität, insbesondere von der hierarchisch aufgebauten Verwaltungsorganisation. Von dieser erwarteten sie aber auch, daß sie die Forderungen der Individuen nach Gleichbehandlung (die Kehrseite des gegenseitigen Mißtrauens) und nach Autonomie in einer Privatsphäre respektiert. Daher spielten zum Beispiel im ganzen staatlich reglementierten Bereich von Ausbildung und Prüfungen unpersönliche Regeln eine so wichtige Rolle, während das Vertrauen in institutionelle Gleichgewichtsmechanismen und Gegengewichte nicht sehr ausgeprägt sei. Crozier hielt das für ein spezifisch „französisches kulturelles Phänomen", das alle gesellschaftlichen Bereiche präge. Aber schon Max Weber sah darin überhaupt ein Merkmal der „rationalen Bureaukratie": „Formalismus, gefordert von allen an Sicherung persönlicher Lebenschancen gleichviel welcher Art Interessierten - weil sonst Willkür die Folge wäre und der Formalismus die Linie des kleinsten Kraftmaßes ist." (M. Weber, 166). Autoritäre und zugleich formalistische Konfliktschlichtung wird man daher in anderen kontinentaleuropäischen Ländern mit vergleichbarer bürokratischer Tradition wiederfinden können, nicht zuletzt im preußisch-deutschen Beamtenstaat, dem jener Stil der Konfliktaustragung die Bezeichnung „Obrigkeitsstaat" eingebracht hat. Es kommt in diesem Zusammenhang nicht so sehr darauf an, ob das proklamierte Selbstverständnis der bürokratischen Eliten, dem gerechten Ausgleich konfligierender gesellschaftlicher Interessen zu dienen, etwa eine ideologische Verhüllung für in Wahrheit einseitige Interessenwahrnehmung darstellt. Seine gesellschaftliche und politische Effektivität hängt davon ab, ob die Herrschaftsunterworfenen sich auf jenes Selbstverständnis einlassen und von dem System einen Interessenausgleich erwarten, der „jedem das Seine" („suum cuique", die dieses Selbstverständnis symbolisierende Devise des preußischen Ordens vom Schwarzen Adler) gibt.

Die bürgerliche Öffentlichkeit des bismarckischen Deutschland war jedenfalls so sehr im Banne dieses „politischen Stils", daß ihr das historisch so wichtig gewordene Gegenmodell weithin als fremdartig erschien: die Konfliktaustragung im Wege des Parteienwettbewerbs, gesteuert mit Hilfe des Mehrheitsprinzips. Bekanntlich hat sich das Mehrheitsprinzip seit dem späten Mittelalter allmählich als legitimer Modus geregelter Kollektiventscheidungen durchgesetzt, während der Parteienwettbewerb eine entwicklungsgeschichtliche Errungenschaft des englischen Parlamentarismus seit dem 18. Jahrhundert ist. Das bloße Faktum freilich, daß Parteien in Wahlen um Parlamentssitze konkurrieren, macht aus dem Parteienwettbewerb noch kein fundamentales Regelsystem der Konfliktaustragung. Dies ist vielmehr erst dann der Fall, wenn die Parteien dabei zugleich um den verfassungsmäßig befristeten Erwerb der Regierungsmacht konkurrieren und wenn vom Wahlsieg einer Partei die Richtlinien der Regierungspolitik abhängen, also im System der auf eine parlamentarische Mehrheit gegründeten „Parteiregierung". (Übrigens kann es sich dabei auch um eine Parteienkoalition handeln, solange diese hinreichend dauerhaft ist, um ein System des Wettbewerbs um Regierungsmacht zu tragen; das englische Zweiparteiensystem ist also nicht die einzig mögliche Version dieses Modells.) Dabei hat die jeweilige Mehrheit nicht etwa die substantielle Rationalität für sich - in dem Sinne, daß die *maior pars* zugleich die *sanior pars* wäre, daß also die Mehrheitsentscheidung die Vermutung der Richtigkeit oder gar Wahrheit für sich habe. Vielmehr ist das Mehrheitsprinzip eine Konvention, die geregelte Konfliktaustragung ermöglichen soll - eine „Friedensregel" also. Der Ausgleich konfligierender Interessen kann nach der Logik des Parteienwettbewerbs nur bei ausreichender Intensität des Wettbewerbs zustande kommen, wenn also die Chancen für Machterwerb und Machtverlust halbwegs gleichmäßig verteilt sind, wenn ferner das Streben nach Behauptung der Regierungsmacht die jeweilige Mehrheit zwingt, auch den Interessen von Minderheiten Rechnung zu tragen, und wenn im äußersten Fall ein Wahlsieg der bisherigen Opposition eine Korrektur des Regierungskurses ermöglicht. Auch hier kommt es für die Effektivität dieses Modells vor allem darauf an, daß derlei Erwartungen hinreichend verbreitet sind, um ein dauerhaftes Einverständnis über die Spielregeln zu tragen.

Parteienwettbewerb funktioniert in dem beschriebenen Sinne nur unter bestimmten institutionellen und gesellschaftlichen Bedingungen, und in liberal-demokratischen

1.1. Innenpolitische Regelsysteme im modernen Staat

politischen Systemen hat sich vielfach ein drittes Regelsystem durchgesetzt, das insbesondere solche Konflikte regelt, die nicht mit Hilfe des Mehrheitsprinzips ausgetragen werden können. Interessenkonflikte zwischen ethnischen Gruppen oder zwischen Konfessionen, die innerhalb eines Staatswesens zusammenleben, lassen sich nicht durch Wettbewerb dieser Gruppen um die Regierungsmacht ausgleichen, weil die Minderheiten normalerweise keine Chance haben, in Wahlen zur Mehrheit zu werden. Sobald der Interessenkonflikt als legitim anerkannt wird, sobald also Unterdrückung oder Assimilation der Minderheiten nicht mehr in Frage kommt, bleibt nur noch der ausgehandelte Kompromiß als Grundelement des Verfahrens. Das wird noch ergänzt und abgesichert durch die Repartierung von politischen Einflußchancen, insbesondere durch Ämterpatronage nach den Regeln von Parität oder Proporz. Besonders ausgeprägt begegnet dieses Regelsystem in einem Land wie der Schweiz, wo man dafür den sehr prägnanten Begriff der „Konkordanzdemokratie" eingeführt hat. Aber wir können zu diesem Regelsystem auch andere Formen der „Verhandlungsdemokratie" rechnen, die zwar in begrenztem Maße mit Parteienwettbewerb und Mehrheitsprinzip arbeiten, in denen dies aber an Bedeutung zurücktritt gegenüber der Entscheidungsfindung durch *bargaining*: zum Beispiel „große" Koalitionen, denen keine Opposition mit ernsthaften Chancen des Machterwerbs gegenübersteht, oder instabile Bündnisse, die sich ad hoc bilden und wieder auflösen. Aushandeln wird ja schon überall da erforderlich, wo im Parteiensystem keine dauerhaften und handlungsfähigen Parlamentsmehrheiten zustande kommen, insbesondere dann, wenn die Verfassungsordnung der das Parlament beherrschenden Partei damit nicht zugleich die Verfügung über die Regierungsmacht ermöglicht. So spielt insbesondere in den Beziehungen zwischen dem Präsidenten der Vereinigten Staaten und dem Kongreß *bargaining* und *log-rolling* (Tauschhandel) eine große Rolle. Schließlich wird auch dort, wo die Wirtschaftspolitik der Regierung in ständigem Verhandeln mit organisierten Interessengruppen formuliert wird, das Mehrheitsprinzip offensichtlich ausgeschaltet; an seine Stelle tritt „konzertierte Aktion".

Aus den eben erörterten Beispielen ergibt sich, daß die Regelsysteme in nicht unbeträchtlichem Maße von den institutionellen Vorgaben abhängen, mit denen es die politischen Akteure zu tun haben. Insofern beruhen sie auf institutionell bedingten „Handlungslogiken". Es macht einen Unterschied, ob das Verfassungsrecht den Parteien im Parlament die Chance eröffnet, Regierungsämter zu besetzen, oder ob die Regeln für die Konstituierung der Regierung das ausschließen (etwa, weil ein Monarch oder ein gewählter Präsident diese kraft eigener Legitimität bestellen). Und es macht einen Unterschied, ob eine Partei eine Chance hat, allein (oder mit deutlich schwächeren Koalitionspartnern) bestimmenden Einfluß bei der parlamentarischen Mehrheitsbildung auszuüben. Solche Vorgaben eröffnen den politischen Akteuren einen mehr oder weniger großen Spielraum an Handlungsmöglichkeiten, und sie stellen Handlungsanreize dar. Aber sie lösen das Handeln nicht unmittelbar aus, das Handeln ist nicht die gleichsam mechanische Reaktion auf institutionelle Anreize. Oft genug ist der Spielraum der Handlungsmöglichkeiten nicht eng determiniert, und sind auch die Auswirkungen der einen oder anderen Handlungsalternative nicht so eindeutig, daß es zwingend nur eine mögliche Antwort gibt. Deshalb entdecken die Akteure dann erst in kollektiven Lernprozessen, welche Chancen sie im Rahmen einer gegebenen institutionellen Handlungslogik haben und welche Alternativen die lohnendsten sind, und dabei greifen sie unter Umständen auch in erheblichem Maße auf Erfahrungen der Vergangenheit zurück. Regelsysteme, wie sie hier beschrieben wurden, sind gemeinhin das Ergebnis kollektiver Prozesse des Lernens aus vergangenen Erfahrungen. Sowohl das konkurrenzdemokratische als auch das verhandlungsdemokratische Regelsystem sind aus solchen historischen Lernprozessen im Rahmen institutioneller Vorgaben oder Handlungslogiken hervorgegangen. Und darauf aufbauend kann sich dann auch ein Repertoire von Strategien ausbilden und einschleifen, die sich zur Verfolgung politischer Ziele bewährt haben und auf die man regelmäßig zurückgreift. Institutionelle Anreize, Handlungslogiken, normativ verfestigte Regelsysteme und Strategierepertoires stehen also in charakteristischen Bedingungszusammenhängen, die von einem politischen System zum andern eigentümliche Regelmäßigkeiten aufweisen und sich zu Typologien ordnen lassen.

Die hier modellhaft skizzierten Regelsysteme schließen einander in der politischen Wirklichkeit natürlich nicht aus. Eine derartige Typologie hat zunächst die analytische Funktion, pointiert diejenigen Aspekte der Realität herauszuarbeiten, die für die Analyse der Strukturen besonders bedeutsam erscheinen. Offensichtlich spielen in allen liberalen Demokratien der Gegenwart hierarchisch-autoritäre Konfliktregelung durch Bürokratien, Parteienwettbewerb sowie Aushandeln und Repartierung von Einfluß eine Rolle. Aber sie unterscheiden sich voneinander nach dem Gewicht, welches dem einen und anderen dieser Typen in der Gesamtheit der Konfliktregelungsprozesse jeweils zukommt. In Großbritannien hat Parteienwettbewerb eine größere Bedeutung als in der Schweiz, wo Wahlergebnisse schon infolge des relativ stabilen Kräftegleichgewichts im Vielparteiensystem keinen nennenswerten Niederschlag in den Richtlinien der Regierungspolitik finden. In den „Konkordanzdemokratien" dominiert vielmehr das Modell des Aushandelns von Kompromißlösungen. Andererseits hat in Frankreich auch nach de Gaulle hierarchisch-autoritäre Konfliktregelung und das Machtwort des Präsidenten der Republik noch eine größere Rolle als anderwärts gespielt, wenngleich dieses Modell heute (vor allem in Zeiten der *cohabitation* eines Präsidenten mit einer anders gerichteten Parlamentsmehrheit) nicht mehr so dominant ist wie in den Anfängen der V. Republik.

Das bismarckisch-wilhelminische Deutschland nimmt in dieser Perspektive nun eine eigentümliche Zwischenstellung ein. In den Augen der liberalen Öffentlichkeit des In- und Auslandes war es, wie schon gesagt, überwiegend durch autoritäre Regelsysteme charakterisiert, und in der Selbstdarstellung durch seine Repräsentanten, nicht zuletzt durch Wilhelm II., hat es sich gern so gegeben. Aber in den letzten Jahrzehnten des Kaiserreiches vollzog sich - das wird weiter unten im einzelnen gezeigt werden - eine Transformation derart, daß hinter der hierarchisch-autoritären Fassade Konfliktregelung durch Aushandeln zunehmend an Bedeutung gewann. Und zwar galt das für die verschiedenen funktionellen Teilbereiche des Systems, die in den politischen Entscheidungsprozessen von Bedeutung sind: für die Beziehungen des Regierungsapparates zu den gesellschaftlichen Gruppen und zum Parlament, für das Parlament selbst und das Parteiensystem, schließlich auch für das bundesstaatliche System. Man kann daher von einer deutlichen *Kongruenz* der Handlungslogiken in diesen Teilbereichen des politischen Systems sprechen.

Weil sich solche Teilbereiche jeweils durch eigentümliche Prozesse der Konfliktaustragung auszeichnen, werde ich sie im folgenden (mit dem von Theodore Lowi eingeführten anschaulichen Terminus) als „Arenen" bezeichnen. Die dieser Untersuchung zugrunde liegende Hypothese läßt sich dann so formulieren: Die Entwicklung der Bundesrepublik ist gegenüber den früheren Entwicklungsabschnitten zunehmend durch die potentielle *Inkongruenz* zweier zentraler Arenen charakterisiert. In der Arena des Parteiensystems setzt sich jetzt nämlich das Modell der Konkurrenzdemokratie durch, und das ist gegenläufig zu den hergebrachten Regeln der Konfliktaustragung im Verhandlungssystem des Bundesstaates. Darin zeigt sich eine *partielle Diskontinuität* der politischen Strukturen. Der Föderalismus der Bundesrepublik Deutschland verdankt der bismarckischen Staatsgründung nicht nur wichtige Elemente der institutionellen Konstruktion, sondern hat auch charakteristische Regelsysteme von daher übernommen. In starkem Gegensatz zu dieser ausgeprägten Kontinuität steht die Entwicklung des Parteiensystems. Hier haben sich nach 1945 erhebliche strukturelle Wandlungen vollzogen, und als Folge dieser Wandlungen haben sich neue Regelsysteme durchgesetzt, die dem Parteiensystem des Kaiserreiches und der Weimarer Republik ziemlich fremd waren. Das zentrale Problem dieser Untersuchung besteht nun darin, daß das föderative System institutionell auf Aushandeln angelegt ist, und deshalb kann der Entscheidungsprozeß nur unter der Bedingung funktionieren, daß das Parteiensystem die dem Föderalismus angemessenen Aushandlungsroutinen entwickelt.

Im folgenden sollen zunächst typisierend die eigentümlichen Handlungslogiken beider Regelsysteme herausgearbeitet werden. Konkurrenzdemokratie einerseits, Verhandlungsdemokratie andererseits haben aber nicht nur eigentümliche Entscheidungsregeln. Man kann idealtypisch auch in einem gewissen Maße zeigen, welches ihre je spezifischen Leistungen und Schwächen sind, und dann läßt sich die Frage nach den eigentümliche Interaktionseffekten beider Regelsysteme stellen.

1.2. Konkurrenzdemokratie und die Handlungslogik des Parteienwettbewerbs

Der Grundsatz der Mehrheitsentscheidung gehört zu den wichtigsten Entdeckungen, welche die Menschheit im europäischen Zivilisationsprozeß gemacht hat. Und die Konkurrenzdemokratie ist der geglückte Versuch, die Bestellung von Herrschaft auf der Grundlage des Mehrheitsprinzips institutionell zu verankern. Bekanntlich hat sich das Mehrheitsprinzip in nicht-diktatorisch regierten Gemeinwesen der Neuzeit deshalb zunehmend durchgesetzt, weil es sich als eine überlegene Technik erwies, um kollektive Entscheidungen zu fällen. Gegenüber dem auf früheren gesellschaftlichen Entwicklungsstufen verbreiteten Entscheidungsmodus der auf Einmütigkeit zielenden Konsensbildung erlaubte er schnellere Entscheidungsprozesse. Und im Unterschied zur Wahl durch Akklamation, mittels derer im frühen Mittelalter noch Päpste oder Könige bestellt werden konnten, entfaltete die Mehrheitswahl eine eindeutigere Bindungswirkung. Doch wie die Mehrheitsentscheidung selbst zu legitimieren sei, blieb ein offenes Problem. Die oben erwähnte Vorstellung, daß die *maior pars* auch die *sanior pars* sei, konnte in einer aufgeklärten Gesellschaft auf Dauer nicht überzeugen. Das Legitimationsproblem ließ sich aber erheblich entschärfen durch die Institution des politischen Wettbewerbs um Wahlämter, insbesondere um Parlamentsmandate, der Mehrheitsentscheidungen revidierbar halten konnte. Ausschlaggebend für seine legitimatorische Bindungswirkung war der Umstand, daß auch Minderheiten eine Chance haben, ihre Interessen im Parteienwettbewerb berücksichtigt zu sehen. Freilich zeigten sich hier unter bestimmten Bedingungen auch Grenzen der Legitimationskraft des Mehrheitsprinzips; davon wird noch zu sprechen sein.

England hat schon seit dem 18. Jahrhundert das historische Vorbild für die parlamentarische Wettbewerbsdemokratie in Europa abgegeben. Und auf dieser Grundlage hat sich dann im 19. Jh. in Großbritannien auch das moderne Parteiensystem mit zwei in der Machtausübung alternierenden disziplinierten Parteien ausgebildet, das in der Politikwissenschaft heute als „Westminster-Modell" bezeichnet wird. Am britischen Fall läßt sich die institutionelle Handlungslogik des bipolaren Wettbewerbs besonders deutlich herausarbeiten, weil sich hier der Wettbewerb auf die Machtausübung in einem zentralisierten Einheitsstaat richtet. In den USA und anderen Bundesstaaten wird das durch die ausgeprägte Dezentralisierung des Parteienwettbewerbs modifiziert.

Die Konkurrenzdemokratie läßt sich idealtypisch mit zwei Merkmalsdimensionen beschreiben: erstens der Intensität des Wettbewerbs der Parteien um das Monopol der zeitlich befristeten Machtausübung, und zweitens der programmatischen Distanz zwischen den Parteien. Der Wettbewerb um das Machtmonopol ist dabei am deutlichsten im „Westminster-Modell" ausgeprägt, wie es sich im 19. Jahrhundert in Großbritannien durchgesetzt hat, als dem reinsten Typus der alternierenden Parteiregierung. Die für diesen Typus charakteristische hohe Wettbewerbsintensität bezeichne ich hier als „Polarisierung". (Zur Abgrenzung dieses Sprachgebrauchs von anderen Begriffsverwendungen verweise ich auf die Bemerkungen im bibliographischen Anhang, S. 204.) Dagegen hat sich in Deutschland die Variante der alternierenden Koalitionsbildung durchgesetzt, die Giovanni Sartori in seiner Parteientheorie als „bipolaren Pluralismus" bezeichnet (Sartori 1976, 178 f.). Weil sie von zwei Großparteien mit konkurrierendem Hegemonieanspruch dominiert wird, läßt sich hier eine gewisse Nähe zum Westminster-Modell beobachten: Wir haben es bei uns mit starker Polarisierung zu tun, und die Erfolgskalküle und Selektionskriterien des Parteienwettbewerbs ähneln in einigen wichtigen Merkmalen denen des alternierenden Zweiparteiensystems.

„Polarisierung" im Sinne dieser Definition ist nicht mit großen ideologischen Distanzen zwischen den Parteien gleichzusetzen. Schon Anthony Downs (1957) und Duncan Black (1958) haben herausgearbeitet, daß der Wettbewerb im polarisierten Parteiensystem auf die Wähler gerichtet ist, die ideologisch-programmatisch in der Mitte des Parteienspektrums angesiedelt sind. Deshalb kann man erwarten, daß die programmatischen Distanzen zwischen den Parteien in einem bipolaren Parteiensystem mit hoher Wettbewerbsintensität nicht sehr stark ausgeprägt sein werden. Umge-

1.2. Konkurrenzdemokratie und die Handlungslogik des Parteienwettbewerbs

kehrt kann man bei einem Parteiensystem mit Koalitionsbildungen in der Mitte des Spektrums, wie es beispielsweise im Deutschland der Weimarer Republik begegnete, eher damit rechnen, daß die programmatischen Distanzen betont werden.

Bei einflußreichen Schulen der westdeutschen Politikwissenschaft der fünfziger und sechziger Jahre diente das Westminster-Modell als normative Ordnungsvorstellung für das Verfassungsverständnis (so z.B. Rudolf Wildenmann 1963, 5). Daraus ergab sich insbesondere die damals viel diskutierte Forderung, die Verhältniswahl durch ein „mehrheitsbildendes" Wahlsystem zu ersetzen. Es hat zudem in den Anfängen der „alten" Bundesrepublik auch auf führende Repräsentanten der beiden Großparteien eine starke Anziehungskraft ausgeübt. Adenauer bezog sich besonders auf das britische Vorbild, als er 1949 die SPD in die Opposition abdrängte, und Helmut Schmidt bezeichnete es 1966 als sein „Ideal einer parlamentarischen Demokratie", „daß eine Partei ausreicht, um ungebrochen in der Regierung ihre Vorstellung zu verwirklichen" und eine andere „ungebrochen in der Opposition ihre Auffassung alternativ dagegen durchsetzen kann, auf daß der Wähler nach vier Jahren die Chance hat, die beiden gegeneinander auszuwechseln" (zitiert nach Jesse 1985, 115). Das Zitat belegt, daß die Chance der alternierenden Machtausübung als das Spezifikum der Konkurrenzdemokratie galt. Damit beanspruchte das Westminster-Modell aber nicht nur normative Geltung. Es dient in der sozialwissenschaftlichen Diskussion auch als analytisches Standardmodell der eigentümlichen Entscheidungslogik des Parteienwettbewerbs und seiner Leistungen und Defizite, und andere Konfigurationen lassen sich dann als Abweichungen davon untersuchen.

Mit der „Alternierungschance", die man dem Westminster-Modell zuschrieb, verbanden sich in den Anfängen der deutschen Politikwissenschaft nach dem zweiten Weltkrieg wichtige normative Erwartungen. Einerseits sollte sie politische Stabilisierung durch eindeutige Machtzuweisung bewirken und andererseits, komplementär dazu, auch der Machtkontrolle dienen. Nach der Erfahrung der Krise der Demokratie zwischen den beiden Weltkriegen und des Weges in die Diktatur waren das wichtige Gründe für seine Hochschätzung, weit über Deutschland hinaus. Später verschob sich der Akzent der normativen Bewertung auf die Vorstellung, daß sich der bipolare Wettbewerb im Sinne der aus Großbritannien vertrauten alternierenden Parteiregierung durch sein Innovationspotential auszeichne. Konkurrenzdemokratie galt als wichtige institutionelle Bedingung für die Möglichkeit politischer Reform, und wiederum wurde dem Westminster-Modell besondere Aufmerksamkeit gewidmet. Das Theorem von der Innovationsfunktion der Konkurrenzdemokratie hat aber erhebliche Wandlungen durchgemacht.

Seit dem 19. Jahrhundert war in der Parteientheorie die Vorstellung verbreitet, die Linke sei die gleichsam „geborene" Innovationspartei gegenüber der konservativen, den Status quo verteidigenden Rechten. Innovation hat hier die spezifische Konnotation des - eindeutig gerichteten - geschichtlichen Fortschrittes. Sozialdemokratische Politik war (und ist) in Europa nicht selten von solch einem Selbstverständnis geleitet. Alternierender Zweiparteienwettbewerb wäre von daher dem Wechsel von konservativen Perioden und Reformschüben gleichzusetzen, und es liegt die Hypothese nahe, daß die Chancen der Linken in solchen gesellschaftlichen Lagen am größten sind, in denen in der Öffentlichkeit ein besonders hoher gesellschaftlicher Innovationsbedarf perzipiert wird - also zum Beispiel in gewissen Krisensituationen. Bei Maurice Duverger (1959), der in der Parteientheorie am nachdrücklichsten die These von der Innovationsfunktion der Linken vertreten hat, kam noch die Vorstellung einer „Ansteckungskraft der Linken" hinzu: Diese inноviert, während die Rechte gezwungen wird, sich der von links eingeleiteten Bewegung allmählich anzupassen.

Als Ideologie ist diese überlieferte Vorstellung im Selbstverständnis linker Parteien noch nicht ausgestorben. Als sozialwissenschaftliche Theorie ist sie dagegen in dem Maße fragwürdig geworden, in dem linke (vor allem sozialdemokratische) Parteien in Jahrzehnten der Machtausübung verfestigte wohlfahrtsstaatliche Strukturen geschaffen haben. Für die Verteidigung des Wohlfahrtsstaates lassen sich gute Gründe ins Feld führen, aber die Vorstellung, daß der wohlfahrtsstaatliche *status quo* ganz selbstverständlich mit „Fortschritt" und Innovation gleichzusetzen sei, übersieht den Strukturkonservatismus, der sich in einem solchen *status quo* festsetzen kann. Plausibler erscheinen darum Ansätze, die sich eines formalen Innovationsbegriffs bedienen, wie das explizit bei Theodore Lowi (1963) geschehen ist. Seine Version schreibt beiden Parteien in einem Parteiensystem mit hoher Chance des Machtwechsels ein Interesse an Innovationen zu - als Instrument des Machterwerbs oder der Machtbehauptung -, vorzüglich jedoch der jeweiligen Minderheitspartei als dem „government in the making". Innovation wird dabei als „neue" Definition alter Probleme, Einfügung neuer Punkte in die politische Tagesordnung, Repräsentation neuer Interessen und neuer Minderheiten, strukturelle Veränderungen im Regierungssystem („Reform") und neue Wege der Organisation und Mobilisierung von Wählern verstanden. Insbesondere die Minderheit wird innovatorische Verpflichtungen (*commitments*) eingehen, um ihre Wählerbasis zu verbreitern, um neue Gruppen von potentiellen Anhängern zu mobilisieren. Dieser Hypothese liegt offensichtlich die Theorie des Interessenpluralismus zugrunde, der vielfältige Koalitionsbildungen zwischen Interessengruppen erlaubt. Sie kann sich auch mit der Vorstellung verbinden, wie sie schon Julius Hatschek als eine Regel der englischen Parteientwicklung formulierte, daß sich Regierungen und Mehrheitsparteien im Laufe ihrer Amtszeit gewissermaßen „verbrauchen".

Im Zusammenhang dieser Untersuchung stellt sich nun die Frage, welche Auswirkungen die bundesstaatliche Struktur auf die Innovationsfunktion des Parteienwettbewerbs hat, wie sie das hier referierte Theorem behauptet. Spiegelbildlich zu den siebziger Jahren, als der damaligen Bundesratsmehrheit von links eine „Blockade" der „Politik der inneren Reformen" vorgeworfen wurde, hat die konservativ-liberale Koalition in den neunziger Jahren den sozialdemokratisch beherrschten Bundesrat für einen „Reformstau" verantwortlich gemacht. Die Konkurrenzdemokratie wäre in dieser Perspektive der Motor von Innovationen, die an den föderativen Institutionen auflaufen. Es darf aber nicht übersehen werden, daß das ihr zugeschriebene Innovationspotential auch auf immanente Schranken stoßen kann. Solche Restriktionen sind insbesondere in ökonomischen Theorien der Politik herausgearbeitet worden.

Restriktionen der Entscheidungsrationalität des Parteienwettbewerbs ergeben sich in erster Linie daraus, daß eine Partei selbst dann, wenn sie programmatisch auf „Reform" eingeschworen ist, dem Machtgewinn und der Machterhaltung in ihrem strate-

1.2. Konkurrenzdemokratie und die Handlungslogik des Parteienwettbewerbs

gischen Kalkül einen handlungslogischen Vorrang einräumen wird. Selbst wenn der Machtgewinn nicht Selbstzweck sein soll, müssen sich solche Machtkalküle nicht zuletzt an Wahlen ausrichten. Daraus ergeben sich zunächst Verluste an inhaltlicher Rationalität: Komplexe Problemlagen und vielschichtige Konfliktkonstellationen müssen auf antagonistische Programmpakete und zugespitzte Positionsbestimmungen reduziert werden, die eine einfache Entscheidung zwischen Ja und Nein erlauben. Weil das Verfahren der Wahl dem Wähler nicht erlaubt, differenzierte Antworten zu geben, wird man ihm vorzugsweise einfache Fragen stellen, ob dies nun sachlich angemessen ist oder nicht. Dabei liegt die Versuchung nicht fern, die Alternativen auf symbolische Leerformeln („Freiheit oder Sozialismus", „Modernität und soziale Gerechtigkeit") zu reduzieren.

Des weiteren können sich aus der Orientierung am erstrebten Wahlerfolg Asymmetrien in der Berücksichtigung von Interessen ergeben. Die Konkurrenzdemokratie tendiert zwar nach der oben erwähnten Modellvorstellung zur Orientierung am mittleren Wähler, aber das kann die Reichweite des Optionsspielraums der Politik auch deutlich einengen. Zudem kann eine stärker empirisch orientierte Analyse zum Schluß kommen, daß Segmente der Wählerschaft mit ausreichendem Sanktionspotential, die als wahlentscheidend gelten, eine höhere Chance der Interessenberücksichtigung haben. Beides kann bedeuten, daß beachtliche Interessen zu kurz kommen.

In der Konkurrenzdemokratie kann auch die periodische Wiederkehr der Wahlen schwerwiegenden Einfluß auf Entscheidungsprozesse haben. Diese Annahme liegt insbesondere dem Theorem des „politischen Konjunkturzyklus" zugrunde, das im Kern besagt, daß Regierungsparteien vor Wahlen den Versuch machen werden, die wirtschaftliche Aktivität so zu stimulieren, daß eine den Erfolgsaussichten der Partei günstige Stimmung entsteht, während nach gewonnener Wahl die dadurch möglicherweise induzierten Fehlentwicklungen wieder korrigiert werden. Es mag wohl sein, daß die ökonomische Politiktheorie solche Effekte zu überschätzen geneigt ist. Doch dieses Theorem macht jedenfalls darauf aufmerksam, daß demokratische Politik Gefahr läuft, sich gewissermaßen von einem Wahltermin zum nächsten durchzuhangeln. Es spricht vieles dafür, daß sich die Konkurrenzdemokratie durch einen Vorrang der Kurzfristperspektive auszeichnet und deshalb diejenigen Politikoptionen bevorzugt, die auf nahe Sicht Ertrag für den Machtgewinn und die Machterhaltung versprechen, während sie langfristig erwartbare Folgewirkungen systematisch ausgeblendet oder unterbewertet.

Schließlich kann der konkurrenzdemokratische Wahlmechanismus die kollektive Lernfähigkeit von Parteien und damit ihre Flexibilität gegenüber veränderten Anforderungen der Umwelt zusätzlich mindern. Diese Lernfähigkeit ist schon dadurch begrenzt, daß Parteien die Grundlinien ihrer Politik in intra-organisatorischen Diskussionsprozessen entwickeln und fixieren, und die sind relativ zeitaufwendig. Deshalb haben politische Parteien es häufig sehr schwer, programmatische Anpassungen an veränderte Anforderungen der sozialen Realität rechtzeitig zu vollziehen - sie sind (wie dies der Sozialdemokrat Peter Glotz gesagt hat) mit Tankern zu vergleichen, die sich nur schwerfällig manövrieren lassen. Die Abhängigkeit vom Wahlmechanismus kann nun dazu führen, daß diskursive Lernprozesse noch weiter beeinträchtigt werden. Programmatische Festlegungen, die eine Partei in der Vergangenheit getroffen hat, können ihre strategische Flexibilität einengen und die Zahl und Reichweite der in Frage kommenden Optionen stark begrenzen. Beispielsweise kann sich für eine Partei, die von der Sorge getrieben wird, in der öffentlichen Meinung als opportunistische „Umfallerpartei" stigmatisiert zu werden, der Spielraum an verfügbaren strategischen Alternativen als sehr eng begrenzt darstellen: Sie sitzt in der Falle ihrer älteren Programmaussagen.

1.3. Verhandlungssysteme und Verhandlungsdemokratie

Die Mehrheitsregel zur Lösung kollektiver Entscheidungsprobleme ist nicht nur von Gegnern der Demokratie in Frage gestellt worden. Wenn der Mechanismus des politischen Wettbewerbs Minderheiten auf Dauer keine ausreichenden Einflußchancen gab, konnte ihre Legitimationskraft versagen. Verhandlungen und ausgehandelte Kompromißbildung können dann als Alternative zur Mehrheitsentscheidung auch in demokratischen Entscheidungsprozessen eine wichtige Rolle spielen, wie zuerst die Theorie der Konkordanzdemokratie (*consociational democracy*) gezeigt hat (Lehmbruch 1967; Lijphart 1968; Lijphart 1969). Später hat die Korporatismustheorie eine weitere Variante verhandlungsdemokratischer Entscheidungsfindung ins Spiel gebracht (Schmitter 1974; Schmitter/Lehmbruch 1979; Lehmbruch/Schmitter 1982).

Konkordanzdemokratie wurde noch als ein politischer Systemtypus im Sinne der vergleichenden Regierungslehre verstanden, wo das politische System insgesamt von Verhandlungen als dominantem Entscheidungsmodus beherrscht wird. Man kann aber auch einzelne institutionell abgegrenzte politische Entscheidungszusammenhänge (oder „Arenen") innerhalb eines nationalen politischen Systems nach dem jeweils dominanten Entscheidungsmodus einordnen; das ist insbesondere im Zusammenhang der Korporatismustheorie deutlich geworden. Zu diesen neuen analytischen Perspektiven kam die Entdeckung aus der Verwaltungsforschung, daß das Modell der Hierarchie und der monokratischen Organisation, wie es vom Absolutismus bis zum 19. Jahrhundert dominierende Geltung erlangt hatte und einst als die effektivste Form moderner Verwaltung galt, zunehmend von Formen der „kooperativen Verwaltung" überlagert wurde (Benz 1994; Voigt 1995). In diesen konvergierenden Diskussionszusammenhängen wurde der Typusbegriff des „Verhandlungssystems" entwickelt; es läßt sich typologisch den Regelsystemen der Hierarchie wie auch des Wettbewerbs gegenüberstellen (vgl. insbesondere Scharpf 1992; Mayntz 1993; Scharpf 1993).

Verhandlungssysteme sind - ebenso wie Mehrheitsentscheidungen - schon lange vor dem Durchbruch der Demokratie als Methode kollektiver Entscheidungsfindung in Gesellschaften entdeckt worden, die mit tiefgreifenden Interessenkonflikten zwischen verfestigten Mehrheits- oder Minderheitsgruppen zu tun hatten und damit friedlich umzugehen versuchten. In der europäischen Neuzeit wurde das zuerst mit den Religionsfriedensschlüssen eingeübt. Es greift deutlich zu kurz, wenn deren Bedeutung (im Banne Carl Schmitts) auf die absolutistische Formel reduziert wird: „Der moderne Verfassungsstaat begann mit der Bändigung und Entwaffnung der (konfessionellen)

1.3. Verhandlungssysteme und Verhandlungsdemokratie

Bürgerkriegsparteien" (Guggenberger/Offe 1984, 14). Vielmehr wurden, als sich mit den Religionsfriedensschlüssen - in der Formulierung eines französischen Historikers - die Autonomie der politischen Vernunft Bahn brach, zwei alternative Modi konfessioneller Befriedung entwickelt: in Frankreich der hierarchische (bei dem der König über den streitenden Parteien stehen sollte), in der Schweiz und in Deutschland der föderative (mit der Duldung verschiedener Konfession auf jeweils einem Territorium). Aber während der französische Religionsfrieden des Edikts von Nantes bekanntermaßen nicht hielt, hat die föderative Variante schließlich dauerhafte Befriedung gebracht (Christin 1997, insbes. 203). So kann die jetzt gerade 350 Jahre alte Formel des Westfälischen Friedensvertrags für die Behandlung konfessioneller Interessenkonflikte in den Entscheidungsprozessen des föderativ organisierten Alten Reiches als das früheste Modell eines Verhandlungssystems in der deutschen Geschichte der Neuzeit gelten. Sie schrieb vor, daß derartige Konflikte im Reichstag, der damaligen Vertretung der Territorien, nicht durch Mehrheiten entschieden werden dürften, sondern „freundschaftlich beizulegen" seien (*amicabilis compositio*). Ein solcher Beschluß setzte die Zustimmung der beiden konfessionellen „Fraktionen" (des *Corpus Catholicorum* und des *Corpus Evangelicorum*) voraus, und zur Entscheidungsvorbereitung waren getrennte Sitzungen vorgesehen, die (lateinisch) *itio in partes* genannt wurden (von *itio*, dem Substantiv zu *ire*, gehen, und den Plural von *pars*, der Teil, die Seite, die Partei). Wir werden später sehen, daß diese Entscheidungstechniken auch im heutigen deutschen Föderalismus eine wichtige Rolle spielen. Viel spricht für die Vermutung, daß das System des Westfälischen Friedens, dessen konstruktive friedenstiftende Wirkung in der Tradition der neueren preußisch-deutschen Geschichtsschreibung lange verkannt wurde, zuerst den Boden für jene Entwicklungen bereitet hat, die in die deutsche Verhandlungsdemokratie der Gegenwart mündeten (Lehmbruch 1996).

Dieses historische Modell weist schon darauf hin, daß Verhandlungsdemokratie insbesondere dem Umgang mit solchen gesellschaftlichen Konflikten dient, bei denen Mehrheitsverfahren, also auch die Mechanismen der Konkurrenzdemokratie, keine befriedende Wirkung erzielen können. Sie bietet die Chance einer breiteren Interessenberücksichtigung; als sie mit der Orientierung am „mittleren Wähler" in Aussicht steht. Das kann besonders dann wichtig werden, wenn vital betroffene Interessen konfliktfähig organisiert sind und die Entscheidungen blockieren oder die Implementation verweigern können, falls ihren Erwartungen nicht ausreichend entsprochen wird. Es kommt dann darauf an, sie in den Entscheidungsvorgang „einzubinden". Beispiele aus jüngster Zeit sind die Bemühungen um eine Reform verfestigter wohlfahrtsstaatlicher Systeme, die in verbriefte Ansprüche eingreifen will: Hier haben sich Verhandlungssysteme in verschiedenen Ländern bemerkenswert bewährt (Visser/ Hemerijck 1998). Breite Interessenberücksichtigung durch ein Verhandlungssystem wird aber auch dort erforderlich, wo es zwischen den konfligierenden Akteuren ein so hohes Ausmaß an wechselseitiger Interdependenz der Interessen gibt, wie sich das unter den institutionellen Bedingungen des deutschen „Verbundföderalismus" ausgebildet hat. Wie wir sehen werden, bestehen solche Interdependenzen insbesondere in den finanzpolitischen Verbundsystem zwischen Bund und Ländern, und deshalb kann es nur durch Verhandlungsprozesse funktionsfähig gehalten werden.

Der wichtigste Entscheidungsengpaß von Verhandlungssystemen ergibt sich aus dem Einigungszwang: Lösungen müssen - wie das schon der Formel des Westfälischen Friedens zum Ausdruck kommt - für alle Beteiligten akzeptabel sein. Sobald einer von ihnen auf seiner Position beharrt, kann er das ganze System blockieren. Um so wichtiger ist der Informationsaustausch über die wechselseitigen Ziele und die Zwänge, die der jeweilige Verhandlungspartner berücksichtigen muß. Die Beteiligten müssen also dazu bereit sein, sich wechselseitig zu überzeugen oder einander durch wechselseitige Information, zumindest aber durch Tauschangebote zu Zugeständnissen zu bewegen. Voraussetzung dafür sind ausreichende Verhandlungsspielräume; Bindungen in Form des imperativen Mandats sind in Verhandlungssystemen kontraproduktiv. Handlungsfreiheit ist die Voraussetzung für Kompromißfähigkeit; deshalb müssen die Verhandelnden ausreichende Vollmacht haben und dürfen nicht dem Risiko ausgesetzt sein, womöglich in einem Ratifikationsprozeß zu scheitern und damit ihre Glaubwürdigkeit einzubüßen. Charakteristisch ist darum auch, daß Verhandlungssysteme gegen Öffentlichkeit abgeschirmt werden, weil es sonst für die Beteiligten schwer werden kann, ausreichende Konzessionsspielräume zu bewahren.

Es gibt eine breite Palette von möglichen Verhandlungsstrategien. Die wichtigste Unterscheidung ist die zwischen Interessenausgleich (*bargaining*) und sachlich adäquater Aufgabenerfüllung (*problem solving*) (Mayntz 1993, 47). Während *problem solving* gemeinsame Ziele und Urteilskriterien und damit in der Regel auch Lernprozesse voraussetzt (March/Simon 1958, 129 ff.), verfolgt im *bargaining* jeder Akteur seine eigenen Interessen. Aber auch hier kommt es auf die wechselseitige Bereitschaft an, sich in die Perspektive und Interessenlage des Verhandlungspartners zu versetzen und den Auswirkungen des eigenen Handelns auf den Partner Rechnung zu tragen. Interessenausgleich erfolgt in Tauschprozessen, bei denen die Verhandlungspartner „ungeachtet divergierender Interessen ihrer Mitglieder absichtsvoll kollektive Outputs produzieren" (Mayntz 1993, 46). Dabei werden Zugeständnisse insbesondere durch Koppelgeschäfte („Junktim") oder Kompensationen erkauft, die zu Paketlösungen verbunden werden können, um eine Einigung zu erleichtern (Lehmbruch 1967, 44 ff.). Während ein Interessenausgleich von Fall zu Fall neu gefunden werden muß, kann eine Problemlösungsorientierung durch „kooperative Dauerbeziehungen" gefördert werden, bei denen jeder Partner davon ausgehen kann, daß der andere selbst ohne konkrete Kompensation im Einzelfall langfristig auch seinen Interessen Rechnung tragen wird („generalisierter Tausch"). Verhandlungssysteme, in denen Organisationen in kooperativen Dauerbeziehungen verbunden sind, können konkurrenzdemokratischen Teilsystemen durch ihre Langfristorientierung überlegen sein.

Im Idealfall der sachadäquaten Aufgabenerfüllung (*problem solving*) können Verhandlungsprozesse zu Lösungen führen, die sich am Gemeinwohl orientieren. Aber das ist keineswegs gesichert. Die Interessenberücksichtigung ist oft nicht symmetrisch - einzelne Gruppen haben zum Verhandlungsprozeß einen besseren Zugang als andere, und die Sanktion der Wahl, mittels derer die benachteiligten Gruppen in der Konkurrenzdemokratie verfestigte Machtstrukturen unter günstigen Umständen aufbrechen können, greift in Verhandlungssystemen nicht.

Der Einigungszwang, der Verhandlungssystemen eigen ist, stellt eine hohe Hürde für ihr erfolgreiches Funktionieren dar. In der politischen Realität operieren sie aber nicht selten „im Schatten der Hierarchie und der Mehrheit" (Scharpf 1992, 25). Entscheidungsblockaden können vermieden werden, wenn Streitfragen - wie dies in der schweizerischen Verhandlungsdemokratie immer wieder vorkommt - am toten Punkt dann doch notfalls durch Mehrheiten entschieden werden können (Lehmbruch 1967, 46). Mitunter kann eine Einigung auch schon dadurch wahrscheinlicher gemacht werden, daß die Verfahrensregeln einem hierarchisch überlegenen Akteur eine größere Chance geben, seine Vorstellungen auf die Tagesordnung des Verhandlungsprozesses zu setzen. Im deutschen bundesstaatlichen Verhandlungssystem hat im allgemeinen die Bundesregierung diese privilegierte Rolle des „Agenda-Setzers" (König 1997). Zwar kann gelegentlich auch der Bundesrat Gesetzesinitiativen erfolgreich in Aushandlungsprozesse einbringen, aber im allgemeinen ist er eher darauf angewiesen, auf die Initiativen der Bundesregierung (und der sie tragenden Mehrheit) zu reagieren.

1.4. Die Verschränkung von Entscheidungsebenen und Regelsystemen

Das politische System der Bundesrepublik Deutschland zeichnet sich nun im internationalen Vergleich dadurch aus, daß es hier enge institutionelle Verschränkungen zwischen zwei wichtigen Arenen gibt, die früher einmal getrennt waren: Seit der Parlamentarisierung der Regierungen im Deutschen Reich und in den Ländern (wie sie 1918 am Ende der Monarchien erfolgte) sind die parlamentarische Arena im Gesamtstaat und die bundesstaatliche Arena miteinander durch das Parteiensystem verflochten. Das kann - wie ich im folgenden zeigen werde - zu erheblichen Reibungen führen, weil inzwischen infolge der Entwicklung des Parteiensystems die Handlungslogiken der beiden Arenen nicht mehr ohne weiteres miteinander kongruent sind. Und daraus ergibt sich, daß in bestimmten Konstellationen die Spielregeln des einen Teilsystems die Institutionen des anderen Teilsystems blockieren. Das föderative System ist institutionell auf Aushandeln angelegt, und deshalb kann der Entscheidungsprozeß nur unter der Bedingung funktionieren, daß das Parteiensystem die dem Föderalismus angemessenen Aushandlungsroutinen entwickelt.

Eingangs habe ich dieses zentrale Problem meiner Untersuchung mit der Metapher der „Verwerfung" beschrieben, die ich dem geologischen Modell der Plattentektonik entlehnt habe. In dieser metaphorischen Redeweise hat die Entwicklung von Parteiensystem und Bundesstaat in der Bundesrepublik eine strukturelle Spannungszone im politischen System entstehen lassen, die sich - analog zu Erdbebengebieten an den geologischen Verwerfungen - in Eruptionen entladen kann. Dieser Vergleich soll natürlich nur einem ersten Versuch der Veranschaulichung dienen. Denn eine tiefer schürfende Untersuchung jener Spannungslagen muß ja in Rechnung stellen, daß wir es hier nicht mit unpersönlichen Naturkräften zu tun haben, sondern mit dem Handeln von Individuen, die sich bestimmte Ziele setzen und ihre Mittel so wählen, daß sie die Ziele möglichst erreichen können. Sozialwissenschaftler bezeichnen einen solchen Zusammenhang von bewußt gewählten Zielen und Mitteln als eine „Strategie". Doch dieses strategische Handeln folgt nicht einfach individueller Willkür, denn es muß für andere Akteure einigermaßen vorhersehbar und berechenbar sein. Föderalismus und Parteienwettbewerb sind Institutionen, die das Handeln der Akteure berechenbar machen sollen. In diesem Sinne kann man von ihrer jeweils eigentümlichen „Handlungslogik" sprechen: Ein Parteiführer, der wiedergewählt werden will, ist in seinem Handeln insofern berechenbar, als er seine Mittel am Ziel der Wiederwahl ausrichten wird. Die metaphorische Rede von einer „Verwerfung" will also den Sachverhalt anschaulich machen, daß die neue Handlungslogik des Parteienwettbewerbs, wie sie sich in Westdeutschland nach dem Zweiten Weltkrieg durchgesetzt hat, mit der überkommenen Handlungslogik bundesstaatlicher Entscheidungsprozesse nicht ohne weiteres kongruent ist.

Föderalismus und Parteiensystem sind aber nicht unter allen Umständen unverträglich. Ob sich aus der Verbindung von Konkurrenzdemokratie und Verhandlungsdemokratie produktive Kopplungseffekte oder aber Entscheidungsblockaden ergeben, hängt vielmehr davon ab, wie die politischen Akteure mit den Zwängen umgehen, die aus den institutionellen Vorgaben resultieren, ob es also beispielsweise gelingt, die Orientierung an Selektions- und Erfolgskriterien des Parteienwettbewerbs den Funktionserfordernissen eines bundesstaatlichen Verhandlungssystems anzupassen.

Das hier diskutierte Problem läßt sich auch abstrakter fassen. Wir können die Fragestellung der vorliegenden Untersuchung als eine spezielle Ausprägung des allgemeineren Problems der Kongruenz von Handlungslogiken verstehen, das sich immer dann ergibt, wenn Entscheidungsebenen, die sich durch die Dominanz jeweils unterschiedlicher Handlungslogiken auszeichnen, miteinander verschränkt sind und ein konkreter Entscheidungsprozeß verschiedene Entscheidungsebenen durchlaufen muß. Entscheidungsblockaden ergeben sich hier in der Regel nicht aus sachlichen Interessengegensätzen und Zielkonflikten zwischen den Akteuren, sondern aus der Schwierigkeit, mit inkongruenten Entscheidungsregeln zu operieren (dazu näher Benz 1992; Benz 1995b). Daß der Parteienwettbewerb Verhandlungssysteme blockiert oder die Verhandlungsprozesse verzerrt, kann nicht sich nur im Verhältnis von Parteiensystem und Bundesstaat ereignen, sondern auch (wie 1996 beim Scheitern des „Bündnisses für Arbeit") im Verhältnis von Parteiensystem und „korporatistischen" Aushandlungsprozessen mit Verbänden. Andererseits können Verhandlungssysteme auch mehrheitsdemokratische Entscheidungsprozesse ins Leere laufen lassen, etwa wenn sich außerparlamentarisch erreichte Verhandlungsergebnisse dann durch parlamentarische Mehrheiten kaum noch revidieren lassen.

Allgemein lassen sich die heute in den beiden Arenen - also im Föderalismus und im Parteienwettbewerb - jeweils dominierenden „Regelsysteme" auch als mit einander verknüpfte strategische „Spiele" verstehen. Darunter versteht man - wie beim Vorbild des Schachspiels - Handlungszusammenhänge, an denen mehrere Akteure beteiligt sind, die zwar von einander unabhängig jeweils eigene Ziele verfolgen, aber bei ihren Strategien das strategische Handeln der anderen Akteure einkalkulieren müssen. Im Grenzfall kann es sich um „Nullsummenspiele" handeln, bei denen der eine das gewinnt, was der andere verliert. Für die sozialwissenschaftliche Analyse sind aber solche Spiele von besonderem Interesse, bei denen die Beteiligten (oder wenigstens ein

1.4. Die Verschränkung von Entscheidungsebenen und Regelsystemen

Teil von ihnen) ein Interesse daran haben, mit anderen Spielern (auch mit „Gegenspielern") zu kooperieren. In einer solchen spieltheoretischen Perspektive würde sich für uns somit die Frage stellen, ob es sich für die beteiligten Akteure (vor allem Parlamentsfraktionen und Landesregierungen) auszahlt, wenn sie in beiden Arenen - der wettbewerbsdemokratischen und der bundesstaatlichen - ihre Strategien kooperativ anlegen, oder ob sie sich größeren Gewinn versprechen, wenn sie in einem der Spiele auf Konfrontation setzen - womöglich auf ein „Nullsummen"-Ergebnis, bei dem der Gegenspieler nur verliert.

Die Verschränkung von Arenen kann also in Entscheidungsblockaden resultieren. Blockaden können sich aber auch innerhalb einer Arena (oder Entscheidungsebene) ergeben, wenn hier „Spiele" mit unterschiedlichen Entscheidungsregeln ineinander „verschachtelt" sind (Tsebelis 1990). Hier ist insbesondere an das Koalitions-Spiel in der Arena des Parteienwettbewerbs zu denken, in dem es um die Frage geht, inwieweit die Partner auf Kooperation oder auf begrenzte Konfrontation setzen, um gegenüber den Wählern ihre Eigenständigkeit zu markieren, oder um der Parteibasis zu zeigen, daß sie von ihren Führern nicht verraten wird. Man kann insgesamt davon ausgehen, daß Entscheidungsblockaden am ehesten dann vermieden werden, wenn sich für die beteiligten Akteure bei allen Spielen zusammengenommen Kooperation auszahlt.

Das alles legt die Frage nahe, ob sich solche Blockaden nicht durch Pufferzonen vermeiden lassen, die gewissermaßen in die Verflechtungsstrukturen eingebaut werden und das politische System flexibel halten. An dieser Stelle kann eine begriffliche Unterscheidung aus der Organisationstheorie nützlich sein: Zwischen Organisationen (oder auch zwischen den Elementen einer Organisation) kann es unterschiedliche Grade der *Kopplung* geben. Vieles spricht dafür, daß Systeme gekoppelter Organisationen eine höhere Stabilität erreichen, wenn ihre Elemente nur durch *„lose Kopplung"* miteinander verbunden sind. Damit ist gemeint, daß zwei Organisationen oder Organisationselemente nur durch wenige oder durch schwache gemeinsame Variablen verbunden sind (Weick 1985, 163 ff.). Sie behalten dann ihre Eigendynamik und ein hohes Maß an Flexibilität (vgl. Benz 1998, 215). Mit dem entgegengesetzten Fall der *engen Kopplung* haben wir es insbesondere bei hierarchischer Unterordnung oder „Gleichschaltung" zu tun; aber auch die Entscheidungsverflechtung in „Verbundsystemen" (Scharpf 1976, 35), in denen mehrere prinzipiell autonome Akteure zusammenwirken müssen, stellt eher einen Fall von enger Kopplung dar. Im Unterschied dazu liegt ein wichtiger Vorzug *loser* Kopplung darin, daß Störungen, die von einem Element ausgehen, begrenzt bleiben, während sie sich bei enger Kopplung auf die verbundenen Elemente fortpflanzen. Bei Verhandlungssystemen bedeutet lose Kopplung, daß die Akteure geringeren Entscheidungszwängen unterliegen. Insbesondere sind sie nicht an Vorentscheidungen gebunden, die schon auf anderen Ebenen gefallen sind. Informeller Einfluß tritt an die Stelle hierarchischer Machtbeziehungen. Damit haben Überzeugungsstrategien eine größere Chance, und es kann eher zu sachorientierter Problemlösung kommen. Zwischen einzelnen Arenen kann es Wettbewerb geben, und das erhöht die Chance von innovatorischen Lösungen. Bei enger Kopplung bleibt hingegen oft nur ein mühsamer Interessenausgleich durch Tauschgeschäfte, wenn der Entscheidungsprozeß sich nicht gänzlich festfahren soll.

Zusammenfassend sei festgehalten, daß es hier nicht generell um das Verhältnis von Parteiensystem und Föderalismus geht. Es geht vielmehr einerseits um eine spezifische entwicklungsgeschichtliche Ausprägung des Parteiensystems, in der konkurrenzdemokratische „Polarisierung" und verstärkte Kopplung die verhandlungsdemokratischen Elemente zurückdrängen, die dort in der Vergangenheit eine stärkere Rolle spielten. Zum andern spreche ich von jener tendenziell durch enge Kopplung ausgezeichneten Strukturvariante des Bundesstaats, die heute gern als „Verbundföderalismus" bezeichnet wird (Steffani 1983, 189) und sich wegen dieser institutionellen Eigenart im internationalen Vergleich als besonders „verhandlungsintensiv" darstellt. Während in den USA und der Schweiz Parteiensystem und Föderalismus ein hohes Maß an Kongruenz aufweisen, weil beide von einem verhandlungsdemokratischen Regelsystem mit loser Kopplung dominiert werden, hat sich in Deutschland ein höheres Maß an Inkongruenz ausgebildet. Die folgenden Kapitel sollen zunächst zeigen, wie sich das jeweilige Gewicht der eigentümlichen Handlungslogiken beider Regelsysteme sowohl im Parteiensystem als auch im Bundesstaat verändert hat.

2. Das Parteiensystem auf dem Wege zum bipolaren Wettbewerb

2.1. Das Vielparteiensystem als Verhandlungssystem

Wenn hier die Behauptung aufgestellt wird, daß sich im bismarckisch-wilhelminischen Deutschland zunehmend Prozesse des Aushandelns („*bargaining*") als das dominante Regelsystem durchgesetzt haben, so widerspricht das - jedenfalls auf den ersten Blick - verbreiteten Vorstellungen von der Eigenart der politischen und gesellschaftlichen Strukturen des Kaiserreiches als „Obrigkeitsstaat": Ein deutscher „Sonderweg" der Entwicklung - so diese Vorstellung - habe damals den Modernisierungsprozeß Deutschlands gehemmt. Das Bürgertum dankte politisch ab, indem es die Entscheidungspositionen einer autoritären Machtelite „feudaler" Herkunft und ihrer „allmächtigen Bürokratie" (Arthur Rosenberg) überließ und sich mit „rechtsstaatlicher" Sicherung seiner (unpolitischen) Privatautonomie begnügte, das heißt, in erster Linie mit der Freiheit erwerbswirtschaftlicher Betätigung. Darüber hinaus übernahm es auch noch die politisch-gesellschaftlichen Normen und Wertvorstellungen jener vorindustriellen Machtelite - ein als „Feudalisierung" des Bürgertums bezeichneter, in der sozialen Funktion des Reserveoffiziers symbolisierter Vorgang (Eckart Kehr). Die Figur des „Untertanen" (Heinrich Mann) beherrschte die bürgerliche Szenerie. Oppositionelle Gruppen, insbesondere die Arbeiterschaft und ihre Organisationen, seien - nach dem Fehlschlag repressiver Methoden - durch „negative Integration" (Guenther Roth 1963), also durch Tolerierung ihres organisatorischen Eigenlebens bei Ausschließung von der politischen Mitsprache im Staat, politisch neutralisiert worden. Auch der politische Katholizismus sei aus dem „Ghetto" oder, mit einem anderen Bilde, aus dem „Turm" nicht herausgekommen.

Gewiß besteht weithin Übereinstimmung darüber, daß Bismarcks Verfassungswerk Kompromißcharakter trug, mit Zugeständnissen an Demokratie (allgemeines Wahlrecht im Reich) und Parlamentarismus. Diese seien aber kompensiert, ja überkompensiert worden durch die bundesstaatliche Konstruktion (mit dem Bundesrat als unangreifbarem Bollwerk der Dynastien und der Bürokratie) und durch die „cäsaristische" Vorherrschaft des Kanzlers oder - mit dem „persönlichen Regiment" Wilhelms II. - des Kaisers. Daher sei die autoritäre Form der Konfliktregelung (wo nicht gar: Konfliktunterdrückung) das dominante Merkmal des Systems gewesen. Dieser These von einem deutschen „Sonderweg" in der Entwicklung des modernen Staates, die zeitweise in der Historiographie der alten Bundesrepublik starken Anklang fand, galt der englische und amerikanische Demokratietypus nicht nur als das historische Vorbild, sondern auch als der normative Maßstab demokratischer Entwicklung. Dem korrespondierte in der deutschen Politikwissenschaft die Vorstellung, das britische politische System habe im Zweiparteienwettbewerb des „Westminster-Modells" gleichsam die optimale Ausprägung der parlamentarischen Demokratie erfunden.

Nun läßt sich zwar nicht bestreiten, daß in Bismarcks Staatsgründung das autoritäre, „obrigkeitsstaatliche" Regelsystem zunächst im Vordergrund stand und die politische Kultur des deutschen Bürgertums noch weit über den Sturz der Monarchie hinaus dermaßen beeinflußte, daß es in der nationalsozialistischen Herrschaftsordnung einen neuen Höhepunkt erreichen konnte. Aber vor dieser regressiven, krisenhaften Zuspitzung ist nach der hier vertretenen Auffassung das autoritär-hierarchische Regelsystem schon im Laufe der Entwicklung des wilhelminischen Deutschland zunehmend überlagert worden durch das Regelsystem des Aushandelns. Mit dem Begriff der „Demokratisierung" ist dieser Vorgang nicht korrekt, mit dem der „Parlamentarisierung" nur sehr unzulänglich zu erfassen. Offenbar bahnte sich hier ein Entwicklungstrend an, der - ohne außenpolitisch bedingte Krisen - vermutlich eher in eine Mischung aus „Konkordanzdemokratie" und „liberalem Korporatismus" ausgemündet wäre, also in das Regelsystem einer „Verhandlungsdemokratie".

Die auslösenden Bedingungen waren sowohl sozialstruktureller als auch institutioneller Natur und lassen sich auf die Formel bringen, daß das ungemein komplexe institutionelle Gefüge des Bismarckschen Staates in Verbindung mit einer gleichfalls sehr komplexen Überlagerung gesellschaftlicher Konflikte ein System des „segmentierten Pluralismus" hervorbrachte, das nur durch ständige Aushandlungsprozesse zwischen einer Vielzahl von Akteuren funktionsfähig gehalten werden konnte. Hier soll zunächst vom Vielparteiensystem die Rede sein, jenem Bereich also, der dann - im Unterschied zu anderen Arenen des politischen Systems - in neuerer Vergangenheit einem auffallenden Kontinuitätsbruch unterworfen war.

Auffallend ist dieser Bruch im Vergleich zur bemerkenswert starken Kontinuität der Parteiensysteme in den meisten liberalen Demokratien der „westlichen" Welt. Die in der Parteienforschung sehr einflußreich gewordene These von Lipset und Rokkan (1967), daß „die Parteiensysteme der sechziger Jahre, mit wenigen bezeichnenden Ausnahmen, die Konfliktlinien (*cleavages*) der zwanziger Jahre widerspiegeln", läßt sich zwar in dieser lapidaren Zuspitzung heute nicht mehr aufrecht erhalten. Sowohl die zunehmende Erosion tradierter politischer Bindungen in weiten Teilen der Wählerschaft als auch das Auftreten von neuen parteipolitischen Konfliktlinien, wie sie insbesondere in den Erfolgen „grüner" und „alternativer" Parteien ihren Ausdruck fanden, zwingen dazu, die These vom „Einfrieren" jener alten Konfliktlinien (so Lipset/Rokkan) zu modifizieren. Andererseits darf man nicht übersehen, daß weithin die charakteristischen Konfigurationen nationaler Parteiensysteme immer noch eine bemerkenswerte Kontinuität bewahrt haben. Beispielsweise ist die Konfiguration des schweizerischen Vielparteiensystems, wie sie sich nach dem Ersten Weltkrieg ausgebildet hatte, seither ebenso in den Grundzügen erhalten geblieben wie etwa in Kanada die Dominanz zweier Großparteien gegenüber kleineren Regionalparteien oder in Schweden der - in der Zwischenkriegszeit ausgebaute - Vorsprung der Sozialdemokratie vor den untereinander höchst uneinigen „bürgerlichen" Parteien. Bis zur Endphase der Weimarer Republik blieb auch die Konfiguration des deutschen Parteiensystems, die schon zu Ende des 19. Jahrhunderts deutlich in Erscheinung getreten war, in den Grundzügen erhalten. Wenngleich die Geschichte der Parteiorganisationen teilweise ein auf den ersten Blick verwickelteres Bild bietet (insbesondere die Sezessionen und Fusionen im Liberalismus), lassen sich doch fünf grundlegende Gruppierungen unterscheiden: Konservatismus (insbesondere die Deutschkonservativen, später die Deutschnationale Volkspartei), Rechtsliberalismus (Nationalliberale, später Deutsche Volkspartei), Linksliberalismus (Fortschrittspartei, Freisinn, Süddeutsche Volkspartei, später Deutsche Demokratische Partei), politischer Katholizismus (Zentrumspartei, nach 1919 auch Bayerische Volkspartei) und Sozialdemokratie. In Frankreich würde man mit dem von Albert Thibaudet (in „La République des professeurs", dieser geistreichen Analyse der III. Republik) geprägten Ausdruck von *familles spirituelles* sprechen. Der Aufstieg extremer Parteien auf dem rechten Flügel (Antisemiten, Völkische, Nationalsozialisten) und auf der Linken (KPD) erschütterte diese Konstellation bis 1930 nicht, sondern bereicherte sie nur um zusätzliche Nuancen. Und auch die Existenz kleiner ethnischer und regionaler Sonderparteien (Welfen, Polen, Elsässer, Bayerischer Bauernbund u. dgl.), fügte sich in jene Parteien-Pentarchie ein. Wie dies bei den europäischen Vielparteiensystemen auch sonst die Regel ist, haben sich hier verschiedene, im historischen Ablauf einander folgende Konfliktlinien überlagert und sind gleichsam „eingefroren" (Lipset/Rokkan). Denn dank der Stabilität, mit welcher politische Organisationen sich in der Wählerschaft zu verankern vermögen, werden auch solche gesellschaftlichen Konfliktlagen konserviert, die entwicklungsgeschichtlich im Grunde überständig geworden waren. Otto Kirchheimer hat es so formuliert:

> „Die kontinentaleuropäischen Parteien sind die Überbleibsel der weltanschaulichen Bewegungen des 19. Jahrhunderts. Sie sind denn auch an dem Punkt steckengeblieben, wo die verebbende Energie dieser Bewegungen sie gerade abgesetzt hatte. Die gewaltigen und gewaltsameren Eruptionen des 20. Jahrhunderts sind weiter vorgedrungen; aber im Prozesse ihres Zurückfließens haben sie mehr zur Versteinerung als zur Belebung der bestehenden Parteiensysteme beigetragen. Rationalisierungsversuche in der Nachkriegszeit haben zwar einige neue Variationen hervorgebracht, ohne aber die grundlegende Erbmasse dieser auf sozialen Klassen, Ständen und religiösen oder antireligiösen Interessen beruhenden Parteien zu verändern (Kirchheimer 1957)."

Durch die Überlagerung der solcherart erstarrten Fronten entstand in Deutschland ein besonders kompliziertes Tableau: Im Parteiensystem spiegelten sich die Gegensätze zwischen dem traditionell agrarisch-vorindustriellen und dem industriekapitalistischen Sektor und die untereinander konkurrierenden Interessenlagen innerhalb des Bürgertums wider. Der konfessionelle Konflikt wurde in der politischen Separierung des katholischen Bevölkerungsteils verewigt. Der Gegensatz von „Kapital" und industrieller „Lohnarbeit" schließlich fand seinen Niederschlag in der politischen und gesellschaftlichen Isolierung der Arbeiterschaft.

Zwar vermochte angesichts der Fragmentierung des bürgerlichen Lagers, die nicht zuletzt zu den Spaltungen des Liberalismus beitrug, die vor allem im aristokratisch-großagrarischen Ostdeutschland verwurzelte konservative Machtelite ihre Vorherrschaft in bemerkenswertem Maße zu behaupten. Doch das kostete seinen Preis: Auch ihr Bündnis mit der protektionistischen Schwerindustrie enthob die Konservativen nicht der Notwendigkeit, sich von Fall zu Fall mit anderen sozialen Lagern und Gruppen zu verständigen. Dies vor allem unter den institutionellen Bedingungen einer - wenngleich auf Budgetrecht und Gesetzgebung beschränkten - parlamentarischen Mitwirkung am Entscheidungsprozeß. Das allgemeine Wahlrecht im Reiche - von Bismarck ursprünglich eher als Waffe gegen den Liberalismus eingeschätzt - entfaltete eine unvorhergesehene Eigendynamik; dies belegen nicht zuletzt eben jene von Bismarck bis Wilhelm II. wiederholt erörterten Staatsstreichpläne, die gern als Belege für den autoritären Charakter des wilhelminischen Systems angeführt wurden. (Daß sie in der Monarchie eben *nicht* in die Tat umgesetzt wurden, ist ein zusätzlicher Hinweis auf die politischen Potenzen, die mit der Demokratisierung des Wahlrechts freigesetzt worden waren.) Insbesondere die katholische Zentrumspartei rückte daher nach dem Scheitern des Kulturkampfes zunehmend in eine Schlüsselstellung als kaum zu entbehrender Bündnispartner. Dabei wuchs ihr Bewegungsspielraum in dem Maße, als innerhalb des politischen Katholizismus das Führungsmonopol aristokratischer, großbürgerlicher und klerikaler Eliten zunehmend durch den Aufstieg plebejischer Elemente und der christlichen Gewerkschaften in Frage gestellt wurde.

Die Sozialdemokratie wurde zwar bis zum Vorabend des Ersten Weltkrieges von den Entscheidungsprozessen ferngehalten. Doch durch ihre Existenz, ihre zunehmende Stärke und ihr Eindringen in kleinbürgerliche Wählerschichten trug sie dazu bei, die Struktur des Parteiensystems, auch die Beziehungen der „bürgerlichen" Parteien untereinander, noch komplexer zu gestalten. Und als in dem 1912 neugewählten Reichstag der Sozialdemokrat August Bebel - als der Führer der nunmehr stärksten Fraktion - bei seiner Kandidatur für das Amt des Reichstagspräsidenten die Stimmen selbst eines Teiles der Nationalliberalen erhielt und dem konservativ gestimmten Zentrumspolitiker Spahn nur knapp unterlag, war dies ein Indiz dafür, daß auch die Sozialdemokraten allmählich in die Proporzkultur integriert wurden, die sich im deutschen Parlamentarismus zunehmend ausgebildet hatte.

Der bei uns als Grundelement der innerparlamentarischen Spielregeln selbstverständlich gewordene Parteienproporz ist aber, wie der internationale Vergleich zeigt, keineswegs ein notwendiger Bestandteil eines demokratischen Parlamentarismus. Anderwärts sind das Präsidium und der Vorsitz in den Ausschüssen das legitime Privileg der jeweiligen Mehrheit. In Deutschland sind indessen die Proporzregeln schon seit Weimar so fest verankert, daß der Reichstag der ausgehenden Weimarer Republik Hermann Göring (in SA-Uniform!) im Präsidentenstuhl in Kauf nahm, nachdem die NSDAP stärkste Fraktion geworden war. Erklärlich ist das nur aus der politischen Kultur eines Vielparteiensystems, in dem das Mehrheitsprinzip zurücktrat hinter dem Regelsystem des Aushandelns mit Repartierung von politischen Einflußanteilen.

Eine Konfliktstruktur, wie sie das kaiserlichen Deutschland und Weimar auszeichnete, hat Val Lorwin als „segmentierten Pluralismus" bezeichnet: „Er ist pluralistisch mit seiner (wenn auch widerwilligen, G. L.) Anerkennung der Verschiedenartigkeit religiöser, sozioökonomischer und politischer Bindungen; er ist ‚segmentiert' mit seiner Institutionalisierung der meisten anderen Vereinigungsformen entlang den

2.1. Das Vielparteiensystem als Verhandlungssystem

politisch-religiösen Konfliktlinien" (bei McRae 1974, 33). Das entspricht in etwa dem aus dem niederländischen Sprachgebrauch eingedeutschten Wort „Versäulung". Im segmentierten Pluralismus entwickeln die Parteien nicht jene organisatorische Konzentration, die sich an Erfordernissen des Wettbewerbs um die Führungspositionen orientiert. Sie streben vielmehr nach Sicherung einer angemessenen Einflußsphäre, wie sie eben im Regelsystem des Aushandelns mit dem geringsten Risiko zu erreichen ist.

Daß dieses Regelsystem so dominant werden konnte, ist zweifellos weitgehend den institutionellen Bedingungen zu verdanken, unter denen der deutsche Vielparteien-Parlamentarismus seine Spielregeln ausbildete. Beschränkt auf die Mitwirkung an Gesetzgebung und Haushaltspolitik, ferngehalten von den Regierungsämtern, fehlte ihm der Antrieb der Konkurrenz um die Regierungsmacht. So war kein Anreiz für die Bildung breiter, mehrheitsfähiger und dauerhafter Bündnisse gegeben. Vielmehr lag das Interesse der Parteien eher in der punktuellen Beeinflussung der Regierungspolitik. Dazu trug auch der Umstand bei, daß sie zum Teil in enger Symbiose mit organisierten Interessengruppen standen (so die Deutschkonservativen mit dem Bund der Landwirte, das Zentrum mit dem Verbandskatholizismus, die SPD mit den Freien Gewerkschaften). Die ideologische und interessenpolitische Segmentierung in Verbindung mit dem organisatorischen Partikularismus mußte eine „do ut des"-Mentalität fördern, die in den Proporzregeln des Parlaments ihre natürliche Entsprechung fand.

Die parlamentarische Taktik der kaiserlichen Beamtenregierungen wirkte zunehmend in die selbe Richtung. Wollten sie nicht den Weg zur parlamentarischen Regierung beschreiten, die aus der Mehrheit des gewählten Parlaments hervorgeht, so blieben sie angesichts der komplexer werdenden Mehrheitsverhältnisse darauf angewiesen, von Fall zu Fall mit den Fraktionsführungen zu verhandeln und gegebenenfalls deren Zustimmung durch Gegenleistungen zu erkaufen. Die Zentrumspartei verdankte ihr politisches Gewicht vor allem der Virtuosität, mit der sie dabei ihre Schlüsselstellung ausnutzte; ihre parlamentarische Unterstützung ließ sie sich nicht zuletzt durch Zugeständnisse bei der Ämterpatronage der Regierung honorieren. Der späte deutsche Konstitutionalismus verfuhr da ganz ähnlich wie sein österreichisches Gegenstück: Auch dort beruhte das Regiment der monarchischen Bürokratie gegen Ende zunehmend auf Aushandeln mit den Parteien des zisleithanischen Parlaments. Unter den Bedingungen eines demokratischen Wahlrechts lag eben die einzige Möglichkeit, die institutionelle Unabhängigkeit der Regierung vom Parlament zu wahren und die volle Parlamentarisierung zu verhindern, in einer Politik der wechselnden Allianzen, der temporären Gesetzgebungsmehrheiten.

Der wachsende Einfluß des Reichstags führte daher nicht zur Ausbildung potentieller Regierungsparteien oder -koalitionen, die einander womöglich im Sinne einer alternierenden parlamentarischen Parteiregierung an der Macht hätten ablösen können. Dies zeigte sich deutlich 1909 beim Auseinanderfallen des „Bülowblocks", jener Gesetzgebungsmehrheit aus Konservativen, National- und Linksliberalen unter Ausschluß des Zentrums. Das englische Modell parlamentarischer Regierungsweise blieb umstritten. Je klarer in England das Zweiparteiensystem hervortrat, um so mehr setzte sich im liberalen Bürgertum Deutschlands (das ja am ehesten ein Interesse an der

Parlamentarisierung hätte haben müssen) die Überzeugung durch, daß die alternierende Parteiregierung unter den Bedingungen des in weltanschaulich-politischen Subkulturen segmentierten Pluralismus nicht funktionieren könne. Dahinter steckte nicht zuletzt die Sorge, daß von einem solchen System insbesondere die Blöcke des politischen Katholizismus und der Sozialdemokratie profitieren würden. Denn diese hätten am ehesten die Chance gehabt, einander in der Führung abzulösen, auf Kosten der liberalen Mitte. Dem Zentrum seinerseits konnte daran aber deshalb nicht besonders liegen, weil es ja bei der Politik wechselnder Mehrheiten so gut wie immer mit von der Partie war. Infolgedessen waren die bürgerlichen Parteien bis in die Endphase des Ersten Weltkrieges an der Einführung des parlamentarischen Regierungssystems nicht interessiert und blieben mit seinen eigentümlichen Spielregeln wenig vertraut.

Als es dann infolge der Kriegsereignisse im Jahre 1918 doch zur Parlamentarisierung der Regierung kam, hat diese zwar die institutionellen Rahmenbedingungen so verändert, daß die Regierung den Parteien gegenüber nicht mehr nur in der Rolle des Verhandlungspartners auftrat; vielmehr gewannen die Parteien (bis zur Einsetzung der in erster Linie vom Reichspräsidenten abhängigen Regierung Brüning im Jahre 1930) die Kontrolle über die Bestellung der Regierung selbst. Das hatte aber keine Rückwirkungen auf die Struktur des Parteiensystems. Denn inzwischen hatte diese sich um so mehr verfestigt, als die sozialstrukturellen Konfliktlagen, die seine Entstehung bestimmt haben, damals noch in relativ starkem Maße präsent blieben.

Ja, die spezifische Proporzkultur wurde jetzt noch perfektioniert: Die Verhältniswahl wurde eingeführt und in der Verfassung verankert, ebenso die Proporz-Spielregeln des Parlaments ausgebaut (zum Beispiel der Anspruch der stärksten Partei auf das Parlamentspräsidium) und in der Geschäftsordnung kodifiziert. In der Ämterpatronage, zumal der preußischen Regierung, setzte sich gleichfalls die Repartierung auf die Parteien durch. Hier blieb sie freilich beschränkt auf die Koalitionsparteien; denn jetzt wurde das Parteiensystem, bei Wahrung seiner grundlegenden Struktur, fortgebildet zu einem „zentristischen", um die Mitte gruppierten Koalitionsregime. Dabei verschoben sich die Mehrheiten im Laufe der zwanziger Jahre im großen und ganzen von der Weimarer Koalition (SPD, Zentrumspartei, Deutsche Demokratische Partei) über die „Große Koalition" (unter Einbeziehung der Deutschen Volkspartei) und die „Kleine Koalition" (Zentrum und Liberale) bis hin zum weiter rechts angesiedelten Bürgerblock (Zentrum, Liberale und Deutschnationale) und dann - vor dem Zusammenbruch des parlamentarischen Regierungssystems im Jahre 1930 - noch einmal zurück zur Großen Koalition. Man kann die Parteien in diesem System in drei Gruppen klassifizieren: (1) die Regierungsparteien in Permanenz (Zentrum, DDP), (2) die zeitweise oppositionellen, aber systembejahenden Parteien auf den beiden Flügeln des Spektrums möglicher Koalitionen (SPD einerseits, DVP andererseits), (3) die extreme „Opposition aus Prinzip" (Otto Kirchheimer) auf der Linken und der Rechten (Teile der USPD und KPD, Deutschnationale in den Anfängen und in den letzten Jahren unter der Führung Hugenbergs, NSDAP).

Die Koalitionen wurden durch ständig erneute Aushandlungsprozesse mehr oder weniger wirkungsvoll integriert. Dabei hatten die Fraktionen eine starke und weitgehend autonome Stellung gegenüber dem Kabinett und dem Regierungschef - ein Erbe der in der konstitutionellen Ära eingeschliffenen Verhaltensweisen. Koalitionsausschüsse, die von den Fraktionen beschickt wurden, waren eine häufige Erscheinung; schon die Weimarer Regierungsmehrheit hatte sich ja noch vor der Parlamentarisierung im 1917 etablierten „interfraktionellen Ausschuß" zusammengefunden. Wahlen dagegen hatten nicht die Funktion eines Kampfes um die Mehrheit und damit um unmittelbare Regierungsmacht, sondern legten nur die Ausgangspositionen für die Koalitionsbildung fest. So blieb das Konfliktregelungsmuster von Aushandeln und Einflußrepartierung auch unter den veränderten institutionellen Rahmenbedingungen der Republik dominant.

2.2. Die Konzentrationsbewegung des westdeutschen Parteiensystems

Es ist nun bekanntlich einer der bemerkenswertesten Aspekte der politischen Entwicklung der Bundesrepublik, daß sich die Struktur des Parteiensystems gegenüber der Vergangenheit grundlegend gewandelt hat. War in den meisten liberal-demokratisch regierten europäischen Ländern die Struktur der Parteiensysteme dadurch charakterisiert, daß die gesellschaftlichen Konflikte aus der nationalstaatlichen Entwicklung hier gleichsam „eingefroren" oder „versteinert" waren, sich also dem seither eingetretenen sozialen Wandel nur unvollkommen angepaßt hatten, so stellt die Bundesrepublik einen der wenigen von dieser Regel abweichenden Fälle dar. Das aus der nationalstaatlichen Integrationsphase überkommene Vielparteiensystem veränderte sich hier in einer tiefgreifenden Konzentrationsbewegung, die in den siebziger Jahren im wesentlichen nur die zwei Großparteien CDU und SPD und die wesentlich kleinere liberale Partei übriggelassen hatte.

Bei genauerem Hinsehen lassen sich in dieser Nachkriegsentwicklung des westdeutschen Parteiensystems zwei Entwicklungstendenzen unterscheiden, die Konzentrationsbewegung einerseits, die Polarisierung andererseits. Die „Konzentration" besteht darin, daß kleinere Parteien allmählich von den zwei Großparteien eliminiert oder aufgesogen werden, so daß sich die Zahl der im Parlament vertretenen Parteien spürbar vermindert. Unter „Polarisierung" verstehe ich, daß jede der beiden Großparteien die Machtausübung unter Ausschluß der anderen anstrebt. Die Beziehung der beiden großen Parteien bekommt damit den Charakter eines „Nullsummenspiels" (also eines Spiels, bei dem jeder Gewinn für die eine Seite bei der anderen als Verlust zu Buch schlägt). Grundlegendes Unterscheidungsmerkmal des neuen Parteiensystems ist daher die strategische Orientierung der beiden Großparteien: Weil sowohl die CDU als auch die SPD, jede für sich, die hegemoniale Führung in einer Regierung anstreben, können sie eine „große Koalition" nur ausnahmsweise unter Verzicht auf den hegemonialen Führungsanspruch bilden.

Für kleinere Parteien bedeutet das - im Vergleich zum älteren Vielparteiensystem - eine erhebliche Einschränkung ihres eigenen bündnisstrategischen Spielraums. Angesichts der „Polarisierung" zwischen den Großen blieb für die FDP schon sehr früh nur die Rolle des kleinen Koalitionspartners, der sich auf Jahre hinaus binden mußte und nicht etwa - im Stil älterer Koalitionspolitik - als „Zünglein an der Waage" eine Politik der wechselnden Mehrheiten treiben konnte. Ihr eigenes Profil konnte sie nur in der Funktion des „Oppositionsfilters" (Kaltefleiter) in einer rechten oder linken Regierungskoalition gewinnen. Für kleinere Parteien ist es daher in einem polarisierten Parteiensystem oft mit hohem Risiko verbunden, wenn sie vor Wahlen auf eine „Koalitionsaussage" verzichten, weil auch die Wähler sie immer schon als mögliche Teilnehmer in einer von einer der Großparteien geführten Regierungskoalition wahrnehmen.

In historischer Perspektive ist die Polarisierung des Parteiensystems eine Folge der Konzentrationsbewegung. Das Wählerverhalten war zunächst von den späten vierziger bis zu den siebziger Jahren durch eine zunehmende Konzentration der Stimmen auf zwei führende Parteien gekennzeichnet. Die dadurch veränderte Kräftekonstellation löste bei den politischen Akteuren einen Lernprozeß aus, der früher eingeübte Koalitionsmuster zunehmend obsolet machte und eine strategische Polarisierung zwischen den Großparteien bewirkte. Das erklärt aber nur die Entstehung der Polarisierung, denn inzwischen hat sie eine autonome Dynamik entfaltet. Daß die Konzentrationsbewegung im Parteiensystem seit den späten siebziger Jahren - vor allem durch den Aufstieg der „Grünen" zu einer neuen Kraft im Parteispektrum - wieder rückläufig ist, hat diese eigentümliche Dynamik nicht grundlegend in Frage gestellt. Es kam nicht zum Abbau der Polarisierung, weil die seither erworbenen strategischen Orientierungen der politischen Akteure ein bemerkenswertes Eigengewicht bekommen haben.

Die Konzentrationsbewegung im Parteiensystem hat mehrschichtige Ursachen. Der durch Industrialisierung und Verstädterung bewirkte soziale Wandel allein hätte, wie die Beispiele aus der Mehrzahl der liberal-demokratischen Industrienationen zeigen, eine solche Umschichtung nicht zu bewirken vermocht. Voraussetzung war vielmehr zunächst eine tiefgreifende politische und damit auch wirtschaftliche Krise, die den Wandel überlieferter gesellschaftlicher Konfliktformationen beschleunigte. Dadurch erst erklärt sich vor allem jene Entwicklung im Parteiensystem, die entscheidende Bedeutung gewonnen hat: die Fusion des bürgerlich-konservativen und des katholischen Lagers mit der Gründung der CDU und die allmähliche Aufsaugung der Mehrzahl der nichtsozialistischen Kräfte durch diese neue Sammelpartei. Politische Bündnisse dieser Kräfte hatte es schon im kaiserlichen Deutschland wiederholt gegeben, so insbesondere in der „Sammlungspolitik" von 1897, die Konservative, Freikonservative, Nationalliberale und Zentrum zusammengeführt hatte. Aber jene Bündnisse waren immer instabil geblieben, weil die „bürgerlichen" Parteien weiterhin durch kulturelle, wirtschaftliche und sozialpolitische Interessengegensätze getrennt blieben. Die stabile Fusion jenes einst zersplitterten „bürgerlichen" Lagers zu einer Sammelpartei, durch die sich die Logik des Parteienwettbewerbs nachhaltig veränderte, wäre nicht möglich gewesen ohne die Überbrückung der tiefen Gegensätze zwischen den früher isolierten Subkulturen: den Konfessionen vor allem, aber auch den agrarischen und den städtisch-bürgerlichen Kräften. Sie war einerseits der Annäherung der beiden großen Kirchen in der gemeinsamen Distanz oder Opposition zum Nationalsozialismus zu verdanken, andererseits der Diskreditierung der nationalistisch-konservativen Tradition, deren Vertreter sich 1933 mit Hitler verbündet hatten. Und die faktische Vernichtung

2.2. Die Konzentrationsbewegung des westdeutschen Parteiensystems

des ostdeutschen Großgrundbesitzes ließ auch das Spannungsverhältnis zwischen dem bürgerlich-industriellen und dem agrarischen Flügel der deutschen Rechten, das seit Bismarck die Allianz dieser Kräfte charakterisiert hatte, hinfällig werden und ermöglichte eine organisatorische Zusammenfassung unter Führung des industriegesellschaftlich orientierten Bürgertums.

Da sich zudem auf der anderen Seite des Parteienspektrums auch die extreme Linke als erheblich geschwächt erwies, und zwar nicht nur in Nachwirkung offenbar wirkungsvoller antikommunistischer Agitation des Nationalsozialismus, sondern auch in Reaktion auf die sowjetische Besatzungspolitik, konnte hier die SPD einen ähnlichen Startvorsprung gewinnen. Infolgedessen trat schon bei den ersten Landtagswahlen der Jahre 1946/47 die Dominanz zweier Großparteien deutlich hervor. In den westlichen Besatzungszonen (ohne Berlin und Saarland) erhielten Christliche Demokraten und Sozialdemokraten zusammen 72,2% der abgegebenen gültigen Stimmen. Die Konzentrationsbewegung im Parteiensystem setzte also nicht erst in den fünfziger Jahren ein, wie das häufig dargestellt wird, sondern sie trat schon bei der Neuformierung des Parteienspektrums in den ersten Nachkriegsjahren in Erscheinung.

Die damit vorgezeichnete strukturelle Veränderung ist freilich von den politischen Akteuren und zeitgenössischen Beobachtern in ihrer Bedeutung vielfach nicht gleich erkannt worden. Daß die CDU sich als ein solch dauerhafter und beherrschender Zusammenschluß an die Stelle der ehemals aufgesplitterten „bürgerlichen" Gruppierungen setzen würde, war in den frühen Nachkriegsjahren nicht ohne weiteres vorauszusehen, denn zunächst machte sie den Eindruck eines äußerst lockeren und heterogenen Gebildes ohne klare Führungsstruktur. Erst 1950 kam ja der Zusammenschluß der Landesverbände (mit Ausnahme der bayerischen CSU) zu einer Bundespartei als eine wichtige Station auf dem Wege des Zusammenwachsens zustande, und ohne Adenauers überlegenes taktisches Geschick wäre es vielleicht nicht zu dieser Konsolidierung der bürgerlichen Fusion gekommen. Schon die Bundestagswahlen von 1949 hatten übrigens gezeigt, daß eine Wiederaufsplitterung des Parteiensystems nicht undenkbar gewesen wäre. Der Stimmenanteil von Christlichen Demokraten und Sozialdemokraten fiel auf zusammen 60,3% zurück. Wenn in den folgenden Jahren die Konzentrationsbewegung aber wieder begann und sich bis zur Bundestagswahl 1976 (mit einem Stimmenanteil von 91,2 % für beide Parteien) fortsetzte, so war das wohl nicht zuletzt dem Umstand zu verdanken, daß die beiden Parteiführer, Konrad Adenauer und Kurt Schumacher, für eine Strategie der Konfrontation optiert hatten und sich damit gegen starke Kräfte in CDU und SPD durchsetzten, die eine Politik der breiten Zusammenarbeit vorgezogen hätten.

In den ersten Jahren nach dem Zweiten Weltkrieg hatten nämlich die meisten Länderpolitiker in den politischen Parteien aus den Weimarer Erfahrungen eher den Schluß gezogen, daß eine Konzentration möglichst aller demokratischen Kräfte geboten sei, zumindest solange, als die Erfordernisse des Wiederaufbaus und die Probleme des Besatzungsregimes und der Zonenteilung im Vordergrund standen. Man ging, mit anderen Worten, noch über die Väter der Weimarer Republik hinaus, denen vielfach eine starke Koalition der Mitte wünschenswert erschienen war, und bildete breite Regierungsbündnisse, denen kaum eine nennenswerte Opposition gegenüber stand (um so weniger, als anfangs die Besatzungsmächte vielfach auch auf einer Regierungsbeteiligung der KPD bestanden). Die SPD war bis Mitte 1947 an allen Länderregierungen beteiligt, und im Augenblick der Gründung der Bundesrepublik noch überall außer in Südbaden und Bayern. Die CDU geriet nur in den Hansestädten (wo sie damals noch wesentlich schwächer war als die liberalen Koalitionspartner der SPD) und in Schleswig-Holstein frühzeitig in die Opposition.

Man könnte im Rückblick auf die westdeutsche Entwicklung vermuten, daß diese Vorherrschaft von Großen Koalitionen ein bloßes Übergangsphänomen der unmittelbaren Nachkriegszeit war, das angesichts der Ausbildung zweier rivalisierender Großparteien keine Dauer haben konnte. Das wäre im Einklang mit der Hypothese vom „*size principle*", mit der William Riker (1962) die Theorie der politischen Koalitionen spieltheoretisch begründete: „Übergroße Koalitionen" werden keinen Bestand haben, weil sich rational kalkulierende politische Akteure mit *minimum winning coalitions* begnügen, deren Größe zur Mehrheitsbildung gerade ausreicht. Voraussetzung dieser Hypothese ist allerdings, daß wir es mit einem Nullsummenspiel zu tun haben, bei dem immer nur eine Seite gewinnen kann, und damit verschiebt sich die Frage dahin, unter welchen Bedingungen die Teilnehmer einer „übergroßen" Koalition den Parteienwettbewerb etwa als ein „Nicht-Nullsummenspiel" wahrnehmen. Der internationale Vergleich mit der Nachkriegsentwicklung im benachbarten Österreich zeigt, daß es dabei erhebliche Wahrnehmungsspielräume geben kann. Denn obwohl dort nach 1945 die Dominanz zweier rivalisierender Großparteien noch ausgeprägter war als in Westdeutschland, hielten sie ihre Zusammenarbeit in einer Großen Koalition bis 1966 aufrecht, als die konservative ÖVP eine absolute Parlamentsmehrheit gewann, also über die ganze Wiederaufbauphase der zwei ersten Nachkriegsjahrzehnte.

In Westdeutschland wurde freilich mit dem schon erwähnten Ausnahmefall Schleswig-Holstein frühzeitig eine entgegengesetzte Tendenz sichtbar. Hier hatte die SPD bei der ersten Landtagswahl am 20. April 1947 die absolute Mehrheit gewonnen und die Regierung allein gebildet. Weder die Sozialdemokraten noch die CDU hatten eine Koalition angestrebt; beide bekundeten vielmehr eine deutliche Präferenz für eine „klare Trennung der Verantwortung von Regierung und Opposition"(Varain 1964, 216). Allgemein bestand aber für die Führungsgruppen in CDU und SPD das Problem zunächst darin, die neuartige strategische Position, die sie ihrem Vorsprung vor den anderen Parteien verdankten, als solche überhaupt wahrzunehmen und daraus die Folgerung zu ziehen, daß sie die Chance hatten, in Abkehr von überlieferten Koalitionsstrategien um die hegemoniale Position in der Regierung zu kämpfen und in dieser Perspektive auch eine mögliche Oppositionsrolle ins Auge zu fassen. Daß diese Option wahrgenommen wurde, und damit der Konzentrationsbewegung auch die strategische Polarisierung folgte, wird man zu einem guten Teil auf das Konto der beiden rivalisierenden Parteiführer schreiben können, die schon von ihrer Persönlichkeitsstruktur wenig Affinität zu Koalitionsstrategien hatten: Konrad Adenauer und Kurt Schumacher.

Kurt Schumacher hatte 1945 noch ein Zweiparteiensystem in Deutschland für undenkbar erklärt, denn die konfessionelle Spaltung sei zu tief, die sozialen Interessengegensätze zu stark verwurzelt, als daß ein dauerhafter politischer Zusammenschluß von

2.2. Die Konzentrationsbewegung des westdeutschen Parteiensystems

Katholiken und Protestanten erwartet werden könne. Auch einer „bürgerlichen", kapitalistischen Sammlungspartei gab er keine Chance: Die CDU sei ein „zusammengelaufener Haufe politisch Unmündiger, die unwissentlich und gegen die eigenen Interessen ihrer Armut den kapitalistischen Naturschutzpark des ... Professor Erhard aufrechterhalten helfen" (Wengst 1985, 291). Er täuschte sich also in fataler Weise über die Veränderung des Parteienspektrums durch die Gründung der CDU und glaubte offensichtlich, daß gegenüber einem in sich gespaltenen und diskreditierten bürgerlichen Lager angesichts der Erschütterung der deutschen Gesellschaftsstruktur die Führungsrolle eindeutig der Sozialdemokratie zufallen müsse. Implizit lag damit seiner Strategie die Erwartung zugrunde, das deutsche Parteienspektrum der Nachkriegszeit werde dem ähneln, das damals in Skandinavien den Aufstieg der Sozialdemokratie zur hegemonialen Kraft ermöglichte. Die politische Zusammenarbeit mit anderen Parteien machte Schumacher davon abhängig, daß sie diesen Führungsanspruch anerkannten (Edinger 1967, 280f.). Mit solcher Intransigenz arbeitete er aber Adenauer ungewollt in die Hände. Denn im Unterschied zu zahlreichen anderen führenden christlich-demokratischen Politikern hatte Adenauer erkannt, welche Chancen eine bürgerliche Bündnispolitik in Konfrontation zur SPD und unter eindeutiger Führung durch die CDU als neue Sammlungspartei bieten konnte, und er begründete seine Strategie auch gerne mit dem Hinweis auf das britische Vorbild der Konkurrenzdemokratie (Wengst 1985, 73 f.). Mit dieser Orientierung am „Westminster-Modell" unterschied sich Adenauers Wahrnehmung der Wettbewerbssituation von der Schumachers, aber beide trafen sich in einem Kalkül, der auf *minimum winning coalitions* setzte und sich von Großen Koalitionen keinen Erfolg versprach. Daß sie damit folgenreich eine strategische Neuorientierung der Parteien durchsetzten, zeigt uns, daß institutionelle Veränderungen nicht schon automatisch Verhaltensänderungen auslösen. Hier bewies sich vielmehr die überlegene Fähigkeit einzelner Akteure, die neuartigen Chancen einer veränderten Struktur wahrzunehmen und damit in ihrem gesellschaftlichen Umfeld kollektive Lernprozesse in Gang zu setzen. Als folgenreich erwies sich das auch da, wo (wie im Falle von Schumacher) die neue Strategie die erklärten Ziele zunächst verfehlte.

Als die entscheidende strategische Weichenstellung hin zur dualistischen „Polarisierung" des Parteiensystems muß man die 1947 von Schumacher durchgesetzte Entscheidung der SPD ansehen, im neu errichteten Wirtschaftsrat der englisch-amerikanischen Bizone in Frankfurt, dem ersten Ansatz für eine westdeutsche politische Autorität über der Länderebene, in die Opposition zu gehen. Die Sozialdemokraten hatten zuvor unter Schumachers Einfluß in allen Länderkoalitionen die Wirtschafts- und Innenministerien in ihre Hand gebracht und forderten nun noch im fünfköpfigen Direktorium des Wirtschaftsrates die Ressorts für Wirtschaft und Finanzen. Die CDU-Fraktion war einer Großen Koalition nicht abgeneigt, wollte aber so weitgehende Konzessionen nur auf dem Wege eines typischen Proporzarrangements machen, nämlich im Austausch gegen drei Wirtschaftsministerien in den Ländern. Schumacher lehnte ab, und es kam zu einer „bürgerlichen" Koalition, die im Wirtschaftsrat eine knappe Mehrheit hatte. Dieses Bündnis gegen die SPD bedeutete aber, daß die überlieferten Koalitionsstrategien - nämlich die der großen, um die Mitte des Parteienspektrums gravitierenden Koalitionen - mit dem Übergewicht von Aushandeln und Kompromißbildung zurückgedrängt wurden. Mit der kleinen („bürgerlichen") Koalition traten Mehrheitsprinzip und Wettbewerb als dominierender Konfliktregelungsstil in den Vordergrund.

Als dann bei der ersten Bundestagswahl am 14. August 1949 Schumachers Rechnung auf einen hohen sozialdemokratischen Wahlsieg nicht aufging, konnte Adenauer endgültig die Initiative an sich ziehen und ein Bündnis gegen die SPD zusammenbringen, das nicht nur eine „kleine" (oder „bürgerliche") Koalitionsregierung bilden wollte, sondern sämtliche Spitzenpositionen im Bund unter sich aufteilte. Das Amt des Bundespräsidenten sollte der FDP zufallen, das des Bundestagspräsidenten der CDU, und als Repräsentant der CSU sollte der bayerische Regierungschef Hans Ehard Präsident des Bundesrates werden. Adenauer hatte aber nicht die institutionelle Autonomie dieses Gremiums einkalkuliert, die sich schon daraus ergab, daß die neue bürgerliche Koalition im Bund nicht die ausschlaggebenden Ländermehrheiten kontrollierte. Die Regierungschefs der Länder versuchten bis zuletzt, der Polarisierung im Bunde Widerstand zu leisten, und plädierten für eine Große Koalition im Bund, weil nur so der Bestand der Koalitionsregierungen in den Ländern gesichert erschien: Noch am 26. August 1949 kleidete das die Ministerpräsidentenkonferenz in einer feierlichen „Proklamation an das Deutsche Volk" in die Forderung nach einer „starken und vom Volke getragenen Bundesregierung". Dem nordrhein-westfälischen Ministerpräsidenten Karl Arnold, einem namhaften Exponenten des linken Parteiflügels der CDU, bot die Wahl des ersten Bundesratspräsidenten die willkommene Chance, seinem Rivalen Konrad Adenauer eine Lektion zu erteilen. Daß dieses Amt ausgerechnet dem bayerischen Ministerpräsidenten Ehard zugeschanzt werden sollte, der als einziger Regierungschef die kleine Koalition befürwortete, stellte nicht nur für seine sozialdemokratischen Kollegen eine Herausforderung dar, sondern irritierte auch die christlichdemokratischen Länderchefs. Deshalb konnte Arnold, der wohl selbst gerne Bundeskanzler einer Großen Koalition geworden wäre, entgegen der von Adenauer initiierten Absprache die Präsidentschaft des Bundesrates erfolgreich für sich beanspruchen. Ehard und seine Anhänger reisten verärgert ab.

Es blieb bei diesem symbolischen Erfolg der Länderpolitiker, mit eng begrenzter Wirkung. Denn auch Kurt Schumacher führte seinerseits die Linie der intransigenten Oppositionsstrategie konsequent fort, und damit erwiesen sich die Besorgnisse der Ministerpräsidenten bald als wohlbegründet. Es wurde immer schwerer, in den Landesregierungen mit der Partei zusammenzuarbeiten, von der man im Bund durch scharfe Konflikte getrennt war. Die Regierungsbildung in den Ländern geriet damit rasch in den Sog der Bonner Konfrontation. In den Jahren 1950 und 1951 brach die Große Koalition in den meisten Bundesländern auseinander. Wohl kam es in einzelnen Ländern in der Folge noch für kürzere oder auch längere Zeit zur Wiederbelebung breiter Allianzen (so zum Beispiel der Großen Koalition in Bayern von 1950 bis Ende 1954, die durch die Abspaltung der Bayernpartei von der CSU veranlaßt war, der Bremer Dreiparteienkoalition SPD/CDU/FDP von 1951 bis 1959, oder der Allparteienregierung in Baden-Württemberg von 1953 bis 1960). Aber nach dem Bruch der Berliner Koalition im Jahre 1963 gab es in allen Ländern eine klare Polarisierung,

2.2. Die Konzentrationsbewegung des westdeutschen Parteiensystems

mit einer der beiden großen Parteien als führender Regierungspartei, der anderen als Opposition. Das mußte allerdings nicht bedeuten, daß sich die Landesparteien der Politik der Parteiführungen im Bunde eng unterordneten. Insbesondere einflußreiche Regierungschefs der SPD behaupteten eine beträchtliche Unabhängigkeit gegenüber der zunächst von Kurt Schumacher, und nach dessen Tode von Erich Ollenhauer geführten Parteizentrale im Bund. Am deutlichsten wurde das an der Distanz, welche die populären Bürgermeister der Stadtstaaten (Max Brauer in Hamburg, Wilhelm Kaisen in Bremen und Ernst Reuter in Berlin) gegenüber Schumachers außenpolitischem Kurs bewahrten, insbesondere seiner hartnäckigen Opposition gegen Adenauers Politik der Westintegration

Gleichwohl setzte sich das Modell des bipolaren Wettbewerbs langfristig auch in den Ländern immer stärker durch. Zwar schlug in der zweiten Hälfte der sechziger Jahre das Pendel vorübergehend zurück: Die Annäherung der SPD an die kulturpolitischen Vorstellungen der Kirchen führte 1965 in Niedersachsen zur Auflösung ihrer Koalition mit der FDP und zur Erneuerung der Großen Koalition mit der CDU. 1966 kam es - mit Kurt-Georg Kiesinger als Bundeskanzler und Willy Brandt als Vizekanzler - zur Großen Koalition im Bund und, daran anschließend, in Baden-Württemberg. Aber das wurde nun schon in Teilen der Öffentlichkeit und der Anhängerschaft der großen Parteien (besonders der SPD) als Anomalie empfunden, und die Partner fanden sich in einer höchst ambivalenten Situation. In den Parteiführungen hatte die Erwägung den Ausschlag gegeben, daß wichtige, auf allen Seiten für erforderlich gehaltene Strukturreformen nur in der Regierungszusammenarbeit der großen Parteien durchgesetzt werden könnten. Das galt besonders für die Reform des Haushaltswesens und der Finanzverfassung, und in der Tat kam es hier zu tiefgreifenden Neuerungen, die den beteiligten Akteuren auch wichtige Erfolgserlebnisse vermittelten. So war es auch mit der Notstandsgesetzgebung, die sie gegen heftige Widerstände durchsetzten. Der Öffentlichkeit war dies schon sehr viel schwerer zu vermitteln, weil das Bedrohungsvorstellungen der politischen Eliten zugrunde lagen, die in älteren (vor allem Weimarer) historischen Erfahrungen wurzelten und sich mit der Nachkriegserfahrung einer befriedeten Gesellschaft nicht mehr deckten. Herkömmliches Koalitionsdenken im Stile des älteren deutschen Parlamentarismus reichte unter diesen Umständen als Rechtfertigung nicht mehr aus. Vielmehr mußten die Koalitionspartner in Aussicht stellen, die Fortsetzung ihres Bündnisses durch die Einführung eines „mehrheitsbildenden Wahlrechts" überflüssig zu machen. Das war allerdings ein vages Versprechen und wurde schließlich nicht mehr eingelöst. So kam es nach der Überwindung der Rezession und dem Abschluß der wichtigsten Reformprojekte zunehmend zu starken Spannungen zwischen den beiden großen Parteien. Sie hatten sich in den Lernprozessen der vorangegangenen Jahre die eigentümliche Logik des dualistischen Parteienwettbewerbs schon so sehr zu eigen gemacht, daß beide einen Führungsanspruch erheben mußten, der mit dauerhafter gemeinsamer Regierungsarbeit unvereinbar war.

In den Bundesländern gab es damals bereits deutliche Anzeichen, daß die Große Koalition ein letzten Endes anachronistisches Zwischenspiel war: In Nordrhein-Westfalen war es der SPD-Führung 1966 nicht mehr gelungen, die Nachahmung des

Bonner Bündnisses der beiden großen Parteien durchzusetzen. Vielmehr veranlaßte eine Mehrheit der Landtagsfraktion den Parteivorsitzenden Kühn, statt dessen mit der FDP unter Willy Weyer eine „sozialliberale" Koalitionsregierung zu bilden. Und in Baden-Württemberg konnte 1968 die sozialdemokratische Landtagsfraktion die Große Koalition nur gegen den ausdrücklichen Widerspruch einer Mehrheit der Landesdelegiertenkonferenz erneuern. Es konnte daher als die natürliche Folge der Auflösung der Großen Koalition im Bunde angesehen werden, wenn 1970 auch in Niedersachsen und 1972 in Baden-Württemberg diese Allianz mit den Landtagswahlen endete.

Noch bezeichnender für die Intensität der inzwischen erfolgten Polarisierung im Bunde ist freilich der Umstand, daß sie nun zunehmend auch auf das Koalitionsverhalten der kleineren Parteien in den Ländern durchschlug. In den fünfziger und sechziger Jahren konnten sie durchaus noch wechselnde Bündnisse in Bund und Ländern eingehen. Das tat insbesondere eine reine Interessenpartei wie der „Block der Heimatvertriebenen und Entrechteten" (BHE), der in Hessen (1954-1966) der SPD, in Schleswig-Holstein (1950-1958) den Christlichen Demokraten und in Bayern und Niedersachsen seit 1951 beiden abwechselnd zur Mehrheit verhalf, während er von 1953 bis zur Parteispaltung 1955 der Regierung Adenauer im Bund angehörte.

Die Koalitionspolitik der FDP in den Ländern war zwar stärker am Bonner Regierungsbündnis mit der CDU orientiert. Aber auch hier gab es noch Ausnahmen von der Regel: So blieb die FDP in den Hansestädten jahrelang Koalitionspartner der Sozialdemokraten (in Hamburg von 1957-1966, in Bremen ununterbrochen bis 1971). 1956 stürzte sie mit der SPD die Regierung Arnold in Nordrhein-Westfalen, dies freilich aus rein bundespolitischen Erwägungen, nämlich um Adenauers Pläne für eine Wahlrechtsänderung zu durchkreuzen (Regierung Steinhoff, bis 1958). Dieser Vorgang hatte auch bundespolitische Konsequenzen, nämlich die Abspaltung des „Ministerflügels" von der FDP-Fraktion, die darauf (bis zur Wiederherstellung des Bündnisses nach der Bundestagswahl 1961) in die Opposition ging. In Niedersachsen gab es eine SPD/FDP-Koalition von 1959-1965. Ihr vorausgegangen war hier - besonders bezeichnend für das Gewicht, das landespolitische Überlegungen damals noch gewinnen konnten - eine Koalition zwischen der konservativen Deutschen Partei des im Bunde mit Adenauer alliierten Heinrich Hellwege, der SPD unter Hinrich Kopf, und der CDU (1957-1959). Eine besonders heterogene Allianz fand sich von 1954-1957 in Bayern zusammen: SPD, FDP, die partikularistisch-konservative Bayernpartei und die Flüchtlingspartei BHE verbündeten sich gegen den Hegemonieanspruch der Christlich-Sozialen Union. Indes läßt sich die Entwicklung des Parteiensystems während der CDU-Kanzlerschaften der ersten zwei Jahrzehnte folglich so beschreiben, daß die in den ersten Nachkriegswahlen deutlich gewordene Konzentrationsbewegung im Wählerverhalten und die von Adenauer wie Schumacher betriebene strategische Polarisierung der Parteiorganisationen auf Bundesebene sich wechselseitig verstärkten, und daß auch die Länderparteien sich diesem Sog nicht entziehen konnten.

2.3. Die sozialliberale Koalition und der polarisierte Wettbewerb

Der Regierungswechsel von 1969, der die CDU nach zwanzig Jahren von der Macht verdrängte, verhalf dann dem bipolaren Wettbewerb im Parteiensystem voll zum Durchbruch. Die „Polarisierung" verstärkte sich seit 1969 nicht so sehr infolge des Wiederauflebens programmatischer und ideologischer Differenzen, der damals eine jüngere Generation von Sozialwissenschaftlern unter dem Eindruck der Studentenbewegung großes Gewicht beilegen wollte. Schon in der Endphase der Großen Koalition traten die eigentlichen Gründe zutage: einerseits bei der an eine jahrzehntelange Führungsrolle gewohnten CDU die zunehmende Unwilligkeit, die Führung mit der SPD zu teilen, andererseits bei der SPD eine zunehmende Betonung des eigenen Führungsanspruchs. Die „Polarisierung" des Parteiensystems kam vor allem darin zum Ausdruck, daß Koalitionen zwischen den beiden großen Parteien schwieriger und unwahrscheinlicher wurden. Indem sie einander die Vorherrschaft in der Regierung streitig machten, lösten sie sich auch zunehmend von einem älteren Verständnis der Funktion von Parteien, das ebenso vom konstitutionellen Dualismus Regierung-Parlament wie von der Parteienvielfalt geprägt worden war. Damals war nicht die Mehrheit und die politische Führungsrolle strategisches Ziel gewesen, sondern eher Interessenvertretung durch anteilige Einflußnahme auf die Regierungspolitik. Ganz im Sinne dieser überlieferten Spielregeln hatte noch in den fünfziger und sechziger Jahren die sozialdemokratische Opposition durch Mitarbeit im Gesetzgebungsprozeß begrenzte politische Ziele durchzusetzen gesucht, und zwar auf Kosten einer klar profilierten Oppositionsrolle. Die von Schumacher eingeleitete Konfrontationsstrategie schlug in der Innenpolitik nicht auf die überlieferten parlamentarischen Spielregeln durch. Der Übergang zur gewissermaßen „angepaßten Opposition" seit dem Ende der fünfziger Jahre, mit der die SPD ihre „Regierungsfähigkeit" demonstrieren wollte, bedeutete daher keinen prinzipiellen Kurswechsel in dem schon früher stark kooperativ ausgerichteten parlamentarischen Verhalten. Dieses wurde im übrigen auch dadurch erleichtert, daß sich die CDU und die Regierungskoalition ihrerseits oft genug im Parlament „auseinander dividieren" ließen, weil sie eher in einzelne, auf spezifische Interessenvertretung gerichtete Gruppierungen zerfielen, als die Rolle der Regierungsmehrheit konsequent zu spielen.

Die in der Spätphase der Großen Koalition viel diskutierte „Polarisierung", die von Teilen der Öffentlichkeit zunächst nicht durchweg verstanden und deshalb auch beklagt wurde, bedeutete demgegenüber eine Veränderung im Rollenverhalten der Parteien, das die strategischen Konsequenzen aus der dualistischen Konzentrationsbewegung zog. Es ist dabei bemerkenswert, daß die sozialliberale Regierungskoalition sich dieser veränderten strategischen Konstellation insofern besser anpaßte, als sie - in Abwendung von hergebrachten parlamentarischen Gebräuchen - nach 1969 konsequent die „Mitarbeit" der Opposition verschmähte und deren Anträge niederstimmte, durchaus vergleichbar den Usancen im britischen System alternierender Parteiregierung, während die CDU/CSU-Fraktion sich anfänglich schwertat, einen dieser Konstellation angemessenen Oppositionsstil zu entwickeln (Veen 1973, 79 ff.).

Ein eigentümlicher Nebeneffekt der Polarisierung seit der Bildung der sozialliberalen Koalition bestand darin, daß auch solche Materien in den Sog der Polarisierung gerieten, bei denen kein klarer programmatischer Zusammenhang mit den Zielen der konkurrierenden politischen Lager gegeben war, und bei denen folglich in der Vergangenheit parteienübergreifende Frontbildungen durchaus vorkamen. Ein sehr anschauliches Beispiel dafür ist der Konflikt über Geschwindigkeitsbeschränkungen für den Autoverkehr, wie sie seit der ersten Ölkrise von 1973 diskutiert wurden. Die dafür geltend gemachten Gründe - geringerer Benzinverbrauch, geringere Unfallhäufigkeit, Verringerung von Schadstoffemissionen - hatten und haben kaum einen erkennbaren Bezug zur Programmatik der politischen Parteien. Das erklärt auch, daß - von den USA als Vorreiter ausgehend - das Tempolimit auf Autobahnen internationale Verbreitung fand und, unabhängig von der politischen Ausrichtung der nationalen Regierungen, fast europaweit praktiziert wird. Wenn Deutschland dieser Entwicklung nicht gefolgt ist, dann hat das seinen Ursprung in der eigentümlichen Zuspitzung der Polarisierung in den siebziger Jahren: Als damals der ADAC - mit dem Anspruch, Interessenvertreter der Autofahrer zu sein - den Slogan „Freie Fahrt für freie Bürger" lancierte, bewirkte das eine symbolträchtige Aufladung des Themas, deren wahlkampfwirksamen Reiz sich die christlich-demokratische Opposition auf Dauer nicht entziehen mochte. Bei der Beratung der Verordnung über Höchstgeschwindigkeiten auf den Autobahnen gingen in den Bundesratsausschüssen die Meinungen noch zunächst quer durch die Parteifronten; erst im Plenum setzte die CDU-Mehrheit geschlossen die „Richtgeschwindigkeit" von 130 Stundenkilometer durch.

Es kann unter diesen Umständen nicht überraschen, daß seit dem „Machtwechsel" von 1969 die bundespolitische Polarisierung auch auf die Länder durchschlug. Mit dem Ende der Großen Koalitionen auch in Hannover und Stuttgart (also 1970 und 1972) wurde die Bonner Frontstellung zwischen Regierungskoalition und Opposition ganz konsequent zum Vorbild für das Koalitionsverhalten auch in den Ländern. Mitte 1975 gab es sozialliberale Regierungsbündnisse in Nordrhein-Westfalen, Niedersachsen, Hessen, Hamburg und Berlin , während in Bremen die SPD, in den übrigen Bundesländern die christlich-demokratischen Parteien jeweils allein die Regierung stellten.

Die politischen Akteure in den großen Parteien haben gelernt, daß die Konzentrationsbewegung im Wählerverhalten ihnen strategische Spielräume eröffnet, mit denen die Parteipolitik der Weimarer Republik noch nicht zu tun hatte. Vor allem die Chance hegemonialer Machtausübung erweist sich als eine neue und zunehmend unwiderstehliche Erfahrung. Das konnte sich in der „alten" Bundesrepublik zwar nicht bis zu jener Abneigung gegen jegliche Koalitionsbildung verfestigen, wie sie bei den großen Parteien des britischen Unterhauses bislang so ausgeprägt war. Nicht nur das Wahlsystem, sondern auch das Wählerverhalten sorgten vielmehr dafür, daß ein Koalitionszwang erhalten blieb, und im Bund hat niemals eine Partei alleine die Regierung gebildet. Doch das wird man schwerlich als Anzeichen für einen spezifischen „Konsensualismus" im deutschen Parteiensystem (Thaysen 1985) interpretieren können. Denn wo in einem Bundesland eine der großen Parteien die absolute Mehrheit der Landtagsmandate errang, hat sie seit den sechziger Jahren auch nie mehr gezögert, eine Alleinregierung zu bilden. Wenn aber das Wahlergebnis dies nicht zuließ, dann

2.3. Die sozialliberale Koalition und der polarisierte Wettbewerb

kam es in der Regel zu kleinen Koalitionen, die von einer hegemonialen Partei geführt wurden. Dagegen wurde die Machtteilung zwischen CDU und SPD in Form einer Großen Koalition nun immer unwahrscheinlicher, weil sich beide Parteien in den Nachkriegsjahrzehnten strategische Grundorientierungen angeeignet hatten, die sich ohne die in diesen politischen Lernprozessen ausgebildeten Hegemonieansprüche nicht mehr gut durchhalten ließen. Das hat mit der Frage ihrer wechselseitigen „Koalitionsfähigkeit" nichts zu tun, denn die war nie ernsthaft bestritten, sondern ergibt sich aus der strategischen Logik eines Parteiensystems, das sich zwischen zwei Parteien mit Hegemonieanspruch polarisiert hat.

Für die kleineren Parteien ergaben sich aus der Polarisierung natürlich manche strategischen Dilemmata. Das galt vor allem für die Liberalen. Die Einbeziehung der FDP in den Polarisierungsprozeß war eine Konsequenz des durch Führungskonkurrenz verursachten Gegensatzes der Großparteien, also ein sekundäres Polarisierungsphänomen. Koalitionsstrategisch blieben aber wechselnde Allianzen der FDP in Bund und Ländern mit der primären Polarisierung zwischen CDU und SPD nicht unvereinbar, so daß Überlegungen, wie sie in der FDP nach dem niedersächsischen Regierungswechsel 1976 angestellt wurden, die allseitige Koalitionsfähigkeit der Partei wiederherzustellen, keine Umkehr der Polarisierungstendenz darstellten. Doch es war ja nicht zufällig, daß sich die FDP in den Ländern bis 1976 so weitgehend an die SPD gebunden hatte und die CDU demgegenüber das pejorativ gemeinte Wort von den „Blockparteien" (SPD und FDP) einführte. Schon die Kampfansage Kiesingers an die Liberalen nach der Regierungsbildung 1969 (man wolle die FDP aus den Landtagen „herauskatapultieren") zeigte, daß die Polarisierung zwischen den Großparteien bei diesen auch begleitet war von abnehmender Toleranz gegenüber der Bereitschaft kleiner Parteien zu wechselnden Bündnissen - also gegenüber einem Koalitionsverhalten, wie es im Vielparteiensystem nicht ungewöhnlich war. Die kleinen Parteien liefen damit das Risiko, daß in der öffentlichen Meinung ein solches Koalitionsverhalten zunehmend als Verstoß gegen die inzwischen verbreiteten Erwartungen bewertet wurde, daß Parteiensystem solle klare Frontbildungen und eindeutige Optionen für den Wähler präsentieren.

Daß die FDP in Rheinland-Pfalz vor den Landtagswahlen vom 9. 3.1975 ihre Bereitschaft zu einer Koalition mit der CDU erklärte, wurde als ein erstes Anzeichen für eine mögliche Lockerung der sozialliberalen Allianz auch im Bunde verstanden. Doch bezeichnend für die generell weiterwirkende Polarisierungstendenz war insbesondere das Sträuben der saarländischen FDP, das bei den Landtagswahlen vom 4.5.1975 entstandene Patt zwischen der CDU einerseits, SPD und FDP andererseits (mit je 25 Mandaten) durch Einschwenken auf eine Koalition mit der CDU aufzulösen. Dem entsprach dort auf seiten der CDU die Weigerung, eine Allparteienregierung zu bilden. Beides hätte sich nach den Spielregeln des älteren Länderparlamentarismus rechtfertigen lassen. Ganz ähnlich lagen die Dinge nach der überraschenden Wahl des CDU-Abgeordneten Albrecht zum niedersächsischen Ministerpräsidenten am 6. 2.1976, die dadurch möglich geworden war, daß in der geheimen Abstimmung zwei Abgeordnete aus der Regierungskoalition von SPD und FDP den Kandidaten der bisherigen Oppositionspartei unterstützten. Zwar hatte in beiden Fällen die FDP dann die Bereitschaft erkennen lassen, das CDU-Kabinett stillschweigend zu tolerieren; zu einem vollen Regierungsbündnis vermochte sie sich damals aber noch nicht zu entschließen. 1977 fielen diese Hemmungen, und sowohl in Niedersachsen als auch im Saarland traten die Liberalen in CDU-geführte Koalitionen ein. Als schließlich die hessische FDP vor den Landtagswahlen 1982 eine Koalitionsaussage zugunsten der CDU machte, geschah das mit dem Segen der Bundespartei und bereitete deren Ausstieg aus der sozialliberalen Koalition vor.

2.4. Die Erosion des Dreiparteiensystems und ihre Auswirkungen

Der Wechsel der Regierungsmehrheit im Bunde von 1982 schlug zunächst wieder in der gewohnten Weise auf die Mehrheitsbildung in den Ländern durch. Wo die CDU nicht allein regieren konnte, half ihr bis Ende der achtziger Jahre die FDP als Koalitionspartner die Mehrheit zu behaupten (Berlin 1983-1989, Niedersachsen 1986-1990, Hessen und Rheinland-Pfalz 1987-1991, Schleswig-Holstein 1987-1992). Wo die SPD dominierte, regierte sie zunächst allein (in einigen Fällen mit einer Minderheitsregierung). Aber in den neunziger Jahren wurden die Koalitionsmuster vielfältiger. Das hatte vor allem darin seine Ursache, daß ein verändertes Wählerverhalten die Konzentration im Parteiensystem wieder rückläufig werden ließ. Die Bundestagswahl von 1976 war - mit über 91 % der abgegebenen gültigen Stimmen für CDU/CSU und SPD zusammen - der Höhepunkt der Konzentrationsbewegung gewesen. Seither ging der aggregierte Anteil der beiden Großparteien von einer Bundestagswahl zur anderen wieder zurück, bis er 1990 im vereinigten Deutschland nur noch 77 % (und im Gebiet der alten Bundesrepublik 81 %) betrug. Damit war zwar die Führungsposition dieser beiden Parteien noch nicht in Frage gestellt, und seither hat sich die Summe ihrer Stimmenanteile offenbar stabilisiert (Niedermayer 1997, 114). Aber sie agierten nun in einer zunehmend veränderten Parteienkonfiguration, denn im Parteiensystem traten neue Akteure in Erscheinung. In einer Reihe von Ländern schrumpften die Optionen für die beiden Großparteien so deutlich, daß sie sich auf neue, bislang unkonventionelle Koalitionsmodelle einlassen mußten.

Ausgelöst wurde diese Entwicklung durch den Aufstieg der Grünen, der um die Wende zu den achtziger Jahren mit dem Einzug in eine Reihe von Landtagen begann: Bremen 1979, Baden-Württemberg 1980, Berlin 1981, Niedersachsen, Hamburg und Hessen 1982. Das war das Vorspiel zu ihrem Einzug in den Bundestag 1983, und seither sind sie sukzessiv in alle anderen Landtage der „alten" Bundesrepublik vorgedrungen. Ein weiteres Moment, das zur rückläufigen Konzentration im Parteiensystem beitrug, war ein gewisses Wiedererstarken rechtsextremer Protestparteien, insbesondere der „Republikaner" und der „Deutschen Volksunion". Bei Bundestagswahlen blieben ihre Erfolge zwar bescheiden, aber sie schafften den Einzug in einige Landtage (Bremen 1987, Berlin 1989, Schleswig-Holstein 1992, Baden-Württemberg seit 1992). Schließlich kam mit der deutschen Vereinigung auch noch die PDS hinzu, die entgegen voreiligen Prognosen nicht ein Übergangsphänomen blieb, sondern gegenüber dem Ausgangsjahr 1990 ihre Positionen mit der Zeit verbessern konnte. Sie ist in allen

2.4. Die Erosion des Dreiparteiensystems und ihre Auswirkungen

ostdeutschen Landtagen einschließlich des vereinigten Berlin vertreten und schaffte 1994 und 1998 erneut den Einzug in den Bundestag.

Um so bemerkenswerter ist aber der Umstand, daß diese Entwicklung auf die dualistische Polarisierung des Parteiensystems nicht zurückgewirkt hat. Im Hinblick auf Regierungsbildung ist der Wettbewerb der beiden Großparteien grundsätzlich weiterhin ein Nullsummenspiel geblieben. Selbst als der Zusammenbruch der DDR ganz unerwartet die Perspektive der deutschen Vereinigung öffnete, als somit eine Krisenlage entstand, die eine Koalition aller demokratischen Parteien objektiv gerechtfertigt hätte, wurde dieser Prozeß ganz stark von den Selektionskriterien des Parteienwettbewerbs bestimmt (Lehmbruch 1990). Folgerichtig ist es auch in den Bundesländern im allgemeinen nur noch dann zu Großen Koalitionen gekommen, wenn das Wahlergebnis infolge des Rückgangs der Wählerkonzentration den großen Parteien für eine Mehrheitsbildung keinen kleinen Koalitionspartner ließ, der verfassungspolitisch akzeptabel gewesen wäre. So war es in Baden-Württemberg (1992-1996) der Erfolg der rechtsextremen „Republikaner", der die CDU zum Zusammengehen mit der SPD zwang. Und nach der deutschen Vereinigung war der Spielraum der SPD in Ostdeutschland dadurch eingeengt, daß sie vor einer Mehrheitsbildung mit Hilfe der PDS lange zurückschreckte (Berlin 1991-1995 und seit 1995, Mecklenburg-Vorpommern seit 1994, Thüringen seit 1994). Die SPD von Sachsen-Anhalt allerdings riskierte schon 1994 erfolgreich das Modell einer rot-grünen Minderheitsregierung mit stillschweigender Tolerierung durch die PDS. Erst 1998 vollzogen dann die Sozialdemokraten in Mecklenburg-Vorpommern einen weiteren Schritt und bildeten an Stelle der ungeliebten Großen Koalition ein Regierungsbündnis mit der PDS als Juniorpartner. Von der eigentümlichen Problematik dieser Koalitionsbildungen in Ostdeutschland wird weiter unten noch einmal die Rede sein; die große Koalition in Bremen seit 1995, wo eine „rot-grüne" Koalition rechnerisch eine Stimme Mehrheit gehabt hätte, ist ein Sonderfall.

Die SPD hat sich unter diesen Umständen allmählich mit dem rot-grünen Bündnis als neuem Koalitionsmodell anfreunden müssen, obgleich das „fundamentalistische" Erscheinungsbild, das große Teile der Grünen in ihren Anfangsjahren boten, an deren Koalitionsfähigkeit zunächst Zweifel wecken mochte. Die Annäherung begann unter beträchtlichen Geburtswehen mit der Tolerierung einer sozialdemokratischen Minderheitsregierung in Hessen durch die grüne Partei (1982-1985). Deren Eintritt in eine hessische Koalitionsregierung (1985-1987) wurde dann zum Probelauf für ein Modell, das zeitweise auch in Niedersachsen und West-Berlin funktionierte, aber erst in der zweiten Hälfte der neunziger Jahre (mit Hessen, Nordrhein-Westfalen, Sachsen-Anhalt, Schleswig-Holstein und Hamburg) zu einer dominierenden Alternative zum CDU-FDP-Bündnis wurde. In einzelnen Fällen gab es auch die sogenannte „Ampelkoalition", also „Rot-Grün" unter Hinzunahme der („gelben") FDP - so in Brandenburg (1990-1994) und in Bremen (1991-1995).

Die durch das Auftreten der Grünen bewirkte Veränderung der triadischen Konfiguration des Parteiensystems hat aber nicht nur die Optionsspielräume für Koalitionen verändert. Sie schlägt auch auf die Positionen der einzelnen Parteien im Parteienspektrum durch, das ja gemeinhin als eine Rechts-Links-Dimension vorgestellt wird.

Davon ist insbesondere die FDP betroffen. Es war in der Vergangenheit für die Liberalen charakteristisch, daß sie sich auf zwei Dimensionen des Parteienspektrums unterschiedlich verorteten: In der Wirtschafts- und Sozialpolitik standen sie eher rechts von der CDU, in wichtigen Fragen der Innenpolitik (Kulturpolitik, Rechtspolitik) aber links von der CDU und womöglich auch von der SPD.

So lange die FDP zwischen diesen beiden Dimensionen ihrer Verortung im Parteienspektrum die Balance zu wahren wußte, konnte sie als eine zu beiden Großparteien hin bündnisfähige „Scharnierpartei" erscheinen (Broughton/Kirchner 1986). Das erlaubte ihr zwar nicht, von Fall zu Fall die Rolle des „Züngleins an der Waage" zu spielen, weil im dualistisch polarisierten Parteienwettbewerb auch von den kleineren Parteien langfristige Bindungen an Bündnispartner erwartet wurden. In der Tat haben der FDP sowohl ihr Eintritt in die Koalition mit der SPD im Jahre 1969 als auch zwölf Jahre später der Koalitionswechsel zurück zur CDU jeweils den Verlust wichtiger Segmente ihrer Anhängerschaft eingebracht. Aber seit den frühen sechziger Jahren konnte man sich jedenfalls die FDP in einer Langfristperspektive als Partnerin sowohl eines rechten als auch eines linken Bündnisses vorstellen. Und im einen wie im anderen Falle konnte sie die Rolle eines „Oppositionsfilters" spielen: Indem sie innerhalb eines konservativ dominierten Bündnisses die Nische einer „Bürgerrechtspartei" besetzte, konnte sie innenpolitisch liberal orientierte Wähler binden. Innerhalb eines sozialdemokratisch geführten Bündnisses konnte sie andererseits auch solche Wähler anziehen, die rechts von den wirtschaftspolitischen Positionen des größeren Partners standen. Mit dieser Scharnierfunktion aber trug die FDP als Koalitionspartner indirekt auch dazu bei, daß das Bündnis im Verhältnis zur jeweiligen Opposition kompromißfähig blieb.

Mit der Abschwächung des Wirtschaftswachstums und der Krise der keynesianischen Nachfragepolitik aber verengten sich die ökonomischen Spielräume für eine Balancepolitik der FDP in der Mitte des Parteienspektrums, weil die verteilungs- und steuerpolitischen Interessen der Unternehmerschaft nun nicht länger mit dem verteilungspolitischen Interessen der Arbeitnehmer harmonisiert werden mußten (Scharpf 1987, 194). Nach dem allmählich vorbereiteten Koalitionswechsel von 1982 wurde es für die FDP zunehmend schwieriger, den Charakter einer „Scharnierpartei" zwischen den beiden Großparteien zu behaupten. Nicht nur engte die Abwanderung eines Teiles des sozialliberalen Flügels ihren strategischen Spielraum ein. Schwerwiegendere Folgen hatte das Auftreten der Grünen. Sie rekrutieren ihre Anhängerschaft in einem gesellschaftlichen Milieu, dessen Sozialprofil dem der FDP sehr ähnlich ist, und auch sie präsentierten sich - wie die „sozialliberale" FDP der siebziger Jahre - als eine „Bürgerrechtspartei" und als eine mögliche politische Heimat für Wähler, die den traditionellen Milieubindungen der beiden Großparteien abhold waren. Aber sie repräsentieren ein jüngeres Element der aufstiegsorientierten gebildeten Mittelschicht, das die FDP lange vernachlässigt hatte. Nicht zuletzt boten sie einer jüngeren Generation von Frauen die Chance zu gleichberechtigter politischer Beteiligung, die sie im Honoratiorenbetrieb der FDP-Organisation nicht gefunden hätten. Die Folge war, daß die Grünen - je mehr sie ihrer fundamentalistischen Sturm- und Drang-Zeit entwuchsen - der FDP ihre Nische auf der innenpolitischen Rechts-Links-Dimension streitig machten.

2.4. Die Erosion des Dreiparteiensystems und ihre Auswirkungen

Für die FDP gab es - je nach Mehrheitsverhältnissen - zwei mögliche Gegenstrategien. Daß sie in Rheinland-Pfalz 1991 in eine Koalition mit der SPD eintrat und daran 1996 festhielt, obwohl das Landtagswahlergebnis ihr diesmal auch ein Regierungsbündnis mit der CDU erlaubt hätte, wird man als weitsichtige Verteidigung ihrer Scharnierposition interpretieren können. Anders die FDP-Strategie im Bundestag: Hier versuchte die FDP in den neunziger Jahren auf der wirtschafts- und sozialpolitischen Dimension eine Nische rechts von der CDU zu besetzen, bei deutlicher Distanzierung von den wohlfahrtsstaatlichen Traditionen, denen CDU und SPD je auf ihre Weise verpflichtet waren. Daß dies zu Lasten der Position auf der innenpolitischen Dimension ging, wurde Anfang 1996 durch den Rücktritt der Justizministerin Leutheusser-Schnarrenberger besiegelt, der Repräsentantin der linksliberalen Tradition in der Rechtspolitik. Damit veränderte die FDP tendenziell ihr politisches Profil von dem einer (zweidimensional verorteten) Scharnierpartei zwischen den beiden Großparteien zu dem einer (eindimensional verorteten) Flügelpartei auf der Rechten des von der CDU geführten politischen Lagers.

Mit dieser Profilveränderung reagierte die Partei auf den Umstand, daß ihr Wählerstamm in existenzgefährdender Weise abbröckelte. Nicht nur verlor sie in weiten Regionen einen großen Teil ihrer kommunalen Repräsentanz, sondern sie verschwand in einem Teil der Länder auch aus den Landtagen; die dramatischsten Einbrüche vollzogen sich in Ostdeutschland. Auf der Bundesebene überlebte sie vor allem dank der „Leihstimmen" von CDU-Anhängern, die ihr über die Fünf-Prozent-Hürde helfen wollten, um der CDU einen Koalitionspartner zu erhalten. Die Führung der FDP konzentrierte in dieser Lage ihre Aufmerksamkeit auf Zielgruppen, die nach ihrer wirtschafts- und sozialpolitische Interessenlage eher rechts von der CDU (oder auf ihrem rechten Flügel) standen und damit unzufrieden waren, daß sich bei den Christdemokraten noch starke Kräfte den sozialstaatlichen Traditionen verpflichtet fühlten. Bezeichnender Ausdruck dieser Profilierungsstrategie war der törichte Einfall der Parteizentrale - den sie vergeblich vergessen zu machen suchte -, die FDP als die „Partei der Besserverdienenden" zu präsentieren.

Die Entwicklung der FDP zu einer „Klientelpartei" knüpfte an eine Entwicklung an, die schon sehr viel länger beobachtet werden konnte. Die FDP war ja immer schon auch eine ausgeprägte mittelständische Interessenpartei gewesen, doch war das in der Vergangenheit nur eine ihrer Facetten, und andererseits konkurrierte sie da mit den Christdemokraten, die ja lange Zeit ihrerseits einer lockeren Allianz von innerparteilichen Klientelgruppen ähnelten. Bis zum Regierungswechsel von 1969 mochte deshalb die CDU beispielsweise für Interessengruppen der freien Berufe der interessantere Ansprechpartner sein. Das änderte sich in der Zeit der sozialliberalen Koalition, nicht zuletzt auch deshalb, weil die CDU nach der Übernahme des Parteivorsitzes durch Helmut Kohl (1973) einen strukturellen Modernisierungsprozeß erlebte, der ihr eine deutlich größere organisatorische Geschlossenheit und Schlagkraft verlieh und unter anderem auch den innerparteilichen Klientelismus zurückdrängte (zum folgenden vgl. Rosewitz/Webber 1990, 301 ff.; Döhler/Manow 1997, 60 u.ö.). Bei der FDP dagegen traten die Klientelbindungen seit der Abstoßung des sozialliberalen Flügels immer deutlicher hervor. Während beispielsweise die organisierte Ärzteschaft und die

Apotheker in der Vergangenheit auch innerhalb der CDU eine effiziente Lobby gehabt hatten, wurde nun die FDP ihr wichtigster Adressat, und die Partei konzentrierte sich zunehmend auf die Interessenvertretung dieser Klientel. Eine andere Gruppe von Freiberuflern, die Immobilienmakler, hat sogar in der Parteiorganisation einzelner großstädtischer Landesverbände zeitweise zentrale Einflußpositionen besetzt. Diese Klientelfixierung führte die Partei dann aber zu programmatischen Festlegungen - besonders als „Steuersenkungspartei" -, die ihre strategische Flexibilität immer weiter schrumpfen ließen. Schon seit den frühen sechziger Jahren verfolgte die FDP ja das Trauma, daß sie in der Öffentlichkeit als die potentielle „Umfallerpartei" oder „Pendlerpartei" (Herbert Wehner) gesehen wurde, und daraus zog sie die paradoxe Lehre, daß sie sich auch in programmatischen Sackgassen keine Umkehr mehr erlauben durfte. Die Rigidität einer solchen Position konnte sie durchhalten, so lange sie als Koalitionspartner unentbehrlich war; die Koalition insgesamt zahlte dafür mit dem Preis verringerter strategischer Flexibilität und Kompromißfähigkeit.

2.5. Das Parteiensystem und die deutsche Vereinigung

Mit der deutschen Vereinigung sind in das Parteiensystem neue Spannungslinien hereingekommen. Nach der friedlichen Revolution des Herbstes 1989 war das sich neu formierende Parteiensystem der demokratisierten DDR zunächst stark konsensorientiert: Die Parteien und Bürgerbewegungen kooperierten an „Runden Tischen" und - nach der Volkskammerwahl vom 18. März 1990 - in einer Großen Koalition. Aber dann marschierten die westdeutschen Parteien nach anfänglichem Zögern in dieses politisch zunächst nur schwach strukturierte Territorium ein und suchten es nach ihren Vorgaben zu formieren (Lehmbruch 1990). Zuerst entschloß sich die SPD, die inzwischen entstandene Sozialdemokratische Partei der DDR zu adoptieren. CDU und FDP reagierten darauf mit der Übernahme der „Blockparteien" samt ihren nicht unbeträchtlichen Organisationsressourcen. Hervorstechendes Merkmal dieser vom Westen aus betriebenen Formierung der ostdeutschen politischen Landschaft wurde die Polarisierung des Parteienspektrums, wie sie sich in der „alten" Bundesrepublik in den vorangegangenen Jahrzehnten ausgebildet hatte. Sie fand Ende Juli 1990 ihren ersten spektakulären Ausdruck mit dem Herauswurf der Sozialdemokraten aus der Großen Koalition des letzten DDR-Ministerpräsidenten de Maizière. Der Sog, den das polarisierte Parteiensystem der alten Bundesrepublik ausübte, setzte sich dann konsequent so fort, daß nach den ersten Landtagswahlen in den fünf neuen Ländern durchweg Koalitionsregierungen (oder Einparteienregierungen) entstanden, die eine der beiden Großparteien in die Opposition verwiesen und damit den westdeutschen Modellen entsprachen.

Seither sind diese Strukturen aber weiter in Bewegung, und auf den Trümmern des Parteiensystems der DDR, mit einer hegemonialen Staatspartei und ihren einstmals „bürgerlichen" Satelliten, ist eine Parteienkonfiguration entstanden, die sich von jener der alten Bundesrepublik deutlich unterscheidet. Zwar ist auch im Westen die Verankerung der Wählerschaft in den überlieferten soziokulturellen Milieus - insbesondere

2.5. Das Parteiensystem und die deutsche Vereinigung

dem traditionsgeprägten Katholizismus und der gewerkschaftlich geprägten Arbeiterbewegung - stark erodiert, aber ein Teil der Wähler bewegt sich noch in diesen alten Bindungen. Im Osten dagegen sind solche tradierten Milieubindungen gänzlich abgerissen. Deshalb haben auch die noch Anfang 1990 verbreiteten Erwartungen getrogen, daß die SPD zur dominierenden Partei Ostdeutschlands werden würde. Denn das Milieu der alten, in Mitteldeutschland stark verankerten Arbeiterbewegung, in der man in der Weimarer Zeit zwischen verschiedenen Linksparteien wechseln konnte, ist in dieser Form untergegangen, und die SPD schreckte davor zurück, reformbereiten Kräften aus der SED eine Chance der Mitarbeit zu bieten. So bleibt lediglich die PDS als eine milieuverankerte Partei, die sich auf ein Netz von Organisationen im politischen Vorfeld stützen kann, während die beiden Großparteien sich überwiegend an Wähler ohne intensive Parteibindung wenden müssen. Die FDP hatte schon nach wenigen Jahren ihre anfangs beträchtlichen Chancen völlig verspielt, weil sie sich als unfähig erwies, das eigentümliche liberale Milieu Ostdeutschlands zu integrieren (Lösche/Walter 1996, 198 f.). Das wäre ihr wohl eher mit einem linksliberalen Profil gelungen, aber inzwischen war sie - nach dem Verlust ihres sozialliberalen Flügels - schon zu sehr dabei, sich auf ihre Rolle als Klientelpartei des selbständigen Mittelstandes zu fixieren, und der spielte im Osten als mögliche Zielgruppe keine nennenswerte Rolle. Hatten die Liberalen bei den Bundestagswahlen 1990 noch in Halle ihr einziges Direktmandat gewonnen, so fielen sie vier Jahre später aus allen ostdeutschen Landtagen heraus.

Sachsen wurde seit 1990 von einer absoluten Mehrheit der CDU regiert:, Brandenburg seit 1994 von der SPD. In den drei verbleibenden Ländern verlor die Bonner Koalition 1994 ihre Mehrheit, und da zeigte sich dann das Dilemma eines polarisierten Länderparlamentarismus in einem Parteiensystem mit Flügelparteien. In Sachsen-Anhalt, wo die Mandatsstärken der beiden großen Parteien nur um eine Stimme auseinander lagen, standen sich deren Ansprüche auf die Führungsposition kompromißlos gegenüber, und das nutzte die SPD dieses Landes unter der Führung von Reinhard Höppner, um sich vom hergebrachtem westdeutschem Parlamentarismusverständnis zu distanzieren und das Modell einer Minderheitsregierung zu installieren. Dieses Modell pflegte man aber in der „alten Bundesrepublik" seit dem zweiten Weltkrieg skeptisch zu beurteilen. Das „Magdeburger Modell" geriet vor allem deshalb in die Schlagzeilen, weil die CDU-Fraktion im Landtag von Sachsen-Anhalt die strategischen Chancen nicht begriff, die ihr eine Minderheitsregierung geboten hätte, und sich in eine hilflose Isolierung zurückzog, die ihr vier Jahre später eine schwere Wahlniederlage einbrachte. Wegen dieser Intransigenz der CDU-Opposition blieb die Regierung auf die Tolerierung durch die PDS angewiesen, der damit Gelegenheit geboten wurde, sich den Wählern als konstruktiver Partner zu empfehlen. Die verschreckte Bonner Parteiführung unter Scharping tat dann ihr Äußerstes, um die Sozialdemokraten in Mecklenburg-Vorpommern von einer ähnlichen Lösung abzuhalten und sie in eine Große Koalition zu drängen, die dann über die ganze Legislaturperiode von ständigen Konflikten heimgesucht wurde.

Mit den eingeübten Strategien eines polarisierten Parteiensystems sind aber Große Koalitionen allenfalls übergangsweise vereinbar, und deshalb mußte der so wenig erfolgreiche Export dieses westdeutschen Politikstils die politische Isolierung der PDS innerhalb des Parteiensystems *ad absurdum* führen. Wurde den SED-Nachfolgern in der westdeutschen Forschung zunächst voreilig der baldige Abstieg vorausgesagt, so lautet inzwischen die wohl am besten fundierte Einschätzung, die PDS sei „weder eine reine Protest- noch Interessenpartei, sondern eine regionale Milieupartei mit einer überwiegend dauerhaften und emotional-normativen Parteibindung ihrer Anhängerschaft", deren Stellung im ostdeutschen Parteiensystem mittelfristig gesichert - wenngleich wohl kaum weiter ausbaufähig - sei (Niedermayer 1997, 126). Unter diesen Umständen ließ sich die Erwartung, daß man die PDS auf Dauer marginalisieren könne, schwer mit der Logik der dualistischen Polarisierung auf einen Nenner bringen, wie sie sich in der „alten" Bundesrepublik schon im Laufe der fünfziger Jahre durchgesetzt hatte. Daß schließlich 1998 in Mecklenburg-Vorpommern eine SPD-PDS-Koalition gebildet wurde, war eine naheliegende Konsequenz.

Für die CDU ergibt sich unter diesen Umständen nicht nur aus der Schwäche der Liberalen ein strategisches Dilemma: Sollte die FDP ausfallen, und eine absolute Mehrheit weiterhin nicht erreichbar bleiben, dann droht den Christdemokraten in einem polarisierten Parteiensystem die strukturelle Isolierung. Und diese Gefahr könnte sich in dem Maße verschärfen, in dem die politische Marginalisierung der PDS abnimmt. So kann es nicht überraschen, wenn die Christlichen Demokraten auf ihr bündnispolitisches Dilemma mit strategischen Überlegungen reagieren, die - wenn sie realistisch sein sollen - letztlich eine Rückbildung der dualistischen Polarisierung des Parteiensystems erfordern. Zum einen werden Gedankenspiele über „schwarz-grüne" Koalitionen angestellt. Solche Überlegungen mögen der grünen Parteiführung taktisch gelegen kommen, sind aber im Hinblick auf die eindeutigen Koalitionspräferenzen der grünen Basis vorerst wenig realistisch. Schwarz-grüne Bündnisse mögen auf kommunaler Ebene funktionieren, aber wo auf Bundesebene der erforderliche „Vorrat an Gemeinsamkeiten" herkommen sollte, ist schwer zu sehen. Wirklichkeitsnäher sind - angesichts in Teilen der SPD verbreiteter Abneigungen gegen die möglichen Partner eines linken „Lagers" - zweifellos Überlegungen, das Modell der Großen Koalition wiederzubeleben. Aber man kann sich nur schwer die Langfristperspektive einer Parteienkonfiguration vorstellen, die auf eine schwierige Variante der Weimarer Koalitionsstrategie hinausliefe, nämlich mit zwei Großparteien, die ihre eingeübten Hegemonieansprüche aufgeben müßten. Die dramatische Erosion des vergleichbaren „schwarz-roten" Bündnisses in Österreich kann da auch keine Ermutigung spenden. Insbesondere das Bündnis von CDU und CSU könnte dann erheblichen Spannungen ausgesetzt werden.

Bleibt es aber bei der dualistischen Polarisierung des Parteiensystems, dann wird die Funktionsfähigkeit des politischen Systems auch weiterhin davon abhängen, wie sich diese Parteienkonfiguration mit einem institutionellen Rahmen verträgt, der durch eine „enge Kopplung" in der Art des Westminster-Modells störanfällig wird. Es wird also nicht zuletzt darauf ankommen, ob die konkurrierenden Lager oder Bündnisse die politische Flexibilität aufbringen, die das Parteiensystem mit dem bundesstaatlichen Regelsystem kompatibel macht. Damit stellt sich unter anderem die Frage nach den Funktionsprinzipien von Koalitionen in einem polarisierten Parteiensystem.

2.6. Koalitionsmanagement und die Informalisierung des Parlamentarismus

Als Folge der Polarisierung des Parteiensystems haben die Parteienblöcke im Gesetzgebungsprozeß allmählich eine ausgeprägte Kohäsion ausgebildet. Dieser Lernprozeß erstreckte sich über Jahre und betraf ebenso die fraktionsinterne Disziplin wie den Zusammenhalt der Regierungskoalitionen. In den Anfangsjahren der Bundesrepublik war nur die SPD in ihrem Abstimmungsverhalten sehr diszipliniert. Dagegen war die Abstimmungsdisziplin innerhalb der Fraktionen des „bürgerlichen" Lagers noch deutlich begrenzt (Domes 1964, 121 ff.; Loewenberg 1966, 264 ff.; dt. Loewenberg 1969, 319 ff.). Die CDU war damals noch eine schwach integrierte Sammelpartei für verschiedene politische Strömungen des „Bürgertums", mit einem schwachen und einflußlosen Apparat, aber starken innerparteilichen Interessengruppen, die sich beispielsweise in der Sozial- oder Wirtschaftspolitik nur schwer auf eine Linie bringen ließen (Saalfeld 1995).

Eine Koalitionsdisziplin gab es im bürgerlichen Lager während der ersten drei Legislaturperioden des Bundestages erst recht nicht. „Um ihre parteiliche Eigenständigkeit zu behaupten, stimmte die FDP je nach den Umständen sowohl mit der Regierung als auch mit der Opposition, gleichgültig, ob sie selbst in der Regierung vertreten war oder nicht." (Loewenberg 1969, 232). Es gab innerhalb der Koalition spektakuläre Fälle von Dissens, wie Anfang 1955 bei der Ratifikation des Saarabkommens, als die Mehrheit der FDP-Minister (und der CDU-Minister Jakob Kaiser) sich der Stimme enthielt oder gar gegen die Regierungsvorlage stimmte. Das führte immer wieder zu erheblichen Spannungen. 1961 traf man bei der Erneuerung der Koalition die feierliche Verabredung, „jedes Koalitionsangebot von dritter Seite" abzulehnen und im Bundestag nicht durch einzelne Gruppen der Koalitionsfraktionen wechselnde Mehrheiten mit der SPD zu bilden. Das sollte mit der formellen Einsetzung eines Koalitionsausschusses abgesichert werden. Aber der Versuch war nicht sonderlich erfolgreich, und vor allem die Spiegel-Affäre 1962/1963 ließ die Koalitionsvereinbarung schnell zu Makulatur werden und die Koalition auseinanderbrechen.

Für die Große Koalition wurde es um so wichtiger, daß wechselnde Mehrheitsbildung einigermaßen verläßlich vermieden wurde. So etwas kam gelegentlich in Ausschüssen vor, und in Plenarabstimmungen versagten Minderheiten in beiden Parteien ab und zu der Regierung die Gefolgschaft. Die Koalition konnte indes angesichts ihrer breiten Basis auch durch gelegentliches abweichendes Stimmverhalten einzelner Abgeordnetengruppen nicht ernsthaft gefährdet werden.

Schwieriger wurde das für die sozialliberale Koalition, zumal anfangs vor dem Ausscheiden der national-liberalen Abweichler aus der FDP. Danach sicherte die Rücksichtnahme der SPD auf den kleineren Koalitionspartner über Jahre hinweg dessen Loyalität. Indessen ist diese Phase vor allem für die innere Kohäsion der CDU wichtig geworden. Sowohl die CDU/CSU-Fraktion als auch die Parteiorganisation der CDU reagierten damals auf den Machtverlust mit einer Organisationsreform, die ihre Geschlossenheit und Schlagkraft erheblich stärkten, und das schlug sich in einer bemerkenswerten Zunahme der parlamentarischen Kohäsion nieder. Die Geschlossenheit der Christdemokraten, die nur ausnahmsweise (insbesondere bei den Auseinandersetzungen über die Ostpolitik) durchbrochen wurde, stand in bemerkenswertem Kontrast zu ihrer oft brüchigen Fraktionsdisziplin in den fünfziger und frühen sechziger Jahren (Saalfeld 1995). Nach dem Regierungswechsel von 1982 wurde das noch ausgeprägter.

Die inzwischen gefestigten Normen der Fraktions- und Koalitionsdisziplin bestimmten auch die Kohäsion der konservativ-liberalen Mehrheit seit 1982. Gerade die FDP, der von ihrem größeren Partner erhebliche Spielräume zur Selbstprofilierung eingeräumt wurden - aus der Einsicht heraus, daß die CDU für die Machtbehauptung auf das Überleben der Liberalen angewiesen war -, mußte ihrerseits im Gegenzug darauf achten, daß sie nicht vitale Interessen des konservativen CDU-Flügels und der CSU verletzte. So resultierte die Geschlossenheit der Koalition weitgehend aus dem komplementären Interessenkalkül der rivalisierenden Partner.

Aber solche Disziplin ergab sich nicht automatisch, sondern mußte immer wieder durch das Koalitionsmanagement hergestellt werden. Im Unterschied zum Fraktionsmanagement, für das mit den Fraktionsvorsitzenden und Parlamentarischen Geschäftsführern formell ausdifferenzierte Positionen bereitstehen, hat das Koalitionsmanagement im allgemeinen einen bemerkenswert informalen Charakter. Das Kabinett hat die Koordination des Regierungsbündnisses niemals leisten können, weil es in aller Regel nicht unter dem Gesichtspunkt gebildet wurde, daß die einflußreichsten Parlamentarier der Koalition in die Regierung einzubinden seien. So etwas traf noch am ehesten für die Regierung der Großen Koalition zu, aber gerade hier zeigte sich, daß eine solche Konstruktion nicht ausreichte, um die erforderliche politische Koordination zu sichern. So entstand hier 1967 das herausragendste Beispiel eines formalisierten Koalitionsausschusses, der „Kreßbronner Kreis", der sich aus einem engen Kern von Regierungsmitgliedern und den beiden Fraktionsvorsitzenden zusammensetzte. Später zog man die lockerere und weniger formalisierte Übung der „Koalitionsgespräche" vor (zum folgenden: Rudzio 1991; Schreckenberger 1992, 1994).

Die Praxis informeller Koalitionsgespräche reicht weit zurück. In der Weimarer Republik kannte man schon die - zumindest gelegentliche - Teilnahme wichtiger Vertreter der Koalitionsfraktionen an Kabinettssitzungen. In der Adenauer-Ära wurde daran wieder angeknüpft. Es gab aber auch in unregelmäßigen Abständen informelle Besprechungen des Bundeskanzlers mit den Fraktionsspitzen und thematisch betroffenen Ministern. Doch diese frühen Koalitionsgespräche dienten offenbar mehr dem Informationsaustausch und bestimmten noch nicht so sehr den Entscheidungsprozeß selbst. Adenauers ausgeprägte Dominanz ließ ja in den fünfziger Jahren die Redewendung von der „Kanzlerdemokratie" aufkommen. Erst im Lauf der folgenden Jahrzehnte rückten die informellen Koalitionsgespräche in den Rang ein, den sie heute haben, nämlich den eines zentralen Koordinierungsmechanismus der Koalition. Besonders deutlich wurde das seit dem Regierungsantritt von Helmut Kohl. Sein Regierungsstil war charakterisiert durch eine ausgeprägte Vorliebe für informelle Koordinierungstechniken, an den formalen Regeln und Geschäftsordnungen vorbei. Es erlaubte dem Bundeskanzler eine viel effektivere Kontrolle der Entscheidungsprozesse, wenn er selbst weitgehend in der Hand hatte, was auf die Tagesordnung kam, wen er in die Entscheidungen einbezog, und wer ausgeschlossen blieb.

2.6. Koalitionsmanagement und die Informalisierung des Parlamentarismus

Die Koalitionsgespräche sind heute zum Entscheidungszentrum geworden, das die Kabinettsbeschlüsse im wesentlichen präjudiziert und auch den autonomen Spielraum der Koalitionsfraktionen empfindlich beschneidet. Einzelne Fraktionsmitglieder können das, was dort abgesprochen worden ist, kaum noch in Frage stellen. Doch vor allem der Umstand, daß die Koalitionsgespräche sich in der Ära Kohl sektoral ausdifferenzierten und damit in die politische Führungsrolle des Ressortministers eingriffen (vgl. Döhler/Manow 1997, 72 ff.), bedeutete eine einschneidende Umformung der Regierungspraxis. Die Verfassung und die Geschäftsordnung der Bundesregierung geben ja dem Ressortminister eine sehr starke Position; das Kabinett ist demgegenüber deutlich schwächer, und der Bundeskanzler kann sich auch mit seiner Richtlinienkompetenz - abgesehen davon, daß sie durch Koalitionsvereinbarungen beschränkt wird - nicht an die Stelle der Ressortführung durch den hierarchisch übergeordneten Minister setzen. Zudem gibt es in wichtigen Ressorts eigentümliche administrative Traditionen, die auch deren Politik prägen - so etwa sehr deutlich im Arbeitsministerium. Diese relative Autonomie der Ressorts wurde nun zunehmend dadurch begrenzt, daß spezialisierte Arbeitsgruppen der Koalitionsfraktionen die Politikformulierung an sich zogen, bis schließlich im Extremfall das Ministerium nur noch die informell ausgehandelten Lösungen ausformulierte. Der frühere Bundespostminister Schwarz-Schilling hat sich gelegentlich beklagt, daß die Koalitionsrunde Entscheidungen zur Postreform ohne seine Beteiligung beschlossen habe. Sehr ausgeprägt war das schon lange Zeit im Bereich des Innen- und Justizministeriums, beispielsweise in der Asylpolitik; bezeichnenderweise soll aber Manfred Kanther bei der Übernahme des Innenressorts darauf bestanden haben, daß seine Führungsfunktion durch die Koalition nicht geschmälert werden dürfe. In den letzten Jahren der konservativ-liberalen Koalition hatte sich die FDP über die Koalitionsgespräche besonders im Gesundheitsressort ein starkes Mitspracherecht gesichert, um die Interessen ihrer Klientel dort effektiv wahrnehmen zu können; davon wird weiter unten noch zu sprechen sein.

Die Informalisierung der Regierungspraxis ist zwar in der inneren Logik des parlamentarischen Regierungssystems begründet. Schon die Parlamentarisierung selbst, also die Abhängigkeit der Regierung von Parlamentsmehrheiten, entwickelte sich unter den liberalen Verfassungen des 19. Jahrhunderts zunächst - der Entwicklung in England folgend - informell, durch einen Prozeß des schleichenden Verfassungswandels. Seit dem ersten Weltkrieg haben dann die Verfassungen der neuen demokratischen Staaten die parlamentarische Verantwortung der Regierung ausdrücklich statuiert und das Verfahren verfassungsrechtlich geordnet. Ein französischer Verfassungsrechtler hat diese Entwicklung damals mit dem Begriff des „rationalisierten Parlamentarismus" charakterisiert (Mirkine-Guetzévitch 1928). Das Grundgesetz ist diesen Weg ausdrücklich weiter gegangen. Man kann im „rationalisierten Parlamentarismus" den Versuch sehen, die Informalisierung rechtsförmig aufzufangen und das parlamentarische Regierungssystem institutionell zu stabilisieren. Das ändert aber nichts an der Grundtendenz zur immer ausgeprägteren Verflechtung der zunächst stärker ausdifferenzierten Akteure im parlamentarischen System.

Dieser Vorgang hat sich insbesondere mit der Ausbildung disziplinierter Parteien verstärkt. Das Parteiensystem tendiert unter den institutionellen Bedingungen des parlamentarischen Regierungssystems dazu, institutionelle Grenzziehungen des klassischen gewaltenteiligen Rechtsstaates allmählich aufzuweichen oder ganz aufzulösen. In der Staats- und Verfassungslehre der Weimarer Republik wurde dieser Vorgang mit dem Begriff des „Parteienstaates" bezeichnet und kontrovers diskutiert. Derartige Wesensbegriffe sind aber empirischen Differenzierungen nur schwer zugänglich. Sozialwissenschaftlich fruchtbarer dürfte es sein, die hier dargestellten Entwicklungen als Kopplung von Institutionen zu interpretieren. Dies ist eine wichtige Voraussetzung für Kommunikationsprozesse, in denen politische Alternativen gesucht, gefunden und offen gehalten werden. Wenn sich aber die Institutionen des arbeits- und gewaltenteiligen Staates infolge der zunehmenden informellen Kontrolle durch die Regierungsparteien von der ursprünglichen Relation „loser Kopplung" hin zu engerer Kopplung bewegen, kann die Wahrscheinlichkeit von Entscheidungsblockaden zunehmen, weil eng gekoppelte Systeme störanfälliger sind. Die Erfahrung scheint darauf hinzudeuten, daß mit der Einbeziehung der Gesetzesvorbereitung in koalitionsinterne Clearingprozesse solche Störanfälligkeit noch zunehmen kann.

3. Der deutsche Bundesstaat als Verhandlungssystem

3.1. Kooperation im obrigkeitlichen Bundesstaat der Bismarckverfassung

Wie schon weiter oben ausgeführt, waren in den Anfängen der „alten" Bundesrepublik die Vorstellungen über Parteiregierung stark am Westminster-Modell orientiert. Dieses Modell setzt aber voraus, daß die Steuerungsimpulse aus dem Parteiensystem effektiv weitergeleitet werden. Die Theorie der Parteiregierung bedachte das insoweit, als sie sich das Postulat der instrumentellen Ausrichtung des Verwaltungsapparates zu eigen machte: Die Bürokratie sollte entweder insgesamt, wie in der englischen Verwaltungstradition, politisch neutralisiert werden oder doch wenigstens so weit, daß - wie dies älterer französischer oder deutscher Praxis entsprach - die Auswechslung von „politischen" Beamten in verhältnismäßig wenigen Schlüsselpositionen genügte, um die reibungslose Transmission durch den bürokratischen Apparat sicherzustellen (so schon Schumpeter 1947). Man muß aber beachten, daß diese Konzeption zunächst auf den Einheitsstaat mit zentralistischem Verwaltungsaufbau zugeschnitten war. Es wird allzu häufig übersehen, daß die am englischen Modell orientierte Theorie der Parteiregierung eben auch die hochgradig unitarische Struktur des englischen Staatsaufbaus voraussetzt.

Daraus ergibt sich aber auch im Umkehrschluß, daß das Modell des Zweiparteien-Wettbewerbs in Bundesstaaten erhebliche Modifikationen erfahren kann, wenn das Parteiensystem und die es konstituierenden Parteien stark dezentralisiert sind. Die wichtigsten Beispiele für diese Variante, also für geringe Hierarchisierung und für „lose Kopplung" der Elemente von Parteiregierung, sind die USA und die Schweiz. Der deutsche Föderalismus hat aber, wie wir sehen werden, eine ausgeprägte Unitarisierung als Surrogat für Zentralisierung entwickelt, und das bedeutet tendenziell engere Kopplung. Damit ergeben sich hier für die Parteien komplexe Probleme der internen Koordinierung. Auf den Bundesstaat läßt sich daher die herkömmliche Theorie der Parteiregierung nicht ohne weiteres übertragen. Einigermaßen unproblematisch wäre sie allenfalls im System eines streng „separativen" Föderalismus, der nicht nur die Kompetenzen von Bund und Einzelstaaten klar gegeneinander abgrenzt, sondern die getrennte Aufgabenwahrnehmung auch durch jeweils autonome Verwaltungsorganisationen bewirkt. Die ursprüngliche Föderalismuskonstruktion der USA kommt dem insofern nahe, als hier in der Tat Bund und Einzelstaaten für ihre getrennten Aufgabenbereiche jeweils über eine vertikal gegliederte Verwaltungsorganisation verfügen, während die administrative Zusammenarbeit zunächst eine geringe Rolle spielte. Freilich ist diese Konstruktion des „dual federalism", die in der angelsächsischen

Verfassungstheorie zeitweise geradezu dogmatisiert wurde, inzwischen längst durch das Vordringen der Kooperation zwischen Bund, Gliedstaaten und Kommunen unterlaufen worden, wobei die Finanzhilfen („grants-in-aid") des Bundes eine entscheidende Rolle spielen. In einem beliebt gewordenen Bilde: An die Stelle der „Schichttorte" von einst, das heißt, der säuberlichen Scheidung der Ebenen, ist ein „Marmorkuchen" getreten (Grodzins 1966), eine Gemengelage aus gemeinsamer Kompetenzwahrnemung und organisatorischer Verflechtung.

Der deutsche Föderalismus hat nun, vergleicht man ihn mit dem amerikanischen, von vornherein einen stärker „kooperativen" Charakter gehabt. Zwar kannte auch die Reichsverfassung von 1871 eine relativ saubere Abgrenzung der Gesetzgebungszuständigkeiten. Dabei fielen dem Reich - etwa im Vergleich zur Lage in anderen zeitgenössischen föderativen Systemen - von vornherein sehr umfangreiche Regelungskompetenzen zu, die gleich in den ersten Jahren noch ausgedehnt wurden. Insbesondere die materielle Rechtsordnung, Gerichtsverfassung und Wirtschaftsverfassung wurden frühzeitig unitarisiert. Nun bestand aber die Eigenart von Bismarcks bundesstaatlicher Konstruktion darin, daß die Länder für diese Entäußerung an Kompetenzen entschädigt wurden: Der Vollzug der Reichsgesetze wurde grundsätzlich den Ländern belassen, und die unmittelbare Reichsverwaltung blieb die (freilich mit der Zeit umfangreicher werdende) Ausnahme. Auch die Gerichtsbarkeit blieb - wenngleich durch die Unitarisierung von Gerichtsverfassung und Verfahrensrecht und durch die Revisionszuständigkeit des Reichsgerichts eingegrenzt - in der Hand der Landesbehörden. Dem entsprach andererseits deren Beteiligung an der Gesetzgebung des Reiches, da die Reichsgesetze vom Bundesrat als dem dynastisch-föderativen Gegenpol zum Reichstag mit beschlossen werden mußten.

Obwohl dieses absolute Zustimmungserfordernis von der Weimarer Verfassung auf ein Einspruchsrecht des damaligen Reichsrates reduziert und im Grundgesetz nur für einen Teil der Gesetzgebung wiederhergestellt wurde, ist es immer ein charakteristischer Grundzug des deutschen Föderalismus geblieben, daß die Länder einerseits einen großen Teil der Gesetze des Reiches (oder Bundes) ausführen und daß sie andererseits mit der Beteiligung an der Gesetzgebung (wie auch am Erlaß von Rechtsverordnungen - Art. 80 Abs. 2 GG - und allgemeinen Verwaltungsvorschriften!) besonders die Gesichtspunkte der Verwaltungspraxis in den Prozeß der Rechtssetzung einbringen. Zwar gab es das Instrument der Reichsaufsicht als zentralisierendes Gegengewicht zu diesen kooperativen Elementen und als bedeutendes hierarchisches Strukturelement der bundesstaatlichen Konstruktion; aber das Zusammenwirken der Regierungs- und Verwaltungsorganisation von Zentralstaat und Gliedstaaten bei der Aufgabenwahrnehmung, das für den „kooperativen Föderalismus" charakteristisch geworden ist, wurde schon hier eingeübt - freilich zunächst im Kompetenzbereich des Reiches. (Die neuere Diskussion faßt - soweit sie sich auf einen einheitlichen Sprachgebrauch zu einigen vermag - den Begriff des „kooperativen Föderalismus" in der Regel enger, nämlich als Kooperation bei der Wahrnehmung von ursprünglich getrennten Kompetenzen, sei es durch Koordination, sei es durch Kompetenzverflechtung. Dieser Sprachgebrauch hebt diejenigen Kooperationsformen heraus, die erst in den letzten Jahrzehnten an Bedeutung gewonnen haben. Aber das dafür erforderliche Zusam-

3.1. Kooperation im obrigkeitlichen Bundesstaat der Bismarckverfassung 61

menwirken von Bundes- und Landesorganisation ist im Bereich der Gesetzgebung und Verwaltung des Reiches eben schon seit der Reichsverfassung von 1871 eingeübt worden, so daß man in einem weiteren Sinne auch dort schon von kooperativen Strukturelementen des Bundesstaates sprechen kann.)

Auch die finanzwirtschaftliche Verflechtung von Zentralstaat und Gliedstaaten, die mit den Bundesstaatsreformen der Großen Koalition (1966-1969) ihren Höhepunkt erreichte und folgerichtig im Herbst 1997 der oppositionellen Bundesratsmehrheit die Handhabe lieferte, das Steuerreformprojekt der Regierungskoalition zu verhindern, bildete sich in ersten Ansätzen schon im Föderalismus des kaiserlichen Deutschland aus. Zu den zentralen Postulaten der Theorie des Finanzföderalismus, die heute die orthodoxe Finanzwissenschaft beherrscht, gehört das Prinzip der „fiskalischen Äquivalenz" (Olson 1969): Es fordert „für jedes Kollektivgut mit spezifischem Wirkungsbereich eine separate Regierungsinstitution..., so daß sichergestellt werden kann, daß jene, die aus dem öffentlichen Gut einen Nutzen erhalten, auch die sind, die dafür bezahlen". Wollte man das konsequent verwirklichen, müßte man für jede öffentliche Aufgabe einen eigenen Zweckverband gründen, und das kann aus mancherlei Gründen kein realistisches Ziel sein. Aber für die finanzwirtschaftlichen Beziehungen zwischen Bund und Ländern und im Verhältnis der Länder untereinander würde sich aus dem Äquivalenzprinzip zumindest die Folgerung ergeben, daß sie ihre jeweiligen Aufgaben aus eigenen Steuerquellen finanzieren und dafür auch - mit Zustimmung ihrer Bürger oder gewählten Volksvertreter - ein autonomes Besteuerungsrecht in Anspruch nehmen sollten. Finanztransfers zwischen den Jurisdiktionen sind nach dieser Auffassung zwar insoweit erforderlich und gerechtfertigt, als sie „externe Effekte" ausgleichen (also beispielsweise die Aufwendungen, die dem Stadtstaat Hamburg für Schüler aus dem schleswig-holsteinischen Umland entstehen). Doch das heute geltende System des Steuerverbundes zwischen Bund und Ländern ist mit dem Äquivalenzprinzip offensichtlich ebenso schwer vereinbar wie der Länderfinanzausgleich.

Das Äquivalenzprinzip ist aus der Erfahrung des amerikanischen Föderalismus mit seinem finanzwirtschaftlichen Trennsystem gewonnen. Zwar war auch die Finanzverfassung des Deutschen Reiches ursprünglich vom Trennsystem bestimmt: Die Länder finanzierten ihre Ausgaben mit Steuern, die sie selbst erhoben, und dem Reich verlieh die Verfassung ein eigenes Besteuerungsrecht. Aber dieses autonome Besteuerungsrecht des Zentralstaates ließ sich nicht ohne weiteres auch politisch durchsetzen, und die Entwicklungslogik des deutschen Föderalismus hat allmählich eine ganz andere Richtung genommen. Ursprünglich waren die wichtigste eigene Einnahmequelle des Reiches die Zölle und Verbrauchssteuern. Weil das nicht ausreichte, erhob es von den Ländern eine Umlage, die „Matrikularbeiträge", die nach der Bevölkerungszahl kalkuliert wurden und ursprünglich nur als Übergangslösung bis zur Einführung von Reichssteuern gedacht waren. Das Reich war somit „Kostgänger der Länder". Aus dieser Lage hoffte Bismarck es durch die 1879 eingeleitete Schutzzollpolitik zu befreien, aber die föderalistischen Kräfte im Reichstag machten ihm einen Strich durch die Rechnung: Auf Antrag des bayerischen Zentrumsabgeordneten Freiherr von Franckenstein wurde in das Zollgesetz eine Klausel aufgenommen, die dem Reich die Zolleinnahmen nur bis zu einer Obergrenze von jährlich 130 Millionen Mark beließ und den Überschuß den Ländern zusprach. Daß somit das Reich „Kostgänger der Länder" blieb, garantierte den Ländern und dem Reichstag (der die Matrikularbeiträge festzusetzen hatte) einen fortdauernden Einfluß auf die Einnahmen des Reiches. Und wenn das Reich neue Steuern einführte, setzten die Länder im Bundesrat und die Föderalisten im Reichstag durch, daß die Erträge ganz oder teilweise den Ländern zuflossen. Als dann mit der Finanzreform von 1904 die Franckensteinsche Klausel aufgehoben wurde, tauchte mit der neu eingeführten Erbschaftssteuer die erste große gemeinschaftliche Steuer auf, deren Ertrag mit festgelegten Quoten auf Reich und Länder aufzuteilen war. Wir verdanken also schon dem Föderalismus des Kaiserreiches mit seinen politischen Tauschgeschäften die ersten Ansätze einer finanzwirtschaftlichen Verflechtung, die eine korrespondierende Entscheidungsverflechtung zwischen Reich und Ländern mit sich brachte. So hat sich im Laufe der Zeit eine Form der finanzwirtschaftlichen Beziehungen zwischen Zentralstaat und Gliedstaaten durchgesetzt, die man (mit einer Anleihe beim Vokabular der Organisationstheorie) als „Prinzip der wechselseitigen Ressourcenabhängigkeit" charakterisieren könnte.

Die politische Praxis hat darüber hinaus schon frühzeitig die kooperativen Momente verstärkt. Dabei ist es wichtig festzustellen, daß diese Entwicklung mit der zunehmenden Unitarisierung durchaus einherging. Bezeichnend ist, wie in den letzten Jahren des wilhelminischen Deutschland dieser Zusammenhang auch in das Bewußtsein der Staatsrechtslehre zu treten begann. Anfänglich hatten höchst gegensätzliche Deutungen der Verfassung von 1871 einander gegenübergestanden. Die extrem föderalistische Position, wie sie von dem Bayern Max von Seydel vertreten wurde, hielt das Deutsche Reich für ein staatenbündisches Vertragsverhältnis zwischen souveränen Staaten, das auch vertraglich wieder aufgelöst werden könne. Diese Auffassung, die von John Calhoun beeinflußt war, dem Verfassungstheoretiker der amerikanischen Südstaatensezession, hatte Seydel im Stil der damaligen Begriffsjurisprudenz aus der logischen Analyse des Souveränitätsbegriffs entwickelt. Er stützte seine Argumentation aber auch auf die Beobachtung, daß das Reich und die Einzelstaaten miteinander in diplomatischen Formen verkehrten. Das war nun freilich keine sehr realistische Folgerung angesichts des fortschreitenden nationalstaatlichen Integrationsprozesses. So konnte sich eher jene unitarische Lehre durchsetzen, die das Verhältnis des Reiches zu den Ländern primär als eines der herrschaftlichen Überordnung verstehen wollte. Für Albert Haenel, den prominenten Staatsrechtslehrer der Bismarckzeit und linksliberalen Reichstagsabgeordneten, waren die Einzelstaaten dem Reich zu „Gehorsam" verpflichtet. Ähnlich galten sie dem einflußreichen Paul Laband als des Reiches „Untertanen". Aber auch diese Deutung verfehlte wichtige Funktionsprinzipien des politischen Systems der Monarchie. Das hat vor allem Rudolf Smend gezeigt, als er 1916 in Auseinandersetzung mit Seydel schrieb: „Staatsrechtlich kann das Verhältnis (von Reich und Ländern) nicht unrichtiger, tatsächlich-politisch nicht zutreffender geschildert werden." Aus den diplomatisch-vertragsmäßigen Prozeduren des bismarckisch-wilhelminischen Bundesstaates zog er den Schluß, daß das Reich-Länder-Verhältnis zwar einerseits in der Tat durch das Prinzip von Über- und Unterordnung, andererseits aber auch durch die „Pflicht zu bundesfreundlichem Verhalten" bestimmt werde. Damit trug er sowohl der unitarischen Entwicklung als auch der Bedeutung von Aus-

3.1. Kooperation im obrigkeitlichen Bundesstaat der Bismarckverfassung

handeln und Kompromiß in der bundesstaatlichen Struktur Rechnung. Erich Kaufmann hat dafür 1917 in seiner Studie über „Bismarcks Erbe in der Reichsverfassung" den Begriff „bündischer Unitarismus" geprägt: So föderalistisch das Reich in bezug auf seine Organisation gestaltet sei, so unitarisch sei es in bezug auf seine Ausstattung mit Kompetenzen.

Die „föderalistische" Organisation des Reiches war für Kaufmann vor allem insofern ein Erbe Bismarcks, als gerade dieser an den diplomatischen Formen und Methoden der Geschäftserledigung festhielt. Obwohl der Reichskanzler sich im Bundesrat auf die Vormachtstellung Preußens stützen konnte, das zusammen mit den von ihm gleichsam als Satelliten abhängigen nord- und mitteldeutschen Kleinstaaten über eine Mehrheit der Stimmen verfügte, habe er es in der Regel vermieden, die Partner - das hieß in der Praxis: die „Mittelstaaten", die noch politisches Gewicht hatten - zu majorisieren. Er habe sich bemüht, zu „überzeugen", zu „verhandeln" und soweit als möglich „Vergleiche und Zugeständnisse zu machen". Auch ein Mann wie der württembergische Ministerpräsident Mittnacht hat in seinen Memoiren anerkannt, der Verkehr habe sich in den Formen „des Einvernehmens, der freundschaftlichen Auseinandersetzung, des gegenseitigen Vertrauens und der Verständigung" vollzogen.

Nun bedeutete dieser - modern gesprochen - „kooperative" Stil des Föderalismus unter Bismarck keineswegs Gleichgewichtigkeit der Länder. Vielmehr sollte er ihnen die faktische Unterordnung unter die preußische Hegemonialstellung erträglicher machen. Im politischen Entscheidungsprozeß dominierte die vom Kanzler bestimmte „Reichsleitung", die sich dabei zunächst ganz auf die preußische Verwaltung stützte. Bis gegen Ende des 19. Jahrhunderts entstanden die Gesetzentwürfe in den preußischen Ministerien, nicht etwa im Bundesrat, der nach Art. 7 der Reichsverfassung unter anderem „über die dem Reichstag zu machenden Vorlagen" und „über die zur Ausführung der Reichsgesetze erforderlichen allgemeinen Verwaltungsvorschriften und Einrichtungen" zu beschließen hatte. So äußerte der schon erwähnte Mittnacht 1872 im Reichstag von der Bundesratsbank aus ganz offen die Sorge, „daß die Rechtsanschauungen und die Rechtsbildung eines Staates ... doch vorzugsweise bestimmt sind, nationales Recht zu werden". Auch als sich allmählich eine eigenständige Reichsbürokratie etablierte, blieb der Einfluß Preußens schon durch die personellen Verflechtungen an der Spitze überragend. Das System war daher durch eine Unitarisierungstendenz charakterisiert, die besonders in den ersten Jahrzehnten vorwiegend von der Hegemonialmacht Preußen ausging. Sie wurde abgemildert durch diplomatische Höflichkeit und die Bereitschaft der preußisch bestimmten Reichsleitung, über Einzelheiten mit sich reden zu lassen - auch das freilich vorwiegend beschränkt auf das Verhältnis zu den größeren Ländern. Diese Aushandlungsprozesse in diplomatischem Stil vollzogen sich aber weitgehend im Vorfeld der verfassungsmäßigen Reichsinstitutionen. Bevor Gesetzentwürfe im Bundesrat eingebracht wurden, verhandelte Bismarck mit den größeren Ländern, und diese selbst drängten frühzeitig darauf, von Anfang an konsultiert zu werden (Bilfinger 1923, 15). Freilich stellte der Kanzler dabei nicht so sehr die Grundsatzfragen seiner Reichspolitik zur Diskussion; diese vertrat er vielmehr notfalls mit aller Härte. In den Verhandlungen drehte es sich eher darum, etwaigen Sonderinteressen der einzelnen Länder entgegenzukommen und ihre Eigenliebe zu schonen. Zweiseitige informelle Kontakte waren dafür besonders nützlich und stärkten zugleich die zentrale Position der preußisch-deutschen Spitze. Insbesondere mit Bayern suchte Bismarck sich gern vorweg zu einigen. Das blieb so unter seinen Nachfolgern: War die preußisch-bayerische Übereinstimmung einmal hergestellt, so war damit die Entscheidung wirkungsvoll präjudiziert.

Neben diesen bilateralen Kontakten gab es mancherlei informelle Koordinationsgremien, die in der Regel das Reich und die größeren Einzelstaaten umfaßten, so zum Beispiel Besprechungen stimmführender Bundesratsbevollmächtigter mit dem Reichskanzler oder Ministerkonferenzen. Besondere Bedeutung gewannen schon frühzeitig die Konferenzen der Finanzminister der größeren Einzelstaaten mit dem Reichsschatzsekretär. Seit der Zeit Bismarcks wurden wichtige Entwürfe zur Steuergesetzgebung in der Regel in solchen Konferenzen ausgehandelt, bevor sie in den Bundesrat gelangten.

Unter solchen Bedingungen spielte der Bundesrat des Kaiserreiches trotz seiner verfassungsrechtlich so starken Position für die Gesetzgebungspraxis eher die relativ bescheidene Rolle des Ratifikationsorgans; im übrigen wurde dort vor allem die Detailausführung ausgehandelt. Er wurde also nicht zu einer politischen Kraft, sondern entwickelte sich zu einer Clearingstelle der Bürokratien von Reich und Ländern, die hier den kooperativen Stil der interadministrativen Beziehungen einübten. Die leitenden Minister der Einzelstaaten waren infolge der Bismarckschen Praxis schon bald nach der Reichsgründung davon abgekommen, im Bundesrat in Erscheinung zu treten: Der badische Ministerpräsident Jolly beispielsweise nannte ihn 1872 „eine Farce, an der sich zu beteiligen nicht die Mühe lohnt". Statt dessen begnügten sich die Länder mit der Vertretung durch ihre Gesandten in Berlin. (Die Einrichtung des innerdeutschen Gesandtschaftswesens hat nicht zuletzt aus diesem Grunde die Reichsgründung überdauert.) Daneben machten sie zunehmend von der Gelegenheit Gebrauch, Beamte als „stellvertretende Bevollmächtigte" über die technischen Einzelheiten der Entwürfe beraten zu lassen (Rauh 1973, 91 ff.). Wenn Theodor Heuss im Parlamentarischen Rat 1949 die Sorge äußerte, der Bundesrat des Grundgesetzes werde sich zu einem „Parlament der Oberregierungsräte" entwickeln, dann geschah das im Hinblick auf einen Arbeitsstil, der schon aus dem Bismarckschen Bundesrat überkommen ist. Der bürokratische Stil dieses Bundesrates war aber nicht der einer monokratischen Amtshierarchie (wie in Max Webers „Idealtyp" bürokratischer Herrschaft), sondern arbeitete eher mit (wie dies Max Weber genannt hat) „Kompromiß-Kollegialität", die auf Machtteilung zwischen autonomen bürokratischen Körpern beruht.

Daß es vor allem die einzelstaatlichen Bürokratien waren, auf denen der Bismarcksche Föderalismus beruhte, ist schon früher gesehen worden. Rudolf Smend sprach 1916 vom „Kartell der Fürsten und Bürokratien" (Smend 1968, 231). Freilich war die Aufmerksamkeit der Staatslehre zunächst mehr auf die Rolle der Dynastien gerichtet, war doch der Bundesrat in seiner Eigenschaft als Vertretung der verbündeten Landesfürsten von Bismarck als Gegengewicht gegen den Reichstag gedacht, das eine Entwicklung zur parlamentarischen Regierung verhindern sollte. Und sicherlich ruhte der Föderalismus auch auf der Anhänglichkeit der Bevölkerung an Herrscherhäuser und - über deren Sturz hinaus - auf historisch gewachsenen territorialen Bindungen.

Nach der Revolution von 1918 wurde aber deutlich, daß die einzelstaatliche Organisation ein starkes Beharrungsvermögen über das Ende der Königreiche, Herzog- und Fürstentümer hinaus besaß. Das Selbsterhaltungsstreben der autonomen Länderverwaltungen (nun zunehmend verflochten mit den regionalen Parteien) erwies sich als eine der Grundbedingungen für die Kontinuität der bundesstaatlichen Struktur.

Die Autonomietendenz der einzelstaatlichen Bürokratien war dabei nicht etwa gleichzusetzen mit partikularistischer Eigenbrötelei. Gewiß hat insbesondere Bayern seine Reservatrechte lange verteidigt. Aber insgesamt waren die Regierungen und Verwaltungen der Länder durchaus unitarisch gesonnen. Es ging ihnen offensichtlich darum, ihre organisatorische Eigenständigkeit zu wahren und dabei doch der Forderung des Bürgertums nach der „Einheitlichkeit der Lebensverhältnisse" (um die Formel von Art. 106 Abs. 3 GG aufzugreifen) Rechnung zu tragen. Im Laufe des 19. Jahrhunderts zeigte sich ja, daß das deutsche Bürgertum weniger an demokratischer Selbstbestimmung interessiert war als vielmehr an einheitlichen Rahmenbedingungen für eine Wettbewerbswirtschaft, an der Beseitigung der inneren Schranken für eine nicht durch regionalen Protektionismus behinderte kapitalistische Industrialisierung, an der Herstellung eines großen deutschen Binnenmarktes und an der außenpolitischen Absicherung der wirtschaftlichen Expansion. Diese Forderungen waren durchaus im Einklang mit der wirtschaftspolitischen Orientierung der Bürokratien, und die Zauberformel, um sie mit der Länderautonomie verträglich zu machen, war eben der „bündische Unitarismus". Die Gleichsinnigkeit der Orientierungen von Reichs- und Länderverwaltungen wurde dabei durch ein seinerseits typisch „bündisches" Rekrutierungsverfahren sichergestellt, nämlich durch den fest etablierten föderalistischen Proporz bei der Bestellung der Reichsbeamtenschaft.

3.2. Der Bundesstaat im Zeichen der Parlamentarisierung

Seit dem Ende des 19. Jahrhunderts verschoben sich nun die Gewichte innerhalb des von Bismarck geschaffenen Systems durch zwei miteinander verbundene Entwicklungstendenzen. Von der einen war oben schon die Rede: Der Reichstag gewann an Einfluß, indem die Reichsexekutive sich zunehmend in Verhandlungen mit den Fraktionen um das Zustandekommen von Mehrheiten für ihre Projekte bemühte. Unter dem Reichskanzler Bülow gab es zeitweise sogar so etwas wie eine dauerhafte, der Regierung verpflichtete Mehrheit, den konservativ-liberalen „Block". Diese Stärkung der parlamentarischen Komponente führte nun nicht nur zur Schwächung der föderativen Komponente, sondern im Zusammenhang damit auch zur Emanzipation der Reichsleitung von der preußischen Hegemonie. Der allmähliche Machtzuwachs des Reichstags mußte zunächst auf Kosten der Länder insgesamt gehen: Die Regierung konfrontierte sie mit den Ergebnissen ihrer Verhandlungen mit den Parlamentariern und konnte dabei mit dem Argument operieren, daß ihr Spielraum durch jene Ergebnisse geringer geworden sei. Die Länder gerieten also mehr und mehr unter Zustimmungszwang, damit aber auch Preußen. Inzwischen war ja auch der preußischen Ministerialbürokratie in der stark ausgebauten Reichsverwaltung eine Konkurrenz erwachsen und hatte die Erledigung der Geschäfte zunehmend an sich gezogen. Sogar die preußischen Vertreter im Bundesrat wurden zunehmend durch Beamte des Reiches verdrängt; technisch wurde das dadurch ermöglicht, daß jene Staatssekretäre, die Reichsämter (die späteren Reichsministerien) leiteten, Sitz und Stimme im preußischen Kabinett (Staatsministerium) erhielten.

Ein weiteres kam hinzu: Die politische Übereinstimmung zwischen der auf den Reichstag angewiesenen Reichsleitung einerseits und der preußischen Regierung andererseits war nicht mehr ganz selbstverständlich. Die Mehrheitsverhältnisse im demokratisch gewählten Reichstag entfernten sich zunehmend von denen des preußischen Abgeordnetenhauses, das seine politische Zusammensetzung dem plutokratischen Dreiklassenwahlrecht verdankte. Infolgedessen mußte die Reichsregierung ihre Entwürfe nun auch mit der preußischen Regierung in Verhandlungen vorweg abklären, und die waren nicht immer einfach.

Der zunehmende Einfluß des Reichstages wurde für die Länder auch unmittelbar bedeutsam. Schon in den Anfangsjahren des Reiches hatten vor allem die Mittelstaaten den Kontakt zu Reichstagsabgeordneten gepflegt, die ihre Interessen im Parlament hätten vertreten können. Die eben skizzierte Entwicklung mußte ihr Interesse am Reichstag als einem möglichen Gegengewicht gegen die Reichsregierung verstärken. Die Verfassung von 1871 bot selbst die Möglichkeit dazu, weil nach Art. 9 jedes Mitglied des Bundesrates das Recht hatte, im Reichstag zu erscheinen und gehört zu werden, „um die Ansichten seiner Regierung zu vertreten, auch dann, wenn dieselben von der Majorität des Bundesrates nicht adoptiert worden sind". Davon wurde zwar in der Regel kaum Gebrauch gemacht. Doch ein frühes und exzeptionelles, zugleich aber bemerkenswertes Beispiel gab es bei der Auseinandersetzung um das Projekt einer Reichsweinsteuer, das 1893 vom preußischen Finanzminister Miquel zur Sanierung der Reichsfinanzen betrieben wurde (Rauh 1973, 139 ff). Miquel hatte für das Vorhaben die Unterstützung Bayerns gewonnen, dem eine Biersteuer (wie sie Miquel als Alternative erwogen hatte) als das größere Übel erschienen wäre. So waren die weinbautreibenden südwestdeutschen Länder im Bundesrat isoliert, insbesondere Württemberg, wo der Wein ein Volksgetränk war. Ministerpräsident Mittnacht brachte aber den Widerspruch seiner Regierung persönlich vor den Reichstag, und indem er unter anderem die sozialen Härten des geplanten Steuerprojekts herausstrich, appellierte er praktisch an die Linke und an die Zentrumsabgeordneten. Damit erreichte er, daß dem Entwurf in der Budgetkommission ein stilles Begräbnis zuteil wurde. Das Parlament konnte also von einzelnen Ländern unter Umständen gegen die Hegemonialmacht Preußen ausgespielt werden.

Diese Hinweise sollen zeigen, wie föderative und parlamentarische Komponenten in der Bismarckschen Verfassungskonstruktion derart miteinander verschränkt waren, daß im Laufe der Entwicklung ein ungemein komplexes Regierungssystem entstand. (Man muß in diesem Zusammenhang noch berücksichtigen, daß daneben auch der Kaiser mit dem Zivil- und Militärkabinett über einen eigenen, nur ihm verantwortlichen Verwaltungsstab verfügte. Das kam ihm besonders zustatten, seit er nach Bismarcks Abgang zunehmend neben dem Reichskanzler in die Politik eingriff, zumal in den Jahren des „persönlichen Regiments" kurz vor 1900). Die Diskussion über die

3.2. Der Bundesstaat im Zeichen der Parlamentarisierung

Streitfrage, ob die Entwicklung in den letzten Jahrzehnten des wilhelminischen Reiches als allmähliche „Parlamentarisierung" charakterisiert werden könne, wird dieser sich ausbildenden strukturellen Komplexität nicht immer gerecht. Sie ist noch der Perspektive der liberalen Verfassungsbewegung des 19. Jahrhunderts verhaftet, indem sie ihre Fragestellung und Begrifflichkeit von dem Prozeß der „Parlamentarisierung" der unitarischen Monarchien West- und Nordeuropas herleitet. Vielfach versäumt es die Forschung auch, die Bedeutung des von ihr verwendeten Begriffs „Parlamentarisierung" hinreichend zu präzisieren. Denn „Parlamentarismus" oder Parlamentarisierung im weiteren Sinne, nämlich als ausschlaggebender Einfluß des Parlaments auf die politischen Entscheidungen, ist ja auch mit einer weitgehend unabhängigen Stellung der Regierung vereinbar, beispielsweise im präsidialen Regierungssystem oder in der schweizerischen Konstruktion des Bundesrates als Kollegium von „Magistraten". Ein „parlamentarisches Regierungssystem" im engeren Sinne, wie es sich zuerst in England ausgebildet hatte, in welchem die Regierung dem Vertrauen der parlamentarischen Mehrheit ihre Existenz verdankt und sich daher auch aus dem Parlament rekrutiert, hat es aber im Deutschen Reich bis 1917 nicht einmal ansatzweise gegeben; erst gegen Kriegsende nahm die Entwicklung tatsächlich diese Wendung. Der Reichskanzler Bethmann-Hollweg hat sich noch 1913 ausdrücklich geweigert, aus dem massiven Mißtrauensvotum des Reichstags nach einem Zwischenfall im elsässischen Zabern (wo es zu willkürlichen Verhaftungen durch das Militär gekommen war) irgendwelche Konsequenzen zu ziehen. Was man in der historischen Forschung als „Parlamentarisierung" bezeichnet hat, bestand vielmehr, bei Lichte besehen, nur darin, daß die Regierung zunehmend auf das Parlament Rücksicht nahm und daß dementsprechend der Einfluß des Reichstags auf die Regierungspolitik größer wurde. Das war aber mit dem Festhalten an der unabhängigen Stellung der Regierung und ihrer Rekrutierung aus der hohen Bürokratie durchaus vereinbar. Wenn man nach Analogien sucht, sollte man hier nicht so sehr auf das englische Modell fixiert bleiben. Viel eher wird man die politische Struktur des wilhelminischen Deutschland mit jener der Vereinigten Staaten vergleichen dürfen, wo der Präsident einerseits auf die Zusammenarbeit mit Kongreßmehrheiten angewiesen ist, die er nicht selten nur von Fall zu Fall durch Verhandlungen, unter Umständen auch mit Kompensationsgeschäften, für sich gewinnt, wo aber andererseits derselbe Präsident dem Kongreß ja nicht verantwortlich ist und durchaus über eine plebiszitär begründete Unabhängigkeit verfügt. Im Regelfall wird dieses System, das auf einer komplexen Streuung und Verschränkung von Einflußpositionen beruht, vor allem durch *„bargaining"* in Bewegung und in einem (instabilen) Gleichgewicht gehalten. Die Beziehungen zwischen Exekutive und Parlament wie auch in der Binnenstruktur des Parteiensystems fügen sich ebenso mit der föderativen Struktur zusammen wie im kaiserlichen Deutschland, weil sie durchweg durch Aushandlungsprozesse als grundlegende Form der Konfliktaustragung charakterisiert sind.

Während des Ersten Weltkrieges verhalf die politische Entwicklung schließlich doch dem Modell der parlamentarischen Parteiregierung zu einem weitgehenden Durchbruch, obgleich es von der Mehrheit der Führungsgruppen auch in den bürgerlichen Parteien eigentlich nicht gewollt worden war. Diese volle Parlamentarisierung aber hatte nun komplexe Rückwirkungen auf die bundesstaatliche Struktur. Einerseits führte der Machtzuwachs des Reichstags und der Parteien dazu, daß die Reichsregierung jetzt eine stärkere politische Basis hatte. In den Reichstagsfraktionen waren die Kräfte, die sich mit dem Reich identifizierten und unitarisch dachten, im Laufe der Entwicklung wesentlich stärker geworden - selbst in der einst so entschieden föderalistischen Zentrumspartei. Und die außenpolitische Krisensituation nach der militärischen Niederlage beförderte noch die Neigung der Akteure in der Reichspolitik, einschließlich der Abgeordneten, eine Stärkung des Reiches anzustreben. Daher führte die Parlamentarisierung zunächst zu einer beschleunigten Unitarisierung und Zentralisierung auf Kosten der Länder, besonders ausgeprägt in der Finanzverfassung. Andererseits aber stärkte die Parlamentarisierung der Länderregierungen auch die Beharrungskraft der politisch-administrativen Organisation der Einzelstaaten. Schließlich trug die Auflösung der staatsrechtlichen Hegemonie Preußens ihr Teil dazu bei, die Komplexität des bundesstaatlichen Systems hochzuhalten. Denn Preußen blieb gleichwohl als der bei weitem stärkste Einzelstaat eine weiterhin gewichtige autonome politische Potenz.

Die Weimarer Reichsverfassung und die anschließende Reichsfinanzreform Erzbergers hatten zunächst die Kompetenzen und Eigenständigkeiten der Länder in Gesetzgebung und Finanzpolitik stark beschnitten. Der Nachfolger des Bundesrates, der Reichsrat, erfuhr im Verhältnis zum Reichstag dadurch eine formelle Zurücksetzung, daß ihm in der Reichsgesetzgebung nur ein Einspruchsrecht zugestanden wurde. Ein solcher Einspruch konnte allerdings nur mit einer Zweidrittelmehrheit des Reichstags (oder, als zumindest theoretische Möglichkeit, mit einem Volksentscheid) zurückgewiesen werden. Damit war für Reichsregierung und Reichstag weiterhin ein faktischer Verhandlungszwang gegeben - der Reichsrat war also keineswegs „jeglicher Macht beraubt" (so die Behauptung von Abromeit 1992, 36). Doch vor allem blieb die Bismarcksche Konstruktion insofern erhalten, als es weiterhin die Länderregierungen und ihre Bürokratien waren, die hier an den politischen Entscheidungsprozessen mitwirkten. Hugo Preuß hatte ursprünglich geplant, an die Stelle des Bundesrates ein „Staatenhaus" aus Abgeordneten der Länder zu setzen, die von den Landtagen gewählt werden und wie die Reichstagsabgeordneten an Aufträge und Weisungen nicht gebunden sein sollten. Mit diesem Versuch, das „Senatsprinzip" einzuführen, war er aber sehr schnell am Widerstand der Länder gescheitert: Deren Bürokratien hatten nach der Parlamentarisierung einen Verbündeten in den Parteiorganisationen der Länder gefunden, denn soweit diese zu den Landtagsmehrheiten gehörten, waren sie inzwischen im Begriff, hier eine eigene, auch innerparteiliche Machtposition aufzubauen. Besonders bekannt geworden ist der Widerstand, den schon um die Wende von 1918/19 der bayerische sozialistische Ministerpräsident Eisner - teilweise mit Unterstützung der sozialdemokratischen Regierungschefs der anderen süddeutschen Länder - gegen die Unitarisierungs- und Zentralisierungsbestrebungen von Reichsregierung und Nationalversammlung geleistet hat. Später hat die Bayerische Volkspartei auch programmatisch den Föderalismus nachdrücklich verteidigt. Aber auch die preußische Regierung unter der Führung des Sozialdemokraten Otto Braun entwickelte sich zu einem bedeutenden Gegengewicht gegen die Reichsregierung, gerade weil mit dem Ende der preußischen Hegemonie die organisatorische Verklammerung beider Regie-

3.2. Der Bundesstaat im Zeichen der Parlamentarisierung

rungen beseitigt worden war. Zwar wurden in der Weimarer Republik immer wieder mögliche Alternativen einer „Reichsreform" erörtert, die unter anderem die mit dem „Dualismus Preußen-Reich" verbundenen Spannungen und Reibungsverluste beseitigen sollten - von der Wiederherstellung der Hegemonie über die Aufteilung Preußens in kleinere Einheiten bis zum Aufgehen der preußischen Staatsorganisation in jener des Reiches. Doch die Frage blieb offen, bis Papen im Wege des Staatsstreichs die Regierung Braun absetzte und, indem er als „Reichskommissar" die Führung der preußischen Regierungsgeschäfte an sich zog, die Personalunion mit dem Amt des Reichskanzlers herstellte.

Bevor es aber zu jener krisenhaften Zuspitzung in der Endphase der Republik gekommen war, hatten die Länderregierungen einen nicht geringen Teil ihres verloren geglaubten politischen Einflusses auf die Entscheidungsprozesse zurückgewonnen - und dies, obwohl sich in der Gesetzgebung der Trend der Unitarisierung beschleunigt hatte. Wiederum spielten bei dieser neu belebten Mitwirkung der Länder informelle und außerkonstitutionelle Gremien und Koordinationsformen eine große Rolle. Doch auch der Reichsrat gewann ein stärkeres Gewicht, als es ihm von den Verfassungsvätern eigentlich zugedacht gewesen war. Es war schon davon die Rede, daß sein Einspruch gegen ein Gesetz nach der Verfassung nur durch Volksentscheid („devolutives Veto", das aber nie praktisch wurde) oder durch eine Zweidrittelmehrheit des Reichstages überwunden werden konnte. Wollte die Reichsregierung Einsprüchen des Reichsrates aus dem Wege gehen, so lag es nahe, sich frühzeitig mit den Ländern zu verständigen. Es ist daher nicht verwunderlich, daß sie vielfach auf jene informellen Formen der Koordination zurückgriff, die sich schon im Kaiserreich ausgebildet hatten. Schon die Grundzüge der zentralisierenden Neuordnung der Finanzverfassung - bekannt als „Erzbergersche Reichsfinanzreform" - wurden in Fortführung der im Kaiserreich eingeübten Praxis zwischen Dezember 1918 und September 1919 in einer Reihe von Konferenzen der Finanzminister von Reich und Ländern ausgehandelt; der Reichsrat hat das Ergebnis dann nur noch mehrheitlich gutgeheißen. Und auf der Ebene der Regierungschefs gab es die Einrichtung der „Länderkonferenzen", die der § 26 der Geschäftsordnung der Reichsregierung vom 3.5.1924 ausdrücklich sanktionierte: „Die präsidierenden Mitglieder der Landesregierungen sollen mehrmals im Jahre zu gemeinsamen Besprechungen mit der Reichsregierung vom Reichskanzler eingeladen werden, um gemeinschaftlich die wichtigen politischen, wirtschaftlichen und finanziellen Fragen zu erörtern und in persönlicher Fühlungnahme zu einer verständnisvollen einheitlichen Politik in Reich und Ländern beizutragen". Zwar verloren diese Spitzengespräche mit den Ministerpräsidenten in der zweiten Hälfte der zwanziger Jahre an Bedeutung zugunsten von Informationssitzungen des Reichsrates, die der Reichsinnenminister einberief (Schulz 1963, 496). Aber nach 1930 kehrten die Präsidialkabinette zu den informelleren Gremien zurück: „Besprechungen des Reichskanzlers mit den Chefs der Landesregierungen, der Reichsminister mit den Länderministern, der Beamten der Reichsministerien mit den Beamten der Landesministerien traten mehr und mehr an die Stelle des Reichsrats" (Besson 1959, 205). Daneben ergab sich aus dem Dualismus Preußen-Reich die Notwendigkeit einer engen Kooperation zwischen beiden Regierungen. Zwar war die Personalunion in der Regierungsführung durch die Beseitigung der staatsrechtlichen Hegemonie Preußens aufgelöst worden, aber um so unerläßlicher wurden die informellen Kontakte auf bürokratischer Ebene. Seit 1920 nahmen auf beiden Seiten an den Ministersitzungen jeweils hohe Beamte als Beobachter der anderen Regierung teil, und die Ressorts standen durch Chefbesprechungen oder Verbindungsmänner in ständigem Kontakt (Schulz 1963, 322f.).

Aber nicht nur in der bilateralen Beziehung des Reiches zu Preußen war durch die Auflösung der Hegemonie ein erhöhter Koordinationsbedarf entstanden. Die gleiche Folge trat in den Beziehungen des Reiches zur Gesamtheit der Länder ein, weil ja jetzt Preußen mit anderen Ländern neben der Reichsregierung eigene politische Ziele verfolgen konnte und nicht selten auch in einer Länderfront gegen das Reich agierte. Zwar spielte die „Selbstkoordinierung" der Länder, also die Zusammenarbeit der Länderregierungen unter Ausschluß der Zentralregierung, noch nicht jene große Rolle, wie sie zeitweise für die Bundesrepublik charakteristisch geworden ist. Und im Reichsrat bestand noch insofern die alte Vorrangstellung der Reichsregierung fort, als nach Art. 65 der Verfassung eines ihrer Mitglieder den Vorsitz im Plenum und in den Ausschüssen führte. Das war freilich nicht mehr der Kanzler, sondern (nach § 13 der Geschäftsordnung der Reichsregierung) der Reichsinnenminister, gegebenenfalls auch ein anderer Minister oder Staatssekretär; auch die laufende Geschäftsführung lag daher beim Reichsinnenminister. Aber, wie der angesehene Staatsrechtler Gerhard Anschütz (1924, 19 f.) feststellte, es fehlte der unitarisch wirkende „festigende Druck" der preußischen Präsidialmacht, „so daß der Föderalismus sich im Reichsrat heute viel freier auswirken kann als es früher möglich war".

3.3. Interdependenzen von Vielparteiensystem und Bundesstaat

Bismarck wollte bekanntlich mit seiner dynastisch-bürokratischen Konstruktion des Bundesstaates vor allem den Einfluß des Reichstags in engen Grenzen halten und eine Parlamentarisierung der Regierung verhindern: Die parlamentarische Verantwortlichkeit des Reichskanzlers erschien ausgeschlossen, solange er organisatorisch im Bundesrat als dessen Vorsitzender verankert war und der Bundesrat wiederum als „dreiundvierzigköpfige Regierungsbank" von den Regierungen der Einzelstaaten beschickt wurde. Diese waren ja ihrerseits ebenfalls parlamentarisch nicht verantwortliche Beamtenkabinette, und sie konnten um so eher eine konservative Grundlinie durchhalten, als die Landtage zunächst alle, zum Schluß noch überwiegend auf der Grundlage eines ungleichen Wahlrechts ruhten. Dabei hatte Bismarck die Institution des Bundesrates zunächst gegen den Widerstand einiger Bundesfürsten und Einzelstaaten durchsetzen müssen, die lieber ein Oberhaus, also eine echte parlamentarische Kammer, an seiner Stelle gesehen hätten. Ein Oberhaus - auch ein aristokratisches - hätte aber, wie das englische Beispiel zeigt, einer parlamentarischen Regierung nicht grundsätzlich im Wege gestanden.

Dagegen konnte der Bundesrat von vornherein nicht als Widerpart oder gar Kontrolleur der Reichsleitung und insbesondere des Kanzlers fungieren. Eine Opposition, die ins Gewicht hätte fallen können, war nicht zu erwarten, weil Preußen zusammen

3.3. Interdependenzen von Vielparteiensystem und Bundesstaat 71

mit seinen kleinstaatlichen Satelliten in der Regel über eine eindeutige Mehrheit verfügte. Es kam äußerst selten vor, daß Preußen - und damit der Reichskanzler - überstimmt wurde, und wenn es jemals geschah, konnten die Opponenten schnell zum Einlenken veranlaßt werden. Querverbindungen zwischen den mittleren und kleinen Staaten spielten keine große Rolle, verfestigten sich vor allem nie zu dauerhaften Bündnissen. Denn da es sich durchweg um Beamtenregierungen handelte, gab es zwischen ihnen nicht jene politische Solidarität, wie sie durch gemeinsame parteipolitische Grundlagen hätte geschaffen werden können. Und von Preußen konnte eine Opposition gegen die Reichsregierung schon deshalb nicht ausgehen, weil der König von Preußen ja als deutscher Kaiser den Reichskanzler zu ernennen hatte, woraus sich die enge Verklammerung beider Regierungen mit der fast nie unterbrochenen Personalunion an der Spitze ergab. Zwar entwickelten sich in den letzten Jahrzehnten des Kaiserreichs, wie schon erwähnt, die Mehrheitsverhältnisse im Reichstag und im preußischen Landtag infolge des unterschiedlichen Wahlrechts zunehmend auseinander. Das zwang die beiden Regierungen zum Lavieren und Taktieren und zu schwierigen Aushandlungsprozessen und beeinträchtigte die Handlungsfähigkeit auch der Reichsregierung. Aber ein offener Gegensatz war undenkbar; er würde den monarchischen Konstitutionalismus gesprengt haben.

Mit dem Übergang zur parlamentarischen Parteiregierung zu Ende des Ersten Weltkrieges wurde nun die bis dahin im großen und ganzen selbstverständliche politische Homogenität von Reichs- und Länderregierungen in Frage gestellt. Ernsthafte politische Richtungsgegensätze zwischen dem Reich und einzelnen Ländern wurden jetzt denkbar. Insbesondere eröffnete die Beseitigung der preußischen Hegemonialstellung im Bundesrat die Möglichkeit, daß der Dualismus Preußen-Reich durch parteipolitische Differenzen verschärft wurde. Das wog um so schwerer, als auch oppositionelle Länderallianzen, womöglich unter Einschluß Preußens, vorstellbar wurden. Da für einen Einspruch schon die einfache Mehrheit des Reichsrates ausreichte, der Reichstag ihn aber nur mit Zweidrittelmehrheit überstimmen konnte, hatte dieses Gremium damit sogar eine stärkere Position, als sie das Bonner Grundgesetz später dem Bundesrat für die Einspruchsgesetze zugestand. Um so mehr bedarf es der Erklärung, warum der Reichsrat mit seinem Einspruch nur selten eine Vorlage zum Scheitern brachte, und warum von anhaltenden Konflikten zwischen Reichstagsmehrheit und Reichsrat, wie sie dann in verschiedenen Phasen der Bundesrepublik so charakteristisch werden sollten, nicht gesprochen werden kann.

Die Anfangsjahre der Weimarer Republik waren zunächst durch weitgehende politische Homogenität des Reiches und Preußens sowie der Mehrzahl der Länderregierungen charakterisiert. Der Opposition der süddeutschen Länder gegen die zentralistischen Verfassungspläne um die Wende der Jahre 1918/19 lagen überwiegend keine parteipolitischen Richtungsgegensätze zugrunde: Hier wie dort stellten die sozialistischen Parteien oder die Weimarer Koalitionsparteien die Regierungen. Fast fünf Jahre lang, bis Ende 1923, wurde die Reichsregierung zunächst überwiegend von der Weimarer Koalition getragen, zum Schluß von einer Großen Koalition unter Einschluß der rechtsliberalen DVP. Es gab zwar die Zwischenspiele der Kabinette Fehrenbach und Cuno, die ohne feste Mehrheit regierten und die bürgerliche Mitte repräsentierten; aber die Sozialdemokraten verharrten ihnen gegenüber, obwohl an der Regierung nicht beteiligt, in einer mehr oder weniger wohlwollenden Neutralität. Ähnlich verlief die Entwicklung in Preußen: von der Weimarer zur Großen Koalition (wobei das Minderheitskabinett Stegerwald, wiederum bei neutraler Nichtbeteiligung der SPD, den Übergang vermittelte).

Von den übrigen größeren Ländern blieben Baden, Württemberg und Hessen während dieses Zeitraumes unter der Führung der Weimarer Koalition. Deutlich abweichende Mehrheiten setzten sich dagegen in Sachsen und Thüringen einerseits, in Bayern andererseits durch. In Bayern war - nach dem Scheitern der Räterepublik - der Weimarer Koalition keine lange Lebensdauer beschieden; seit März 1920 setzte sich ein Bürgerblock durch, geführt von der zunehmend konservativ orientierten Bayerischen Volkspartei (die sich aus dem Verband der Zentrumspartei gelöst hatte) und unter Einschluß der Deutschnationalen. Auf der anderen Seite etablierten sich seit dem Herbst 1921 In Thüringen, seit Ende 1922 in Sachsen rein sozialistische Regierungskoalitionen, in denen sich die SPD zunächst mit den Unabhängigen Sozialdemokraten, dann im Herbst 1923 mit der KPD verband. In allen drei Fällen kam es schließlich zu schweren Konflikten mit der Reichsregierung. In Sachsen mobilisierte der Industriellenverband die Reichsregierung gegen den politischen Druck der Linken, und nach dem Regierungseintritt der KPD, die zur Aufstellung und Bewaffnung „proletarischer Hundertschaften" aufrief, enthob die Reichsregierung im Wege der Reichsexekution die sächsische Regierung Zeigner ihrer Ämter. Zugleich ließ sie die Reichswehr auch in Thüringen einmarschieren, wo die Regierung Fröhlich von sich aus demissionierte. Etwa zur selben Zeit kulminierte der lange schon schwelende Konflikt des Reiches mit Bayern in der offenen Insubordination des dortigen Reichswehrbefehlshabers, des Generals von Lossow, der die Ausführung eines vom Reichswehrminister erteilten Befehls (nämlich Hitlers „Völkischen Beobachter" zu verbieten) verweigerte, um nicht in Konflikt mit der bayerischen Regierung zu geraten. Diesmal operierte die Reichsregierung weitaus vorsichtiger; sie vermochte sich zuerst nicht durchzusetzen, und erst nachdem der gescheiterte Putschversuch Hitlers vom 9. November 1923 die bayerische Regierungsspitze schwer diskreditiert hatte, kam es im Februar 1924 zu einem Arrangement, das jedoch die Fortführung der konservativen Linie in der bayerischen Innenpolitik sicherte.

So sehr diese Vorgänge die Weimarer Republik aufwühlten, bleibt doch festzuhalten, daß sie das bundesstaatliche System als solches nicht in Frage stellten. Das Reich geriet damals in Konflikt mit einzelnen Landesregierungen, weil sie infolge stark abweichender Mehrheitsverhältnisse eine politische Linie verfolgten, die zu jener der Reichsregierung in scharfem Gegensatz stand. Aber die Mehrheit der Länder, vor allem Preußen, stand dabei auf der Seite der Reichsregierung, und der Reichsrat spielte in den Auseinandersetzungen keine nennenswerte Rolle. Das war eine Folge der im großen und ganzen noch bestehenden politischen Übereinstimmung dieser Regierungen.

Um die Mitte der zwanziger Jahre verlagerten sich die Mehrheitsverhältnisse im Reich und in einigen Ländern nach rechts. Aus der Reichsregierung waren die Sozialdemokraten nach der Reichsexekution gegen Sachsen ausgeschieden, und die

3.3. Interdependenzen von Vielparteiensystem und Bundesstaat

Reichstagswahlen vom 4. Mai und vom 7. Dezember 1924, mit deutlichen Stimmengewinnen der Deutschnationalen und anderer rechter Gruppen, hatten die politische Basis der Weimarer Koalition ebenso wie ihrer Erweiterung zur „Großen Koalition" so angeschlagen, daß die folgenden Jahre im Zeichen „bürgerlicher" Parteienbündnisse standen - besonders ausgeprägt seit dem Regierungseintritt der Deutschnationalen im Januar 1925. Zu den größeren Ländern, die von einem solchen „Bürgerblock" regiert wurden, gehörten neben Bayern seit 1924 noch Württemberg, Thüringen und ab 1926 faktisch auch - zunächst unter Beteiligung des inzwischen abgesplitterten rechten Flügels der SPD - Sachsen. Insbesondere in Bayern, Sachsen, Thüringen und Braunschweig bildete sich eine scharfe Links-Rechts-Polarisierung aus (die in den beiden letztgenannten Ländern dann 1930 der NSDAP den Weg zur Regierungsbeteiligung öffnete). Dagegen hielt sich im größten Land, in Preußen, das Bündnis der Mitte in Form der großen bzw. (ab 1925 wieder) der Weimarer Koalition. Die Weimarer Koalition behauptete sich auch in Hessen und Baden. Damit war aber die politische Homogenität von Reich und Ländermehrheit aufgelöst: Gegensätze, wie sie sich etwa zwischen einem deutschnationalen Reichsinnenminister und einem sozialdemokratischen Innenminister in Preußen auftun mußten, ließen sich nicht mehr im Rahmen hergebrachter Koalitionspolitik überbrücken. Der Dualismus Preußen-Reich, der sich bis dahin mehr als ein institutionelles Koordinierungsproblem zwischen parteipolitisch gleichgerichteten Akteuren dargestellt hatte (dazu besonders Schulz 1963, 322 ff.), wurde nun zu einer politischen Spannungsquelle. Bezeichnend für die Intensität dieser Spannungen war zum Beispiel der scharfe Zusammenstoß zwischen dem preußischen Ministerpräsidenten Braun und dem Reichskanzler Marx, als im November 1927 der deutschnationale Reichsinnenminister von Keudell der „Deutschen Studentenschaft" zu einer Kundgebung gegen den preußischen Volksbildungsminister ein provozierendes Sympathietelegramm sandte, worauf Braun damit drohte, jeden Verkehr zwischen der preußischen Regierung und dem Reichsinnenminister abzubrechen. Gelegentlich trat nun auch der Reichsrat in Opposition zur Reichsregierung. Dabei ging es nicht immer nur um spezifische Länderinteressen, wie etwa im Biersteuerstreit des Jahres 1927, als die von Preußen geführten Gegner der Reichsregierung nur knapp in der Minderheit blieben (vgl. Schulz 1963, 547); derartige Kontroversen waren von Anfang an immer wieder vorgekommen. Vielmehr traten die Gegensätze auch bei ausgesprochen politischen Richtungsentscheidungen zutage. Deutlich wurde das zum Beispiel in dem berühmten Streit um den Panzerkreuzer A, der auch einen bundesstaatlichen Aspekt hatte (Bilfinger 1929): Er begann damit, daß Ende 1927 bei der Beratung des Reichshaushaltsplanes für 1928 eine von Preußen geführte Mehrheit des Reichsrates im ersten Durchgang die Streichung der ersten Finanzierungsrate für den politisch so umstrittenen Kriegsschiffbau verlangte. (Allerdings verzichtete der Reichsrat in der abschließenden Beratung dann angesichts der Zustimmung der Reichstagsmehrheit auf einen Einspruch.)

Nachdem die Reichstagswahlen von 1928 zu Verlusten der Rechten und zum Wiedereintritt der SPD in eine neue Große Koalition geführt hatten, entspannte sich das Verhältnis von Reich und Preußen wieder. Zwar gab es neue Komplikationen, weil die Deutsche Volkspartei ihren Koalitionseintritt zunächst an die Bedingung knüpfen wollte, auch in Preußen in die Koalition aufgenommen zu werden - also die volle politische Homogenität zwischen beiden Regierungen herzustellen; und im Gegenzug gegen die Verschiebung der Reichstagsmehrheit nach links schlossen sich die Bürgerblockregierungen von Bayern und Württemberg zu einer konservativen süddeutschen Länderfront zusammen (dazu Besson 1959, 35 ff.). Für die Politik des Reiches aber war der politische Gleichklang mit Preußen zunächst ausreichend wiederhergestellt. Er überdauerte auch den Bruch der Großen Koalition im Jahre 1930 jedenfalls insoweit, als die sozialdemokratische Tolerierungspolitik gegenüber Brüning auch vom preußischen Kabinett getragen wurde. Erst mit dem eindeutig reaktionär-konservativ orientierten Reichskanzler Papen brach die Kooperation zusammen. Durch die Aufhebung des SA-Verbots, das 1931 unter Brüning vom damaligen Reichswehrminister Groener auf Drängen der Länderregierungen verhängt worden war, geriet Papen schnell zu diesen in Gegensatz. Es folgte am 20. 7.1932 die schon früher erwähnte verfassungswidrige Absetzung des preußischen Ministerpräsidenten Braun und der übrigen Regierungsmitglieder. Damit war nicht nur der politische Richtungsgegensatz beider Regierungen, sondern auch der Dualismus Preußen-Reich im Wege des Staatsstreichs ausgeschaltet. Den so geebneten Weg beschritt Hitler dann nach seiner Machtübernahme mit der ihm eigenen Konsequenz: Nicht nur Preußen, sondern alle Länder wurden - meist durch Reichskommissare - politisch „gleichgeschaltet".

Diese Wendung der Dinge muß nun aber im Zusammenhang der Zerstörung der parlamentarischen Demokratie überhaupt gesehen werden, die schon Papen offen angesteuert hatte. Sie beweist keineswegs die Lebensunfähigkeit des Weimarer Föderalismus. Vielmehr war bis zum „Preußenschlag" der Bundesstaat trotz der durch die Parlamentarisierung und die parteipolitische Differenzierung entstandenen Spannungsverhältnisse durchaus funktionsfähig geblieben. Die globale Behauptung einer Unvereinbarkeit von parlamentarischem System und Föderalismus, wie sie in der Staatslehre des Kaiserreiches verbreitet gewesen war, wurde durch die Weimarer Erfahrungen zwar nicht - wie weiter unten noch zu zeigen sein wird - völlig widerlegt, wohl aber erheblich relativiert. (Das Problem der Ungleichgewichtigkeit der Länder und der mit dem Dualismus Preußen-Reich gegebenen institutionellen Reibungsverluste, also das Problem der Reichsreform, kann in diesem Zusammenhang außer Betracht bleiben; es geht hier nur um die Frage der prinzipiellen Vereinbarkeit von parlamentarischer Parteiregierung und bundesstaatlicher Ordnung.)

Man kann eine Reihe von Ursachen dafür angeben, warum der Parteienwettbewerb nach der durch die Weimarer Verfassung erfolgten Parlamentarisierung das Funktionieren des Bundesstaates trotz unleugbarer Friktionen nicht gravierend zu beeinträchtigen vermocht hat. Da sind zunächst einige institutionelle Besonderheiten der Reichsratskonstruktion zu nennen: zum einen die gegenüber dem Bundesrat schwächere Position dieses Organs, zum andern die Schwächung der preußischen Stellung innerhalb des Gremiums. Es war ja nicht nur die staatsrechtliche Hegemonie Preußens aufgehoben. Hinzu kam auch die Vorschrift des Art. 61 RV, daß kein Land im Reichsrat durch mehr als zwei Fünftel aller Stimmen vertreten sein dürfe - also auch nicht Preußen, das 61 % der Bevölkerung des Reiches umfaßte. Darüber hinaus schrieb Art. 63 noch vor, daß - abweichend von der Regel, daß die Länder im Reichs-

3.3. Interdependenzen von Vielparteiensystem und Bundesstaat

rat durch instruierte Mitglieder ihrer Regierungen vertreten wurden - die Hälfte der preußischen Stimmen von den preußischen Provinzialverwaltungen zu bestellen sei. Diese Vertreter waren - abweichend von der Regel - nicht an Instruktionen gebunden, und weil sich unter ihnen auch Exponenten der mehrheitlich konservativen Provinzen des Ostens und Nordens befanden, stimmten diese nicht selten in entgegengesetztem Sinne wie die preußischen Regierungsvertreter. (So stimmten in der oben erwähnten Auseinandersetzung um den Bau des Panzerkreuzers A im Reichsrat die Vertreter von Berlin, der Grenzmark Posen-Westpreußen, von Oberschlesien, der Provinz Sachsen, von Hannover, Westfalen, der Rheinprovinz und von Hessen-Nassau für den preußischen Antrag, die von Ostpreußen, Pommern, Brandenburg, Niederschlesien und Schleswig-Holstein dagegen.) Damit war im Reichsrat das Übergewicht des Landes Preußen recht wirkungsvoll neutralisiert.

Wichtiger aber waren zwei andere Aspekte: zum einen die starke Überlappung der Koalitionen in einem Vielparteiensystem, das zur Mehrheitsbildung um die Mitte tendierte, und zum andern das starke Gewicht gouvernemental-administrativer Orientierungen in der Länderpolitik. Im Reich hat es, von der rein sozialistischen Regierung der „Volksbeauftragten" um die Wende 1918/19 abgesehen, bis zu Papen keine reine Links- oder Rechtsregierung gegeben, die als solche entgegengesetzt orientierten Länderregierungen hätte gegenüberstehen können. Vielmehr oszillierte die Mehrheit von der Weimarer Koalition bis zu dem in „Mitte/Rechts" angesiedelten Bürgerblock (in dem auch die Deutschnationale Volkspartei mitarbeitete, solange die gemäßigt-gouvernementalen Konservativen dort das Übergewicht gegenüber Extremisten und Reaktionären vom Schlage eines Hugenberg oder Oldenburg-Januschau hatten). Andererseits waren diejenigen Länderregierungen, die sich klar rechts oder links einordnen ließen, in der Minderheit; die sozialistischen Regierungen (Sachsen, Thüringen) waren dabei allerdings stärker isoliert als die konservativen (Bayern). Selbst in den Zeiten der politischen Spannung zwischen der Reichsregierung mit ihrer Bürgerblockmehrheit und der preußischen Regierung unter Otto Braun überlappten sich die Koalitionen im Reich und im größten Land, besonders dank der Regierungsteilnahme der Zentrumspartei, die als „Scharnier" (Gerhard Schulz) zwischen beiden Regierungen fungierte. Die zwischen ihnen zutage tretenden Gegensätze konnten sich daher nie bis zur parteipolitischen Polarisierung steigern. Aushandeln, Kompromißfindung und Koalitionsbildung behielten so im Vielparteienparlamentarismus das Übergewicht gegenüber den zentrifugalen Effekten des Parteienwettbewerbs, der nie zum grundlegenden Konfliktregelungsmechanismus werden konnte. Und diese fortbestehende Dominanz des Aushandelns im Parteiensystem ging eine Symbiose mit den kooperativen Traditionen des deutschen Föderalismus ein.

Dies wurde noch dadurch befördert, daß sich die Länderregierungen weithin auch nach ihrer Parlamentarisierung nur in sehr eingeschränktem Maße oder gar nicht als „Parteiregierungen" verstanden. Waldemar Besson hat in seiner Untersuchung über „Württemberg in der deutschen Staatskrise" exemplarisch gezeigt, wie in der Politik der Länderkabinette administrative und - auch auf die Reichsregierung bezogen - gouvernementale Orientierung gegen „Parteipolitik" ausgespielt wurden. Er hat das unter anderem darauf zurückgeführt,

„daß in einigen Ländern, besonders aber in Bayern und Württemberg, die Landesregierungen seit 1924 über die Jahre hin ein konstantes politisches Gesicht zeigten. Ein weniger fluktuierender Parlamentarismus schien hier stabilere Regierungen als im Reich hervorbringen zu können. Das mochte die Landesregierungen in ihren Reichsratsentscheidungen bestärken, Vertreter der Länder und nicht Vertreter von Parlamentsmehrheiten zu sein..." (Besson 1959).

Und er hat weiter darauf aufmerksam gemacht, daß der von der Regierung im gouvernemental-etatistischen Sinne interpretierte Wille des Landtags dann „im Reichsrat, wenn er sich auf die bürokratische Seite seiner Struktur besann, noch einmal gebrochen werden (konnte), da höhere Beamte und nicht Politiker hier miteinander verhandelten" (Besson 1959, 57f.). Man könnte versucht sein, diese gouvernementale Politik, die sich in eine Ideologie der „Sachlichkeit" drapierte, als Spezifikum der politisch konservativen Regierungen Süddeutschlands zu verstehen. Aber sozialdemokratische Länderpolitiker wie Otto Braun und sein Innenminister Severing haben sich davon gerade in den Krisenjahren in ihrer Politik gegenüber dem Kabinett Brüning nicht wesentlich unterschieden.

Es ist daher nicht verwunderlich, daß in der Weimarer Republik der Bundesstaat in der wissenschaftlichen Diskussion und dann auch in der politischen Praxis gern als eine Art Einflußreserve der Exekutive gegenüber einem als nur beschränkt handlungsfähigen Parteienparlament gesehen wurde. Der Staatsrechtler Carl Bilfinger hat 1924 unter diesem Aspekt die Stärkung des Reichsrates gegenüber dem Reichstag gefordert: Die Gesetzgebung sowie die Rechts- und Verwaltungsverordnungen der Reichsregierung sollten wieder von seiner Zustimmung abhängig gemacht werden. Bilfinger sah dabei durchaus die Möglichkeit, daß eine Mehrheit des Reichsrates in Gegensatz zur Reichstagsmehrheit geriete, aber er nahm das in Kauf. Ja, er wollte eine „politische Verantwortlichkeit" der Reichsregierung und des Kanzlers nicht nur gegenüber dem Reichstag, sondern auch gegenüber dem Reichsrat in der Verfassung statuiert sehen. Das lief offensichtlich auf eine Rückbildung des parlamentarischen Regierungssystems hinaus. Denn gegenüber dem Reichstag mit seinen „unsicheren, wechselnden Mehrheiten" erwartete er vom Reichsrat die Chance größerer politischer Kontinuität. Auch die Auswahl der Person des Kanzlers sollte nicht mehr bloß vom Diktat der Reichstagsmehrheit abhängen. (Dabei hielt Bilfinger freilich weiterhin eine Wiederherstellung der preußischen Hegemonie für erforderlich und die Personalunion der Ämter des Reichskanzlers und des preußischen Ministerpräsidenten für wünschenswert, also die weitgehende Wiederherstellung der Bismarckschen Konstruktion; die Gefahr eines „schädlichen Dualismus Preußen-Reich" schätzte er bei der „inzwischen erreichten Parallelität der Regierungs- und Wahlsysteme" geringer ein.)

In der Tat haben in den Krisenjahren der Weimarer Republik der Reichsrat und informelle bundesstaatliche Gremien einen deutlichen Zuwachs an Einfluß gegenüber dem Parlament gewonnen. Unter Brüning spielte der Reichsrat zeitweise geradezu die Rolle eines „Ersatzgesetzgebers" anstelle des zur Mehrheitsbildung nicht mehr fähigen Reichstags: Im Herbst 1930 handelte der Reichskanzler seinen wirtschafts- und finanzpolitischen Sanierungsplan mit den Ländervertretern im Reichsrat aus (Besson 1959, 195 ff.). Später verkümmerte zwar auch die legislative Funktion des Reichsrates; aber dafür traten die Reichs-Länder-Konferenzen in den Vordergrund „und wurden für beide Seiten zu einem unentbehrlichen Faktor in der Vorbereitung und Gestaltung der Notverordnungen" (Besson 1959, 206).

3.4. Die Konstruktion des Bundesrates als Widerlager zur „Parteipolitik"

Die Erfahrungen, die man in der Schlußphase der Weimarer Republik mit dem Reichsrat und mit der Politik der Länderregierungen als stabilisierenden Faktoren gegenüber einem handlungsunfähig gewordenen Parlament gemacht zu haben glaubte, haben noch die Verfassungsdiskussion der Jahre 1948/49 bestimmt. Damals wurden ja in der Auseinandersetzung um die künftige Mitwirkung der Länder an der Politik des Bundes die Alternativen des Jahres 1919 wiederbelebt: Auf der einen Seite standen die Verfechter eines „Senats", der (wie seinerzeit das „Staatenhaus" im Verfassungsentwurf von Hugo Preuß) aus Abgeordneten bestehen sollte, die von den Landtagen zu wählen wären. Auf der anderen Seite standen die Befürworter der traditionellen Bundesratslösung, die im übrigen beim Gesetzgebungsverfahren die volle Gleichberechtigung des Bundesrates mit dem Bundestag herstellen wollten.

Diese zweite Position wurde besonders nachdrücklich von Teilen der CDU vertreten, und zwar vor allem vom „Ellwanger Kreis", in dem sich seit 1947 einflußreiche süddeutsche CDU-Politiker mit entschieden föderalistischen Überzeugungen zusammengefunden hatten. In einem Arbeitspapier mit dem Titel „Länderkammer oder Länderrat" plädierten sie für die zweite Alternative mit der Begründung, die Erfahrungen der Vergangenheit und Gegenwart ließen es nicht zu, den Volkswillen in einem Bundesstaat nur durch die Parteien und zufällige Parlamentsmehrheiten zu repräsentieren. Es seien die Länderregierungen gewesen, die nach dem Zusammenbruch den Aufbau eines neuen deutschen Staates in Angriff genommen hätten, und die Zurückdrängung föderalistischer Gesichtspunkte durch die zentralisierten Parteien werde die Gefahr heraufbeschwören, daß die Parteiführungen starken Einfluß auf die Fraktionen in der Volks- wie in der Länderkammer erringen würden (Heidenheimer 1960, S.164). Das richtete sich in erster Linie zwar gegen Kurt Schumachers deutlichen Ehrgeiz, den Führungsanspruch der Parteizentrale in Hannover gegenüber den Parteiorganisationen in den neu- oder wiedererstandenen Ländern durchzusetzen. Aber es brachte den Ellwanger Kreis auch in Gegensatz zu Adenauer, der sich von Köln aus bemühte, seine Führungsposition innerhalb der Partei aufzubauen.

Überlegungen dieser Art gab es dann auch im Verfassungskonvent von Herrenchiemsee, der von der Konferenz der Ministerpräsidenten der Länder eingesetzt worden war. Hier hatten die Anhänger eines Bundesrates (oder „Länderrates") ein starkes Übergewicht, und wiederum wurde dem Bundesrat die Funktion eines Widerlagers zur „Parteipolitik" zugedacht. Der hessische Sozialdemokrat Hermann Brill, neben seinem Parteifreund Carlo Schmid der einzige Fürsprecher der Senatslösung, kritisierte im Laufe der Verhandlungen, es erscheine in der Debatte das Parlament „als der Sammelpunkt aller Bösewichte des Parteiwesens und der Länderrat als die Inkarnation aller Weisheit und Güte". Daß dies bei aller rhetorischen Zuspitzung die Tendenz zutreffend charakterisierte, macht der Bericht über den Verfassungskonvent deutlich.

In der Begründung für den Bundesratsvorschlag hieß es hier unter anderem, daß ein Senat „denselben Querschnitt" durch die „politischen Kräfte des Volkes" darstelle wie das Parlament, während der Bundesrat „gewissermaßen durch Längsschnitte" zustande komme, und zwar nicht nur in den Ländern mit Koalitionsregierungen.

> „Auch wo nur eine Partei die Regierung stellt, werden die Entschließungen dieser Regierung doch von dem objektiven Gesetz ihrer Stelle geprägt, und die von ihr entsandten Mitglieder werden in Distanz zur Tagespolitik ihrer Partei die politischen Gesamtkräfte des Landes und seine dauernden Interessen zum Ausdruck bringen. Das Bundesratsprinzip sichert daher *eine höhere Objektivität der zweiten Kammer gegenüber der laufenden Parteipolitik,* als sie durch Senatoren gewährleistet sein könnte."

Und dann wird ausdrücklich auf die Erfahrungen der Vergangenheit Bezug genommen: Es bestehe bei allen Kennern der Verhältnisse Einmütigkeit,

> „daß sowohl der Bundesrat des Bismarckreichs als auch der Reichsrat der Weimarer Republik eine hochwertige, *vom Willen absoluter Sachlichkeit bestimmte Arbeit* geleistet haben. Als der Reichstag im Jahre 1930 bereits funktionsunfähig geworden und weder zur Bildung einer parlamentarischen Regierung noch zur Durchführung seiner legislativen Aufgaben imstande war, war der Reichsrat noch voll arbeitsfähig und ist es bis zu seiner Auflösung im Jahre 1933 geblieben"(Bericht über den Verfassungskonvent, 37f.; Hervorhebungen von mir, G. L.).

Schon die Ausdrucksweise ist bezeichnend: Im Topos von der „Sachlichkeit" begegnen wir einem traditionellen Versatzstück gouvernemental-bürokratisch orientierten Denkens, das stets auch die Abwertung von „Parteipolitik" impliziert. Die Befürworter der Senatslösung machten in Herrenchiemsee demgegenüber klar, daß es ihnen auf eine wohlverstandene Politisierung der zweiten Kammer ankam, die Konfliktaustragung nicht unterdrückt hätte. Doch so stark war der Anti-Parteien-Affekt im Verfassungskonvent, daß auch sie nur noch defensiv argumentierten: Das Senatssystem werde

> „ein Mittel zur Personalisierung des Politischen sein und im Ergebnis einen traditionsgebundenen Personentyp schaffen, der durch die Wahl auf einen längeren Zeitraum nicht nur gegenüber der Staatsbürokratie, sondern auch gegenüber den Landtagen und den Parteien eine wirkliche innere Unabhängigkeit erhält und damit in einem dialektischen oder polaren Gegensatz zur Parteibürokratie steht und letzten Endes zu einer Reform des deutschen Parteiwesens und des politischen Lebensstils überhaupt führen kann."

Im Parlamentarischen Rat griffen die Befürworter der Bundesratslösung die parteienkritische Argumentation von neuem auf. Adolf Süsterhenn, einer der entschiedensten Anhänger des traditionellen Föderalismus, argumentierte, die Mitglieder eines Senats würden sich „parteiideologisch, parteitaktisch und parteidisziplinär" gebunden fühlen, die Landesregierungen hingegen die ihnen gestellten Aufgaben weniger nach grundsätzlichen als nach sachlichen Gesichtspunkten lösen. Das war nun freilich nicht mehr repräsentativ für die Mehrheit der Ratsmitglieder. Anders als in Herrenchiemsee bestimmten ja hier die Parteien in starkem Maße den Gang der Diskussion. Und zunächst neigte neben SPD und FDP auch ein Teil der CDU eher dem Senatsprinzip zu, so insbesondere der spätere Bundesinnenminister Robert Lehr, doch auch andere eher

3.4. Die Konstruktion des Bundesrates als Widerlager zur „Parteipolitik"

zentralistisch und unitarisch gesonnene CDU-Parlamentarier aus der britischen Zone, zu denen im Grunde auch Adenauer gehörte. Sie wurden jedoch durch den bayerischen Ministerpräsidenten Ehard ausmanövriert. Bei einem Essen mit dem nordrhein-westfälischen Innenminister Walter Menzel, einem der wichtigsten Sprecher der SPD, gelang es ihm, die Sozialdemokraten für die Bundesratslösung zu gewinnen. Vermutlich spielte dabei der Gesichtspunkt eine Rolle, daß die SPD angesichts ihrer starken Stellung in den Ländern Aussicht hätte, über die Länderbürokratie die Bundesverwaltung zu kontrollieren. Im Gegenzug setzte die SPD durch, daß die Ländervertretung keine dem Bundestag gleichberechtigte Stellung erhielt.

Immerhin wurde der Bundesrat im Vergleich zum Reichsrat der Weimarer Verfassung soweit aufgewertet, daß er Gesetzen, von denen die Länderinteressen tangiert waren, seine Zustimmung versagen konnte. Ein solches Veto konnte - im Unterschied zu dem Einspruch des Reichsrats - vom Parlament nicht überstimmt werden. Damit aber diese Stärkung des Bundesrats nicht dazu führen konnte, daß die Ländervertretung geradezu die Gesetzgebung blockierte, wurde der Vermittlungsausschuß eingeführt, dem für den Bundesrat je ein Vertreter jedes Landes und für den Bundestag eine gleich große Anzahl von Bundestagsabgeordneten angehören sollten. Dies stellte eine Neuerung gegenüber der deutschen Verfassungstradition dar und war an einem amerikanischen Vorbild orientiert, den *conference committees*, die im Gesetzgebungsverfahren des Kongresses bei Differenzen zwischen den von Senat und Abgeordnetenhaus verabschiedeten Fassungen vermitteln sollen. Das Verfahren des Vermittlungsausschusses lehnt sich eng an das amerikanische Vorbild an, freilich mit einem folgenreichen Unterschied: Während in den USA für jedes strittige Gesetz ein *conference committee* neu eingesetzt wird, und zwar in der Regel aus Mitgliedern der federführenden Ausschüsse, ist der Vermittlungsausschuß des Grundgesetzes ein ständiges Gremium. Seine Mitglieder sind infolgedessen zwangsläufig nicht Spezialisten für die Gesetzesmaterie, wie die der amerikanischen *conference committees*, sondern Generalisten.

Dem beschlossenen Verfassungstext lag zwar die Absicht zugrunde, die zustimmungspflichtige Gesetzgebung auf einen relativ schmalen Bereich zu begrenzen. In der Praxis vollzog sich aber recht bald ein folgenreicher Verfassungswandel, denn der Bundesrat behauptete sich mit einer sehr extensiven Auslegung von Art. 84 Abs. 1 GG, der zufolge alle Gesetze, die Vorschriften über die Ausführung durch die Länderverwaltung enthielten, als ganze zustimmungspflichtig wurden. Damit hatten sich im Ergebnis die Vorstellungen des föderalistischen CDU-Flügels weitgehend durchgesetzt, obwohl der Parlamentarische Rat das gar nicht beabsichtigt hatte.

Man muß indessen berücksichtigen, daß sich in der Konzeption des Bundesrates als Widerlager zur „Parteipolitik" nicht etwa bloß eine ideologische Sonderentwicklung innerhalb der CDU niederschlug. Während auf der Ebene des „Vereinigten Wirtschaftsgebiets" infolge der Polarisierung, die im Wirtschaftsrat zwischen SPD und CDU eingesetzt hatte, die Steuerungsfunktion des Parteienwettbewerbs nicht übersehen (sondern allenfalls beklagt) werden konnte, blieben in den Ländern mit ihren breiten Koalitionen die Funktionen des Parteienwettbewerbs weniger klar umrissen. Hinzu kam, daß die Regierungen der Länder zunächst nicht aus den Parteien hervorgegangen waren. Die Ministerpräsidenten und Regierungsmitglieder, von denen viele aus der Verwaltung kamen, hatten großenteils keine Machtbasis in Parteiorganisationen, waren vereinzelt sogar parteilos und verdankten ursprünglich ihre Stellung in erster Linie dem Vertrauen der Militärregierung. Die Länderchefs hielten sich denn auch im allgemeinen frei von Versuchen der Parteiführungen, ihre Politik zu beeinflussen. Sie fühlten sich nicht als „Parteipolitiker", betonten vielmehr mit Vorliebe den Primat der „sachlichen Arbeit", die eben als Gegenbegriff zur „Parteipolitik" fungierte. Länderpolitik wurde also von einem spezifischen politischen Stil geprägt, der gekennzeichnet war durch „eine weitgehende Ablehnung des Parteienkonflikts und damit die Ausklammerung politischer Grundsatzentscheidungen" (Foelz-Schroeter 1974, S. 11). Daher die schon weiter oben erwähnte Vorliebe für Allparteienregierungen oder große Koalitionen, verstanden als Kabinette der nationalen Konzentration oder als Regierungen der Persönlichkeiten und Experten (vgl. Foelz-Schroeter 1974, 41). Vor allem die Zusammenarbeit der Ministerpräsidenten im Länderrat der amerikanischen Besatzungszone, frei von jeder Beeinflussung durch Parteiorganisationen, entsprach der Konzeption eines föderalistischen Widerlagers zur „Parteipolitik".

Die Machtverschiebung hin zu den Parteien begann allmählich mit dem Zusammentritt der ersten gewählten Parlamente, vor allem aber mit der Errichtung des Frankfurter Wirtschaftsrates für das Vereinigte Wirtschaftsgebiet im Frühsommer 1947. Das zeigt in sehr bezeichnender Weise die Kontroverse über die Besetzung des Direktoriums, von der schon früher die Rede war. Die Bizonenorganisation bestand seither aus einer parlamentarischen Versammlung, dem „Gesetzgebenden Rat" (oder Wirtschaftsrat im engeren Sinne), aus dem „Exekutivrat" (später „Länderrat"), der von den Länderregierungen beschickt wurde, und den fünf Direktoren der Verwaltungen. Für die Verwaltungsspitze hatte der Exekutivrat, also das Gremium der Ländervertreter, dem Gesetzgebenden Rat eine Proporzbesetzung aus Sozial- und Christlichen Demokraten vorgeschlagen. In dieser parlamentarischen Körperschaft hatten jedoch erstmals die zentralen Parteiorganisationen eine den Ländern gegenüber autonome institutionelle Operationsbasis, die ihnen in den Besatzungszonen bis dahin gefehlt hatte, und das gab der sozialdemokratischen Parteiführung unter Schumacher die Gelegenheit, ihren Führungsanspruch direkter vorzutragen, als das je zuvor möglich gewesen war. Damit wurde eine Auseinandersetzung über die Grundlinien der künftigen Wirtschaftspolitik ausgelöst, in der die CDU die Unterstützung der FDP fand und die zu der früher erwähnten Konsequenz führte, daß die SPD, von einer „bürgerlichen" Mehrheit überstimmt, sich in die Opposition zurückzog. Diese Polarisierung in wirtschaftspolitischen Grundsatzfragen traf aber bei einem großen Teil der Länderpolitiker - und zwar bei Sozialdemokraten wie Christlichen Demokraten - auf Ablehnung. Erich Roßmann, der (der SPD angehörende) Generalsekretär des Stuttgarter Länderrats, formulierte diese Auffassung so: „Ich bin nach wie vor der Meinung, daß Deutschland noch viel zu krank ist, um sich den Luxus parteipolitischer Machtkämpfe gestatten zu können" (Foelz-Schroeter 1974, 41). Hier verband sich offensichtlich die Überzeugung, daß die Notlage der Nachkriegszeit nur pragmatische Lösungen unter Ausklammerung prinzipieller Gegensätze zulasse, die von den politischen Richtungen einvernehmlich gefunden werden müßten, mit dem bürokratisch-gouvernementalen Ethos

3.4. Die Konstruktion des Bundesrates als Widerlager zur „Parteipolitik"

der „Sachlichkeit", das schon für die Länderpolitik in der Weimarer Republik so bezeichnend gewesen war. Doch die Parteiführungen, unter Schumacher einerseits, Adenauer andererseits, setzten dagegen einen grundsätzlich andersartigen und neuen Stil der Austragung von Konflikten, nämlich den Wettbewerb um Entscheidungspositionen, also die von Roßmann so abschätzig apostrophierten „parteipolitischen Machtkämpfe".

Bei der Gründung der Bundesrepublik haben sich die Länderpolitiker, insbesondere die süddeutschen Föderalisten, dagegen noch partiell behaupten und die Bundesratslösung durchsetzen können mit der erklärten Absicht, eine institutionelle Basis für den ihnen eigentümlichen traditionellen Stil der Konfliktregelung durch exekutiv gesteuerte Aushandlungsprozesse zu bewahren. Daß der Bundesrat als Widerlager zur „Parteipolitik" konstruiert war, erklärt auch die eigenartige Regelung des „Gesetzgebungsnotstandes" in Art. 81 GG. Die traumatischen Erinnerungen an die Endphase der Weimarer Republik, die sowohl den Herrenchiemseer Verfassungskonvent als auch den Parlamentarischen Rat in so starkem Maße prägten, verdichteten sich zu der Furcht vor einem handlungsunfähigen, weil nicht mehr zur Bildung „konstruktiver" Mehrheiten fähigen Parlament. Die restriktive Regelung des „konstruktiven" Mißtrauensvotums in Art. 67 und die - in nunmehr fünf Jahrzehnten niemals praktisch gewordenen - Regelungen für die Prozedur der Kanzlerwahl in Art. 63 Abs. 3-4 GG setzten die Existenz eines Vielparteiensystems mit obstruktiven Flügelparteien voraus und sollten die Bildung und das Überdauern von Minderheitsregierungen ermöglichen. Da diese jedoch nicht mehr von einem mit Diktaturgewalt (wie in Art. 48 WRV) ausgestatteten Präsidenten abhängig sein sollten, war der Bundesrat als „Legalitätsreserve" konzipiert. Der Herrenchiemseer Verfassungsentwurf hatte auch noch bei der Regelung der Ernennung des Bundeskanzlers für den Fall der Handlungsunfähigkeit des Bundestages die Möglichkeit der Ernennung durch den Bundespräsidenten auf Vorschlag des Bundesrates als eine mögliche Variante vorgeschlagen. Dem ist zwar der Parlamentarische Rat nicht gefolgt; er übernahm jedoch die Konstruktion des Bundesrates als Legalitätsreserve im Gesetzgebungsprozeß: Eine Minderheitsregierung sollte, die Erklärung des „Gesetzgebungsnotstandes" durch den Bundespräsidenten vorausgesetzt, ein halbes Jahr lang auf den Bundesrat als Ersatzgesetzgeber zurückgreifen können, wenn der Bundestag versagte.

Diese Konstruktion kann man heute nicht einfach als obsolet betrachten. Das zeigt folgende hypothetische Überlegung: Wäre etwa aus der Bundestagswahl vom 27. September 1998 die „rot-grüne" Koalition zwar als stärkste Kraft hervorgegangen, hätte aber die absolute Mehrheit verfehlt, wie sie für die Wahl des Bundeskanzlers im ersten und (gegebenenfalls) zweiten Wahlgang vorgesehen ist, dann hätte sie gleichwohl ihren Kanzlerkandidaten im dritten Wahlgang durchsetzen können. Doch anders als die 1994 gebildete rot-grüne Minderheitsregierung von Sachsen-Anhalt wäre sie nicht im selben Maße auf die Tolerierung durch die PDS (oder auch die CDU) angewiesen gewesen, denn sie hätte jedenfalls für einen begrenzten Zeitraum notfalls auf das Instrumentarium des Art. 81 GG zurückgreifen können. Der Parlamentarische Rat hatte indes kein derartiges Szenario im Auge, sondern er dachte offensichtlich eher an eine parlamentarische Konstellation, in der extreme Flügelparteien eine Mehrheitsbildung unmöglich machten. Er unterstellte dabei Bedingungen, wie sie noch Anfang der dreißiger Jahre und dann wieder in den ersten Nachkriegsjahren im deutschen Föderalismus gegeben waren: Zum einen war vorauszusetzen, daß sich in Bund und Ländern zur Mitte des Parteienspektrums hin gravitierende Koalitionen ausbilden würden, mit „Scharnierparteien", die überall und ständig an der Regierungsmacht beteiligt wären und ein Minimum an politischer Homogenität garantieren könnten. Zum anderen mußte von der Erwartung ausgegangen werden, daß diese Länderregierungen ihre Rolle vor allem unter gouvernemental-administrativen Aspekten verstehen und - wie das bei solchen Koalitionen nahelege - kontroverse politische Grundüberzeugungen zurücktreten lassen würden. Die „Polarisierung" des Bundesrates war also in dieser Konstruktion nicht vorgesehen; vielmehr setzte der Grundgesetzgeber voraus, daß das bundesstaatliche System weitgehend autonom gegenüber dem Parteiensystem bleiben und die ihm zugedachte Rolle eines „Widerlagers" tatsächlich spielen könnte. Das aber sollte sich als eine folgenreiche Fehleinschätzung erweisen. Vielmehr wurde mit dem als letztes Refugium vor dem Parteienwettbewerb gedachten Bundesrat der mögliche „Strukturbruch" gleichsam in die Verfassungskonstruktion eingebaut.

3.5. Die Parteien als Bindeglieder zwischen Bundes- und Länderpolitik

Die Erwartung, daß die Länderexekutiven als Hort bürokratischer „Sachlichkeit" im Gegensatz zur „Parteipolitik" fungieren würden, ist in der Folgezeit rasch obsolet geworden. Ihre 1918 erstmals formal vollzogene Parlamentarisierung hat sich jetzt voll ausgewirkt und damit vor allem bei den beiden großen Parteien eigentümliche Entwicklungen ausgelöst: In der Bundesrepublik entwickelte sich zunehmend, und dies besonders ausgeprägt bei der Opposition, eine viel engere Verflechtung von Bundes- und Länder-Parteien, als man sie in der Vergangenheit gekannt hat. Die Erwartungen des „Ellwanger Kreises" und der ähnlich Gesinnten im Herrenchiemseer Verfassungskonvent und im Parlamentarischen Rat, der Bundesrat werde als Widerlager zur „Parteipolitik" funktionieren, hatten auf zwei Voraussetzungen beruht: erstens - wie wir sahen - der Annahme, daß sich die Länderregierungen wie in der Weimarer Zeit in Bundesangelegenheiten durch eine vorwiegend gouvernemental-administrative Orientierung („sachliche Arbeit") auszeichnen würden, zweitens aber - und in Zusammenhang mit dem zuvor Gesagten - auf der Erwartung einer weitgehenden Autonomie der Länderpolitik (auch soweit sie personell von den Parteien getragen war) gegenüber der Politik der Parteizentralen im Bund. Die Ministerpräsidenten der ersten Nachkriegsjahre waren ja in der Tat sehr auf ihre Handlungsfreiheit gegenüber Adenauer oder Schumacher und deren jeweiligen Parteiapparaten bedacht. Eine solche Autonomie der Länderpolitik wurde aber ein Vierteljahrhundert später nicht mehr vorausgesetzt, wenn sich beispielsweise aus den Reihen der CDU im Zusammenhang mit der Auseinandersetzung um das Rentenabkommen mit Polen die Forderung erhob, der Kanzlerkandidat Kohl müsse die von ihm innerhalb der CDU/CSU in Anspruch genommene „Richtlinienkompetenz" auch gegenüber den Länderministerpräsidenten seiner Partei geltend machen (lt. Ernst Dieter Lueg, ARD-Tagesschau vom 12. Februar 1976).

3.5. Die Parteien als Bindeglieder zwischen Bundes- und Länderpolitik

Die deutschen Parteien sind seit jeher durch einen ausgeprägten Regionalismus charakterisiert. Ihre organisatorischen Ursprünge liegen vor der Reichsgründung, und das hat sie dauerhaft geprägt. Vor allem im Liberalismus war die Autonomie der regionalen Verbände seit jeher fest eingewurzelt. Andere Parteien waren zwar stärkeren Zentralisierungsbestrebungen ausgesetzt, aber auch hier wahrten die Länderorganisationen eifersüchtig ihren politischen Entscheidungsspielraum. In der SPD gab es vor dem Ersten Weltkrieg erhebliche Konflikte zwischen Bebel und den badischen, württembergischen und bayerischen Sozialdemokraten, die sich ihre Politik nicht vom Berliner Parteivorstand vorschreiben lassen wollten und in den Landtagen auch dann noch an der Zusammenarbeit mit „bürgerlichen" Parteien festhielten, als diese 1908 vom Parteitag mißbilligt worden war. Im Zentrum hat es ähnliche Spannungen gegeben; sie fanden ihren Ausdruck unter anderem nach 1918 in dem Ausscheiden der Bayern, die sich als „Bayerische Volkspartei" selbständig machten und 1920 sogar die Arbeitsgemeinschaft mit der Zentrumsfraktion im Reichstag lösten. Die Analogien zur Entwicklung Bayerns in den ersten Jahre nach dem Zweiten Weltkrieg liegen auf der Hand: Der Führer der Sozialdemokraten Wilhelm Hoegner, ein erbitterter Gegner Schumachers innerhalb der SPD, verschrieb sich zeitweise geradezu einem weißblauen Sonderbewußtsein, und die CSU bewahrte ihre Selbständigkeit auch dann, als sich die anderen christlich-demokratischen Länderparteien in einer Bundesorganisation zusammenschlossen. Doch auch vom bayerischen Sonderfall abgesehen blieb in allen Parteien der Bundesrepublik den Regional- oder Landesverbänden ein erheblicher eigener politischer Spielraum. Besonders in der CDU haben die Landesparteien ein erhebliches Gewicht und haben zum politischen Profil der Partei immer wieder wichtige eigene innovatorische Anstöße gegeben (Schmid 1990a, 1990b).

Am deutlichsten tritt die Autonomie der Länderparteien seit jeher bei der Aufstellung der Kandidaten zu den Reichstags- oder Bundestagswahlen zutage. Sie hat (auch bei den Sozialdemokraten vor dem Ersten Weltkrieg) stets in der Hand der regionalen Gliederungen gelegen. Die Bundesparteileitungen haben daher auf die personelle Zusammensetzung des Bundestages keinen nennenswerten eigenen Einfluß. Selbst in der SPD ist der Partikularismus der Bezirksverbände mitunter nur mühsam durch die hergebrachte sozialdemokratische Solidarität in Grenzen gehalten worden.

Das heißt aber nicht etwa, daß regionale und zentrale (Reichs- oder Bundes-) Organisationen voneinander streng getrennt gewesen wären. Vielmehr waren die Landes- oder Bezirksverbände der Parteien in den zentralen Führungsgremien in zwar unterschiedlich starkem, aber insgesamt doch beachtlichem Maße vertreten; der Organisationsaufbau war der föderativen Mitwirkung der Länder an den politischen Entscheidungsprozessen im Zentralstaat angepaßt. Diese vertikalen Verflechtungen zwischen Bundes- und Länderparteien, aber auch horizontale Verflechtungen auf Länderebene haben sich nun seit der Entstehung der Bundesrepublik deutlich verstärkt. In der CDU und FDP gehörten bis 1967 die Landesvorsitzenden kraft Amtes den Bundesparteivorständen an. Seither hat das Parteiengesetz zwar den Anteil der ex-officio-Mitglieder in den Führungsgremien der Parteien auf zwanzig Prozent begrenzt; aber die Verflechtungen haben nicht darunter gelitten, daß sie nun durch Wahl hergestellt werden. Im Jahre 1970 gehörte sowohl bei der CDU als auch der SPD jeweils ein

Länderministerpräsident dem (jeweils elfköpfigen) Parteipräsidium an, in den Parteivorständen (30 beziehungsweise 35 Mitglieder) kamen noch 2 beziehungsweise 3 Regierungschefs und 2 (beziehungsweise 4) Länderminister hinzu. Außerdem war eine Reihe von Landes- oder (bei der SPD) Bezirksvorsitzenden, die nicht der Landesregierung angehörten, in diesen Gremien vertreten (Kaack 1971, Schaubilder 28 und 29). Seither hat sich bei beiden Parteien die Zusammensetzung der Führungsgremien eher noch zugunsten der Landespolitiker verschoben. Auf dem CDU-Parteitag von 1996 wurde einer der fünf Länderministerpräsidenten in das elfköpfige Präsidium gewählt, die übrigen vier in den Parteivorstand. Und von den 10 sozialdemokratischen Ministerpräsidenten waren drei unter den 13 Mitgliedern des 1997 gewählten Präsidiums, fünf weitere im Parteivorstand.

Neben die Ämterverflechtungen treten mannigfache Kontaktgremien. Es gibt beispielsweise in allen großen Parteien die Einrichtung von regelmäßigen Konferenzen der Fraktionsvorsitzenden in den Landtagen, und dort ist oft auch die Führung der jeweiligen Bundestagsfraktion vertreten. Auf Regierungsebene gibt es seit jeher sowohl bei der Ministerpräsidentenkonferenz als auch bei wichtigen Fachministerkonferenzen nach Parteien getrennte Vorbesprechungen der Minister, in denen man sich bemüht, die Entscheidungen in den Konferenzen oder im Bundesrat abzustimmen; auch hier ist in der Regel die Bundespartei vertreten. Man kann sich hier an die Technik der „*itio in partes*" erinnert fühlen, von der schon die Rede war, also das „Auseinandertreten" des *Corpus Catholicorum* und des *Corpus Evangelicorum*, der Religionsparteien auf dem Reichstag im Alten Reich zwischen 1648 und 1806, wenn es um die Beratung von Religionsangelegenheiten ging. Dieses historische Beispiel zeigt, daß getrennte Beratungen nicht einfach als Anzeichen für ein hohes Maß an Parteienkonfrontation verstanden werden dürfen. Gerade wo es um Kompromißbildung geht, können solche Abstimmungsprozesse vielmehr ein wichtiges, kaum zu entbehrendes Instrument der lagerübergreifenden Verständigung werden. Beim Vermittlungsausschuß von Bundestag und Bundesrat sind deshalb getrennte Vorberatungen gang und gäbe. Daran nehmen nicht nur die Ausschußmitglieder der jeweiligen Partei teil, sondern (im Falle einer Regierungspartei) auch der Bundesregierung, weiterhin die Fachexperten aus Bundestagsfraktion, Bundesrat und Parteiorganisation, dazu womöglich andere einflußreiche Parteivertreter - und das alles unter Hinzuziehung von Stabsmitarbeitern. Zur Ermittlung der Einigungsspielräume werden in solchen Vorbesprechungen auch Probeabstimmungen abgehalten, und wenn es im Vermittlungsausschuß zu größeren Verständigungsschwierigkeiten kommt, werden die Sitzungen wiederum zum Zweck der *itio in partes* unterbrochen. Dies alles ist unvermeidlich, wenn man Kompromißmöglichkeiten ausloten will, um ein Vermittlungsverfahren zum Erfolg zu führen (für Einzelheiten: Hasselsweiler 1981, 200 ff.).

Eine besonders wichtige Verbindungsfunktion innerhalb der Parteiorganisation haben die der jeweiligen Partei angehörenden Länderbevollmächtigten beim Bund, zumal wenn sie - was nicht selten der Fall ist - über gute Kontakte in der Parteiorganisation verfügen oder dort gar Führungsfunktionen bekleiden. Auf diese Weise werden nicht nur die Parteiorganisationen auf Bundes- und Länderebene in eine enge vertikale und horizontale Verbindung gebracht, sondern auch die von der betreffenden Partei

3.5. Die Parteien als Bindeglieder zwischen Bundes- und Länderpolitik

beherrschten Regierungen und Verwaltungsapparate. Für die Bund-Länder-Verflechtungen werden schließlich noch die Fachausschüsse und Fachtagungen der Parteien recht wichtig, in denen die jeweiligen Experten aus Regierungen und Fraktionen eine führende Rolle zu spielen pflegen.

Anfang der siebziger Jahre charakterisierte ein einflußreiches Mitglied der sozialdemokratischen Bundestagsfraktion, das mit den Beziehungen zwischen Bundes- und Länderorganisationen innerhalb seiner Partei aus eigener Erfahrung besonders gut vertraut war, die Funktion der Kontakte zwischen den Bundes- und Länderpolitikern einer Partei folgendermaßen:

> „Der Kanzler der im Bund regierenden Mehrheit wird bestrebt sein, für die von ihm und seiner Fraktion durchgesetzten politischen Entscheidungen, soweit sie ... die Mitwirkung des Bundesrates erfordern, auch in diesem eine Mehrheit zu bekommen und die Ländervertreter seiner Partei entsprechend zu beeinflussen suchen. Andererseits wird die Opposition im Bund sich bemühen, derartige politische Entscheidungen ... mit Hilfe ihrer Parteifreunde dann im Bundesrat scheitern zu lassen. Beide Seiten müssen zu diesem Zweck mit Hilfe der Parteiorganisation der staatlichen Willensbildung eine politische vorschalten" (F Schäfer 1971, 291f.).

Aber daß diese „Vorschaltung" automatisch auch zur „Gleichschaltung" von Bundes- und Länderorganisationen innerhalb der Parteien und damit zu rigiden Fraktionsbildungen im System des kooperativen Föderalismus führt, ist damit noch keineswegs ausgemacht. Ein anderer Sozialdemokrat, der langjährige hessische Ministerpräsident Zinn, sagte über die Ministerpräsidentenkonferenz, dort bestehe Übereinstimmung, daß die Kooperation ihre Grenzen an der Entscheidung des einzelnen Regierungschefs finde, wie eng auch seine Bindung an die grundsätzlichen Beschlüsse seiner Partei sei - eine Entscheidung, die jeder nur „in eigener Verantwortung für sich" treffen könne. „Ebenso wie die Mitglieder im Bundesrat in einzelnen Angelegenheiten eine andere Auffassung vertreten als die ihrer Parteizugehörigkeit entsprechende Fraktion des Bundestages, lassen sich auch die Ministerpräsidenten in einzelnen Angelegenheiten mitunter von anderen Erwägungen leiten als denjenigen, die dem Parteibeschluß zugrunde liegen." Es müsse jedoch auch von den Parteien erwartet werden, daß sie die politische Handlungsfreiheit der Regierungschefs der Länder nicht geringer bewerteten als die der Bundesregierung (Zinn 1969, 496f.).

Das war zur Zeit der Großen Koalition geschrieben und spiegelte den Widerstand der Länder gegen den Regierungsentwurf zur Finanzreform wider. Doch auch abgesehen von jener spezifischen Konstellation wird man generalisierend sagen können, daß es in den Parteien nicht unbeträchtliche länderspezifische Interessenlagen gibt, so daß sie nicht ganz einfach im Wege der Kooperation „auf Vordermann gebracht" werden können. Beschlußkompetenzen, die Bundes- wie Länderorganisationen binden könnten, haben zwar die Bundesparteitage der Parteien. Die erwähnten, zum Teil recht informellen Gremien sind dagegen auf gegenseitige Information, Konsultation und freiwillige Abstimmung beschränkt. Da kann es bei stärkeren Interessengegensätzen durchaus auch dazu kommen, daß die Konsultation überhaupt erst den Aufbau von Fronten oder Allianzen quer durch die Partei ermöglicht, beispielsweise von Länderparteien gegen die Bundespartei oder auch von Ländergruppierungen. Daß die innerparteilichen Verflechtungen so zugenommen haben, hat also ambivalente Auswirkungen. Dafür, daß sie die „Gleichschaltung" von Bundes- und Länderorganisationen langfristig begünstigen, spricht allerdings der Umstand, daß die intensivere Kommunikation die Angleichung von Problemdefinitionen und Standpunkten fördert und damit integrierend wirkt. Allein verstärkte Kommunikation kann aber Interessengegensätze innerhalb einer Partei nicht immer überbrücken. Vielmehr muß man fragen, inwieweit eine verstärkte Integration (insbesondere eine politische „Gleichschaltung") durch informelle oder formelle Sanktionen herbeigeführt wird. Hier haben sich nun seit den sechziger Jahren bei den beiden großen Parteien wichtige Veränderungen daraus ergeben, daß es auch zunehmend zu einer Verflechtung der politischen Karrieremuster in Bund und Ländern gekommen ist. Wer nämlich eine politische Karriere anstrebt, ist ja starken potentiellen Sanktionen ausgesetzt: Er wird in angestrebte Positionen nur dann gewählt, wenn er die Erwartungen derer erfüllt, die dabei ein gewichtiges Wort mitzureden haben.

Nun unterschied sich die Generation der Länderpolitiker, die nach der Gründung der Bundesrepublik ins Amt kamen, von der älteren zunehmend durch ihre vorwiegend parlamentarische Karriere. Die Ministerpräsidenten und Länderminister der ersten Nachkriegszeit entstammten vielfach der Bürokratie, waren noch von deren Orientierungen beeinflußt und brachten zudem von daher wohl auch eine noch nicht so ausgeprägte Sensibilität gegenüber politischen Sanktionen - besonders Wahlniederlagen - mit, wie das bei den Nachfolgern der Fall war, die durch die Schule von Parteiorganisation und Parlament gingen.

Dazu kam ein weiteres: Für die Parteien in der Bundesrepublik war lange Zeit eine weitgehende Trennung bundes- und landespolitischer Karrieremuster charakteristisch. Schon in der Weimarer Republik war ein Hin- und Herwechseln zwischen Regierungspositionen im Reich und den Ländern eher die Ausnahme (Severing war jahrelang preußischer, später Reichsinnenminister). Daß das erste Kabinett Adenauer eine Reihe ehemaliger Länderminister umfaßte, erklärte sich daraus, daß nach dem Krieg das politische Leben in den westlichen Besatzungszonen zunächst auf die Länderebene beschränkt war und erst allmählich ein institutioneller Rahmen für überregionale politische Karrieren entstand. Adenauer hat in späteren Kabinetten nur noch wenige ehemalige Mitglieder von Länderregierungen neu aufgenommen, insbesondere 1953 die beiden BHE-Politiker Kraft und Oberländer und dann 1963 - nicht lange vor Ende seiner Amtszeit - den schleswig-holsteinischen Ministerpräsidenten von Hassel als Nachfolger des der „Spiegel"-Affäre zum Opfer gefallenen Verteidigungsministers Franz Josef Strauß. In der Regel mußte man Bundestagsmitglied sein, um Bundesminister zu werden (Domes 1964, 79 ff.; Loewenberg 1969, 293; Kaack 1971, 670 f.).

Der umgekehrte Weg war häufiger: Von 1949 bis 1970 wechselten mehr als 30 Bundestagsabgeordnete in Landesregierungen (Kaack 1971, 513). Das hat schon damit zu tun, daß Bundestagskandidaturen für die erste Garnitur der Parteien sehr viel attraktiver geworden sind als solche für die Landtage, die wegen ihres zunehmenden Funktionsverlustes ehrgeizigen Politikern immer geringere Entfaltungsmöglichkeiten boten. Die dadurch bewirkten Unterschiede im Profil der Abgeordneten hatten ihrerseits zur Folge, daß das Reservoir ministrabler Spitzenpolitiker in den Landtagen nicht selten

3.5. Die Parteien als Bindeglieder zwischen Bundes- und Länderpolitik

zu wünschen übrig ließ, und daß die Parteien dann auf Bundespolitiker zurückgreifen mußten, um Führungspositionen in den Ländern besetzen zu können.

Gelegentlich kam es auch vor, daß ein Bundesminister in die Landespolitik ging. So wurde der Minister Hellwege von der Deutschen Partei 1955 Ministerpräsident von Niedersachsen. Das konnte auch damit zusammenhängen, daß sich ministerielle Ambitionen nicht erfüllten, wie bei Kiesinger, als er Ende 1958 Ministerpräsident von Baden-Württemberg wurde, oder - in der Opposition - bei Helmut Schmidt, der 1961 vom Bundestag in das Amt des hamburgischen Innensenators überwechselte. Aber im allgemeinen ging die Entwicklung dahin, daß man entweder über ein Landtagsmandat in die Landespolitik oder über ein Bundestagsmandat in die Bundespolitik ging. Es gab insbesondere keinen *cursus honorum*, keinen regelmäßigen „Aufstieg" vom Land zum Bund.

Die Trennung von bundes- und landespolitischen Karrieremustern ist zwar heute noch die Regel, soweit es um die Rekrutierung von Abgeordneten geht: Man wechselt in der Regel nicht etwa vom Landtag in den Bundestag, und erst recht nicht umgekehrt. Etwas anders verhielt es sich schon lange mit Positionen in der Exekutive. Zuerst trat in die Regierung der Großen Koalition wieder eine größere Anzahl von bisherigen Länderministern ein. Neben Kiesinger waren das bezeichnenderweise ausschließlich Sozialdemokraten (Brandt, Schiller, Lauritzen); zwei davon (Brandt und Schiller) hatten schon seit geraumer Zeit Spitzenpositionen in der Hierarchie der Bundespartei. Hier zeigt sich - wie schon in dem erwähnten Fall von Helmut Schmidt -, daß es bei zunehmender Verfestigung des Gegenüber einer Regierungsmehrheit und einer zumindest für die Dauer einer Legislaturperiode in die Opposition verwiesenen Parlamentsminderheit für ehrgeizige Politiker der Oppositionspartei interessant werden kann, in die Regierung eines von dieser beherrschten Landes auszuweichen. Sie können ja nicht mehr, wie in einem instabilen Vielparteiensystem des Weimarer Typus, ihre Chance von einer Regierungskrise erwarten, die jederzeit kommen könnte.

Es ist daher nicht überraschend, daß nach dem Regierungswechsel des Jahres 1969 führende Bundespolitiker der CDU in die Landespolitik überwechselten - sei es direkt in Regierungspositionen wie im Falle des schleswig-holsteinischen Ministerpräsidenten Stoltenberg, sei es (in der Hoffnung auf einen Landtagswahlsieg) in führende landespolitische Oppositionsrollen. Die Beispiele zeigen aber schon, daß die Mobilität zwischen Bundes- und Länderpolitik vor allem die Spitzenpositionen betrifft. Als besonders wichtig hat sich hier der Umstand erwiesen, daß landespolitische Regierungspositionen besonders günstige Startchancen für die Führung der Opposition im Bund bieten: erhöhte öffentliche Sichtbarkeit und Verfügung über einen administrativen Apparat.

Seit der Mitte der sechziger Jahre wurde daher bei den jeweiligen Oppositionsparteien die Führung einer Landesregierung zum bevorzugten Sprungbrett für die Kanzlerkandidatur. Den Anfang machte Willy Brandt, der bis 1966 zugleich Regierender Bürgermeister von Berlin und seit 1964 die Galionsfigur der SPD war. Nach dem Übergang der CDU in die Opposition und der Niederlage ihres Bundestagsfraktionsvorsitzenden Barzel in der Wahl von 1972 fiel die Rolle des Kanzlerkandidaten 1976 dem rheinland-pfälzischen Ministerpräsidenten Helmut Kohl zu, der dabei seinen schleswig-holsteinischen Amtskollegen Stoltenberg aus dem Felde schlug. Nachdem Kohl als gewählter Spitzenkandidat sein Amt in Rheinland-Pfalz aufgegeben und den Vorsitz der Bundestagsfraktion der CDU/CSU übernommen hatte, machte ihm aber 1980 der bayerische Regierungschef Franz Josef Strauß erfolgreich die Kandidatur streitig. Dessen bundespolitische Ambitionen endeten indessen mit einer Wahlniederlage, und für Kohl erwies sich der Fraktionsvorsitz dann beim Sturz des Bundeskanzlers Helmut Schmidt als die überlegene Startposition.

Nach dem Regierungswechsel von 1982 ergab sich eine nahezu spiegelbildliche Konstellation bei der SPD. In der Bundestagswahl 1983 trat zunächst der sozialdemokratische Fraktionsvorsitzende Hans-Jochen Vogel als Kanzlerkandidat an, und er scheiterte eben so wie Rainer Barzel elf Jahre zuvor. Von da an kamen nur noch sozialdemokratische Ministerpräsidenten ernsthaft als Kanzlerkandidaten in Frage: 1987 Johannes Rau (Nordrhein-Westfalen), 1990 Oskar Lafontaine (Saarland), 1994 Rudolf Scharping (Rheinland-Pfalz), 1998 Gerhard Schröder (Niedersachsen). Das kann zunächst so interpretiert werden, daß zwar eine Regierungspartei bei einem Kanzlerwechsel den Nachfolger aus den Reihen der Bundestagsfraktion wählen mag, daß aber bei einem aus der Opposition heraus geführten Wahlkampf der „Amtsbonus" des Regierungschefs in einem Bundesland als die am meisten erfolgversprechende Startposition erscheint. Zugleich verbirgt sich dahinter aber auch der Umstand, daß die Bundestagsfraktion nicht mehr den eindeutigen politischen Schwerpunkt der Parteiorganisation darstellt, wie dies bei der SPD seit der Organisationsreform von 1958 der Fall war (Lösche/Walter 1992, 184 ff.). Die Führungspositionen in den Ländern werden nämlich zu konkurrierenden Machtbasen, und die Oppositionsstrategie wird damit von der funktionierenden Koordination zwischen diesen Positionen abhängig.

Von hier aus wird aber auch deutlich, daß die Ämterkumulationen innerhalb der Parteiorganisation, von denen oben die Rede war, erst damit ihr volles politisches Gewicht bekommen, daß hier die Inhaber von zentralen Positionen in den Länderexekutiven in die Entscheidungsprozesse der Parteiführungsgremien einbezogen sind. Die Parteiorganisation wird damit zur Klammer zwischen Bundes- und Länderpolitik. Und darin unterscheiden sich die beiden Großparteien CDU und SPD deutlich von den Grünen einerseits, der FDP andererseits. Bei den Grünen ergibt sich der Unterschied schon daraus, daß sie Ämterkumulationen grundsätzlich ablehnen. Bei der FDP aber macht sich der Umstand bemerkbar, daß sie inzwischen in den meisten Landtagen entweder gar nicht mehr vertreten ist oder nur ein bescheidenes politisches Gewicht hat. Damit fehlt der FDP jenes organisatorische Scharnier für die Verklammerung von Bundes- und Landespolitik, das bei den Großparteien eine so wichtige Rolle spielt. Wir werden sehen, daß auch dies zu den Umständen gehört, die eine Einbindung der Freien Demokraten in Aushandlungsprozesse zwischen Bundestagsfraktionen und Bundesrat zunehmend schwieriger werden ließen.

4. Unitarisierung und Politikverflechtung

4.1. „Bündischer Unitarismus" in der Bonner Republik

Die institutionell bedingte Interdependenz von Parteiensystem und Bundesstaat gab es, wie oben gezeigt wurde, seit der Parlamentarisierung der Länderregierungen nach dem Sturz der Monarchien. Nur war sie für den Föderalismus und insbesondere für die Arbeit des Reichsrates eben deshalb noch nicht sehr folgenreich, weil die weitgehende Überlappung der Regierungskoalitionen das politische Konfliktniveau niedrig hielt und dazu beitrug, die gouvernemental-administrative Orientierung auf „sachliche Arbeit" zu konservieren. Nach dem Zweiten Weltkrieg ergab sich indes, wie wir im einzelnen sehen werden, ein zunehmendes Spannungsverhältnis von Föderalismus und Parteienwettbewerb. Dazu trugen nicht nur gewandelte gesellschaftliche Rahmenbedingungen bei, insbesondere die Konzentrationsbewegung im Parteiensystem. Auf der anderen Seite traten auch charakteristische Merkmale der bismarckischen Bundesstaatskonstruktion stärker hervor als in der Vergangenheit, so daß schon von daher die Inkongruenz der beiden Funktionszusammenhänge größer werden mußte.

Theodor Heuss hat im Parlamentarischen Rat davon gesprochen, daß der neu geschaffene Bundesrat „bismärckischer" zu werden verspreche als sein Vorgänger. Dies kann man insbesondere auf die Strategien von Kooperation und Aushandeln beziehen. Die „staatenbündischen" Praktiken des Bismarckschen Föderalismus waren, wie wir gesehen haben, insbesondere dazu bestimmt, den Mittelstaaten die preußisch bestimmte Unitarisierung erträglich zu machen; von einem auch nur annähernden Kräftegleichgewicht konnte aber keine Rede sein. In der Weimarer Republik trat zwar auch Preußen dem Reich als ein autonomer Faktor gegenüber, doch wurde das durch die fortgeschrittene Zentralisierung etwa in der Finanzverwaltung oder im Eisenbahnwesen kompensiert. Im Vergleich dazu waren die Länder bei der Gründung der Bundesrepublik in einer in mehrfacher Hinsicht stärkeren Ausgangsposition, so daß der Bund geradezu unter Kooperationszwang geraten mußte.

Die Länder traten ja in die Bundesrepublik mit einem klaren organisatorischen Vorsprung ein. Anders als 1918 war mit dem Ende des Zweiten Weltkriegs die Zentralgewalt zusammengebrochen. Nur die britische Besatzungsmacht faßte in ihrer Zone erhalten gebliebene Teile der Reichsverwaltung zu einer relativ stark zentralisierten Zonenverwaltung zusammen, die von den Länderregierungen in gewissem Maße unabhängig war. In der amerikanischen Besatzungszone dagegen konnte sich eine Zonenautorität nur durch die Kooperation der Länderregierungen etablieren, deren Organ der Länderrat war. Die französische Militärregierung wollte in ihrer Zone selbst eine solche bündische Autorität nicht zulassen. Bis zur Installierung von Bundesregierung und Bundesverwaltung hatte sich aber über die Zonengrenzen hinweg eine informelle Kooperationsroutine der Länderregierungen und ein entsprechendes Instrumentarium entwickelt. Demgegenüber lernten die neu entstehende Bundesregierung und -verwaltung erst allmählich die Klaviatur der bundesstaatlichen Kontaktpflege und Zusammenarbeit zu beherrschen. Neben diesem institutionellen Vorsprung hatten die Länder auch eine starke Position in der öffentlichen Meinung: Die Rehabilitierung föderalistischer Ideologien, nicht zuletzt unter Berufung auf das Subsidiaritätsprinzip, und die Gleichsetzung solcher Lehren mit Demokratie trugen das ihre dazu bei, die Seite der Länder im bundesstaatlichen Machtgefüge zu stärken.

Zwar wurde die verfassungsrechtliche Machtverschiebung zuungunsten der Länder, die sich 1919 in Weimar vollzogen hatte, nur partiell rückgängig gemacht; die weitgehenden Forderungen der Föderalisten, insbesondere die nach der Gleichberechtigung des Bundesrates mit dem Bundestag, drangen nicht durch. Aber ein erster Erfolg war ja schon, daß es bei der Bundesratslösung blieb und damit bei der institutionalisierten Mitwirkung der Länder an den Entscheidungsprozessen im Bund. Hinzu kam, daß die Länder sich im Bundesrat noch stärker aus der Führung durch die Zentralregierung emanzipierten. Der Bismarcksche Bundesrat war ja in Wirklichkeit ein Instrument der Reichsregierung gewesen. Und noch im Reichsrat der Weimarer Republik fiel ihr jedenfalls der Vorsitz zu, wenngleich, wie wir gesehen haben, die Beseitigung der preußischen Hegemonie dazu führte, daß diese Institution nicht mehr so wie früher vom Reich aus politisch gelenkt werden konnte. Dieser Vorgang setzte sich mit dem Grundgesetz noch fort und fand einen symbolischen Ausdruck darin, daß nun der Bundesrat autonom seinen Präsidenten wählte. Vor allem aber hatte die Auflösung des preußischen Staates durch die Besatzungsmächte zur Folge, daß sich die Bundesregierung nicht mehr wie die Reichsregierungen der Weimarer Republik vornehmlich auf die Verständigung mit einem, dem weitaus größten Land stützen konnte. Vielmehr hatte der Bund es nun mit einer Mehrzahl von Ländern mittlerer Größe zu tun, die sich untereinander weit eher in einem Gleichgewicht befanden, als das je im Reich der Fall gewesen war. Die Bundesregierung war seither oft genug darauf angewiesen, Bündnisse zusammenzubringen, die ihre Politik stützten - beispielsweise solche der „armen" gegen die „reichen" Länder. Das bedeutete wiederum eine Verstärkung des Kooperations- und Aushandlungszwanges. Das „bündische" Strukturelement war jetzt nicht mehr, wie zur Bismarckzeit, ein Instrument, dessen sich die Zentralregierung gegenüber dem Parlament bedienen konnte, sondern wurde - und zwar eindeutiger als in der Weimarer Republik - zu einer Schranke, die den Aktionsspielraum der Bundesregierung einengte und die erst im Wege des Verhandelns überwunden werden konnte. Der Bundesrat übertrifft daher an politischem Einfluß seine beiden Vorgänger. Das wurde um so bedeutsamer, als der Bundesrat die Begrenzungen seines Mitspracherechts, wie sie zwischen Ehard und Menzel verabredet worden waren, in erheblichem Umfang zu sprengen vermocht hat. Es ist oft dargestellt worden (vgl. Neunreither 1959a), wie das vor allem über eine extensive Auslegung des Art. 84 Abs.1 GG mit den Zustimmungsgesetzen geschehen ist: „Führen die Länder die Bundesgesetze als eigene Angelegenheit aus, so regeln sie die Einrichtung der Behörden und das Verwaltungsverfahren, soweit nicht Bundesgesetze mit Zustimmung des Bundesrates etwas anderes bestimmen." Damit sollten die Länder gegen eine einseitige Aushöhlung ihrer Verwaltungszuständigkeit durch den Bund geschützt werden; es handelte sich in der Vorstellung des Parlamentarischen Rates um eine Sicherungsklausel für Ausnahmefälle. Nun ergab sich aber in der Folgezeit, daß ein großer Teil der Bundesgesetze auch Vorschriften über die Ausführung durch die Landesbehörden enthielt, und der Bundesrat hat mit Erfolg den Anspruch geltend gemacht, daß dies dann immer seiner Zustimmung bedürfe. Noch mehr fiel ins Gewicht, daß nach Auffassung des Bundesrates das gesamte Gesetz zustimmungspflichtig wurde, also auch dessen materielle Teile und nicht nur die Verfahrensvorschriften, durch welche die Länderverwaltung tangiert wurden. Und daraus leitete er das Recht ab, unter Umständen einem Gesetz auch dann die Zustimmung zu versagen, wenn er nicht speziell gegen derartige Verfahrensvorschriften Einwände hatte, sondern die materiellen Gesetzesvorschriften mißbilligte. Diese extensive Auslegung, die vom Grundgesetzgeber offenbar nicht vorgesehen worden ist, hat auch das Bundesverfassungsgericht gebilligt. In der Folge ist der Anteil der Gesetze, die der Zustimmung des Bundesrates bedurften, stark angestiegen und liegt weit über dem, was 1949 offenbar erwartet worden war: Standen 1950 noch 69 einfachen Gesetzen nur 19 Zustimmungsgesetze gegenüber, so war 1951 das Verhältnis auf 110 zu 41, 1952 auf 65 zu 66 und 1973 auf 76 zu 94 gestiegen (Hesse 1962, 22). Seither schwankt das Verhältnis von Jahr zu Jahr, doch kann langfristig gesagt werden, daß, grob gesprochen, die Hälfte der Bundesgesetze der Zustimmung des Bundesrates bedarf. Es liegt auf der Hand, daß dies den Kooperationszwang weiter verstärken mußte: Die Gesetzgebung wird zwischen Bund und Ländern ausgehandelt, desgleichen die große Mehrzahl der Rechtsverordnungen (Art. 80 Abs. 2 GG) und die allgemeinen Verwaltungsvorschriften für die Ausführung der Bundesgesetze durch die Länder (Art. 84 Abs. 2 GG, 85 Abs. 2 GG).

Starke Verhandlungszwänge ergaben sich aber auch mit der Entwicklung der Finanzverfassung (zum folgenden vgl. Renzsch 1991). Im Parlamentarischen Rat setzte sich - vor allem unter dem Einfluß des der FDP angehörenden früheren preußischen Finanzministers Hermann Höpker-Aschoff - zunächst die Vorstellung durch, daß sich das Steuersystem an den Bedürfnissen eines einheitlichen Wirtschaftsgebiets ausrichten müsse. Dementsprechend strebte man für die ertragreichen großen Steuerarten, nämlich die Umsatzsteuer sowie die Einkommen- und Körperschaftsteuer, einen Steuerverbund zwischen Bund und Ländern mit einer bedarfsorientierten Aufteilung an, während die anderen Steuerarten jeweils Bund oder Ländern zufallen sollten. Dagegen bestanden die westlichen Besatzungsmächte unter dem Einfluß amerikanischer Föderalismusvorstellungen auf einer konsequenten Steuertrennung, bei der Bund und Länder jeweils über eigene Steuerquellen verfügen sollten. Das Grundgesetz entsprach schließlich diesen Forderungen, indem es den Gebietskörperschaften der verschiedenen Ebenen jeweils bestimmte Steuerarten zuwies, insbesondere die Umsatzsteuer dem Bund, die Einkommen- und Körperschaftssteuer den Ländern. Aber man setzte gegenüber den Alliierten die Einschränkung durch, daß es dem Bund gestattet sein solle, Teile der Einkommen- und Körperschaftsteuer für Bundeszwecke in Anspruch zu nehmen, wenn die ihm vom Grundgesetz zugewiesenen Steuern nicht zur Deckung der notwendigen Ausgaben ausreichten. Diese Klausel führte unvermeidlich zu immer wiederkehrenden Auseinandersetzungen um die „Inanspruchnahmegesetze", durch die aus der Einkommens- und Körperschaftssteuer unter der Hand eine Verbundsteuer mit jährlich auszuhandelnder Aufteilung wurde. Die Finanzreform von 1955 brachte dann die verfassungsrechtliche Besiegelung dieses „kleinen Steuerverbunds": Dem Bund stand nun zunächst ein Drittel der Einkommens- und Körperschaftssteuer zu, und nach drei Jahren sollte dieser Anteil auf 35 Prozent steigen. Eine Revisionsklausel erlaubte aber, die Aufteilung in Abständen von zwei Jahren durch ein zustimmungspflichtiges Bundesgesetz zu ändern. Das bedeutete, daß Bund und Länder auch in Zukunft beim vertikalen Finanzausgleich unter Verhandlungszwang standen.

Die Finanzreform von 1955 markierte aber auch einen deutlichen Terraingewinn des Bundes. Und zugleich ließ sich seit den fünfziger Jahren in der Gesetzgebung ein Fortgang der Unitarisierungstendenzen beobachten. Hier hat sich eine ähnliche Entwicklung vollzogen wie schon unter der Verfassung von 1871, nur in wesentlich schnellerem Tempo. Konrad Hesse hat in einer 1962 erschienenen viel beachteten Skizze, in deren Titel „Der unitarische Bundesstaat" schon die früher zitierte Formulierung Erich Kaufmanns anklingt, an die Analysen des Föderalismus der ausgehenden Monarchie angeknüpft, aber deutlicher gemacht, daß man zwischen Zentralisierung (also Konzentration von Kompetenzen beim Bund auf Kosten der Länder) und Unitarisierung (durch Vereinheitlichung von materiellen Regelungen) begrifflich unterscheiden muß. Wie im Bismarckreich, so spielt auch in der Bundesrepublik die direkte Zentralisierung eine zunehmende Rolle, sei es durch Ausschöpfung und Ausdehnung der Gesetzgebungskompetenzen des Bundes, sei es durch den Ausbau der Bundesverwaltung (vgl. Köttgen 1954 und 1962). Daneben erfolgte eine rapide Unitarisierung des Verwaltungsverfahrens auch da, wo die Länder Bundesgesetze als eigene oder Auftragsangelegenheiten ausführen. Indessen stellt die Behauptung, dies geschehe insbesondere mittels des dafür von der Verfassung bereitgehaltenen „zentralistischen" Instrumentariums, besonders der „allgemeinen Verwaltungsvorschriften" (Art. 84 Abs. 2, Art. 85 Abs. 2 GG), eine Übertreibung dar (vgl. gegen Köttgen: Blümel 1968). Abgesehen davon, daß schon die allgemeinen Verwaltungsvorschriften mit den Ländern ausgehandelt werden müssen, da sie der Zustimmung des Bundesrates bedürfen, haben in der Verwaltungspraxis Prozeduren an Bedeutung gewonnen, die noch viel stärker „bündischen" Charakter haben: So hat man in der Straßenbauverwaltung (die zu den Auftragsangelegenheiten zählt) dem Erlaß von Verwaltungsvorschriften nach Art. 85 Abs. 2 GG das flexiblere Instrument von „Richtlinien" vorgezogen, die regelmäßig im Zusammenwirken zwischen der Abteilung Straßenbau des Bundesverkehrsministeriums und den obersten Straßenbaubehörden der Länder erarbeitet werden und dann zum Beispiel als Einführungserlasse von den Länderministerien in etwa gleichlautender Form veröffentlicht, also gewissermaßen in Landesvorschriften transformiert werden. Die Praxis ist im einzelnen vielgestaltig, und sie entspricht durchaus alter Verwaltungstradition seit der Monarchie. Ein Autor, der ihre verfassungsrechtliche Zulässigkeit zumindest für den Bereich der Auftragsverwaltung sehr kritisch beurteilt, hat dabei anerkannt, daß sie in der „Rücksichtnahme auf die Empfindlichkeiten der Länder" (sprich: Länderbürokratien) begründet sei (Blümel 1968). „Freiwillig gesteht

4.1. „Bündischer Unitarismus" in der Bonner Republik

die Landesbürokratie mehr zu, als sie anordnungsmäßig hinzunehmen hätte" (Schneider 1961, 21). Die Unitarisierung ist also auch bei der Ausführung der Bundesgesetze keine den Ländern auferlegte, sondern gewissermaßen verabredet, wobei unter Umständen der Länderadministration ein mehr oder weniger weiter Spielraum verbleibt.

In diesen Zusammenhang gehört weiter die ausgedehnte Praxis von Verwaltungsabkommen zwischen Bund und Ländern, die Rolf Grawert in seiner kritischen verfassungsrechtlichen Analyse so beurteilt hat:

> „Dem Vertrag, das heißt hier: dem Verwaltungsabkommen, wird vielfach der Vorzug vor dem Bundesgesetz gegeben; allgemeinverbindliche, leitende Entscheidungen werden durch handhabbare exekutive Maßnahmen ersetzt. Verfassungsrechtliche Zuständigkeitsdifferenzen werden auf Regierungsebene partnerschaftlich beigelegt oder durch vertragliche Umorganisation in der Schwebe gehalten und neutralisiert. Damit wird... eine lediglich vertraglich gesicherte, sachliche und organisatorische Verzahnung von Bundes- und Landesexekutive errichtet und zugleich ein institutionell-organisatorischer Pluralismus aus der staatlichen Ordnung herausfallender Institutionen geschaffen" (Grawert 1967, 296).

Der größere Zusammenhang, in dem diese Verlagerung auf Vertrag und Verabredung steht, ist in verfassungsrechtlicher Perspektive als Übergang von einer stärker vertikalen Koordinierung durch die selbständige Aufsicht (wie in der älteren Praxis der Reichsaufsicht über die Länder, G. L.) zu einer mehr „horizontalen" in Gestalt einer offenen Bund-Länder-Kooperation (Frowein 1973, 17) charakterisiert worden.

Ein weiteres, zunehmend wichtig werdendes Instrument der Unitarisierung durch Aushandeln zwischen Bund und Ländern wurde die viel diskutierte „Dotationswirtschaft" des Bundes: Der Bund gewährte seit den fünfziger Jahren in steigendem Maße finanzielle Zuschüsse zu Länderaufgaben, zum Beispiel in der regionalen Wirtschaftsförderung, in der Agrarstrukturpolitik („Grüner Plan") oder in der Bildungspolitik (Ausbildungsförderung nach dem „Honnefer Modell", dem Vorläufer des Bundesausbildungsförderungsgesetzes). Diese Zuschüsse wurden in der Regel nicht nur von einer prozentualen Beteiligung der empfangenden Länder abhängig gemacht, sondern auch an die Erfüllung bestimmter unitarisierend wirkender Verwendungsauflagen gebunden. Grundsätzlich war auch das kein neues Phänomen, sondern die Wiederaufnahme einer seit der Monarchie geläufigen Praxis, freilich in immer größer werdendem Umfang. Formell handelte es sich bei solchen Zuschüssen um ein Instrument des Bundes, mit dem er die Länder einseitig lenken konnte, und man hat geradezu von seiner „Angebotsdiktatur" gesprochen. Das ist insofern richtig, als in der Tat der autonome Entscheidungsspielraum des einzelnen Landes sich hier auf die - politisch normalerweise ganz unrealistische - Möglichkeit reduziert, die Geschenke des Bundes wegen der daran geknüpften Bedingungen zurückzuweisen. In der Realität aber wurden solche Zuschüsse vom Bund nicht den Ländern oktroyiert, sondern waren vielfach das Ergebnis von Wünschen, die diese an den Bund herantrugen (und zwar besonders die steuerschwachen Länder mit ihren meist schwerwiegenden Strukturproblemen). Und nicht nur die Formulierung der Programme geschah in Verhandlungen zwischen Bund und Ländern; auch an der administrativen Durchführung waren die Länder keineswegs nur als passive Weisungsempfänger beteiligt. Hier entstand eine „Mischverwaltung", die zur institutionellen Komplexität der bundesstaatlichen Organisation nicht unerheblich beigetragen hat.

Die Mechanismen der Kooperation von Bund und Ländern sind in der Tat ziemlich unübersichtlich und entbehren zu einem großen Teil der verfassungsrechtlichen Formalisierung. Im Text des Grundgesetzes war bis 1969 überhaupt nur von *einer* bundesstaatlichen Einrichtung die Rede, dem Bundesrat. Und auch dessen Arbeitsweise entsprach im Grunde nicht ganz den Erwartungen, die seinerzeit die Verfassungsväter gehegt hatten. Denn der Parlamentarische Rat wollte, als er diese überlieferte Einrichtung in das Grundgesetz übernahm, nicht zugleich die bürokratische Prägung des alten Bundes- oder Reichsrates ohne weiteres restaurieren. Obgleich, wie wir gesehen haben, der Bundesrat als Gegengewicht zur „Parteipolitik" gedacht war, sollte er eben nicht ein „Parlament der Oberregierungsräte" werden (wie dies Theodor Heuss im Parlamentarischen Rat prognostiziert hatte), sondern die Vertretung der Länder*politiker*. Daher die Vorschrift des Art. 51 Abs. 1 GG, daß die Bundesratsmitglieder (nur) „durch andere Mitglieder ihrer Regierungen vertreten werden" können, also (im Unterschied zur gewohnheitsrechtlichen Praxis von 1871 bis 1933) nicht durch Beamte. Dies gilt indes nur für das Plenum, während in den Ausschüssen die Vertretung durch „Beauftragte der Regierungen", also Beamte, zulässig geblieben ist. Nun haben aber die Plenarsitzungen des Bundesrates nur in Ausnahmefällen eine effektive Entscheidungsfunktion. Vielmehr werden in der Regel vom Plenum nur Entscheidungen formell verabschiedet, die materiell schon vorher gefallen sind, und die Tagesordnung wird dementsprechend im allgemeinen zügig und ohne lebhafte Kontroversen abgewickelt. Weit wichtiger ist die Arbeit der Ausschüsse des Bundesrates, und die Ausschußempfehlungen präjudizieren fast immer auch die Beschlüsse des Plenums. Nur wenn zwei mit einer Materie befaßte Ausschüsse abweichende Empfehlungen abgeben, bleibt noch ein Entscheidungsspielraum; aber auch hier kann er schon in Vorklärungen ausgefüllt werden. (Eine Ausnahme waren nur die Jahre 1969 bis 1976, als die sozialliberale Regierungskoalition zwar in den Ausschüssen die Mehrheit hatte, wo die Berliner Stimmen mitgezählt wurden, nicht aber im Bundesratsplenum, wo das damals sozialdemokratisch regierte Berlin wegen der alliierten Vorbehaltsrechte nicht stimmberechtigt war.) Da nun die Länderminister schon zeitlich überfordert wären, wenn sie auch noch die gesamte Ausschußarbeit persönlich bestreiten müßten, ist es ganz unvermeidlich, daß hier von der Möglichkeit der Vertretung durch Beamte in starkem Maße Gebrauch gemacht wird. Das aber bedeutet im Ergebnis, daß auch der Bundesrat des Grundgesetzes weitgehend von der Bürokratie geprägt wird und die Gesichtspunkte der Verwaltung in den Entscheidungsprozeß einbringt.

Die *politischen* Entscheidungen im bundesstaatlichen Beziehungsgefüge fallen - wie schon zu Bismarcks Zeiten - im allgemeinen außerhalb des Bundesrates. Hier sind vor allem die Konferenzen der Ministerpräsidenten und der Ressortminister zu nennen. Es handelt sich dabei eigentlich um Instrumente der „Selbstkoordinierung" im Bereich der Länderpolitik, und in diesem Zusammenhang wird noch von ihnen die Rede sein. Aber sie haben zunehmend auch für die „vertikale" Bund-Länder-Koordination Bedeutung erlangt. Wie es der Übung seit der Monarchie entspricht, sind auf den verschiedenen Fachministerkonferenzen meistens auch die entsprechenden Bundesres-

4.1. „Bündischer Unitarismus" in der Bonner Republik

sorts vertreten. Auch die Ausschußberatungen des Bundesrates werden zunehmend durch die Fachministerkonferenzen vorbereitet und präjudiziert. (Die Zuordnung beider kommt schon darin zum Ausdruck, daß die Geschäftsführung der Ressortministerkonferenzen zum Teil bei den Sekretären der entsprechenden Bundesratsausschüsse liegt.).

Verwickelter liegen die Dinge auf der Ebene der Regierungschefs. Die Ministerpräsidenten der Länder benutzen ihre regelmäßigen Arbeitsbesprechungen seit der Mitte der fünfziger Jahre nicht zuletzt zur Abklärung ihrer Positionen in Fragen der Bundespolitik. Dabei muß man solche Besprechungen, bei denen die Länder ihre Stellungnahmen gegenüber dem Bund absprechen (zum Beispiel bei finanzpolitischen Auseinandersetzungen in Form einer föderativen Blockbildung), von Gesprächen *mit* dem Bund unterscheiden. Besprechungen der Regierungschefs mit dem Bundeskanzler waren lange Zeit selten. Zwar hat § 31 der Geschäftsordnung der Bundesregierung vom 11. 5. 1951 die alte Vorschrift aus der Weimarer Republik (§ 26 der Geschäftsordnung der Reichsregierung) fast wörtlich wieder aufgenommen. Aber Adenauer hat sich dieses Instruments nur gelegentlich bedient, und auch die Kanzler Erhard und Kiesinger haben es nicht im Sinne der Geschäftsordnung kontinuierlich gehandhabt. Erst die Kanzler der sozialliberalen Koalition begannen dann diesen institutionalisierten Kontakt systematisch zu pflegen, und Helmut Kohl hat als Bundeskanzler die Praxis fortgeführt. Solche Spitzengespräche finden in der Regel im Anschluß an Sitzungen der Ministerpräsidentenkonferenz statt.

Nicht vergessen darf man in diesem Zusammenhang die wichtige Rolle der Ländervertretungen beim Bund. Auch sie stehen in einer alten Tradition: Die Bevollmächtigten der Länder sind an die Stelle der einstigen Ländergesandten am Sitz der Reichsregierung getreten. In der Mehrzahl sind sie Mitglieder der jeweiligen Landesregierungen, einige haben Beamtenstatus. Personelle Ausstattung und Aufgaben der Ländervertretungen sind zwar von Land zu Land unterschiedlich, aber im allgemeinen haben die Bevollmächtigten selbst eine wichtige politische Verbindungsfunktion, und der Referentenstab der Vertretungen ist an den interbürokratischen Clearingprozessen im Bundesrat und in den mehr informellen Koordinierungsgremien zum Teil stark beteiligt. Nach dem Urteil eines wohlinformierten Autors hat die

> „Tätigkeit der Landesvertretungen der praktischen Arbeit des Bundesrates ganz entscheidend ihr Gepräge gegeben. Sie hat es im wesentlichen ermöglicht, daß die Landespolitiker sich weitgehend aus der Arbeit der Bundesratsausschüsse zurückgezogen haben und sich damit der Willensbildungs- und Entscheidungsprozeß aus den Ausschüssen und dem Plenum des Bundesrates heraus in hohem Maße in die Ressorts, die Staatskanzleien, die koordinierenden Referenten- und Staatssekretärskonferenzen und in die Kabinettssitzungen in den Landeshauptstädten hinein verlagert hat.... Der legislative Prozeß insgesamt wurde dadurch weit mehr noch als bisher auf Kosten der politischen Führung von der Ministerialbürokratie in Bund und Ländern bestimmt" (Fröchling 1972, 331).

Der Bundesrat selbst hat dieser wichtigen Kommunikationsfunktion der Landesvertretungen in seiner Geschäftsordnung Rechnung getragen. Sie sieht einen „Ständigen Beirat" beim Präsidium des Bundesrates vor, der aus den Bevollmächtigten der Länder beim Bund besteht. Nach § 9 der Geschäftsordnung vom 1. 7. 1966 hat er die Aufgabe, den Präsidenten „bei der Vorbereitung der Sitzungen und der Führung der Verwaltungsgeschäfte des Bundesrates" zu beraten und zu unterstützen. In der Praxis geschieht das in Zusammenkünften der Referenten aus den Ländervertretungen mit dem Direktor und den Ausschußsekretären des Bundesrates jeweils vor den Plenarsitzungen. Hier wird anhand der vorläufigen Tagesordnung der Sitzungsablauf durchgesprochen; dabei informiert man sich gegenseitig über das beabsichtigte Abstimmungsverhalten und mögliche Mehrheitsverhältnisse. Unter Umständen kommt es sogar zu „Probeabstimmungen". Doch Entscheidungen fallen in der Referentenbesprechung nicht; sie hat eher eine „technische" als politische Kommunikationsfunktion, vergleichbar der des Ältestenrates im Bundestag. Gewichtiger ist das sogenannte „Kränzchen", in dem - jeweils im Anschluß an Sitzungen des Bundeskabinetts - die Länderbevollmächtigten beim Bundesratsdirektor zusammenkommen. Dieses Gremium dient auch der politischen Abklärung von offen gebliebenen Streitfragen; darüber hinaus nimmt es die zweite Funktion des Ständigen Beirates nach der Geschäftsordnung wahr, nämlich bei „der Aufrechterhaltung der laufenden Verbindung zwischen Bundesrat und Bundesregierung" mitzuwirken.

Schließlich darf auch nicht vergessen werden, daß schon im legislativen Vorverfahren, bei der Erarbeitung der Referentenentwürfe in den Bundesministerien, die Länderbürokratie vielfach stark beteiligt ist. Es gibt eine beträchtliche Anzahl von interministeriellen Bund-Länder-Ausschüssen auf Beamtenebene, die für laufenden Kontakt und Interessenabgrenzung sorgen und Konfliktstoffe in einem frühen Stadium entschärfen helfen können. Angesichts dieser Einbettung der Bundesratsarbeit in ein dichtes, vorwiegend bürokratisches Kommunikationsnetz ist es dann auch nicht verwunderlich, daß sich die Plenarsitzungen des Bundesrates durch eine „sachliche", leidenschaftslose Atmosphäre auszeichnen, die sich auch gegenüber der parteipolitischen Polarisierung seit den siebziger Jahren als bemerkenswert resistent erwiesen hat: Die Tagesordnung wird rasch abgewickelt, Kontroversen nur in sehr gedämpftem Ton behandelt. Dahinter steht das Bewußtsein, daß die eigentliche Konfliktaustragung und Entscheidung schon im informellen, dem Blick der Öffentlichkeit entzogenen Prozeß der Vorklärung stattgefunden hat.

Diese Verlagerung der Prozesse der Entscheidungsfindung aus dem Bundesrat hinaus in ein komplexes Geflecht mehr oder weniger informeller, zudem dem Blick der Öffentlichkeit weitgehend entzogener Koordinierungsgremien, mit den Sitzungen der Länderregierungen als letzter Station dieses Prozesses, hat manche Kritik auf sich gezogen. Der ehemalige niedersächsische Ministerpräsident Alfred Kubel sagte zum Beispiel in einem Interview: „Der Bundesrat ist kein echtes Parlament, wenn seine Mitglieder am Freitag dort sitzen und schwungvolle Erklärungen abgeben, wohl wissend, daß die Entscheidungen längst am Dienstag zuvor in allen Kabinetten gefällt worden sind" („Kieler Nachrichten" vom 11. 12. 1971). Man könnte die Frage aufwerfen, ob mit der skizzierten Koordinationspraxis nicht die institutionellen Regelungen und Kompetenzzuweisungen des Grundgesetzes unterlaufen werden. Doch bei der Kooperation von Bund und Ländern im Bereich der Bundesangelegenheiten - wir wollen von der „Selbstkoordinierung" hier zunächst absehen - ist sie, wie wir gesehen haben, jedenfalls durch die Tradition sanktioniert: Bundesstaatliche Politik ist seit

4.1. „Bündischer Unitarismus" in der Bonner Republik

Bismarcks Zeiten so betrieben worden, und manche Mitglieder des Parlamentarischen Rates haben aus der Weimarer Republik ja noch politische und administrative Erfahrungen mit solcher Kooperation gehabt. Das Bedürfnis, diese Praxis zu unterbinden, war offenbar nicht sehr ausgeprägt. Vielmehr läßt der Umstand, daß man es auch für die Ausschüsse des Bundesrates bei der herkömmlichen Möglichkeit der Vertretung durch Beamte beließ, den Schluß zu, daß man es für wenig aussichtsreich hielt, die hergebrachten Verfahrensweisen radikal (also über das Bundesratsplenum hinaus) zu „politisieren".

Zwar haben sich die Ausgangsbedingungen, die einst die Verlagerung der politischen Entscheidungen aus dem Bismarckschen Bundesrat bestimmt haben, geändert: An die Stelle der preußischen Hegemonie ist die Gleichgewichtigkeit der Länder getreten. Zugleich hat die Arbeitsbelastung des Bundesrates mit dem enorm gestiegenen Umfang staatlicher Regelungstätigkeit erheblich zugenommen, und die Mitglieder des Bundesrates allein könnten die erforderlichen Kommunikations-, Abstimmungs- und Entscheidungsprozesse gar nicht bewältigen. Das verhindern schon die knappen Fristen, die dem Gremium im Gesetzgebungsverfahren durch die Verfassung gesetzt sind: Für den ersten Durchgang - vor der Beratung im Bundestag - standen bis 1968 nur drei Wochen zur Verfügung. Seither beträgt die Frist zwar sechs Wochen, sie wird aber halbiert, wenn die Bundesregierung eine Vorlage für besonders eilbedürftig erklärt (Art. 76 Abs. 2 GG). Und die Regierung kann das Verfahren auf Kosten des Bundesrates noch mehr beschleunigen, wenn sie eine Vorlage durch die Regierungsfraktionen im Bundestag als parlamentarischen Initiativentwurf einbringen läßt. Anschließend an den Beschluß des Bundestages bleiben dann im „zweiten Durchgang" für die Beschlußfassung des Bundesrates bei Zustimmungsgesetzen drei, bei Einspruchsgesetzen zwei Wochen (Art. 77 GG). Nun üben ja die Mitglieder des Bundesrates diese Funktion gewissermaßen „nebenamtlich" aus; ihr Zeitbudget wird vor allem durch ihre Regierungsfunktionen in den Ländern in Anspruch genommen. Angesichts der Fülle der Agenden und der knappen Fristen müßte der Bundesrat zusammenbrechen wie ein überlastetes Telefonnetz, wenn er sich nicht der vielen entlastenden Kommunikationskanäle bedienen könnte, die mit den informellen Konsultations- und Koordinierungsverfahren bereitgestellt werden.

Daneben haben diese Verfahren aber offenbar noch eine weitere, speziell für unseren Zusammenhang bedeutsame Funktion: Sie neutralisieren in mehr oder weniger starkem Maße das Mehrheitsprinzip, das ja auch im Verfahren des Bundesrates gilt, zugunsten von Einigungsprozessen, die eher „staatenbündischen" Charakter haben. Wie sehr sich schon Bismarck der informellen Kontakte bediente, um formelle Majorisierung kleinerer Einzelstaaten möglichst zu vermeiden, wurde oben gezeigt. Zu jener Zeit spielte dabei gewiß unter anderem das Bemühen um Courtoisie gegenüber den „verbündeten" Monarchen eine Rolle. Aber gewichtiger war doch wohl die Rücksichtnahme auf das Selbstbewußtsein der autonomen Länderbürokratien. Ein Bundesstaat, in dem administrative Verflechtungen so ausgeprägt sind, wie dies in Deutschland bis in die Gegenwart der Fall ist, bleibt für das reibungslose Funktionieren des Staatsapparates auf Prozesse der Verständigung angewiesen, über denen nicht ständig das Fallbeil der Mehrheitsentscheidung schwebt. Und genau das leisten die informellen Beratungsformen, die dem Bundesrat vor- und nebengeschaltet sind. Insbesondere die Ministerkonferenzen verfahren, wie dies den Spielregeln in der Selbstkoordinierung der Länder entspricht, im allgemeinen nach dem Prinzip der Einstimmigkeit, setzen also die Schwelle der Konsensbildung hoch. Man wird daher sagen können, daß für einen großen Teil des interbürokratischen Clearing im bundesstaatlichen System das Mehrheitsprinzip des Bundesrates eher eine subsidiäre Rolle spielt.

Insgesamt zeichnet sich also die institutionelle Rekonstruktion des Föderalismus in der Bundesrepublik zunächst dadurch aus, daß sie weitgehend an die tragenden Prinzipien des Bismarckschen Bundesstaates anknüpft, mit den dafür charakteristischen Verschränkungen der Verwaltungs- und Regierungsorganisation von Zentralstaat und Gliedstaaten. Doch es gibt jetzt ein ziemlich ausgeprägtes Gleichgewicht der Länder untereinander, damit aber auch eine stärkere institutionelle Ausgangsposition der Länder im Verhältnis zum Bund. So erklärt sich, daß sich - verglichen mit dem Bismarckschen Bundesstaat - das Verhältnis zwischen hierarchischer und kooperativer Konfliktregelung und Problemlösung weiter zugunsten des kooperativen Moments verschoben hat, daß, mit anderen Worten, die Aushandlungszwänge noch stärker ins Gewicht fallen. Das wird besonders deutlich werden, wenn wir uns im folgenden mit der gleichzeitig erfolgten Intensivierung der „horizontalen" Kooperation in der „Selbstkoordinierung" der Länder und mit der von der Großen Koalition eingeleiteten Entwicklung beschäftigen, die man als kooperative Zentralisierung bezeichnen kann.

4.2. Die wachsende Bedeutung der Selbstkoordinierung der Länder

Neben der Zusammenarbeit von Bund und Ländern im Bereich der Bundesaufgaben gibt es eine Zusammenarbeit der Länder auf den Gebieten, die ihnen als verfassungsmäßiger Zuständigkeitsbereich verblieben sind. Dafür hat sich neuerdings der Terminus „Selbstkoordinierung" durchgesetzt. Die Sache selbst ist aber so alt wie der deutsche Bundesstaat: Auch hier werden Traditionen aus der Ära der Monarchie fortgesetzt, allerdings in stark angewachsenem Umfang.

Obgleich die Bismarckverfassung den Weg für eine frühzeitige Unitarisierung großer staatlicher Regelungsbereiche durch die Reichsgesetzgebung geöffnet hatte, waren den Einzelstaaten doch noch umfangreiche autonome Kompetenzen verblieben, insbesondere den süddeutschen Ländern mit ihren „Reservatrechten". Daß dies zugleich eine teilweise beträchtliche Heterogenität gesellschaftlicher Lebensverhältnisse und administrativer Regelungen konservierte, hat frühzeitig die Forderung nach freiwilliger Abstimmung zwischen den Ländern hervorgerufen. Zum Beleg sei hier aus der teilweise galligen Kritik des Tübinger Universitätsprofessors Johannes Flach an seiner schwäbischen Umwelt zitiert, die zuerst 1877 anonym in einem Leipziger Verlag erschien und neun Jahre später noch eine 4. Auflage erlebte: „Culturbilder aus Württemberg, von einem Norddeutschen." Der gebürtige Westpreuße beklagt da nicht nur das Tübinger Winterwetter und die geringe Verfeinerung der schwäbischen Küche, sondern vor allem auch administrative Eigenbrötelei und Rückständigkeit, insbesondere im Unterrichts- und im Verkehrswesen. Die Langsamkeit der Züge, die mangel-

4.2. Die wachsende Bedeutung der Selbstkoordinierung der Länder

hafte Koordinierung der Fahrpläne zwischen den badischen und württembergischen Bahnverwaltungen und die Schwierigkeiten beim Lösen einer Schnellzugszuschlagskarte auf den Grenzbahnhöfen versetzen ihn dabei ebenso in Wallung wie die Vernachlässigung der Mathematik im württembergischen Gymnasialunterricht, die Mängel in der Ausbildung der Gymnasiallehrer und die unverständlichen Ferientermine.

Manche dieser Klagen klingen nicht unvertraut. Man kann ähnliches auch noch heutzutage hören, spricht man etwa mit Staatsdienern, die es von einem Teil Deutschlands in einen anderen verschlagen hat. Und bemerkenswert ist darüber hinaus, daß der Verfasser damals einerseits für die Eisenbahnverwaltung erhoffte, daß „der rettende Engel in Gestalt des deutschen Reiches erscheinen und diesem Unwesen mit einem Schlage ein Ende machen wird", und daß auch die württembergischen Reservatrechte im Postwesen zugunsten der deutschen Reichspost ein Ende finden möchten. Andererseits aber geschah der Vergleich des württembergischen mit dem preußischen Schulwesen hier „mit Rücksicht auf die alljährlich stattfindenden Conferenzen von Vertretern des höheren Schulfachs und der Schulbehörden, welche eine allmähliche Vereinbarung der Lehrerverhältnisse in Deutschland und wohl in letzter Instanz eine Freizügigkeit, wie sie bei den Medicinern bereits vollzogen ist, im deutschen Reich erstreben wollen". Hier wurde also schon vor nunmehr 120 Jahren zwischen der Zentralisierung und der „Uniformierung" mittels Selbstkoordinierung unterschieden.

In der Tat hat neben der früher skizzierten, gleichsam klassischen bundesstaatlichen Unitarisierung, die vom Reich und der Hegemonialmacht Preußen auf dem Wege der Rechtssetzung des Reiches vorangetrieben wurde, auch die Vereinheitlichung landesrechtlicher Regelungen durch Vereinbarungen zwischen den Einzelstaaten schon in der Monarchie eine zunehmende Bedeutung gewonnen. Am wichtigsten wurde das zweifellos im Bildungsbereich. Schon in der ersten interministeriellen Konferenz der Regierungen des Norddeutschen Bundes, die 1868 in Berlin stattfand, ging es vor allem darum, im höheren Schulwesen die Voraussetzungen für die wechselseitige Anerkennung der Abschlußzeugnisse zu schaffen. Später kamen die Hochschulkonferenzen hinzu. Die so überaus umstrittene Vereinbarung der deutschen Länderkultusminister über die Rechtschreibreform im Jahre 1997 (unter Hinzuziehung der Schweiz und Österreichs) knüpfte an das Vorbild der Rechtschreibkonferenzen von 1876 und 1901 an. Durch Ländervereinbarung wurden aber vor dem ersten Weltkrieg auch die Vorschriften über die Straßenverkehrspolizei harmonisiert.

Solche Vereinbarungen kamen häufig als „übereinstimmende Bundesratsbeschlüsse" zustande, das heißt, es wurden im Bundesrat nach den Regeln seiner Geschäftsordnung Verordnungen oder Verwaltungsvorschriften vereinbart und dann von den einzelnen Gliedstaaten in Kraft gesetzt. Als Voraussetzung galt in der Regel die einstimmige Beschlußfassung. Diese Praxis gab es auch noch im Reichsrat der Weimarer Republik. Andererseits konnten aber auch Ministerkonferenzen die Entscheidungen des Bundesrates präjudizieren. Wie wir früher gesehen haben, wurden vor allem grundlegende Fragen der Finanzpolitik mit den Länderministern besprochen, und auch die Finanzreform von 1919 wurde in einer Finanzministerkonferenz ausgehandelt, bevor der Reichsrat sie absegnete. Daneben spielten Referenten- und Ministerbesprechungen, wie sie für die „vertikale" Koordinierung mit dem Reich charakteristisch waren, auch in der „horizontalen" Koordinierung der Länderangelegenheiten eine Rolle. Ministerkonferenzen scheinen nicht allzu häufig gewesen zu sein und haben wohl, soweit sich das überblicken läßt, nur von Fall zu Fall anläßlich besonders wichtiger politischer Fragen stattgefunden. So hat die erste Kultusministerkonferenz der Weimarer Republik im Oktober 1919 die Grundsatzentscheidungen über die Einberufung der Reichsschulkonferenz von 1920 und über die Gründung eines Reichsschulausschusses getroffen. Eine weitere Konferenz der Kultusminister galt dann im Oktober 1924 praktisch der Liquidierung des Versuchs einer Schulreform unter Führung des Reiches und leitete die Rückkehr zur überwiegenden Länderkoordinierung auf Beamtenebene ein.

Wenn wir die Praxis der Selbstkoordinierung in der Bundesrepublik dagegen halten, dann sind neben der unverkennbaren Kontinuität einige bemerkenswerte neue Züge festzustellen. Da ist zunächst die organisatorische Verselbständigung der „horizontalen" oder Selbstkoordinierung gegenüber der „vertikalen" oder Bund-Länder-Koordinierung. Im Unterschied zur Übung vor 1933 besteht heute Übereinstimmung, daß der Bundesrat mit der Selbstkoordinierung nichts zu tun hat. Er gilt als reines Bundesorgan, dessen Funktionen in der Verfassung erschöpfend beschrieben sind. Es hat sich hier also eine funktionale Differenzierung und Spezialisierung vollzogen. Ein solcher Vorgang hat vielfach damit zu tun, daß die zu bewältigenden Aufgaben umfangreicher und komplexer geworden sind und von differenzierten und spezialisierten Strukturen besser bewältigt werden können. Zwar ist bisher nie der Versuch gemacht worden, den Umfang der Selbstkoordinierung vor 1933 und nach 1949 systematisch zu vergleichen. In der Tat spricht jedoch manches dafür, daß der Umfang vereinbarter Regelungen erheblich zugenommen hat.

Ferner ist die Selbstkoordinierung institutionell erheblich aufgewertet worden, wie man am Beispiel der Kulturpolitik sehen kann: Der Reichsschulausschuß und die Hochschulkonferenz waren auch in der Weimarer Zeit Beamtengremien. Dergleichen gibt es natürlich auch heute, und zwar in reicher Zahl - mögen sie nun „Arbeitsgemeinschaften", „Arbeitskreise", „Kommissionen" oder „Ausschüsse" heißen. Ebenso wie die interministeriellen Ausschüsse im Bereich der Bundesregierung, so dienen diese Gremien im Bereich der Länderzusammenarbeit der Abstimmung auf Referentenebene. Doch ihnen übergeordnet ist heute die Ebene der Ministerkonferenzen als ständige Einrichtungen. Besonders ausgeprägt ist die Institutionalisierung und interne Differenzierung im Fall der „Ständigen Konferenz der Kultusminister der Länder" (KMK): Sie hat ein eigenes Sekretariat, und ihre zahlreichen Beschlüsse werden in einer Loseblattsammlung veröffentlicht, wie dies im Bereich der Gesetzgebung üblich ist. Bei ihr ist auch der bürokratische Unterbau am stärksten entwickelt: Sie besitzt vier ständige Ausschüsse (aus den Leitern der Fachabteilungen in den Ministerien) sowie eine Reihe von Unterausschüssen, in denen die Plenarentscheidungen vorbereitet und in starkem Maße präjudiziert werden. Die Innenministerkonferenz hat ebenfalls drei Arbeitskreise, in denen die Abteilungsleiter der Ministerien zusammenkommen. Aber über diesem Unterbau stehen deutlich als letztentscheidende politische Instanz die Besprechungen der Minister.

4.2. Die wachsende Bedeutung der Selbstkoordinierung der Länder

Zwar hat die Mehrzahl der Fachministerkonferenzen keinen so aufwendigen Apparat wie die KMK. Doch wenn man ihre Beschlüsse in Augenschein nimmt, wird man auch ihnen das politische Gewicht nicht absprechen können. So haben zum Beispiel die Justizminister in den zurückliegenden Jahren die Vorschriften über den Strafvollzug und die Untersuchungshaft, die Dienstordnung für Notare oder die Vorschriften über die Blutalkoholfeststellung bei Verkehrsvergehen vereinheitlicht; sie haben ferner die „Zentralstelle zur Aufklärung nationalsozialistischer Gewaltverbrechen" in Ludwigsburg und ihr Gegenstück in Salzgitter errichtet. Die Innenministerkonferenz hat sich mit Fragen des Verfassungsschutzes ebenso beschäftigt wie mit der Polizeiorganisation - zum Beispiel hat sie die Einführung einheitlicher Polizeiuniformen beschlossen - und hat die Behandlung von Ausländern und die Handhabung des Ausländerpolizeirechts koordiniert. Die Arbeitsgemeinschaft der für das Gesundheitswesen zuständigen Länderminister hat beispielsweise die Polioschutzimpfung eingeführt und die Reform der Approbationsordnung für Ärzte vorbereitet. Eine besonders wichtige Rolle haben die Länderministerkonferenzen dann im Prozeß der deutschen Vereinigung gespielt, nicht zuletzt bei der Steuerung des Verwaltungsaufbaus der ostdeutschen Länder.

Zugenommen hat vor allem die Bedeutung der Zusammenkünfte der Ministerpräsidenten. Neben einer „Konferenz", die jedes Jahr im Herbst in einer anderen Landeshauptstadt in einem ausgeprägt repräsentativen Rahmen abgehalten wird, haben sich „Arbeitsbesprechungen" eingebürgert, die alle dreimal jährlich in Bonn bzw. Berlin stattfinden. Zweimal im Jahr schließt sich die schon erwähnte Besprechung mit dem Bundeskanzler (nach Art. 31 GO BReg) an. Die Bedeutung dieser Beratungen ergibt sich aus der Richtlinienkompetenz und politischen Koordinierungsfunktion der Regierungschefs. Politisch wichtige Vereinbarungen werden zunehmend auf dieser Ebene getroffen; es sei hier nur an den Beschluß der Regierungschefs des Bundes und der Länder über die Nichteinstellung verfassungsfeindlicher Bewerber für den öffentlichen Dienst vom 28.1.1972 (den sogenannten „Radikalenerlaß") erinnert. Die Fachministerkonferenzen erarbeiten zum Teil nur Vorlagen, die dann von den Ministerpräsidenten (in der Regel unter Hinzuziehung der Ressortminister) in letzter Instanz beraten und verabschiedet werden. Insbesondere haben die Regierungschefs über wichtige Fragen der Bildungspolitik (nach Vorberatung in der Kultusministerkonferenz) Beschlüsse gefaßt. Sie haben auf diesem Gebiet Staatsverträge und Verwaltungsabkommen abgeschlossen, vom Düsseldorfer Abkommen von 1955 und dem Hamburger Abkommen von 1964 zur Vereinheitlichung des Schulwesens bis zum Vertrag über das Zulassungsverfahren an den Universitäten. Eine andere zentrale Domäne der Regierungschefs ist die Medienpolitik, einschließlich der Festsetzung der Rundfunkgebühren. Zudem ist der Ministerpräsidentenkonferenz die Entscheidung bei Konflikten zwischen Fachministerkonferenzen zugefallen. Und schließlich hat sie über ihre ursprüngliche Domäne, die reine Selbstkoordinierung, hinaus eine Schlüsselposition in der vertikalen Koordination mit dem Bund erhalten, besonders ausgeprägt in der Abklärung der Länderinteressen bei Änderungen des Finanzausgleichs, von der Finanzreform der Jahren 1968 und 1969 bis zu den Potsdamer Beratungen der Ministerpräsidenten und Finanzminister über die Einbeziehung der ostdeutschen Bundesländer in das Finanzausgleichssystem am 26.-27. Februar 1993.

Will man die stärkere Ausdifferenzierung und das - im Vergleich zum Kaiserreich und Weimar - deutlich erhöhte politische Gewicht der institutionalisierten Selbstkoordinierung erklären, dann bietet sich dafür zunächst die Entstehungsgeschichte an: Die Ministerkonferenzen sind überwiegend schon vor der Gründung der Bundesrepublik entstanden und versuchten die Lücke auszufüllen, die nach der bedingungslosen Kapitulation durch den Wegfall einer deutschen Zentralregierung entstanden war. Berühmt wurde die erste Ministerpräsidentenkonferenz vom 5.-6. Juni 1947, die zugleich die einzige gesamtdeutsche Konferenz war und schon nach drei Stunden durch den Auszug der fünf Ministerpräsidenten der sowjetischen Besatzungszone ein Ende fand. Die nächste Konferenz - vom 8. bis 10. Juli 1948 auf dem Rittersturz bei Koblenz - versammelte nur noch die Ministerpräsidenten aus den drei westlichen Zonen, um ihre Reaktion auf die Pläne der Alliierten zur Gründung eines westdeutschen Teilstaates abzustimmen. Eine kontinuierlichere Länderzusammenarbeit entwickelte sich aus dem Länderrat der amerikanischen Zone und der Länderkonferenz des britischen Besatzungsgebiets. Die Briten hatten zwischen den Kompetenzen der Zentralorgane (Zonenbeirat und Zonenzentralämter, die von den Länderregierungen unabhängig waren) und der Länder deutlicher unterschieden; die letzteren sollten von der Länderkonferenz (bestehend aus den Ministerpräsidenten) koordiniert werden, was freilich nie recht gelang. Dagegen war in der amerikanischen Zone der Länderrat praktisch die Zentralinstanz, die zoneneinheitliche Gesetze und Verordnungen beschloß. Er bestand aus dem „Ständigen Rat" oder „Rat der Ministerpräsidenten", der die Grundsatzentscheidungen traf, und - neben einem bürokratischen Apparat - aus einer Reihe von Fachausschüssen, denen für jedes Land jeweils ein stimmberechtigtes Regierungsmitglied angehörte. Ständiger Rat und Ausschüsse konnten nur einstimmige Beschlüsse fassen. Dieses System der Ministerkonferenzen wurde dann auch in die Organisation der Bizone, des späteren Vereinigten Wirtschaftsgebiets übernommen, zunächst in Gestalt der „Verwaltungsräte", später als Fachausschüsse des Bizonen-Länderrats. Und diese Einrichtungen sind nach Gründung der Bundesrepublik in der Form der Fachministerkonferenzen weitergeführt worden. Daneben entstand 1948 auch die „Ständige Konferenz der Kultusminister des Vereinigten Wirtschaftsgebiets" als freiwilliger Zusammenschluß, der dann durch den „Bernkasteler Beschluß" vom 19.10.1949 fortgeführt wurde.

Es würde aber nicht ausreichen, die fortdauernde Existenz der Ministerkonferenzen etwa aus dem bloßen Beharrungsvermögen von Organisationen zu erklären, die vor der Wiedererrichtung einer Zentralregierung eine Lücke ausfüllten und nun in der Selbstkoordinierung im Bereich der Länderkompetenzen eine Aufgabe gefunden hatten, die es erlaubte, sie am Leben zu erhalten. Einerseits knüpften diese Konferenzen ja ihrerseits an eine Praxis an, die wir schon im Kaiserreich beobachten konnten. Andererseits hat aber die Bedeutung dieser horizontalen Koordination auf Spitzenebene erheblich zugenommen. Die Geschichte der Ministerpräsidentenkonferenz zeigt, daß es sich hier sowohl um fortbestehende als auch um neu zugewachsene Koordinierungsbedürfnisse handelt. Nach der Gründung der Bundesrepublik hatte die

4.2. Die wachsende Bedeutung der Selbstkoordinierung der Länder

Konferenz der Ministerpräsidenten nämlich ihre Arbeit zunächst eingestellt und ihr Büro aufgelöst, weil es nun ja den Bundesrat gab. Es fand nur 1950 noch eine Konferenz statt, auf der man sich über eine Geschäftsordnung des Bundesrates einigte. Ende 1952 kamen die Ministerpräsidenten zwar noch einmal zusammen, um über die Frage einer Erhöhung des Bundesanteils an der Einkommens- und Körperschaftsteuer sowie über die Konflikte um den Vertrag zur Gründung einer „Europäischen Verteidigungsgemeinschaft" zu beraten, aber man verzichtete auf Beschlüsse, weil dies Sache des Bundesrates sei. Erst im Februar 1954 wurde die Konferenz auf Initiative des bayerischen Ministerpräsidenten Ehard zu neuem Leben erweckt, anfänglich mit expliziter Beschränkung auf die Selbstkoordinierung in Länderangelegenheiten, und seither ist sie eine regelmäßige Einrichtung geblieben. Offenbar hatten die Erfahrungen der ersten Jahre der Bundesrepublik gezeigt, daß ein Bedürfnis für eine solche Institution neben dem Bundesrat vorhanden war. Andererseits läßt sich an dem schon angedeuteten Funktionszuwachs im Laufe der Jahre auch ablesen, daß die reine Selbstkoordinierung zurücktritt und die Ministerpräsidentenkonferenz eine zunehmend wichtige Rolle in der Kooperation der Länder mit dem Bund spielt. Hier zeigt sich ein Phänomen, das uns noch beschäftigen wird, nämlich das Vordringen der „vertikalen" Koordinierung, die in der Entwicklung des Bundesstaates seit der Mitte der sechziger Jahre das Übergewicht erhält.

Bevor auf diese neueren Trends eingegangen wird, muß aber noch einmal gefragt werden, welche Faktoren denn - außer dem dargestellten „Startvorsprung" der Länderministerkonferenzen - zu dem erhöhten politischen Gewicht der Selbstkoordinierung beigetragen haben. Man wird hier insbesondere zwei komplementäre Entwicklungen hervorheben müssen: Auf der einen Seite ist das Bedürfnis nach Unitarisierung offensichtlich stark gewachsen (wovon im folgenden Abschnitt noch die Rede sein soll). Auf der anderen Seite aber ist diese Unitarisierung angesichts der Gewichtsverschiebungen, die sich nach 1945 im bundesstaatlichen Gefüge insbesondere durch die Auflösung Preußens ergeben haben, weit stärker auf funktionierende horizontale Koordinationsgremien mit politischem Gewicht angewiesen, als das in der Vergangenheit der Fall war.

Die Selbstkoordinierung der Länder war in der Vergangenheit nämlich charakterisiert durch die ausgeprägte Führungsrolle Preußens. An der Geschichte der Bildungspolitik seit dem 19. Jahrhundert ist das besonders deutlich abzulesen. In einer wichtig gewordenen Denkschrift über „kulturpolitische Zuständigkeiten des Reiches", die der Staatssekretär im preußischen Kultusministerium (und nachmalige Kultusminister) Carl Heinrich Becker dem Verfassungsausschuß der Weimarer Nationalversammlung vorlegte, wurde dieser Einfluß sehr klar dargestellt:

> „Wenn zum Beispiel Preußen die drei höheren Schularten (nämlich Gymnasium, Realgymnasium und Oberrealschule, G. L.) als gleichberechtigt anerkannte oder den Grad eines Doktor-Ingenieurs schuf, so blieb den kleinen Staaten, schon um konkurrenzfähig zu bleiben, gar nichts anderes übrig, als das gleiche zu tun. Wenn Mißstände im Universitätsbereich einrissen (Doktorfabriken), so erklärte Preußen einfach, die Doktordiplome des betreffenden Bundesstaates nicht mehr anzuerkennen, was zur Folge hatte, daß die strengere preußische Praxis auch dort alsbald eingeführt wurde" (C. H. Becker 1919, 23).

Insbesondere die norddeutschen Kleinstaaten sahen sich meist zur engen Anlehnung an das preußische Vorbild veranlaßt. Aber auch die Mittelstaaten pflegten, wenngleich meist erst nach einem gewissen Zeitabstand, mit den preußischen Innovationen in der Bildungspolitik gleichzuziehen.

Diese Führungsrolle Preußens hat in der Bundesrepublik kein Äquivalent, weil sich hier nach dem Untergang der einstigen Hegemonialmacht eine Machtbalance einer Mehrzahl von etwa gleich starken Ländern ausgebildet hat, und weil diese Machtbalance zugleich den kleineren Ländern (besonders den Stadtstaaten, wie die Schulpolitik gezeigt hat) gewisse Freiräume ließ. Unitarisierung kann hier also nur noch durch Aushandlungsprozesse zustande kommen. Das hergebrachte Einstimmigkeitsprinzip in der „Zwischen-Länder-Koordinierung" unterstreicht den bestehenden Aushandlungszwang, der sich schon daraus ergibt, daß bei freiwilliger Selbstkoordinierung keine rechtlich bindenden Beschlüsse gefaßt werden können, kein Land also zur Unterwerfung gezwungen ist. Es liegt aber auf der Hand, daß in einer Situation, in der etwa gleich starke Partner eine freiwillige Übereinkunft erreichen müssen, auch ein größeres politisches Gewicht der Verhandlungspartner erforderlich wird: Gravierende Interessengegensätze können nicht auf Referentenebene ausgeglichen werden. Entscheidungen müssen in der Regel von den Inhabern der politischen Führungspositionen in den Ressorts zumindest gebilligt und verantwortet, wenn nicht gar auf dieser politischen Ebene überhaupt erst ausgehandelt werden. Die Aufwertung der Selbstkoordinierung durch die Praxis der Ministerkonferenzen trägt also einerseits der für den Nachkriegsföderalismus charakteristischen Einflußbalance Rechnung, andererseits dem gestiegenen Kooperations- und Koordinierungsbedarf.

4.3. Die Unitarisierung und der Exekutivföderalismus

Die skizzierten Entwicklungen im kooperativen Föderalismus werden in der Literatur vielfach aus dem Trend zur Zunahme von Unitarisierung erklärt. Ein solcher Trend, wenn er denn existiert, ist natürlich seinerseits erklärungsbedürftig. Insbesondere der starken Unitarisierungsschub der sechziger und frühen siebziger Jahre wurde damals gern auf gesamtgesellschaftliche Entwicklungstendenzen zurückgeführt, die, wie es hieß, ein unabweisbares Bedürfnis nach „Einheitlichkeit der Lebensbedingungen" hervorrufen. Kaum eine der neueren staatsrechtlichen Arbeiten über den Föderalismus unterlasse es, so hieß es in einer zusammenfassenden Charakterisierung dieses Schrifttums, „auf den egalisierenden Trend demokratischer Industriegesellschaften hinzuweisen sowie auf die Mobilität der modernen Gesellschaft, auf die Weiträumigkeit und Zentralisierungstendenz wirtschaftlicher Dynamik, auf die vereinheitlichende und zentralisierende Wirkung sozialstaatlicher und wirtschaftsinterventionistischer Prozesse und allgemein auf die Schwächung der territorialen Bestimmtheit des Einzelnen und der Gruppen gegenüber ihrer verstärkten Eingliederung in sachlich-funktionale Zusammenhänge" (Hempel 1969, 211, mit zahlreichen Nachweisen). Wenn man aber die Unitarisierung aus allgemeinen Entwicklungstendenzen der „Industriegesellschaft" erklärte, lag es nahe, auch die dadurch bewirkte Strukturverände-

4.3. Die Unitarisierung und der Exekutivföderalismus

rung des Bundesstaates als zwangsläufig anzusehen. Für unsere Fragestellung ist das insofern von Bedeutung, als die zunehmende Unitarisierung ganz offensichtlich auch den autonomen Spielraum für alternative politische Lösungen in den Ländern verringern mußte. Parteienwettbewerb konnte dann auf dieser Ebene allenfalls noch sekundäre, untergeordnete Entscheidungsalternativen zum Gegenstand haben, und zwar innerhalb des abgesteckten unitarischen Rahmens.

Die Hypothese von der Unitarisierung als zwangsläufiger Folge· gesellschaftlichen Wandels klang für viele Beobachter plausibel. Schien sie nicht auch der internationale Vergleich zu stützen? Denn in Bundesstaaten wie den USA und der Schweiz konnte man ja gleichfalls eine erhebliche Zunahme der Zentralisierungstendenzen und eine Intensivierung von Kooperation beobachten (vor allem „vertikal", also zwischen Zentral- und Gliedstaaten), und es lag nahe, die Erklärung dieser Gleichsinnigkeit von Trends in den gleichartigen gesellschaftlichen Wandlungstendenzen zu suchen, die hochindustrialisierte Länder auszeichnen. Derartige Beobachtungen verleiten aber allzu leicht zu voreiligen Folgerungen, die der Komplexität des Phänomens nicht gerecht werden. Daß Formeln wie „egalisierender Trend der demokratischen Industriegesellschaften" von einer fragwürdigen Allgemeinheit sind, zeigt beispielsweise die Entwicklung des deutschen Bildungssystems, in dem die Unitarisierung ebenso gut der sozialen Privilegierung wie der Herstellung demokratischer Gleichheit gedient hat. Bis 1918 gab es, von Preußen ausgehend, eine (gemäßigte) Unitarisierung, die im wesentlichen auf den Hochschulbereich und das höhere Schulwesen beschränkt war, und zwar über die Angleichung von Lehrplänen und die Vereinheitlichung von Berechtigungsausweisen (insbesondere der Reifeprüfung). Diese Unitarisierung bewirkte wohl die Herstellung von Chancengleichheit für das aufstrebende Bürgertum und schuf zugleich ein einheitliches Standesbewußtsein, das den Vorrang des Adels nivellierte, zugleich aber auch eine neue Statusbarriere gegenüber den „Nichtakademikern" der unteren Schichten aufbaute. Der Philosoph und Pädagoge Friedrich Paulsen (1921, 682 ff.) hat das seinerzeit den „Sozialaristokratismus" genannt. Das Berechtigungswesen - dieses für die deutsche Gesellschaft so charakteristische Surrogat und zugleich Erbe ständischer Gliederungskriterien - war bis zum Ende der Monarchie von ausschlaggebender Bedeutung für die Angleichung der Schulsysteme: Bezeichnenderweise bestand die Aufgabe der „Reichsschulkommission", die schon 1868 im Norddeutschen Bund geschaffen worden war, in der Vereinheitlichung der Zeugnisse (und der entsprechenden Ausbildungsgänge), die zum Einjährig-Freiwilligen Militärdienst - anstelle der dreijährigen Wehrpflicht - berechtigten. Das war ein dermaßen wichtiges soziales Privileg des Bürgertums, daß noch heute die „mittlere Reife" bekanntlich auch als „das Einjährige" bezeichnet wird. Nach 1918 setzte sich dann zeitweilig eine gegenläufige Unitarisierungsbewegung durch, die es gerade auf den Abbau derjenigen Strukturen im Schulwesen abgesehen hatte, die solche Privilegierungen begründeten (in neuerer, freilich unschärferer Terminologie also auf „Demokratisierung"): Wichtigstes Datum wurde hier die Vereinheitlichung der Grundschule und die Aufhebung der (der höheren Schule vorgeschalteten) „Vorschulen" durch die Weimarer Verfassung und die Reichsgesetzgebung. Solche Unitarisierungsphänomene sind natürlich auch auf gesellschaftlichen Wandel zurückzuführen, doch gewiß nicht dessen notwendige und einzig mögliche Folge. In den USA hat der zweifellos mindestens ebenso ausgeprägte „egalisierende Trend" eine weitaus größere Heterogenität des Bildungssystems bis heute zugelassen.

Der Vergleich zeigt, daß sich die Unitarisierung mit der Entwicklung zum „Leistungs-" oder „Sozialstaat" nicht ausreichend erklären läßt. Schon die darin implizierte Gegenüberstellung zum bürgerlich-liberalen Gesetzgebungsstaat, der sich auf die „klassische" Eingriffsverwaltung beschränkt habe, zeigt die Verkürzung der Perspektive. Denn gerade in Deutschland ist der große Unitarisierungsschub nach der Gründung des Deutschen Reiches vornehmlich dem Bedürfnis des liberalen Bürgertums nach einheitlichen Wettbewerbsbedingungen für die kapitalistische Wirtschaft zu verdanken - ein Bedürfnis, das angesichts des perzipierten Entwicklungsrückstandes gegenüber Westeuropa besonders ausgeprägt war. Der Übergang zum „interventionistischen" Staat der „Daseinsvorsorge" ist hier gerade darum, weil die liberale Periode schon unitarische Prädispositionen geschaffen hatte, mit einer kräftigen Verstärkung der gesellschaftlichen und staatlichen Vereinheitlichungstendenz verbunden.

Gerade der internationale Vergleich zeigt aber, daß es nicht ausreicht, auf allgemeine gesellschaftliche Entwicklungstendenzen - gewissermaßen ein „ehernes Gesetz" der „demokratischen Industriegesellschaft" - zu rekurrieren, wenn man Unitarisierungstendenzen im deutschen Föderalismus erklären will. Denn bei genauerem Hinschauen fallen beachtliche Unterschiede im Ausmaß der Unitarisierung auf. Insgesamt ist sowohl in den USA als auch in der Schweiz das Gefälle in den gesellschaftlichen Lebensbedingungen bislang viel ausgeprägter als in der Bundesrepublik. Vielleicht am bekanntesten ist der Umstand, daß die Steuersysteme dort auch heute zu recht erheblichen Ungleichheiten in der Besteuerung zwischen den Einzelstaaten oder Kantonen führen können, während hierzulande ja die großen Steuern überwiegend (Einkommens-, Körperschafts-, Umsatz-, Mineralölsteuer) durch Bundesgesetze geregelt werden und unterschiedliche Besteuerung nur da vorkommt, wo die Gemeinden (wie insbesondere im Fall der Hebesätze bei Gewerbe- und Grundsteuer) eine gewisse Autonomie haben. Aber auch das Bildungssystem ist in diesen Ländern äußerst vielgestaltig. Und darüber hinaus kennt ein so kleines Land wie die Schweiz selbst in Bereichen, deren Unitarisierung uns längst selbstverständlich geworden ist, wie zum Beispiel Prozeßrecht und Gerichtsverfassung, dank der fortbestehenden Zuständigkeit der Kantone nicht unerhebliche Unterschiede. Zwar spielen hier interkantonale Verträge („Konkordate") seit jeher eine große Rolle, gibt es auch recht intensive Kooperationen zwischen den kantonalen Verwaltungen, und die Zentralisierungstendenzen, insbesondere der Kompetenz- und Einflußzuwachs des Bundes, sind unverkennbar. Man wird aber nicht behaupten können, daß dies zu einer so weitgehenden Uniformität kantonaler Regelungen führe wie in der Bundesrepublik. Im Gegenteil, sogar bei der Ausführung der Bundesgesetze gibt es eine ausgeprägte Heterogenität. Zwar ist sie, wie in Deutschland und Österreich, weitgehend Sache der Gliedstaaten, also der Kantone. Im Unterschied zu den beiden genannten Ländern aber folgt in der Schweiz daraus nicht, daß der Bund auch Verwaltungseinrichtungen und Verfahren regelt; vielmehr verbleibt den Kantonen auch beim Vollzug der Bundesgesetze neben der Personalhoheit die Organisationshoheit, und sie verteidigen diese Autonomie mit Nachdruck.

4.3. Die Unitarisierung und der Exekutivföderalismus

Dieser sogenannte „Vollzugsföderalismus" ist zwar in neuerer Zeit zum Gegenstand politischer Auseinandersetzungen geworden, in denen auf der einen Seite die Kantone ihre zunehmende Überforderung durch die vom Bund übertragenen Vollzugsaufgaben beklagten (so etwa eine Konferenz der Ostschweizer Regierungen am 11. April 1973), während auf der anderen Seite die Eigenwilligkeit der Kantone bei der Gesetzesausführung beklagt wurde. So ist zum Beispiel der „dringliche Bundesbeschluß" (ein der Schweiz eigentümliches Verfahren der befristeten Ausnahmegesetzgebung) über Maßnahmen auf dem Gebiet der Raumplanung aus dem Jahre 1972 von den Kantonen höchst unterschiedlich vollzogen und in einem Kanton (Wallis) geradezu unterlaufen worden (vgl. Germann 1975). Obgleich aber solche Vorgänge zu der Forderung geführt haben, die Kooperation zwischen Bund und Kantonen zu verstärken (insbesondere durch Institutionalisierung einer Konferenz der kantonalen Regierungspräsidenten), wurde an eine Unitarisierung der Gesetzesausführung, die auch nur entfernte Ähnlichkeit mit dem hätte, was in der Bundesrepublik als erforderlich gilt, offensichtlich nicht gedacht.

In den Vereinigten Staaten verfügt die Bundesregierung zwar - verglichen mit der Schweiz - über größere Ressourcen und ein weitaus umfangreicheres Instrumentarium für eine Politik zur Durchsetzung einheitlicher Lebensbedingungen, und in den Jahrzehnten der Expansion des Wohlfahrtsstaats vom New Deal bis zur Präsidentschaft Lyndon Johnsons hat der kooperativen Föderalismus durchaus unitarisierende Effekte gehabt. Aber abgesehen davon, daß dies in einem pragmatischen Stil geschah, der eine nicht unbeträchtliche Heterogenität der Regelungen zu verkraften imstande war, ist dieser Trend seit den republikanischen Präsidenten der letzten Jahrzehnte (insbesondere seit der Präsidentschaft von Ronald Reagan) wieder deutlich rückläufig. Noch sehr viel ausgeprägter ist der Trend zur Öffnung weiter politischer Spielräume für regionale Vielfalt, die sich in den letzten Jahrzehnten in Kanada vollzogen hat (Schultze 1982, 1984). Das hat zwar mit den zentrifugalen Tendenzen im kanadischen Föderalismus zu tun, die sich aus dem Separatismus im frankophonen Quebec und aus den wirtschaftlichen Eigeninteressen der westlichen, stark mit den angrenzenden USA verflochtenen Provinzen ergeben. Doch es zeigt auch, daß moderne Bundesstaaten ein erhebliches Maß an Heterogenität verkraften können (dazu insgesamt: Schultze 1992).

Der internationale Vergleich läßt somit die Hypothese von den unitarisierenden und zentralisierenden Entwicklungstendenzen der „Industriegesellschaft" fragwürdig erscheinen. Politische Strukturveränderungen darf man sich nicht als einen unmittelbaren Reflex auf Veränderungen der gesellschaftlichen Bedürfnislagen vorstellen. Vielmehr sind sie kognitiv bedingt, denn sie hängen davon ab, wie die politischen Akteure gesellschaftliche Problemlagen wahrnehmen und bewerten. Die Frage muß also lauten, warum in Deutschland, insbesondere in der neueren Entwicklung der Bundesrepublik, von den politischen und administrativen Eliten ebenso wie von wichtigen gesellschaftlichen Führungsgruppen die durch den gesellschaftlichen Wandel geschaffenen Problemlagen als solche definiert wurden, die gleichförmige Regelungen verlangen, und zwar offenbar in stärkerem Maße, als das in den anderen erwähnten Bundesstaaten der Fall ist.

Hier wird man sich zunächst an den Umstand erinnern, daß ja schon in den Anfängen des Bundesstaates in der Problemwahrnehmung der entscheidenden politischen Akteure eine zentralisierend-unitarische Entwicklung des Reiches als gesellschaftliches Bedürfnis erschien. Die nationalliberale Reichstagsmehrheit stimmte mit der liberalen Hochbürokratie, die bis 1878 die Politik des Reiches bestimmte, hierin überein und hat damals im Wege der Reichsgesetzgebung jenen großen Unitarisierungsschub durchgesetzt. Dadurch kam schon früh in Deutschland ein Maß an „Einheitlichkeit der Lebensverhältnisse" zustande, das ältere Bundesstaaten auf manchen Gebieten bis heute noch nicht erreicht haben. Der Föderalismus war für das nationalliberale Bürgertum des 19. Jahrhunderts mit einem historischen Stigma behaftet: Die deutsche „Kleinstaaterei" galt als ein entscheidendes Hindernis auf dem Wege zu nationaler Einheit und zu gesellschaftlicher Modernisierung, und von der Reichsgründung erwartete es vor allem, daß sie die Zersplitterung der rechtlichen Rahmenbedingungen überwinden sollte. Einer seiner charakteristischen Repräsentanten, der damals dreißigjährige Historiker Heinrich Treitschke, spitzte das 1864 in der viel beachteten Schrift „Bundesstaat und Einheitsstaat" (immer noch einer der anregendsten frühen Beiträge zur vergleichenden Föderalismusforschung!) folgendermaßen zu: „Von dreißig unnatürlichen kleinen Mittelpunkten aus wird das Volk regiert, geleitet mit einer väterlichen, Alles bevormundenden Vielgeschäftigkeit, die in vielen Kleinstaaten keinem Gastwirt an der Grenze gestattet ein Vogelschießen zu halten, bevor die Landesregierung ihren Segen dazu besprochen. So steht es mit der gepriesenen Decentralisation Deutschlands!" (Treitschke 1886, 88). Auf dem Hintergrund dieser geschichtlich begründeten Problemwahrnehmung wurde Unitarisierung zu einer starken kulturellen Norm. Aber auch das Übergewicht Preußens und die bei seinen Führungsgruppen weitverbreitete Überzeugung, daß die preußischen Regelungen (etwa im Bildungssystem) überlegen seien, daß folglich eine „großpreußische" Angleichung der Entwicklung in den Mittel- und Kleinstaaten an dieses Vorbild erfolgen müsse, haben sicher das Ihre zur Ausbildung unitarischer Orientierungen beigetragen.

Es war ganz folgerichtig, daß dann die Weimarer Republik einen weiteren erheblichen Unitarisierungsschub brachte. Nicht nur zentralisierte sie die Staatsfinanzen, sondern sie trug mit ihrer Kompetenzverlagerung auf das Reich zum Beispiel erheblich zur „Nationalisierung" der Sozialpolitik bei. Das nationalsozialistische Regime hat erst recht die Erwartungen an wohlfahrtsstaatliche Politik auf zentralstaatliche Leistungen konzentriert. Solche jahrzehntelangen Erfahrungen mit einer sehr viel stärker zentralstaatlich bestimmten Politik haben nicht nur das Anspruchsniveau der Bürger geprägt, sondern auch die Problemwahrnehmungen der politischen Akteure der Nachkriegszeit vorgeformt und die verstärkten Unitarisierungstendenzen nach dem Zweiten Weltkrieg offensichtlich erheblich mitbestimmt. Damals erfolgte zwar eine erneute Dezentralisierung von Kompetenzen, und in einigen wichtigen Bereichen, so vor allem im Schulsystem und in der Kommunalverfassung, gibt es eine neue Vielgestaltigkeit innerhalb der Bundesrepublik. In anderen, politisch weniger exponierten Bereichen aber hat es offenbar starke Bestrebungen gegeben, ein Auseinandergehen der Regelungen in den Ländern nach Möglichkeit zu vermeiden.

4.3. Die Unitarisierung und der Exekutivföderalismus

In welchem Maße die regulative Unitarisierung von der staatlichen Rechtsordnung auf andere gesellschaftliche Regelungsbereiche ausstrahlte, läßt sich an der Entwicklung der Arbeitsbeziehungen zeigen. Modell dafür wurde der öffentliche Sektor. Dort geht die Unitarisierung auf die Zeit des Nationalsozialismus zurück, mit dem Deutschen Beamtengesetz (DBG) vom 26.1.1937 und mit der Tarifordnung für Angestellte (TOA) vom 1.4.1938. Das DBG wurde durch das Bundesbeamtengesetz (BBG) vom 16.7.1953 und durch das für Länder und Gemeinden verbindliche Beamtenrechtsrahmengesetz (BRRG) vom 1.7.1957 ersetzt, die TAO durch den Bundesangestelltentarif (BAT) vom 23.2.1961. Die zentralisierte Regelung der Beamtenbesoldung wurde 1971 durch eine Verfassungsänderung (Art 74 a GG) wiederhergestellt. Während die Beamtengesetze vom Bundesgesetzgeber verabschiedet werden, werden nicht nur Änderungen des BAT, sondern auch Gehalts- und Lohntarife für den öffentlichen Dienst zentral ausgehandelt. Dabei sind die Arbeitgeber in der 1949 gegründeten Tarifgemeinschaft des Bundes, der Länder und Gemeinden zusammengeschlossen. Die Arbeitnehmerseite war zeitweise deutlich stärker zersplittert, doch hat hier die Gewerkschaft Öffentliche Dienste, Transport und Verkehr (ÖTV) immer die Schlüsselrolle als „Lohnführer" gespielt.

Die Metallindustrie, der größte Sektor neben dem Öffentlichen Dienst, hat ein ähnliches Maß an Unitarisierung erreicht, aber hier waren zentralisierte Verhandlungen die Ausnahme, der Regelfall dagegen regionales, aber zentral koordiniertes *„pattern bargaining"*. 1956 schlossen die Industriegewerkschaft Metall und der Gesamtverband der metallindustriellen Arbeitgeberverbände (Gesamtmetall) das Bremer Abkommen über eine Arbeitszeitverkürzung, das sich faktisch der bestehenden gesetzlichen Arbeitszeitregelung substituierte. Die gesetzliche Unitarisierung war hier das Modell für ein von den Tarifparteien ausgehandeltes Äquivalent. Die Wirkungen des Bremer Abkommens gingen aber weit über den konkreten Anlaß hinaus, denn damit wurde eine Praxis der zentral gesteuerten tarifvertraglichen Regelung der Arbeitsbeziehungen eingeleitet, die auch eine weitgehende Unitarisierung der Lohntarife nach sich zog und in andere Branchen ausstrahlte. Soweit dies nicht durch zentrale Verhandlungen geschah, traten informelle Koordinierungsprozesse an deren Stelle, beispielsweise in Form der „Pilotabschlüsse" in einzelnen Tarifbezirken der Metallindustrie, die dann vom Rest der Branche übernommen wurden. Dies ist offenbar eine Parallele zur Unitarisierung durch Selbstkoordinierung der Länder.

Denn auch im staatlichen Bereich erfolgten die Unitarisierungsprozesse zum Teil in informaler Weise. Beispielsweise haben sich die Finanzverwaltungen der Länder frühzeitig bemüht, für ihre Ressorts die seit der Weimarer Republik erreichte Rechtseinheit und die Übereinstimmung in der Verwaltungspraxis weitgehend zu bewahren. Andere uniforme Regelungen, die mit Hilfe des zentralistischen Instrumentariums der nationalsozialistischen Zeit eingeführt worden waren, wurden zum Teil nur einige Jahre nach dem Kriege im Wege der Ländervereinbarung wiederhergestellt, so etwa im Strafvollzug (bis zur erst neuerlich erfolgten bundesgesetzlichen Regelung). Bei dieser kooperativen Perpetuierung ursprünglich zentralistischer Vereinheitlichung war offensichtlich die Verwaltung die treibende Kraft. Die personelle Kontinuität der Beamtenschaft war ja nach dem Zusammenbruch des Dritten Reiches auch durch die Entnazifizierung nicht dauerhaft beeinträchtigt worden. Mit Ausnahme derjenigen nationalsozialistischen Beamten, die ihre Positionen als „Außenseiter" mit Hilfe der Partei errungen hatten, und der kleinen Gruppe politisch schwer belasteter Spitzenbeamter wurde die alte Bürokratie in die Dienste zunächst der Länder, dann auch des Bundes übernommen. Das heißt, auch die neue Länderbürokratie war großenteils durch die Schule eines zentralistischen Verwaltungsapparats gegangen. Die hohen Finanzbeamten der Länder rekrutierten sich aus der alten Reichsfinanzverwaltung, und es war ganz natürlich, daß sie an den dort erlernten Standards festhielten. Aus ihren Erfahrungen und erworbenen Gewohnheiten heraus lag es für die Bürokratie auch der Länderministerien nahe, die Bedürfnisse einer sich wandelnden und mobilen Gesellschaft im Sinne eines ausgeprägten Unitarisierungskonzepts zu interpretieren. Die organisatorische Aufspaltung der Bürokratie in Länderverwaltungen, die wieder autonom geworden waren, konnte dem zwar teilweise entgegenwirken: Einerseits konnte die Homogenität des Verfahrens und der Lösungen nicht mehr durch eine hierarchische Spitze garantiert werden, und andererseits bewirkten in politisch exponierten Bereichen, wie eben im Schulwesen, heterogene gesellschaftliche Interessen und parlamentarische Mehrheitsverhältnisse eine Differenzierung und neue Heterogenität der Lösungen. Die Kommunikation der Bürokratien untereinander war aber intensiver geworden: Die Mechanismen der Kooperation waren, wie oben gezeigt, schon vor der Gründung der Bundesrepublik beachtlich verstärkt worden, und zudem steht ja eine ganz andere Kommunikationstechnik zur Verfügung. Die Beamten der Bismarckzeit waren auf die Eisenbahn angewiesen; inzwischen haben Auto und Flugzeug, Telefon, Fax und Email die Kontakte erheblich erleichtert. Und sie haben in der Tat einen solchen Umfang angenommen, daß schon allein von daher die Angleichung der Perspektiven, aus denen man gesellschaftliche Problemlagen interpretiert, stark befördert wird. Diese entwicklungsgeschichtliche „Konditionierung" der Bürokratie auf unitarische Lösungen hin ist natürlich deshalb von besonderer Bedeutung, weil der deutsche Bundesstaat seit jeher in so starkem Maße auf der Verflechtung von Bundes- und Länderverwaltungen beruht.

Im Vergleich mit dem amerikanischen oder schweizerischen Föderalismus wird seine Eigenart deutlich. Schon der oben erwähnte Treitschke hat dafür 1864 eine Prognose gestellt, die er implizit bürokratietheoretisch begründete:

„Der Bundesstaat hat sich in Demokratien vornehmlich deshalb als heilsam und lebenskräftig erwiesen, weil dort wenig regiert wird, der Staat nur geringes leistet. Dagegen [und das folgende bezieht sich auf Deutschland, GL.] in Staatenvereinen, welche an das Vielregieren, an eine allseitige Staatentätigkeit [sic!] gewöhnt sind, wird der Bundesstaat schwerlich eine dauernde Staatsform bleiben, vielmehr eine starke Neigung zeigen, in den Einheitsstaat überzugehen" (Treitschke 1886, 145 f.).

In der Tat hat in den USA und der Schweiz die demokratisch-parlamentarische Komponente nicht nur im historischen Prozeß der Föderierung eine entscheidende Rolle gespielt; sie bestimmt auch die institutionelle Struktur dieser Bundesstaaten in der Gegenwart. Regionale Interessen werden nicht nur durch die Verwaltungsbehörden und Regierungen von Einzelstaaten bzw. Kantonen vertreten, sondern - in viel ausgeprägterem Maße als in der Bundesrepublik - durch parlamentarische Politiker.

4.3. Die Unitarisierung und der Exekutivföderalismus

Insbesondere hemmt die territoriale Basis des US-Senats und des eidgenössischen Ständerates die - auch dort vorhandenen - Unitarisierungstendenzen, weil die Bindung dieser Politiker an regionale Sonderinteressen sehr viel direkter ist. Deutsche Länderverwaltungen sind zwar auch gegenüber den Forderungen solcher Sonderinteressen in gewissem Maße offen, zumal wenn diese über die Organisation der Regierungsparteien in den Ländern eingebracht werden. Doch sie können sich des Koordinierungs- und Unitarisierungspostulats als Instrument bei der Abwehr solcher Forderungen bedienen.

Das liegt um so näher, als solche Abwehrstrategien auch mit bevorzugten administrativen Regeln der Problembearbeitung und Problemvereinfachung in Einklang stehen. Wir wissen aus der sozialwissenschaftlichen Bürokratieforschung, daß der Verwaltungsapparat bemüht sein wird, komplexe gesellschaftlich-politische Problemlagen auf verwaltungsintern bearbeitbare Probleme zurechtzuschneiden und dabei insbesondere auf die Uniformierung von Lösungen und auf Regelhaftigkeit und Standardisierung von Verfahren zurückzugreifen. Die Unitarisierungstendenzen im Bundesstaat sollen hier zwar nicht ausschließlich oder überwiegend aus administrativen Strategien der Problemvereinfachung und Konfliktreduktion erklärt werden. Unbestreitbar spielen - und zwar in Deutschland stärker als in den USA oder der Schweiz - die Forderungen gesellschaftlicher Gruppen nach „Gleichwertigkeit der Lebensverhältnisse" (so die Zielformel des Bundesraumordnungsgesetzes) und andere „gesellschaftliche" Bedingungen eine erhebliche Rolle. Aber vieles spricht für die Vermutung, daß die - im deutschen Föderalismus besonders einflußreiche - Verwaltung dazu neigt, unter möglichen Lösungen eher die mehr unitarischen auszuwählen, zu Lasten von Heterogenität.

Manche Unitarisierungsprozesse sind ohnehin eindeutig durch die Dominanz spezifisch administrativer Kriterien bestimmt. Die Vereinheitlichung von Behördenaufgaben und verwaltungsinternen Abläufen hat leicht nachvollziehbare Gründe. Aber die Koordinierungspraxis hat auch nicht selten die Funktion, die Abwehr von Forderungen an das politische System dadurch zu erleichtern, daß die effektive materielle Zuständigkeit vom einzelnen Land auf die Ländergesamtheit, womöglich unter Einschluß und Führung des Bundes, verlagert wird. Ein besonders markantes Beispiel dafür ist die Vereinheitlichung der Besoldungsgesetzgebung mit Hilfe der durch Verfassungsänderung dem Bund eingeräumten Gesetzgebungskompetenz (Art. 74 a GG, der 1971 ein kurzes Experiment mit einer entsprechenden Rahmengesetzgebungskompetenz abgelöst hat). Ein „Gefälle" in der Besoldung oder „Wildwuchs" in der Ämterbewertung, die dadurch verhindert werden sollen, würden die Einheitlichkeit „gesellschaftlicher Lebensverhältnisse" im Bundesgebiet nicht wesentlich berühren. Vielmehr erleichtert die Neuregelung die Abwehr von Forderungsstrategien der Beamtengewerkschaften, bei denen (wie zum Beispiel ganz deutlich im Fall der Richter- und Lehrerbesoldung) in der Vergangenheit von den Verbänden einzelne Bundesländer gegeneinander und gegen den Bund ausgespielt wurden. Die Unitarisierung hat hier also fiskalische Funktionen und wirkt als Flankensicherung zur Koalitionsbildung der öffentlichen Arbeitgeber bei den Tarifverhandlungen des öffentlichen Dienstes. Aber auch zur Abwehr diffuser, ohne starken organisatorischen Rückhalt vorgetragener Forderungen kann sich Unitarisierung als hilfreich erweisen. Wenn nicht alles täuscht, hat die freiwillige Koordinierung des Strafvollzugs (vor Erlaß des Bundesgesetzes) den Ländern einiges an Kosten, an organisatorischem Aufwand und an inneradministrativen Konflikten erspart, die autonome Reformen auf diesem Gebiet voraussichtlich mit sich gebracht hätten.

Einen besonders eindrücklichen Beweis für die Dominanz administrativer Selektionskriterien im Unitarisierungsprozeß lieferten dann im Jahr 1990 die Verhandlungen über die deutsche Vereinigung. Die Verhandlungsführer beider Seiten, der damalige Bundesinnenminister Wolfgang Schäuble und der DDR-Staatssekretär Günther Krause, hätten nach Schäubles späterem Bericht eine längere Übergangsperiode vorgezogen, in der ein erheblicher Teil des DDR-Rechts zunächst weiter gelten sollte. Aber entgegen diesen pragmatischen Vorstellungen setzten sich die Bonner Ressorts - vom Justiz- über den Arbeits- bis zum Finanzminister - mit ihren Forderungen nach einer schlagartigen und ungeschmälerten Übertragung auch der komplexesten westdeutschen Regelungen im wesentlichen durch (Schäuble 1991, 152 ff.). Das hat sich dann erwartungsgemäß sehr bald als eine der gravierenden Belastungen des „Aufbaus Ost" erwiesen.

4.4. Die Finanzreform der Großen Koalition und die Politikverflechtung

Die Große Koalition hat in den Jahren 1966-1969 einen neuen Entwicklungsabschnitt des deutschen Föderalismus eingeleitet. In verkürzenden zeitgeschichtlichen Betrachtungen, die einseitig auf die Studentenbewegung am Ende der sechziger Jahre fixiert sind, wird gerne übersehen, daß die „zweite formative Phase in der bundesrepublikanischen Nachkriegsgeschichte", der „große Umbau der politischen und gesellschaftlichen Verhältnisse", schon in der ersten Hälfte des Jahrzehnts einsetzte (Rudolph 1989, 61). Dieser Umbau erfuhr zwar durch die „Achtundsechziger" einen Beschleunigungsschub und eine programmatische Zuspitzung, doch zuvor war noch offen, welche Richtung die Veränderungen nehmen sollten. Die Große Koalition stellte den ersten Höhepunkt dieser Transformationsphase dar und verdankte ihr Entstehen einem weit ausgreifenden Reformprojekt, das sie mit bemerkenswertem Erfolg vorantrieb. Zwar wurde ihr Reformansatz schon wenige Jahre später von dem programmatischen Pathos der „Politik der inneren Reformen" überlagert, mit dem die sozialliberale Koalition antrat und das die Öffentlichkeit in ganz anderer Weise mobilisierte und auch polarisierte. Dennoch sollte man die Bedeutung der Großen Koalition für die Entwicklung der Bundesrepublik nicht unterschätzen und ihr dauerhaftes institutionelles Erbe übersehen. Das gilt insbesondere für die Entwicklung des Bundesstaates.

Um den zeitgeschichtlichen Hintergrund dieses Reformprojekts zu verstehen, muß man etwas weiter ausholen. Die lange Wachstumsperiode nach dem zweiten Weltkrieg schien die gesellschaftlichen Konflikte des Industriezeitalters gedämpft zu haben, und daraus entsprang die Vorstellung vom „Ende der Ideologie" (Bell 1960), vom „Schwinden der Opposition" (Kirchheimer 1957), gar vom „Ende des Parteienstaates" (Krippendorff 1962) - um die Titel einiger Veröffentlichungen zu zitieren, die damals

4.4. Die Finanzreform der Großen Koalition und die Politikverflechtung 113

Aufsehen erregten. Gemeinsamer Nenner war die Behauptung, daß die politisch-ideologischen Gegensätze, die sich noch im ersten Nachkriegsjahrzehnt im Parteienwettbewerb manifestiert hatten, unter Bedingungen der zunehmenden Prosperität ihre Antriebskraft einbüßten. In diesem intellektuellen Klima gewann statt dessen die (gern als „technokratisch" bezeichnete) Vorstellung an Boden, das Gebot der Zeit sei eine intelligente Koordinierung der wichtigen politischen und gesellschaftlichen Akteure, um Störungen der wirtschaftlichen Wachstumsprozesse vorausschauend zu vermeiden und eine ausgeglichene gesellschaftliche Entwicklung zu sichern. Der Begriff der „Planung" erlebte in diesem Zusammenhang eine neue Konjunktur, und zwar jetzt nicht mehr im Sinne älterer sozialistischer Vorstellungen. Einerseits sollte er charakteristische Entwicklungstendenzen im modernen Kapitalismus beschreiben (Shonfield 1965), andererseits kreiste eine umfangreiche Literatur um den „Plan als ein Institut des Rechtsstaats und der Marktwirtschaft" (Kaiser 1966, als ein Beitrag aus einer sechsbändigen Reihe). In den Zusammenhang dieser Entwicklungen gehörten die keynesianischen „Globalsteuerung" der makroökonomischen Aggregate als neue Grundlinie der Wirtschaftspolitik, aber auch die Rezeption der Kybernetik und die Übertragung der in der Betriebswirtschaftslehre entwickelten Systemanalyse auf die politische Planung, um den Forderungen nach vorausschauender gesellschaftspolitischer Steuerung Genüge zu tun. Das Planungsdenken jener Zeit war keine spezifisch sozialdemokratische oder gar sozialistische Ideologie, sondern beherrschte die öffentliche Diskussion auch in der Mitte und auf der Rechten des politischen Spektrums, und die sozialliberale Koalition knüpfte später in vieler Hinsicht an die Planungsansätze an, die in der Großen Koalition mit Beteiligung der CDU/CSU entwickelt worden waren.

Planung wurde damals mit einer charakteristischen Akzentuierung versehen: Es ging, ähnlich wie einige Jahre zuvor bei der Einführung des „Planning-Programming-Budgeting-Systems" (PPBS) in den USA, das der Entwicklung in Deutschland und anderen westeuropäischen Ländern als Modell diente, um die Durchsetzung von „Systempolitik" anstelle der hergebrachten dezentral-pluralistischen „Prozeßpolitik" (Schick 1969). Letztere hatte ihre expliziteste theoretische Rechtfertigung in der „neopluralistischen" Schule der amerikanischen Politikwissenschaft gefunden: Der *process of government*, verstanden als Konkurrenz autonomer Interessengruppen (und institutioneller Akteure), sollte zu einem zufriedenstellenden Interessenausgleich durch *partisan mutual adjustment* (Charles Lindblom), durch wechselseitige Anpassung führen. Wie im Wettbewerbsmodell des klassischen ökonomischen Liberalismus sollte das Optimum dadurch zustande kommen, daß jeder Akteur seine Eigeninteressen verfolgt. Es liegt auf der Hand, daß ein System institutioneller Balancen zwischen Zentral- und Gliedstaaten und unter den Gliedstaaten selbst sowie weitgehende Autonomie dieser Einheiten besonders günstige Bedingungen für solche dezentrale Prozeßpolitik schaffen. Systempolitik war demgegenüber von der „holistischen", ganzheitsorientierten Vorstellung geleitet, daß es übergreifende Kollektivziele gäbe, die nicht einfach durch die Verfolgung autonomer Gruppenziele im Wege des Ausbalancierens verwirklicht werden können, sondern bewußte Koordinierung der Akteure und zugleich (nach der damals in der französischen *planification* gängigen Terminologie) die „Kohärenz" der einzelnen Maßnahmen voraussetzen - eine Vorstellung, die sowohl in der präventiven Krisenabwehr (etwa der keynesianisch inspirierten Konjunkturpolitik) als auch in der wachstumsorientierten Zukunftsplanung eine wichtige Rolle spielte. Koordinierung sollte hier einerseits im Verhältnis der großen autonomen Interessengruppen untereinander und mit dem Staat erfolgen (in Form einer „konzertierten Aktion"), andererseits auch zwischen den verschiedenen staatlichen Entscheidungsträgern und Gebietskörperschaften. Dahinter stand die Vorstellung, daß die Gesellschaft ein hochgradig interdependentes Gefüge aus Elementen darstellt, zwischen denen komplexe Abhängigkeitsbeziehungen und Wechselwirkungen bestehen - eben ein „System", das nur solange im Gleichgewicht bleibt, als die „Kohärenz" der politischen Interventionen sichergestellt bleibt.

Die Logik der Reform bestand also darin, die bestehenden systemischen Verflechtungen soweit als möglich durch bewußte Koordinierung zu steuern. Das mußte sowohl bei der Ressourcenaufbringung als auch bei der Aufgabenerfüllung geschehen. Auf der Ressourcenseite war die wichtigste Veränderung die Ausdehnung des Steuerverbunds zwischen Bund und Ländern, wie er seit der Finanzreform von 1955 schon bei der Einkommens- und Körperschaftssteuer bestand. Einerseits wurden die Gemeinden in den Steuerverbund einbezogen, andererseits wurden auch die (bislang dem Bund zustehende) Umsatz- (oder Mehrwert-) Steuer und die (von den Gemeinden erhobene) Gewerbesteuer zu Verbundsteuern. Damit war die Episode der von den Besatzungsmächten bestimmten Umformung des deutschen Föderalismusmodells beendet, denn man kam mit der jetzt gefundenen Regelung im wesentlichen zu der Verbundlösung zurück, die schon der Parlamentarische Rat angestrebt hatte, die dann aber wegen der alliierten Einwände nicht realisiert werden konnte. Ein wichtiger Beweggrund für die Rückkehr zum Modell des „großen Steuerverbundes" war der Umstand, daß das Aufkommen der verschiedenen Steuerarten in sehr unterschiedlicher Weise mit der Konjunkturentwicklung variierte. Die unterschiedliche Aufkommenselastizität der verschiedenen Steuerarten hätte es sehr viel schwieriger gemacht, die Gebietskörperschaften der verschiedenen Ebenen in eine koordinierte Finanzpolitik einzubinden, wie dies den Reformern - vor allem unter dem Einfluß keynesianischer Vorstellungen - vorschwebte. Die Aufteilung der Einkommens- und Körperschaftssteuer wurde weiterhin im Grundgesetz festgeschrieben, aber dabei wurde nun den Gemeinden ein Anteil von 14 Prozent (als Entschädigung für die Einbeziehung der Gewerbesteuer in den Verbund) zugesprochen. Die Aufteilung der Mehrwertsteuer zwischen Bund und Ländern sollte nach Bedarfsgesichtspunkten durch Bundesgesetz jährlich neu geregelt werden. Schon bisher entsprach es der Logik der Finanzverfassung, daß alle Gesetze, die Verbundsteuern betrafen, der Zustimmung des Bundesrates bedurften. Daraus hatte sich schon früher ein starker Verhandlungszwang ergeben, aber die Einbeziehung der Umsatzsteuer in den Verbund und die bedarfsbezogene Revisionsklausel bedeuteten nun eine weitere Intensivierung dieser föderalen Verhandlungszwänge. Das Prinzip der wechselseitigen Ressourcenabhängigkeit, wie wir es zuerst in der Bismarckzeit mit der Franckensteinschen Klausel beobachten konnten, war damit zur Perfektion fortentwickelt.

Auf der Aufgabenseite stellte das systemorientierte Planungsdenken der sechziger und frühen siebziger Jahre in der Bundesrepublik vor allem eine Antwort auf die

4.4. Die Finanzreform der Großen Koalition und die Politikverflechtung

Probleme dar, die sich aus dem Nachlassen des Wirtschaftswachstums, also dem Ende der Wiederaufbauphase und des „Wirtschaftswunders" seit den ausgehenden fünfziger Jahren ergeben hatten: Der kontinuierliche Rückgang der Wachstumsraten war offenbar nicht nur eine Normalisierungserscheinung nach der Befriedigung des Nachholbedarfs in den Anfangsjahren der Bundesrepublik, sondern deutete auch auf wachstumspolitische „Engpässe" hin (vgl. insbesondere Schröder 1971). Forderungen, die Wirtschafts- und die Finanzpolitik wirkungsvoller an der Überwindung solcher Engpässe und an der Vermeidung von Wachstumsdisparitäten und -schwankungen zu orientieren, fanden daher zunehmende Aufmerksamkeit und bestimmten die Vorschläge des „Gutachtens zur Finanzreform", das die 1964 von der Regierung Erhard gemeinsam mit den Länderministerpräsidenten eingesetzte Sachverständigenkommission unter dem früheren hessischen Finanzminister und späteren Bundesbankvizepräsidenten Troeger Anfang 1966 erstattete und das zur Grundlage der Bundesstaatsreform der Großen Koalition wurde (Kommission für die Finanzreform 1966). Deren dauerhaftes Ergebnis war ein komplexes institutionelles Gefüge, das dann in der politikwissenschaftlichen Forschung als „Politikverflechtung" (Scharpf u.a. 1976) bezeichnet wurde. In den Beratungen der Koalition wurde die Bundesstaatsreform zudem - vor allem unter dem Einfluß des sozialdemokratischen Wirtschaftsministers Karl Schiller - mit der Forderung nach einer korporatistischen „Konzertierung" des Staates mit den großen wirtschaftlich-sozialen Verbänden (oder, in einer vom Sachverständigenrat damals eingeführten Terminologie, den „autonomen Gruppen") verknüpft. In der Formulierung der Troeger-Kommission war das Problem dieses:

> „Die für die politische und wirtschaftliche Zukunft entscheidenden Aufgaben, namentlich die Sicherung der finanziellen Stabilität und des in sich ausgewogenen Wirtschaftswachstums, erfordern eine planmäßige und konstruktive Wirtschafts- und Finanzpolitik, die auf eine volle Ausnutzung des gegebenen Wachstumsspielraums hinwirken, aber auch seiner Überforderung begegnen soll und die außerdem langfristig Maßnahmen zur Raumordnung, zur Milderung der regionalen Strukturunterschiede und zur Sicherung der Einheitlichkeit der Lebensverhältnisse im Bundesgebiet umfaßt" (Gutachten, Tz. 11).

Es sollten also wirtschaftliche Struktur- und Infrastrukturpolitik wie auch Konjunkturpolitik unter dem „systemischen" Gesichtspunkt des ausgewogenen Wachstums rationeller und effizienter gestaltet und weiterhin im Hinblick darauf und zugleich auf den fühlbarer werdenden staatlichen Finanzbedarf auch die Finanzpolitik rationalisiert werden. Hierzu aber schienen der Kommission relativ weitgehende Eingriffe in das bundesstaatliche Gefüge mit dem Ziel einer stärkeren Zentralisierung sowie Koordinierung der Gebietskörperschaften erforderlich.

Am deutlichsten trat das „systempolitische" Ziel bei den Vorschlägen der Troeger-Kommission für eine „wirksame Fiskal- und Kreditpolitik" hervor, die dann im „Gesetz zur Förderung der Stabilität und des Wachstums der Wirtschaft" vom 8. Juni 1967 (kurz: „Stabilitätsgesetz") ihren Niederschlag fanden. Um eine auf Krisenvermeidung und auf „Verstetigung" des Wirtschaftswachstums gerichtete Konjunkturpolitik zu ermöglichen, wurde hier auf das keynesianische Konzept einer antizyklischen Globalsteuerung mit Hilfe des staatlich kontrollierten Anteils am Sozialprodukt zurückgegriffen, insbesondere mit den Mitteln der Fiskalpolitik (variable Steuerlast) und der

Kreditpolitik (Regulierung der öffentlichen Verschuldung). Der Bund kontrollierte aber, grob gesprochen, nur knapp die Hälfte dieser Finanzmasse, und eine wirksame antizyklische Gegensteuerung hätte daher die Haushalte der Länder und Gemeinden im selben Umfang und gleichgerichtet einbeziehen müssen, zumal diese den Löwenanteil der öffentlichen Investitionen tätigten. Die finanzpolitische Autonomie der Gebietskörperschaften war also ein Hindernis für systempolitisch-gesamtwirtschaftlich orientierte keynesianische Konjunkturpolitik.

Das Stabilitätsgesetz wollte sie nun in ein groß angelegtes Koordinierungsverfahren einbeziehen, das darüber hinaus auch die großen Verbände umfassen sollte und (in Anlehnung an den Terminus *„économie concertée"* aus dem Sprachgebrauch der französischen planification) als „Konzertierte Aktion" bezeichnet wurde: Im Falle der Gefährdung eines der Ziele der Globalsteuerung (des sogenannten „magische Vierecks" von Wachstum, Geldwertstabilität, Vollbeschäftigung und Außenwirtschaftsgleichgewicht) sollte die Bundesregierung „Orientierungsdaten für ein gleichzeitiges aufeinander abgestimmtes Verhalten (konzertierte Aktion) der Gebietskörperschaften, Gewerkschaften und Unternehmensverbände" zur Erreichung dieser Ziele zur Verfügung stellen (§ 3). Föderative Politikverflechtung und korporatistische Verbändezusammenarbeit sollten also komplementäre Instrumente der systemorientierten Steuerung werden. Institutionell differenzierte sich das aus in eine Gesprächsrunde der Verbände unter dem Vorsitz des Bundeswirtschaftsministers (der „Konzertierten Aktion" im engeren Sinne), und ein föderatives Verhandlungssystem, das wiederum aus einer Mehrzahl von Gremien bestand.

Dieses System zeichnete sich durch das Vordringen eines neuen Zentralisierungsmodus aus, mit einer Zunahme von Kompetenzverflechtungen, zugleich auch einer Ausdehnung des Mitspracherechts des Bundes in bislang von den Ländern wahrgenommenen Regelungsbereichen, verbunden mit einer Akzentuierung der Kopflastigkeit bundesstaatlicher Zusammenarbeit zugunsten der Exekutive. Damit wurde aber auch die dominante „bismarckische" Komponente des Bundesstaates zu Lasten der parlamentarisch-demokratischen Komponente verstärkt, und im Ergebnis verschärften sich die strukturellen Verwerfungen im politischen System. Zwar haben sich, wie wir sehen werden, nicht alle damals eingeführten Verflechtungsmechanismen auf die Dauer behauptet, und an dem zeitweise von einem breiten politischen Konsens vorangetriebenen Projekt eines „integrierten Planungsverbundes" wurden schließlich auch den politischen Akteuren die Aporien der systempolitischen Programmatik bewußt. Aber auch nachdem die in „Systempolitik" gesetzten Erwartungen der Ernüchterung Platz gemacht hatten, blieb der institutionelle Rahmen der föderativen Politikverflechtung ein im wesentlichen dauerhaftes Erbe der Großen Koalition.

Diese Entwicklung war besonders durch folgende Merkmale gekennzeichnet: Die herkömmliche Trennung von Kompetenzen und von finanzpolitischen Verantwortlichkeitsbereichen zwischen Bund und Ländern wurde aufgeweicht. Neben die Bereiche der Bundes- und Landeszuständigkeit trat der Bereich der „Gemeinschaftsaufgaben" im weiteren Sinne, und zu gleicher Zeit wurde der traditionelle Grundsatz der haushaltswirtschaftlichen Unabhängigkeit von Bund und Ländern (alte Fassung des Art. 109 GG) aufgegeben. Damit aber verlor zugleich die Selbstkoordinierung der

4.4. Die Finanzreform der Großen Koalition und die Politikverflechtung

Länder, die bis dahin das wichtigste unitarisierende Surrogat für eine Zentralisierung (als Übertragung von Kompetenzen auf den Bund) war, ihre bisherige Bedeutung. Nicht nur erhielt in einigen Ministerkonferenzen der Bund ein stärkeres Mitspracherecht (so hat die Innenministerkonferenz 1972 beschlossen, den Bundesminister des Innern gleichberechtigt in ihre Zusammenarbeit zu integrieren); vor allem wurde auch die horizontale Kooperation zunehmend zugunsten der Bund-Länder-Kooperation in neuen Koordinierungsgremien der Exekutiven zurückgedrängt. So verschob sich, um ein wichtiges Beispiel zu nennen, die Zuständigkeit für die Bildungspolitik von der Kultusministerkonferenz teilweise auf neue Gremien wie die Bund-Länder-Kommission für Bildungsplanung (seit 1976: „für Bildungsplanung und Forschungsförderung", abgekürzt BLK) und den Planungsausschuß für den Ausbau und Neubau von wissenschaftlichen Hochschulen (und daneben auf den Bund, der die Rahmenkompetenz für das Hochschulwesen erhielt). Auch das in der Selbstkoordinierung üblich gewesene Prinzip der einstimmigen Beschlußfassung wurde zurückgedrängt. Es gilt zwar noch für die Empfehlungen des Finanzplanungsrates, denn da diese rechtlich nicht bindend sind, kann Effektivität hier nur dadurch erreicht werden, daß man die vorherige Zustimmung aller Beteiligten im Aushandlungsprozeß zu erwirken sucht; und im Konjunkturrat für die öffentliche Hand wird sogar Einhelligkeit ohne formelle Abstimmung angestrebt. Doch in anderen neuen Kooperationsgremien wurden Mehrheitsentscheidungen möglich. Die Konsensschwelle wurde dabei vergleichsweise hoch angesetzt: In den Planungsausschüssen für die drei Gemeinschaftsaufgaben „Hochschulbau", „Regionale Wirtschaftsförderung" sowie „Verbesserung der Agrarstruktur und Küstenschutz" (Art. 91 a GG) hat der Bund ebenso viele Stimmen wie die Gesamtheit der Länder, und da für Beschlüsse eine Dreiviertelmehrheit erforderlich ist, kann der Bund niemals überstimmt werden und einzelne Länder (oder eine Gruppe von Ländern) nur dann, wenn der Bund und die Mehrheit der Länder sich geeinigt haben. Eine analoge Regelung wurde für die Bund-Länder-Kommission für Bildungsplanung getroffen, die durch ein Abkommen aufgrund von Art. 91 b GG eingesetzt worden war, mit der zusätzlichen Komplikation, daß über deren Empfehlungen in letzter Instanz die Länderregierungschefs (mit Dreiviertelmehrheit) zu beschließen hatten. Es gibt allerdings auch Gremien, die mit weniger hohen Abstimmungshürden arbeiten: So beschließt die 1967 durch Staatsvertrag eingesetzte Ministerkonferenz für Raumordnung nach ihrer Geschäftsordnung mit einfacher Mehrheit, was - da der Bund hier nur eine Stimme hat - auch die Möglichkeit eröffnet, daß eine Mehrheit der Länder den Bund überstimmt.

Diese Veränderungen zeigen insgesamt das Aufkommen eines neuen Zentralisierungsmodus an. Bis dahin waren die Selbstkoordinierung und die Zentralisierung zwei äquivalente Formen von Unitarisierung gewesen, letztere in Form der Konzentration staatlicher Aufgaben und Kompetenzen beim Bund (vgl. Hesse 1962). Nun bekam aber auch die Bund-Länder-Kooperation einen stark zentralisierenden Charakter, wie er der Selbstkoordinierung eben noch nicht eigen war. Im Unterschied zum klassischen Modus von Zentralisierung, der - dem Hierarchiemodell entsprechend - die Aufgaben und Kompetenzen von den Ländern auf den Bund verlagerte, wurden hier diese Aufgaben und Zuständigkeiten in enger Verflechtung beider Seiten im Wege der

Kooperation wahrgenommen. Die Konfliktregelung durch Aushandeln wurde damit noch weiter institutionalisiert. Sie mußte jedoch, damit der angestrebte zentralisierende Effekt nicht durch Vetorechte einzelner Länder zu sehr beeinträchtigt werden kann, mittels Zulassung von Mehrheitsentscheidungen flexibler gestaltet werden. Zu dem neuen Typus von Kooperationsgremien zählten neben den schon erwähnten Planungsausschüssen für die Gemeinschaftsaufgaben und der BLK vor allem der Konjunkturrat für die öffentliche Hand (nach § 18 des Stabilitäts- und Wachstumsgesetzes von 1967) und der Finanzplanungsrat (nach § 51 des Haushaltsgrundsätzegesetzes von 1969), die sich übrigens dadurch auszeichnen, daß ihnen auch je vier Vertreter der Gemeinden und Gemeindeverbände angehören. Die Beschlüsse der verschiedenen Gremien sind von unterschiedlicher Verbindlichkeit: Dem Finanzplanungsrat war die Aufgabe zugedacht, die mittelfristigen Finanzplanungen von Bund, Ländern und Gemeinden zu koordinieren und einheitliche volks- und finanzwirtschaftliche Annahmen für die Finanzplanung und Schwerpunkte für eine den gesamtwirtschaftlichen Erfordernissen entsprechende Erfüllung der öffentlichen Aufgaben zu ermitteln. Dabei wurde gleichermaßen für Bund und Länder die Aufstellung fünfjähriger (gleitender) Finanzpläne vorgeschrieben, für die eine einheitliche Systematik erarbeitet wurde, deren Koordinierung indes nicht erzwungen werden konnte. Vielmehr blieb der Rat darauf beschränkt, Empfehlungen an die Adresse der verschiedenen Gebietskörperschaften zu richten. Stärker wurde die Position des Konjunkturrates, der (in Weiterentwicklung der zuvor begonnenen Praxis von „Kapitalmarktgesprächen" der öffentlichen Hand) bei den konjunkturpolitischen Maßnahmen nach dem Stabilitätsgesetz und der Kreditpolitik der öffentlichen Hand zwar formell nur beratende Funktionen ausüben sollte, dessen Beratungsergebnisse zur Bildung von Konjunkturausgleichsrücklagen und zur Kreditplafondierung aber rechtliche Bindungswirkung in der Form von Rechtsverordnungen mit Zustimmung des Bundesrates erlangen können. Am intensivsten ist die direkte Bindungswirkung bei den Beschlüssen der Planungsausschüsse für die Gemeinschaftsaufgaben (nach Art. 91 a GG), die auf den genannten drei Gebieten die Dotationswirtschaft des Bundes legalisiert und stärker institutionalisiert haben: Der einmal beschlossene Rahmenplan verpflichtet die Exekutiven von Bund und Ländern, die vorgesehenen Mittel in die Etatentwürfe aufzunehmen (was die Parlamente theoretisch zwar nicht bindet, aber faktisch unter Zustimmungszwang setzt); den Ländern bleibt bloß die Freiheit, ein Vorhaben nicht anzumelden, also auch die Förderungsmittel des Bundes nicht in Anspruch zu nehmen.

Die finanzpolitische Autonomie der Länder wurde im Interesse einer keynesianischen, systempolitisch-gesamtwirtschaftlich orientierten Konjunkturpolitik durch die Ergänzung des Art. 109 GG so modifiziert: Bund und Länder haben „bei ihrer Haushaltswirtschaft den Erfordernissen des gesamtwirtschaftlichen Gleichgewichts Rechnung zu tragen" (Abs. 2), weshalb auch der Bundesgesetzgeber die Kreditaufnahme der öffentlichen Haushalte steuern und Bund und Länder zur Unterhaltung unverzinslicher Guthaben bei der Bundesbank als "Konjunkturausgleichsrücklagen" verpflichten kann. Da aber hier die Zustimmung des Bundesrates erforderlich ist und zudem durch das Stabilitäts- und Wachstumsgesetz der erwähnte Konjunkturrat als Beratungsgre-

4.4. Die Finanzreform der Großen Koalition und die Politikverflechtung 119

mium vorgeschaltet wird, wurde damit sichergestellt, daß derartige Regelungen im hergebrachten Wege des Aushandelns erarbeitet werden.

Eine ähnliche Konstellation ergab sich bei der mittelfristigen Finanzplanung. Solange Finanzpolitik sich darauf beschränkt, im fiskalischen Interesse die längerfristige Haushaltsgestaltung so festzulegen, wie es der erwartbaren Einnahmenentwicklung entspricht, konnte jede Ebene autonom planen. Wenn aber darüber hinaus mit Hilfe der öffentlichen Finanzen das Wirtschaftswachstum gesteuert werden sollte, so drängte sich die Notwendigkeit auf, alle Ebenen in eine konsistente Finanzplanung einzubeziehen. Die auf den ersten Blick rationellste Lösung, nämlich die Aufstellung eines verbindlichen Gesamtfinanzplanes durch die Bundesregierung, war aber mit der Bestandsgarantie für den Bundesstaat (Art. 79 Abs. 3 GG) nicht zu vereinbaren. Die Gutachterkommission für die Finanzreform ebenso wie eine Reihe namhafter Finanzwissenschaftler sahen daher die naheliegende Lösung ganz selbstverständlich in einer freiwilligen Abstimmung zwischen Bund und Ländern, einer „wechselseitigen *moral suasion*" (Fritz Neumark). Diese Vorstellung - die in der Einrichtung des Finanzplanungsrates ihren Niederschlag fand - implizierte nun, daß der Abstimmungsprozeß, wenn eine konsistente aufgabenorientierte Gesamtfinanzplanung möglich sein soll, auf einen Konsens über gemeinsame Zielvorstellungen und Prioritätenskalen gerichtet sein mußte. Sie implizierte also einen wechselseitigen Anpassungszwang, so daß der Spielraum für parteipolitische Alternativen und effektiven Wettbewerb in der Länderpolitik empfindlich eingeengt wurde. Eine solche Einengung hätte sich im übrigen bei einer funktionierenden Finanzplanung schon daraus ergeben, daß im Prozeß der Zielfindung der Bundesregierung zwangsläufig die führende Rolle zufällt. Nach dem Haushaltsgrundsätzegesetz sollten der Finanzplanung „einheitliche volks- und finanzwirtschaftliche Annahmen" zugrunde gelegt werden. Daß dabei in der Praxis die mehrjährigen Zielprojektionen als Ausgangsbasis dienten, welche die Bundesregierung ihrer Finanzplanung zugrunde legt, war naheliegend, denn das war das am ehesten praktikable Verfahren. Aber die Bundesregierung war in ihrem Verhältnis zu den Ländern kein interesseloses Neutrum. Und ihre Zielprojektionen konnten keine „objektiven" Grundlagen sein, die jedem möglichen Streit entzogen wären, sondern enthalten nicht unerheblichen Manipulationsspielraum; das zeigt sich ähnlich wie bei den Jahresprojektionen der Jahreswirtschaftsberichte an ihren systematischen Schätzfehlern (im Sinne eines gezielten Wunschdenkens). Man darf sich daher nicht wundern, daß in der Praxis die Erarbeitung einheitlicher Annahmen nur zeitweise gelungen ist, weil schon hier die Interessengegensätze zwischen Bund und Ländern (etwa hinsichtlich der Steueraufteilung) den Mechanismus blockierten.

Wie sehr der Konsensbedarf der föderativen Finanzplanung unterschätzt wurde, zeigte sich auch daran, daß der Finanzplanungsrat es nicht vermochte, entsprechend dem gesetzlichen Auftrag „Schwerpunkte für eine den gesamtwirtschaftlichen Erfordernissen entsprechende Erfüllung der öffentlichen Aufgaben" zu bilden. Statt solcher Prioritätenbestimmung begnügte er sich mit dem Versuch, den öffentlichen „Bedarf", insbesondere bei Leistungen der Daseinsvorsorge, durch Hochrechnungen zu ermitteln. Dabei lag die Rolle des „Agenda-Setzers" aber insofern weiterhin beim Bund, als dieser die Beratung durch die vorgelegten Materialien bestimmte, während Länder und

Gemeinden ohne wesentliche eigene Initiative lediglich reagierten, indem sie auf Abänderung von Projektionen und Daten in ihrem Sinne hinzuwirken suchten. Insofern ist der Finanzplanungsrat und ebenso der Konjunkturrat vor allem ein „interessenwahrendes Konsultativorgan" (Matzerath 1972, 265).

„Die Richtung dieser Koordination geht damit eindeutig von oben nach unten, nicht gleichzeitig auch von unten nach oben. Stil der Interessenauseinandersetzung ist eine weitgehend „unpolitische" sachbezogene und faktenorientierte Auseinandersetzung, was den Bundesministerien mit ihren zahlreichen spezialisierten Referaten erneut ein Übergewicht gegenüber den Partnern gibt... Die Empfehlungen [sind] im allgemeinen Ergebnis von Konsensbildungen auf relativ niedriger Ebene in Arbeitsgruppen..., die Entscheidungen ohne abgesicherte politische Legitimation vorstrukturieren. Daraus ergibt sich die Tendenz, Konsens nur im Rahmen weitgehender Interessenübereinstimmung anzustreben, inhaltliche Konflikte zu vermeiden oder auszuklammern und den kleinsten gemeinsamen Nenner zu suchen" (Matzerath 1972, 265 ff.).

Die „Gemeinschaftsaufgaben" zeigen eine vergleichbare Problematik an. Zwar ist zur Einfügung des Art. 91 a in das Grundgesetz des öfteren kritisch angemerkt worden, daß damit eigentlich bloß die längst etablierte Praxis der Mitfinanzierung von Länderaufgaben durch den Bund und der damit verbundenen, durch Dotationsauflagen ermöglichten Mitbestimmung des Bundes auf eine verfassungsrechtliche Grundlage gestellt worden sei (die ihr bis dahin oft bestritten worden war). Es darf aber nicht übersehen werden, daß hinter dem Konzept der „Gemeinschaftsaufgaben", wie es in den sechziger Jahren in der Diskussion von Wissenschaft und Verwaltungspraktikern entwickelt und dann von der Troeger-Kommission aufgenommen wurde, unter anderem auch Zielvorstellungen über notwendige neue Orientierungen der Wirtschaftspolitik im Bundesstaat standen. Den Anstoß zu solchen Reformvorstellungen lieferte einerseits die Beobachtung von eigentümlichen Engpässen der Infrastrukturausstattung in einigen Politikbereichen (zum Beispiel im Personennahverkehr in Ballungsgebieten, im Bildungswesen, in der Krankenhausversorgung), zum andern die „Förderungskonkurrenz" zwischen den Ländern, durch die Ressourcen fehlgeleitet werden konnten. Die hier anknüpfenden Überlegungen liefen ebenfalls darauf hinaus, daß föderative „Prozeßpolitik" durch an gesamtwirtschaftlichen Effektivitäts- und Rationalitätskriterien orientierte „Systempolitik" abgelöst werden sollte.

Die Finanzreform ist solchen Erwartungen schließlich nur beschränkt gerecht geworden. Die Absicht, mit Hilfe der finanziellen Beteiligung des Bundes an den Länderaufgaben eine stärkere Berücksichtigung überregionaler, auf das Gesamtsystem bezogener Ziele zu erreichen, hat in die neuen Konstruktionen in sehr unterschiedlichem Maße Eingang gefunden. Das Hochschulbauförderungsgesetz vom 1. September 1969 hebt in seinen „allgemeinen Grundsätzen für die Förderung" (§ 2) die erstrebte Orientierung besonders deutlich hervor, indem es als Ziel formuliert, daß „die wissenschaftlichen Hochschulen nach Fachrichtung, Größe und Standort ein zusammenhängendes System bilden, durch das ein ausreichendes und ausgeglichenes Angebot an Forschungs und Ausbildungsplätzen gewährleistet wird", und daß „eine möglichst günstige Ausnutzung der vorhandenen und neuen Einrichtungen unter Berücksichtigung der voraussehbaren Nachfrage nach Studienplätzen und des langfristig zu erwartenden Bedarfs gewährleistet ist." Im Fall der regionalen Wirtschaftsförderung und der

4.4. Die Finanzreform der Großen Koalition und die Politikverflechtung

Agrarstrukturverbesserung hat sich föderative Prozeß- und Verteilungspolitik gegen die „systempolitischen" Intentionen recht weitgehend behauptet, wenngleich „systempolitische" Intentionen auch dort den Übergang zu den neuen kooperativen Planungsgremien in starkem Maße bestimmt hatten. Man muß dabei im Auge behalten, daß in den Ursprüngen der regional- wie der agrarpolitischen Förderungsmaßnahmen in den fünfziger Jahren sozialpolitische Ziele und die Berücksichtigung spezifischer, insbesondere regionaler Klientelinteressen eine große Rolle spielten. Die Agrarförderung richtete sich unter diesem Aspekt vor allem auf den Abbau von „Einkommensdisparitäten" der Landwirtschaft, gemessen an den Einkommen in der Industrie, während die Regionalförderung insbesondere die Schaffung von Arbeitsplätzen im „Zonenrandgebiet" und in den „Notstandsgebieten" anstrebte. Der verteilungspolitische Charakter zeigte sich recht deutlich an der Verwendung von Länderquoten als Verteilungskriterien und an der breiten Streuung der Förderung („Gießkannensystem"): So wuchs in der Regionalpolitik der Flächenumfang der Förderungsgebiete schließlich auf über die Hälfte des Bundesgebiets an, und obwohl man relativ frühzeitig eine Konzentration auf „zentrale Orte" in den geförderten Regionen anstrebte, kam es auch hier zu einer inflationsartigen Vermehrung der „Bundesausbauorte". Die an dieser Entwicklung einsetzende Kritik wollte nun die Förderung der regionalen Wirtschaft und der Landwirtschaft an „gesamtwirtschaftlichen", insbesondere wachstumspolitischen Gesichtspunkten ausgerichtet sehen. Es komme darauf an, mit begrenzten finanziellen Mitteln einen möglichst hohen gesamtwirtschaftlichen Effekt zu erzielen und deshalb denjenigen Förderungsmaßnahmen den Vorrang zu geben, die den höchsten Beitrag zur Steigerung des Bruttosozialprodukts zu leisten versprachen. In dieser Perspektive ging es also weniger um das (sozialpolitische) Ziel gleichwertiger Lebensverhältnisse, sondern in erster Linie darum, unzureichend genutzte Produktionsfaktoren für das allgemeine Wirtschaftswachstum zu mobilisieren und ihre räumliche Verteilung im Hinblick auf dieses Ziel optimal zu steuern. Das mußte zu der Konsequenz führen, daß bestimmte Klientelgruppen der bisherigen Regionalförderung zurückgesetzt würden, beispielsweise solche aus der mittelständischen gewerblichen Wirtschaft und kleinere Gemeinden in Randlage. Es sollten, wie schon angedeutet, in den Fördergebieten stärkere räumliche Verdichtungstendenzen angestrebt werden, weil erst eine gewisse Agglomerationsgröße die ausreichende Ausnutzung der Infrastruktur und damit einen optimalen Beitrag zum Wachstum versprach; es lag in der Logik dieser Betrachtungsweise, auch die „passive Sanierung" von ländlichen Randgebieten (durch Abwanderung) ins Kalkül zu ziehen. Ferner wurde im Anschluß an neuere Entwicklungen in der ökonomischen Wettbewerbstheorie (Kantzenbach 1966) argumentiert, daß von einer stärkeren Konzentrationsorientierung eine - im Vergleich zu kleinbetrieblich-mittelständischen Strukturen - höhere Wettbewerbsintensität zu erwarten sei (Weller 1967). Auch der für die Raumordnung zunehmend propagierte schwerpunktmäßige Ausbau von großen „Entwicklungsachsen", die „Zentren" miteinander verbinden, paßte zu einem solchen, in seiner Orientierung an gesamtwirtschaftlichen Indikatoren deutlich systempolitisch orientierten Konzept. Da aber seine Realisierung bei der dezentralen und fragmentierten bundesstaatlichen Einflußverteilung auf erhebliche Schwierigkeiten stoßen mußte, schien eine Zentralisierung der Entscheidungsprozesse erforderlich.

In der Kritik, die in der Folgezeit an den „Gemeinschaftsaufgaben" geübt worden ist, hieß es des öfteren, man hätte lieber durch einen verbesserten Finanzausgleich die finanzielle Ausstattung der Länder stärken und halbwegs egalisieren sollen, so daß sie ihren Aufgaben ohne Bundeshilfe gewachsen wären. Oder: Eine Neugliederung mit dem Ziel, leistungsfähige, gleich starke Länder zu schaffen, könne (ganz oder teilweise) denselben Effekt erzielen. Das wäre richtig, wäre es nur darum gegangen, „Gefälle" abzubauen. Der Wettbewerb könnte dann die Anpassung fördern, orientiert am Vergleich mit den Nachbarn. Setzte man sich aber die Verstärkung des gesamtwirtschaftlichen Steuerungsinstrumentariums zum Ziel, so konnte es nicht genügen, die Länder zur angemessenen Erfüllung ihrer (getrennten) Aufgaben finanziell instand zu setzen. Vielmehr mußte die getrennte Aufgabenerfüllung überhaupt abgelöst werden durch eine (zumindest kooperative) Zentralisierung. Gerade in der Regionalförderung waren die Länder damals beispielsweise dem Vorwurf ausgesetzt, sie seien für Sonderinteressen mittelständischer Klientelen stärker aufgeschlossen, als sich mit den wachstumspolitischen Konzeptionen jener Zeit vertrug.

So machte denn die Finanzreformkommission unter dem Gesichtspunkt des gesamtwirtschaftlichen Wachstumsziels (Gutachten, Tz. 130 u. ö.) und des „rationellen Mitteleinsatzes" (Tz. 77) den Vorschlag, für eine Reihe von Gemeinschaftsaufgaben allgemeine Grundsätze durch Bundesgesetz sowie Pläne und Richtlinien für die Erfüllung dieser Aufgaben durch übereinstimmende Beschlüsse von Bundesregierung und Bundesrat aufzustellen. Die Durchführung sollte „unter einer eng gehaltenen Aufsicht des Bundes" als eigene Angelegenheit bei den Ländern bleiben. Gegen Einzelheiten dieser Vorschläge leisteten die Länder allerdings zähen Widerstand, und die Auseinandersetzungen brachten ein kompliziertes Ergebnis: einerseits die Planungsausschüsse aufgrund von Bundesgesetz (nach Art. 91 a GG) oder (im Fall der Bildungsplanung nach Art. 91b) von Bund-Länder-Abkommen, andererseits für die restlichen vom Bund mitfinanzierten Aufgaben die schlichte verfassungsrechtliche Legitimierung der Dotationswirtschaft (in Art. 104 a Abs. 4). Doch auch die Gremienlösung aufgrund der Art. 91 a und b versuchte der Bundesregierung dadurch eine Schlüsselposition einzuräumen, daß sie, wie schon weiter oben gesagt, nicht überstimmt werden kann.

Das Ergebnis entsprach einem „systempolitisch" orientierten Planungskonzept nur ansatzweise. Gerade bei den Gemeinschaftsaufgaben vermochte es sich gegen etablierte verteilungspolitische Strukturen, mit denen starke Klientelinteressen verbunden waren, nur beschränkt durchzusetzen. Die Einrichtung der Planungsausschüsse brachte insbesondere die Bundesregierung unter institutionellen Verhandlungs- und Kompromißzwang, der zuvor jedenfalls formell in dieser Weise nicht bestanden hätte. Aber auch die Finanzplanung konnte, trotz begrenzter Rationalitätsgewinne, die herkömmlichen Aushandlungsprozesse der Haushaltspolitik nicht grundlegend verändern und vermochte keine gesellschafts- und wachstumspolitische Steuerungsfunktion zu übernehmen. Und schließlich erwies sich das neue konjunkturpolitische Instrumentarium angesichts weltweiter Rezession und einer gravierenden Finanzkrise des Staates als nur begrenzt wirksam.

Der Versuch einer Anpassung des Bundesstaates vermochte also die Steuerungsfähigkeit des politischen Systems nicht nachhaltig zu verbessern. Die Segmentierung der

Entscheidungsstrukturen, die Fragmentierung der Perspektiven und die Begrenzungen des Zeithorizonts der politischen Akteure konnte er nicht entscheidend verändern, und Systempolitik „aus einem Guß" blieb eine unrealistische Zielvorstellung. Überlegungen, die sektoralen Fachplanungen und die finanzpolitische Ressourcenplanung in einem übergreifenden „integrierten Planungsverbund" von Bund und Ländern zusammenzuführen, wie sie die Bundestag-Enquêtekommission „Verfassungsreform" zu Beginn der siebziger Jahre diskutierte, wurden angesichts der im Lauf des Jahrzehnts anwachsenden Planungsskepsis schnell zu Makulatur. Um so mehr mußten die negativen Auswirkungen ins Gewicht fallen: Die Gewichtsverschiebungen zur Exekutive erfuhren durch diese Version des kooperativen Föderalismus eine weitere Verstärkung, denn die zentralisierenden Kompetenzverflechtungen schufen gewissermaßen einen „geschlossenen Kreislauf" im Exekutivbereich. Die Verwaltungsapparate müssen untereinander Festlegungen treffen und Engagements eingehen, die wegen der Vielzahl der Verhandlungspartner und der Komplexität und Schwerfälligkeit der Aushandlungsprozesse einer korrigierenden Kontrolle durch die Parlamente und erst recht einer demokratischen Legitimation praktisch weitgehend entzogen bleiben.

Den politischen Architekten der Bundesstaatsreform war von Anfang an bewußt, daß sie sich nur schwer würde realisieren lassen, solange auseinanderlaufende Interessen von Bund und Ländern zugleich durch die Parteienkonkurrenz aufgeladen würden. Unter den Motiven für die Bildung der Großen Koalition spielte dies keine geringe Rolle. Das bundespolitische Zusammengehen der beiden großen Parteien sollte also eine mögliche Störquelle neutralisieren, um den nötigen Reformkonsens zu sichern. Die große Koalition ließ sich allerdings vor einer Öffentlichkeit, die mittlerweile die parlamentarische Demokratie mit dem dualistischen Parteienwettbewerb zu identifizieren gewohnt war, nur als Übergangslösung rechtfertigen: Man versprach, nach getaner Arbeit zur Konkurrenzdemokratie zurückzukehren. Wie das aber mit dem dauerhaften Funktionieren der neuen Institutionen vereinbar sein könnte, blieb offen. Sie waren ganz auf eine verhandlungsdemokratische Entscheidungslogik hin konzipiert. Somit war das neue System der Politikverflechtung einer zweifachen Spannung ausgesetzt: Auf der einen Seite produzierten die bundesstaatlichen Verflechtungen neuen Koordinationsbedarf, während auf der anderen Seite der Parteienwettbewerb als „dysfunktionaler" Störfaktor wirkte.

4.5. Der Bundesstaat zwischen armen und reichen Ländern

Mit der Ölkrise von 1973 endete der „kurze Traum immerwährender Prosperität" (Lutz 1984), und damit ging allmählich eine Nachkriegsepoche zu Ende, in der kontinuierliche große Wachstumsraten die Regelung von Verteilungskonflikten erleichtert hatten. Zugleich erwiesen sich die Prämissen einer technokratischen „Systempolitik" immer deutlicher als unrealistisch, allen voran die Vorstellung, daß es gelingen könnte, übergreifende Kollektivziele durch eine langfristig orientierte Koordinierung autonomer Akteure zu verfolgen und damit Krisen vorausschauend zu begegnen. Insbesondere schwand der Glaube an die Wirksamkeit der keynesianischen Globalsteuerung. Damit gewannen konkurrierende Konzepte einer „angebotsorientierten" Politik an Boden, die auf die Freisetzung der Privatinitiative und der Marktkräfte setzten und die Staatsintervention zurückdrängen wollten und vor allem seit den Wahlerfolgen der „Neo-Konservativen" in Großbritannien und den Vereinigten Staaten auch in der westdeutschen Diskussion zunehmende Aufmerksamkeit fanden.

Für die bundesstaatlichen Beziehungen ergab sich aus der Krise der wachstumsorientierten „Systempolitik", daß Konfliktlinien der fünfziger Jahre wieder sehr viel stärker hervortraten, und zwar insbesondere das Gefälle zwischen finanzstarken und finanzschwachen Ländern. Diese Konfliktlinie hatte ihren Ursprung in der territorialen Neuordnung des besetzten Deutschland, bei der die Alliierten auf die strukturellen Voraussetzungen für die Lebensfähigkeit der Länder keine Rücksicht genommen hatte. In der Vergangenheit war das regionale Gefälle im wirtschaftlichen Entwicklungsniveau und den davon abhängigen gesellschaftlichen Lebensbedingungen zu einem guten Teil ein innerpreußisches Problem gewesen: Preußen war seit dem 19. Jahrhundert mit dem Gegensatz zwischen seinen industrialisierten Provinzen im Westen und Mitteldeutschland und seinen Agrarprovinzen im Osten und Norden konfrontiert, und die preußische Politik war seit langem darauf gerichtet, dem durch eine Politik des interregionalen Wohlstandsausgleichs zu begegnen (Abelshauser 1980). Die Auflösung Preußens hat dieses interregionale Wohlstandsgefälle nun „externalisiert", denn es wurde zu einem Problem des Ausgleichs zwischen Bundesländern und zu einem zentralen Problem des deutschen Föderalismus. Zwischen den Nachfolgeländern Preußens, die nach der deutschen Teilung zur „alten" Bundesrepublik gehörten, gab es erhebliche strukturell bedingte Unterschiede in der Wirtschaftskraft, so insbesondere zwischen den stark agrarischen Ländern Schleswig-Holstein und Niedersachsen einerseits, den industrialisierten Ländern Nordrhein-Westfalen und Hessen andererseits. Diese Unterschiede in der wirtschaftlichen Leistungsfähigkeit erschienen in der frühen Nachkriegszeit um so krasser, als es die Agrarländer waren, die zunächst den überwiegenden Teil des Flüchtlingszustroms aus den verlorenen ostdeutschen Gebieten zu verkraften hatten. Daß die „Einheitlichkeit der Lebensverhältnisse im Bundesgebiet" zu einer der Richtgrößen des Finanzausgleichs wurde (Art. 106 GG), war somit das Ergebnis von Problemwahrnehmungen, die sich nicht zuletzt aus der strukturellen Veränderung des föderalistischen Gefüges ergeben hatten.

Die Besatzungsmächte hätten zwar keine Einwände erhoben, wenn es später zu einer territorialen Neuordnung gekommen wäre, um die Disparitäten zwischen Bundesländern zu mildern. Es gab bei ihnen durchaus Überlegungen über eine zweckmäßigere Neugliederung, aber sie wollten das den Deutschen überlassen. So glückte die Neugliederung nur im Südwesten, wo die Grenzziehung zwischen der französischen und amerikanischen Besatzungszone den vergleichsweise strukturschwachen Süden der Länder Württemberg und Baden von den industriell stärker entwickelten nördlichen Landesteilen abgetrennt hatte. Daß sich insbesondere die Württemberger mit der Teilung nicht abfinden wollten, und andererseits die amerikanische Besatzungsmacht schon die von ihr kontrollierten Teile von Württemberg und Baden zu einem Land fusioniert hatten, ermöglichte schon 1952 den Zusammenschluß von Württemberg-Baden mit Südwürttemberg-Hohenzollern und Südbaden. (Daß Südbaden dabei majo-

4.5. Der Bundesstaat zwischen armen und reichen Ländern

risiert wurde, hat das Bundesverfassungsgericht später gerügt, aber bei dem Volksbegehren von 1956 ergab sich, daß die „Altbadener" inzwischen erfolgreich integriert worden waren.) Mit Baden-Württemberg war ein strukturell konsolidiertes, leistungsfähiges Land entstanden, aber im übrigen blieb es im Bundesgebiet beim Strukturproblem der unterschiedlichen Finanzkraft, und das erschien vor dem Hintergrund der früheren Erfahrungen mit einer zentralisierten Finanzpolitik als gravierendes Defizit des Föderalismus.

Dem Konzept des dualen Föderalismus, das die amerikanische Besatzungsmacht bei der Verfassunggebung vergeblich zur Geltung zu bringen suchte, hätte ein Ausgleich dieser Leistungsunterschiede durch den Bund (nach dem Vorbild der *grants-in-aid* im amerikanischen Föderalismus) entsprochen - wenn man es schon nicht einfach den Ländern überlassen wollte, jeweils eigenverantwortlich mit ihren Problemen fertig zu werden. Bundeszuweisungen galten indes vielen deutschen Föderalismusanhängern als ein Vehikel der Zentralisierung, und so war der horizontale Finanzausgleich die Alternative, die sich demgegenüber durchsetzte. Doch damit waren Verteilungskonflikte vorprogrammiert, die schon die fünfziger Jahre durchzogen. Und die Subventionen an einzelne Länder, mit denen der Bund dann doch - mehr oder weniger an der Verfassung vorbei - den strukturschwachen Ländern beizustehen begann, erlaubten ihm zugleich, diese mit dem „goldenen Zügel" zu lenken. Die Finanzreform der Großen Koalition wollte beide Entwicklungen korrigieren und mit einer multilateralen Lösung sowohl der strukturellen Disparitäten zwischen Bundesländern besser Herr werden als auch die einseitige Abhängigkeit der armen Länder vom Bund beenden.

Das Ende der intensiven Wachstumsphase ließ nun die strukturellen Gegensätze wieder hervortreten. Das System der Gemeinschaftsaufgaben hatte sich für den Bund als kostspielig erwiesen, ohne ihm doch jene Verbesserung der Steuerungsfähigkeit zu bringen, die er sich davon einmal erhofft hatte. Darum gab schon Helmut Schmidt zu Beginn seiner letzten Kanzlerschaft die Absicht bekannt, die finanzielle Beteiligung des Bundes um zwanzig Prozent zu reduzieren. Und nach dem Regierungswechsel von 1982 kündigte das konservativ-liberale Bündnis an, es werde eine stärkere Aufgabentrennung von Bund und Ländern in Angriff nehmen. Dem folgten allerdings nur bescheidene Schritte. Der Bund zog sich zwar aus einzelnen Gemeinschaftsaufgaben (wie der Wohnungsbauförderung, der Graduiertenförderung und dem Krankenhausbau) zurück und entledigte sich auch bei anderen, wie der Hochschulbauförderung, durch radikale Kürzungen seines Beitrags finanzieller Lasten. Doch man ging niemals ernsthaft daran, etwa das nunmehr institutionalisierte System der Politikverflechtung als solches zur Disposition zu stellen. Die Gemeinschaftsaufgabe „Verbesserung der regionalen Wirtschaftsstruktur" hat sich im Gegenteil gefestigt, und selbst bei der Hochschulbauförderung hat der Bund keineswegs das Steuerungsinstrument Gemeinschaftsaufgabe aus der Hand gegeben. Daher ist die Behauptung, es sei in der alten Bundesrepublik seit den achtziger Jahren zu einer neuen Dezentralisierung gekommen, keine ganz ausreichende Realitätsbeschreibung, wenn man darunter die Rückverlagerung von Kompetenzen versteht. An so verstandener Dezentralisierung müßten vielmehr in einem föderativen Verfassungsstaat beide Seiten mitwirken - sowohl der Bund als auch die Länder. Was wir tatsächlich beobachten, ist aber eher ein einseitiger

Dezentralisierungstrend: Die Länder suchen ihre verbliebenen Spielräume für eigenständige Politik wieder stärker auszunutzen und auch zu erweitern. Auf das Versagen der Globalsteuerung und der koordinierten Planung haben sie in der Tat mit einer neuen Regionalisierung der Strukturpolitik reagiert - übrigens ganz analog zur Entwicklung in anderen westeuropäischen Ländern (Hesse/Benz 1990, 168 ff.). Aber es waren vor allem reiche Bundesländer, die es sich jetzt leisten konnten, beispielsweise autonome Industrie- und Technologiepolitik zu betreiben. Der Bund ist bei dieser Dezentralisierung nicht aktiv mitgestaltend beteiligt. Er gibt keine Steuerungskompetenzen ab, sondern läßt sie bestenfalls ruhen. So bedeutete beispielsweise das Scheitern der Bildungsplanung keineswegs das Ende der Bund-Länder-Kommission: Auch nach dem Regierungswechsel von 1982 hielt die Bundesregierung (gegen die Forderungen der christlich-demokratischen Fraktionsvorsitzenden!) ausdrücklich an der BLK als der Grundlage für ein bildungspolitisches Mitspracherecht fest. Bei der deutschen Vereinigung hat der Bund dann ganz massiv steuernd eingegriffen und sich von keiner Dezentralisierungsrhetorik dabei zurückhalten lassen. Und in der Gemeinsamen Verfassungskommission von Bundesrat und Bundestag, die 1991 nach der deutschen Vereinigung eingesetzt worden war, um fällige Reformen des Grundgesetzes zu erarbeiten, haben sich Bundesregierung und CDU-Bundestagsfraktion den Dezentralisierungsforderungen der Länder hartnäckig und erfolgreich widersetzt (Benz 1995a, 154f.).

Die Bestrebungen der Länder, ihre Spielräume für eigenständige Politikentwicklung stärker zu nutzen, stießen zudem auf die Schranke der zunehmenden Ressourcenverknappung. Als Folge lang anhaltender Wirtschaftsschwäche und struktureller Krisen, aber auch angesichts des beginnenden Rückzugs des Bundes aus einzelnen Gemeinschaftsaufgaben, wurden die Unterschiede in der finanziellen Leistungsfähigkeit der Länder zwangsläufig wieder zum Problem, und der Finanzausgleich kam erneut auf die Tagesordnung. Der partielle Rückzug des Bundes aus den Gemeinschaftsaufgaben zeigte den Ländern an, daß sie mit der Ressourcenverknappung wieder autonom zurechtkommen mußten. Damit wurden alte Verteilungskonflikte erneut virulent. Zuvor hatte die Sektoralisierung der Gemeinschaftsaufgaben das Konfliktniveau zwischen Gebietskörperschaften gedämpft, denn an Stelle der Konkurrenz zwischen Ländern war tendenziell die Konkurrenz zwischen „vertikalen Fachbrüderschaften" in den Bund-Länder-Netzwerken getreten. Aber in dem Maße, in dem das Ende der Wachstumsphase und die wirtschaftlichen Rückschläge der siebziger Jahre auch den Bundeshaushalt in Mitleidenschaft zogen, schrumpfte der Spielraum für diese Form der Konfliktentlastung. Zugleich brachen neue Konflikte auf, beispielsweise durch die Strukturkrise alter Industrieregionen, die von schrumpfenden Branchen wie Kohle, Stahl und Schiffbau dominiert waren. Während es einem früher agrarisch strukturierten Land wie Bayern gelungen war, neue, zukunftsträchtige Industriezweige anzuziehen und damit allmählich den Aufstieg in die Gruppe der finanzstarken Länder zu schaffen, gerieten nun solche Bundesländer in Schwierigkeiten, die alte Industrieregionen (vor allem die Montan- und Werftenindustrie) repräsentierten: Nordrhein-Westfalen, das Saarland, und ganz besonders Bremen. „Reiche" Länder wie Hessen und Baden-Württemberg, die von der Krise weit weniger betroffen waren, begannen ihrerseits, ihre Zahlungsverpflichtungen im System des Finanzausgleichs in Frage zu stellen und eine finanzpolitische Entflechtung zu propagieren, die ihnen wieder mehr Spielraum für eine eigenständige Politik geben sollte.

Politisch bedeutete dies nicht nur, daß der Verteilungskonflikt zwischen „Arm" und „Reich" wieder auf die Tagesordnung kam. Hinzu kam, daß sich dieser Gegensatz jetzt nicht mehr einfach mit dem zwischen vorwiegend agrarisch und vorwiegend industriell strukturierten Ländern deckte. Damit aber zerbröckelte auch der Konsens über die eingeführten verteilungspolitischen Formeln, die an den alten Disparitäten orientiert waren: Die finanzpolitischen Notlagen der Montanregionen ließen sich nicht mit den Kriterien erfassen, die den Ausgleichsbedarf zurückgebliebener ländlicher Räume maßen. Und die alten Nutznießer der Umverteilung verteidigten das, was mittlerweile für sie zum Besitzstand geworden war (zum Beispiel Ergänzungszuweisungen des Bundes) gegen die Ansprüche der „neuen Armen". Daß ein Löwenanteil der öffentlichen Investitionen des Bundes - für Forschung, Verteidigung, Bahn und Post - in Baden-Württemberg, Bayern und Hessen ausgegeben wurde, war in all dem noch gar nicht berücksichtigt. Spektakuläre Auseinandersetzungen über den Finanzausgleich vor dem Bundesverfassungsgericht waren ein bezeichnendes Indiz für das gestiegene Konfliktniveau.

4.6. Die deutsche Vereinigung als Herausforderung an den Föderalismus

Das Problem der unterschiedlichen Leistungsfähigkeit und Finanzausstattung der Länder spitzte sich dann dramatisch zu, als der jähe Zusammenbruch des SED-Regimes den Beitritt der DDR zur Bundesrepublik nach sich zog. Zu den institutionellen Grundentscheidungen der DDR in der Demokratisierungsphase hatte die Wiederherstellung der fünf Länder gehört, die 1952 im Zuge der zentralistischen Reorganisation aufgehoben worden waren. Dies war eine Rückkehr zur deutschen Föderalismustradition, die man von dem Transfer westlicher Institutionen unterscheiden muß, wie er mit dem Vertrag über die Wirtschafts- Währungs- und Sozialunion vom 18. Mai 1990 eingeleitet wurde. Die Restauration der Länder war vor allem einer von starken Stimmungen getragenen Dezentralisierungsbewegung zuzuschreiben, die verschüttet geglaubte territoriale Identitäten wieder zum Leben erweckte - in einer Gegenreaktion auf das, was als jahrzehntelange Bevormundung durch die Zentralregierung in Ost-Berlin erschien.

In der politischen Klasse Westdeutschlands hat dieser Vorgang gemischte Gefühle geweckt. Gewiß hatte die alte Bundesrepublik ein starkes Interesse daran, daß der institutionelle Mantel des zweiten deutschen Staates damit unterging - getreu der pointierten Forderung nach „unconditional surrender", die damals vom baden-württembergischen Ministerpräsidenten vorgetragen wurde. Das hatte nicht nur den Vorteil, daß man sich damit des durch die SED geprägten politisch-administrativen Führungspersonals durch pauschale „Abwicklung" der gesamten Institutionen leicht entledigen konnte. Zudem stellte die Überzeugung, daß weder die komplex austarierten gesellschaftlichen Verteilungspositionen noch die in vier Jahrzehnten ausgebildete politische Kultur des westlichen Teilstaates durch die Vereinigung in Frage gestellt werden dürften, den - teils ausgesprochenen, teils stillschweigenden - gemeinsamen Nenner der westdeutschen Vereinigungspolitik dar. Diese konvergierenden Interessen hätten gefährdet werden können, wäre etwa die DDR als solche der Bundesrepublik unter Berufung auf den Art. 23 GG (in der damals geltenden Fassung) beigetreten. Denn als zwölftes Bundesland hätte sie von der Einwohnerzahl her ein Gegengewicht zu dem etwa ebenso bevölkerungsreichen Nordrhein-Westfalen dargestellt, und sie hätte sich womöglich mit der Suche nach einer zwar erneuerten, aber jedenfalls eigenen politisch-historischen Identität als ein ziemlich sperriger Partner erweisen und die alte Bundesrepublik zu schwierigen und konfliktreichen Anpassungsprozessen zwingen können. Die Föderalisierung der DDR mochte es hingegen erleichtern, den Vereinigungsprozeß vom Westen aus nach Belieben zu steuern.

Politische Voraussetzung dafür war allerdings, daß diese Föderalisierung in ihren Grundzügen der Vereinigung vorausging, und damit war der konkrete territoriale Länderzuschnitt dem steuernden Eingriff des Westens entzogen. Hier sah man mit gemischten Gefühlen, daß die autonome Dezentralisierungsbewegung sich an den Ländergrenzen der frühen Nachkriegszeit orientierte, die zwar von der sowjetischen Besatzungsmacht oktroyiert waren, aber an alte territoriale Strukturen angeknüpft hatten. (Die von der westdeutschen Politik eingeführte Bezeichnung „neue Länder" mit ihrem eigentümlich herablassendem Beiklang übersieht, daß Mecklenburg und Sachsen nächst Bayern zu den ältesten deutschen Territorien überhaupt gehören, und daß Brandenburg und Sachsen-Anhalt ebenso wie die Länder im Norden der „alten" Bundesrepublik im wesentlichen aus preußischen Provinzen hervorgegangen sind, die zum Teil eine ausgeprägte eigene historische Identität hatten.) Natürlich waren die politisch-administrativen Traditionen der früheren Länder, wie sie in der Vergangenheit so erheblich zur Kontinuität des deutschen Föderalismus beigetragen hatten, seit 1952 abgerissen. Wie es dennoch zur Neubelebung eines Länderbewußtseins kam, ist eine Frage, die noch fundierter historischer Erforschung bedarf. 1989 wurden in einer von der Regierung Modrow eingesetzten „Kommission für die Vorbereitung und Durchführung von Verwaltungsreformen" auch Pläne für einen anderen Länderzuschnitt erwogen, aber das ergab keine konsensfähigen Alternativen. Offenbar verdankte sich die Reföderalisierung einer breiten, nicht gesteuerten Bewegung in der sich ausbildenden öffentlichen Meinung, und man kann sich schwer vorstellen, wo anders eine solche Bewegung von unten her konkret hätte ansetzen können als bei den in der historischen Erinnerung noch präsenten Ländern.

Westdeutschen Verwaltungsexperten wäre es freilich sehr viel lieber gewesen, man hätte nur zwei, bestenfalls drei neue Länder auf dem Reißbrett entstehen lassen. Die Diskussion über das Programm einer Länderneugliederung, die in der alten Bundesrepublik seit den fünfziger Jahren immer wieder aufflammte, war ja bis dahin von der Überzeugung beherrscht, der Bundesstaat werde mit einer deutlich kleineren Anzahl von größeren Ländern besser funktionieren (Schiffers 1996). Nun zeichnete sich aber eine gegenteilige Entwicklung ab, weil die rekonstruierten Länder ihrer Größe nach überwiegend den kleineren westdeutschen Ländern entsprachen. Der westdeutsche Verhandlungsführer beim Einigungsvertrag war aber nicht in der Lage des siegreichen

4.6. Die deutsche Vereinigung als Herausforderung an den Föderalismus

Napoleon, der beim Zusammenbruch des Alten Reiches viele der territorialen Grenzen Deutschlands beliebig neu schneiden konnte. Die DDR-Regierung von Ministerpräsident de Maizière lehnte es kategorisch ab, die historischen Ländergrenzen wieder in Frage zu stellen - wie hätte sie auch bei all den tiefgreifenden Veränderungen ihres Landes auch noch den Konsens über eine allenfalls sozialtechnisch zu begründende Neugliederung herstellen können?

Diese Reföderalisierung warf nun in der Folge eigentümliche Verteilungsprobleme auf. War die alte Bundesrepublik dem Ziel der „Einheitlichkeit der Lebensverhältnisse im Bundesgebiet" bemerkenswert nahe gekommen, so gab es nun ein krasses Strukturgefälle zwischen West und Ost, und dazu kamen als Ergebnis der Reföderalisierung stark ansteigende politisch-administrative Transaktionskosten. Für jeden Beobachter, der sich ein klares Urteil bewahrt hatte, mußte von Anfang an klar sein, daß die unerwartete staatliche Vereinigung auf Dauer nur mit einem massiven Ressourcentransfer zu bewerkstelligen war, der nicht ohne fühlbare Wohlstandseinbußen in der alten Bundesrepublik abgehen konnte. Nach einem Szenario, das die Kommission der Europäischen Gemeinschaft im Februar 1990 erörterte, hätten die Westdeutschen zunächst einen Einkommensverlust von zehn Prozent in Kauf nehmen müssen, wenn man die ostdeutschen Einkommen auf zwei Drittel des Westniveaus anheben wolle, um die Abwanderungstendenzen zu stoppen (Czada 1995b, 77 f.). Die Vereinigungspolitik aber, wie sie Bundeskanzler Helmut Kohl Ende 1989 initiierte, wurde von den Selektionskriterien des Parteienwettbewerbs beherrscht, der schon auf die im Herbst 1990 fälligen Bundestagswahlen hin orientiert war (Lehmbruch 1990). Und wer mit der Wiedervereinigung die Wahlen gewinnen wollte, konnte einen herkömmlichen Wahlkampf nicht mit der Ankündigung führen, die Bevölkerung werde für die Wiederherstellung der staatlichen Einheit Opfer bringen müssen. Vielmehr mußte die Erwartung geweckt werden, die Vereinigung werde erworbenen Wohlstand nicht in Gefahr bringen (eine Erwartung, die von der Bundesregierung mit dem anfänglichen Versprechen gestützt wurde, die Vereinigung ohne Steuererhöhung bewältigen zu wollen).

Die erforderliche Ressourcenumverteilung war aber nicht nur mit der Logik des Parteienwettbewerbs kaum in Einklang zu bringen. Es war auch schwer zu erkennen, wie sie mit den etablierten Verteilungs- und Aushandlungsregeln des bundesdeutschen Finanzföderalismus bewerkstelligt werden könnte. Infolgedessen gestaltete sich die Einfügung des bisherigen zweiten deutschen Staates in den bundesstaatlichen Rahmen als ein äußerst konfliktreicher Prozeß. Aus der Vereinigung ergab sich nämlich eine neue, zusätzliche Konfliktlinie im bundesstaatlichen System: Neben die Gruppen der *reichen* Westländer und der *armen* Westländer trat nun die der noch ärmeren *Ost*länder. Das war eine deutlich komplexere Interessenkonstellation, die vor allem für das geltende Finanzausgleichssystem eine außerordentliche Herausforderung darstellte. Während der einzelne Bürger glauben mochte, es werde keine Ressourcenumverteilung zu seinen Lasten geben, war den westdeutschen Ländern diese Gefahr wohl bewußt, und so waren sie es, von denen in dieser frühen Phase die stärksten Widerstände ausgingen. Das war auch in Einklang mit der hergebrachten Aushandlungslogik des Finanzausgleichs, die von den Gesichtspunkten der Besitzstandswahrung und Kompensation geleitet wird. Der Schock der unerwarteten Vereinigung schien somit die Anpassungsflexibilität der föderativen Finanzverfassung zu überfordern. Wären die geltenden Ausgleichsregeln unverändert auf die Gesamtheit der 16 Bundesländer nach der Vereinigung angewendet worden, dann wären alle westlichen Länder (mit Ausnahme Bremens) ausgleichspflichtig geworden und hätten in den Finanzausgleich einzahlen müssen. Das hätte vor allem die „armen" Westländer in erhebliche Schwierigkeiten gebracht. In ihrem Windschatten konnten aber auch die „reichen" Westländer Eingriffe in ihren Besitzstand zunächst erfolgreich abwehren. Die labile finanzpolitische Gleichgewichtslage der Länderinteressen war ja das Ergebnis immer wieder neuer mühsamer und konflikthafter Aushandlungsprozesse und ließ sich realistischerweise nicht von heute auf morgen auf einer grundlegend veränderten Basis wieder herstellen. Ob sich das sehr viel anders dargestellt hätte, wenn die DDR insgesamt als Bundesland der Bundesrepublik beigetreten wäre, muß man bezweifeln. Die in der Neugliederungsdiskussion beliebte Gleichsetzung von Ländergröße und Leistungsfähigkeit wäre auch dann nicht aufgegangen. Man wird nicht ernsthaft bestreiten können, daß es auch bei dieser Lösung einen außerordentlichen Finanzbedarf Ostdeutschlands gegeben hätte, der sich im Rahmen des geltenden Systems nur schwer hätte befriedigen lassen.

Die Bewältigung des horizontalen Umverteilungskonfliktes wurde aber zusätzlich dadurch kompliziert, daß der Bund die Finanzierung der Einheit mit vertikalen Umverteilungsforderungen an die Länder verknüpfte, wie sie zu seinem hergebrachten Verhandlungsrepertoire gehörten. Die Länder sahen sich zunächst mit der Forderung des Bundes nach massiven Veränderungen der Umsatzsteueraufteilung konfrontiert, und dann mit der Erwartung, daß sie zusätzlich einen erheblichen Teil der Finanzhilfen für die DDR übernehmen sollten (Renzsch 1994, 119). Diese Forderungen waren für die Länder aber kaum kalkulierbar. Insgesamt mußte die Politik der Bundesregierung bei den Ländern den Argwohn wecken, daß der Bund sich anschicke, die Gunst der Stunde zu einem neuen Zentralisierungsschub zu nutzen. Die Länder fühlten sich ihrerseits von der Gestaltung der Vereinigungspolitik weitgehend ausgeschlossen, und verteidigten um so entschiedener ihre föderalen Verteilungspositionen.

Ein - vorläufiger - Ausweg aus der Krise fand sich, als auf bayerischen Vorschlag ein kreditfinanzierter „Fonds Deutsche Einheit" geschaffen wurde, aus dem die erforderlichen Transfers in den Osten gespeist werden sollten. Die westdeutsche Politik wählte somit, da sie den Steuerzahler nicht direkt mit den Kosten der Vereinigung zu belasten wagte, den Weg der Verschuldung außerhalb des Haushalts, womit das Problem in die Zukunft verlegt und der finanzpolitische Verteilungskonflikt vertagt wurde. Bund und Länder teilten sich die Kosten für den Schuldendienst je zur Hälfte, und die Länder erwarteten, ihren Beitrag darauf begrenzen zu können. Es sollte sich aber bald herausstellen, daß sowohl das Volumen als auch die Laufzeit ganz unrealistisch niedrig angesetzt waren. Eine weitere dilatorische Lösung brachte dann der Einigungsvertrag vom 31. August 1990, indem er die Anwendung der Regeln des Finanzausgleichsgesetzes auf die sogenannten „neuen" Bundesländer bis zum 1. Januar 1995 aufschob. Wissenschaftliche und publizistische Beobachter kamen damals gleichermaßen zu dem Schluß, daß eine Bewältigung der Probleme im Rahmen des geltenden Finanzausgleichssystems nicht abzusehen sei und damit gerechnet werden müsse, daß die dann unvermeidliche finanzielle Abhängigkeit der ostdeutschen Länder vom Bund schwerwiegende zentralisierend wirkende Konsequenzen haben werde.

In der Tat entfaltete der Vereinigungsprozeß eine ausgeprägt zentralistische Logik. Verhandlungspartner waren die beiden Zentralregierungen, aber während die westdeutschen Länder in die begleitenden Konsultationsprozesse mit der Bundesregierung ein gewisses Vetopotential einbringen konnten, entstand auf der ostdeutschen Seite mit der Auflösung der DDR-Institutionen eine „Vertretungslücke". Die Grundsatzentscheidung zur Restauration der alten Länder schuf ja noch keine handlungsfähigen organisatorischen und politischen Einheiten; dies erforderte vielmehr einen längeren Prozeß der Institutionenbildung. Und auch nach ihrer Konstituierung waren die wiederhergestellten ostdeutscher Länder schon deshalb kaum handlungsfähig, weil sie nicht über die erforderlichen finanziellen Ressourcen verfügten. Aus dieser Konstellation ergab sich insbesondere beim Umbau der DDR-Wirtschaft ein Vorrang der zentralen Steuerung. Die Verfügungsgewalt über die Treuhandanstalt (THA), die noch von der Regierung Modrow zur Verwaltung und Umwandlung der staatseigenen Wirtschaft gegründet worden war, ging ausschließlich auf den Bund über: Sie überlebte damit als der wichtigste Überrest des institutionellen Mantels des ehemals zweiten deutschen Staates (neben der „Gauck-Behörde", die in der Interimsphase der DDR zur Auswertung der Unterlagen des Staatssicherheitsdienstes gegründet worden war). Und obwohl die THA mit einer ausgeprägten operativen Autonomie ausgestattet wurde, war doch das Programm dafür von Bonn geschrieben. Die Berücksichtigung strukturpolitischer Gesichtspunkte war in diesem Programm nicht vorgesehen, und die Anstalt wurde nicht müde, auf diese Schranken ihrer Mission hinzuweisen. Es war darum nicht verwunderlich, daß in dem Maße, in dem die gravierenden struktur- und arbeitsmarktpolitischen Konsequenzen der Privatisierungspolitik zu Tage traten, auch die Opposition dagegen zunahm. Doch die Treuhand verstand es ungemein geschickt, alle potentiellen Kritiker von den großen Verbänden bis zu den Ländern in Konsultationsprozesse einzubinden und trotzdem ihre eigene Entscheidungsfreiheit weitgehend zu bewahren (Czada 1993; Seibel 1994).

Dabei kam ihr der Umstand zustatten, daß die ostdeutschen Länder wegen ihrer Ressourcenschwäche ganz erheblich auf das Einvernehmen mit der Bundesregierung angewiesen waren. Ihr eigener struktur- und regionalpolitischer Handlungsspielraum war angesichts der ihnen durch die Treuhandkonstruktion gezogenen Schranken in einem Maße entleert, das mit der verfassungsrechtlichen Kompetenzverteilung schwer auf einen Nenner zu bringen war, mit dem sie sich aber abfinden mußten. Ihre autonome Strukturpolitik blieb damit im wesentlichen reaktiv, und allenfalls bei einigen regional besonders bedeutsamen Großunternehmen - wie der Werft- und Stahlindustrie - konnten sie von Fall zu Fall eine Kurskorrektur erreichen.

Den westdeutschen Ländern konnte natürlich nicht entgehen, daß dieser Terraingewinn des Bundes die Gewichte zu Lasten der Länderseite insgesamt zu verschieben und auf die Stellung der Länder in der alten Bundesrepublik zurückzuwirken drohte. Das System der Länderpatenschaften, das die Konferenz der Länderinnenminister vom 19. Juni 1990 auch formell beschloß und bei dem jeweils eines oder mehrere westdeutsche Länder einem der ostdeutschen Länder beim Wiederaufbau einer administrativen Infrastruktur vor allem personelle Hilfestellung mit „Leihbeamten" leisteten, lag deshalb auch im wohlverstandenen Interesse der Ländergesamtheit. (Nordrhein-Westfalen übernahm dabei die Patenschaft für Brandenburg, Schleswig-Holstein für Mecklenburg-Vorpommern, Niedersachsen für Sachsen-Anhalt, Hessen für Thüringen, Bayern und Baden-Württemberg für Sachsen.) Während die *politische* Rekonstitution der Länder dem Institutionentransfer voranging, war ihre *administrative* Rekonstitution in· erheblichem Maße der durch die Personaltransfers vermittelten Rezeption westdeutscher Verwaltungspraxis zu verdanken.

Die Sorge vor einer Machtverschiebung zugunsten des Bundes trug schließlich auch zu dem Konsens der Länder bei, der 1993 mancher Skepsis zum Trotz im Rahmen der sogenannten „Solidarpakt"-Verhandlungen eine Neuregelung des Finanzausgleichs möglich machte. In den Anfängen der neunziger Jahre wurde in der Politikwissenschaft nicht selten die Befürchtung laut, die unvermeidliche Abhängigkeit der ostdeutschen Länder von finanziellen Unterstützungsleistungen des Bundes (also der „goldene Zügel") werde einen weiteren Zentralisierungsschub auslösen (Scharpf 1990). Konkret wurde insbesondere erwartet, daß der Bund sich dabei auf eine Koalition aus „reichen" westdeutschen und „armen" ostdeutschen Länder gegen die Mittelgruppe der - meist sozialdemokratisch regierten - finanzschwachen westdeutschen Länder stützen werde. In der Tat gelang es dem Bund noch 1992 bei der Aufstockung des „Fonds Deutsche Einheit", die Länder in der befürchteten Weise gegen einander auszuspielen (darauf wird zurückzukommen sein). Aber dieser Gefahr waren sich natürlich auch die Länderregierungen bewußt. Schon 1991 hatte die Konferenz der Länderfinanzminister eine Arbeitsgruppe „Finanzreform 1995" eingesetzt, um die Länderinteressen bei der Neuordnung des Finanzausgleichs zu koordinieren. Entgegen skeptischen Vorhersagen waren diese Koordinierungsbemühungen schließlich so erfolgreich, daß sich 1993 eine Länderkoalition gegen den Bund formieren und - auch dank gravierender Verhandlungsfehler des Bundesfinanzministeriums - in erstaunlichem Maße durchsetzen konnte. Für die Aufnahme der ostdeutschen Länder in den horizontalen Finanzausgleich ließen sich die westlichen Ländern mit einer erheblichen Vergrößerung des den Ländern zukommenden Umsatzsteueranteils entschädigen. Und den sogenannten „neuen" Ländern wurden statt zweckgebundener Sonderleistungen, die - im Sinne der Zentralisierungsprognose - als „goldener Zügel" hätten dienen können (und die der Bund in der Tat vorgezogen hätte), deutlich erhöhte Bundesergänzungszuweisungen zugestanden (Renzsch 1994; Altemeier 1998).

Die Solidarpakteinigung hat gezeigt, daß politikwissenschaftliche Prognosen des Vereinigungsprozesses, die auf extrapolierenden Schlüssen aus den Erfahrungen der alten Bundesrepublik beruhten, die Lernfähigkeit kollektiver Akteure unter den Ausnahmebedingungen der deutschen Vereinigung mitunter nicht richtig einschätzten. Die Auffassung war weitverbreitet, beim Transfer der Institutionen der alten Bundesrepublik werde sich der Finanzausgleich als das am schwersten zu bewältigende Element erweisen. Daß das Resultat sich wiederum in einer „nur" inkrementalen Veränderung des bestehenden Finanzausgleichs erschöpfte, mochte finanzwissenschaftliche Wunschvorstellungen enttäuschen. Und es dauerte auch nur ein halbes Jahrzehnt, bis

4.6. Die deutsche Vereinigung als Herausforderung an den Föderalismus 133

die beiden süddeutschen Länder - Baden-Württemberg und Bayern - erneut eine grundlegende Änderung des horizontalen Finanzausgleichs forderten, weil sie sich als ausgleichspflichtige Länder über die Maßen belastet fühlten.. Aber realistischerweise darf einerseits die Komplexität der Interessenlagen radikalere Veränderungen nicht erwarten lassen (Renzsch 1995). Und andererseits wird der Finanzausgleich immer nur instabile Lösungen hervorbringen, weil sich die Problemlagen und Verteilungswirkungen im Zeitablauf immer wieder ändern. Auch ein „Maßstäbegesetz", das nach der Forderung des Bundesverfassungsgerichts in seinem Finanzausgleichsurteil vom 11. November 1999 „das verfassungsrechtlich nur in unbestimmten Begriffen festgelegte Steuerverteilungs- und Ausgleichssystem entsprechend den vorgefundenen finanzwirtschaftlichen Verhältnissen und finanzwirtschaftlichen Erkenntnissen durch anwendbare, allgemeine, (den Gesetzgeber) selbst bindende Maßstäbe gesetzlich ... konkretisieren und ... ergänzen" soll, „bevor deren spätere Wirkungen konkret bekannt werden", wird diese systembedingte Instabilität und die fortdauernden Kompromißzwänge nicht entscheidend zurückdämmen können.

5. Im Spannungsfeld von Parteienwettbewerb und Föderalismus

5.1. Adenauer und die Entdeckung der Interdependenz der Arenen

Die strukturelle Gegenläufigkeit von Parteienwettbewerb und Föderalismus trat in den ersten zwei Jahrzehnten der Bundesrepublik noch nicht deutlich zutage. Doch waren Tendenzen einer parteipolitischen Polarisierung auch im bundesstaatlichen Verhältnis schon frühzeitig zu beobachten. Die Befürworter der Bundesratskonstruktion, die darin ein Widerlager zur Parteipolitik sehen wollten, hatten die Interdependenz von Bundesratskompetenzen und Parteienwettbewerb nicht einkalkuliert und daher die letztlich zentralisierenden Konsequenzen dieser Wechselbeziehung nicht vorhergesehen. Wie wir gesehen haben, war der Bundesrat im Vergleich zum Weimarer Reichsrat insgesamt gestärkt worden, und seine Zuständigkeiten wuchsen infolge der extensiven Auslegung des Zustimmungserfordernisses nach Art. 84 Abs. 1 GG noch an. Darüber hinaus stellte er wegen des Fehlens einer Hegemonialmacht und der relativen Gleichgewichtigkeit der Länder ein potentielles Gegengewicht zur Bundesregierung dar. Das warf das Problem der politischen Homogenität von Bund und Ländern in viel schärferer Weise auf, als es je in der Vergangenheit der Fall gewesen war. Ihre Machtkalküle ließen die politischen Akteure in Bund und Ländern die Interdependenz zwischen dem konkurrenzdemokratischen Parteienwettbewerb und einem traditionell verhandlungsorientierten Föderalismus entdecken, die sich aus der veränderten Bundesstaatskonstruktion ergab. Zwischen beiden Arenen und Regelsystemen baute sich damit ein Spannungsverhältnis auf, in dem jene Akteure erst allmählich lernten, welche Chancen die veränderten institutionellen Rahmenbedingungen ihnen jeweils boten.

Die Länderpolitiker mußten Strategien entwickeln, mit denen sie in der Spannungslage zwischen Länderinteresse und bundespolitischen Parteibindungen mit Aussicht auf Erfolg operieren konnten. Dazu gehörte die institutionelle Absicherung der Autonomie des Bundesrates und der „horizontalen" Kooperation zwischen Bundesländern. Die Kontroverse um die Wahl des ersten Bundesratspräsidenten hatte der Ländervertretung gezeigt, daß sie um ihrer Autonomie willen die Besetzung dieses Amtes von den situationsbezogenen politischen Konflikten abkoppeln mußte. So beschlossen die Regierungschefs im August 1950, das Präsidium unter den Regierungschefs aller Bundesländer jährlich wechseln zu lassen, und zwar in der Reihenfolge ihrer Größe. Der bayerische Ministerpräsident Ehard, der ein Jahr zuvor als Kandidat der Regierungs-

5.1. Adenauer und die Entdeckung der Interdependenz der Arenen

koalition unterlegen war, wurde damit automatisch als Nachfolger Arnolds für ein Jahr Inhaber des Amtes. Der Konflikt war nachträglich entschärft, und der Jahresturnus gehört seither zum festen Kern der ungeschriebenen Spielregeln der Ländervertretung.

Solch eine institutionelle Entlastungsstrategie war um so dringender geboten, als der Länderparlamentarismus mit seinen hergebrachten Koalitionsstrategien zunehmend unter Druck kam. Die Weichenstellung hin zum dualistischen Parteienwettbewerb im Bunde, wie sie zu Ende der vierziger Jahre vollzogen wurde, schloß eine relative Homogenität von Bundesregierung und Länderregierungen durch überlappende Koalitionen, wie sie die Weimarer Republik vor Papen gekannt hatte, auf die Dauer aus. Statt die Koalitionspolitik in den Ländern abzusichern gegen die Versuche der Parteiführungen im Bund, ihren Einfluß auf die Länderpolitik auszudehnen und diese der bundespolitischen Polarisierung unterzuordnen, trug die Bundesratskonstruktion im Gegenteil entscheidend dazu bei, daß sich die großen und Allparteienkoalitionen der Länder auflösten und die Mehrheitsbildung in den Ländern sich zunehmend nach bundespolitischen Gesichtspunkten ausrichtete. Dabei wurde auf die Länderpolitiker vom Bund her zum Teil intensiver Druck ausgeübt.

Adenauer hat offenbar von Anfang an auch den Bundesrat in die Überlegungen zur Sicherung seiner Machtbasis einbezogen. Dafür spricht der früher schon erwähnte Versuch, das Amt des Bundesratspräsidenten in die Koalitionsabsprache über die Verteilung der Spitzenpositionen einzubeziehen. Daß ihm darin auch die christlichdemokratischen Länderpolitiker nicht folgten, vielmehr mit Karl Arnold ihren eigenen Kandidaten wählten, mußte ihm um so deutlicher machen, daß er auf die Sicherung seiner Mehrheit auch in der Ländervertretung besorgt zu sein hatte. Folglich bemühte er sich um die koalitionspolitische „Gleichschaltung" der Länderregierungen, und zwar in zweifacher Weise: zum einen dadurch, daß er gegenüber den christlichdemokratischen Länderpolitikern seinen Führungsanspruch innerhalb der CDU durchzusetzen suchte, zum andern durch Einflußnahme auf kleinere Koalitionspartner. Der christlich-demokratische Bundestagspräsident Erich Köhler, ein Gefolgsmann Adenauers, forderte den hessischen CDU-Vorsitzenden Werner Hilpert, einen Befürworter der Großen Koalition, 1950 brieflich dazu auf, die Gegensätze zur FDP im Landtag zu vergessen und an die Bundespolitik zu denken: Man müsse ein „Kräfteparallelogramm zwischen der Regierungskoalition im Bundestag und im Bundesrat" schaffen (Heidenheimer 1958, 818). Schließlich wurde Hilpert ebenso wie der niedersächsische CDU-Vorsitzende Günther Gereke (ebenfalls Anhänger der Koalition mit der SPD) von Adenauer innerparteilich ausmanövriert. Am spektakulärsten aber war das Eingreifen des Kanzlers nach den Landtagswahlen in Nordrhein-Westfalen 1950, als er den Ministerpräsidenten Arnold (vom linken CDU-Flügel) dazu veranlaßte, widerstrebend die Koalition mit der SPD aufzukündigen. Andererseits versuchten nach der Südweststaatsgründung 1952 die Bonner FDP-Führung und Bundespräsident Heuss, die baden-württembergischen Liberalen unter Reinhold Maier von der Bildung einer Regierungskoalition mit den Sozialdemokraten abzuhalten. Das blieb freilich vergeblich und zeigte, daß die Länderpolitik unter Umständen doch noch ihren Eigensinn bewahren konnte.

Insgesamt hat sich Adenauer im Umgang mit den Ländern immer schwer getan. Er kultivierte zwar rheinische Affekte gegen das altpreußische Erbe, aber er war in der preußischen Innenpolitik groß geworden und alles andere als ein entschiedener Föderalist. Die Stärkung der Länder hatte er weder gewollt noch erwartet, und mit der daraus resultierenden eigentümlichen Machtbalance tat er sich während seiner ganzen Amtszeit schwer. Wohl am deutlichsten wurde das 1961 bei seinem mißglückten Versuch, ein von der Bundesregierung kontrolliertes zweites Fernsehprogramm im Handstreich auch an den ihm politisch nahestehenden Länderchefs vorbei zu installieren. Immerhin hatte er seit seinem Debakel bei der Wahl des ersten Bundesratspräsidenten begonnen, den Kontakt mit den seiner Partei angehörenden Länderchefs zu pflegen. Neben den formellen Besprechungen des Kanzlers mit der Gesamtheit der Ministerpräsidenten, wie sie die Geschäftsordnung der Regierung schon in der Weimarer Republik eingerichtet hatte, gab es getrennte informelle Zusammenkünfte mit den christlich-demokratischen „Landesfürsten". In beiden Gremien sei - wie der schleswig-holsteinische Ministerpräsident Kai-Uwe von Hassel später einmal sagte - die Art der Beratungen immer sehr menschlich gewesen, aber wenn die CDU-Regierungschefs aus Bund und Ländern unter sich waren, mochte der Wein besser gewesen sein (in: Schwarz 1991). Diese *itio in partes* richtete sich aber nicht primär gegen die Sozialdemokraten. Sie wurde vielmehr nicht selten für Versuche genutzt, gravierende Konflikte zwischen der Bundesregierung und einflußreichen CDU-geführten Länderregierungen beizulegen, wie sie beispielsweise in Fragen des Finanzausgleichs wiederholt mit großer Schärfe ausbrachen (Renzsch 1991, 98 ff., 164 ff.).

Aber auch auf sozialdemokratischer Seite wurde die Koalitionsbildung in den Ländern frühzeitig in bundespolitische Zusammenhänge einbezogen. So gingen dem Regierungsbündnis der SPD mit dem BHE 1950 in Niedersachsen auch Verhandlungen zwischen dem Bonner sozialdemokratischen Führungstrio Schumacher-Ollenhauer-Mellies sowie Ministerpräsident Kopf auf der einen, der BHE-Führung mit dem Bundesvorsitzenden Kraft auf der anderen Seite voraus, in denen - als Voraussetzung für die *Landes*koalition - ein Übereinkommen über die Behandlung des Lastenausgleichs im *Bundestag* getroffen wurde. (Adenauer riet seinerseits diesmal der niedersächsischen CDU zu einer Großen Koalition, weil eine „bürgerliche" Regierungsmehrheit nicht möglich war; vgl. Roth 1954, 97,104.) Es war nur folgerichtig, daß auch der niedersächsische Regierungswechsel vier Jahre später (die Bildung einer Koalition aus Deutscher Partei, CDU und FDP unter Hellwege) in Bonn vorbereitet wurde. Noch die Auflösung der letzten Großen Koalition in einem der größeren Flächenstaaten, in Baden-Württemberg 1960, wurde vom damaligen Ministerpräsidenten Kiesinger vor dem Stuttgarter Landtag mit der Mitwirkung der Länder an der Bundesgesetzgebung im Bundesrat begründet: Es gehe darum, den Bundesrat zu „harmonisieren" (Wildenmann 1963, 61).

Diese zunehmende bundespolitische Ausrichtung der Mehrheitsbildung in den Ländern mußte natürlich sehr bald auch die Landtagswahlkämpfe stark beeinflussen. In der hessischen Wahlkampagne von 1954 brachte die CDU den Zusammenhang sogar in Reimform (zitiert nach Heidenheimer 1958, 820) :

5.1. Adenauer und die Entdeckung der Interdependenz der Arenen

„Deine Wahl im Hessenstaat
zählt im Bonner Bundesrat.
Regierung Zinn stützt Ollenhauer,
wählt CDU für Adenauer."

Die bundespolitischen Auswirkungen von Landtagswahlen sind so seit den frühen fünfziger Jahren zu einem festen Posten in der Kalkulation der politischen Parteien geworden. Zu einer „Gleichschaltung" des Wählerverhaltens ist es freilich nicht gekommen - jedenfalls nicht in dem Sinne, daß die Bundesregierungen bei Landtagswahlen ihre Anhängerschaft ebenso erfolgreich hätten mobilisieren können wie bei Bundestagswahlen. Vielmehr hat seit jeher die jeweilige Bonner Opposition bei Landtagswahlen tendenziell günstiger abgeschnitten (vgl. dazu u. a. Liepelt/Mitscherlich 1968, 29 ff.; Dinkel 1977). Aber der Widerstand gegen den von Bundespolitikern wiederholt diskutierten Vorschlag, sämtliche Landtagswahlen in der Bundesrepublik auf einen Termin zusammenzulegen, entsprang nicht zuletzt der Sorge, daß damit die Landespolitik in den Wahlen vollends in den Hintergrund treten und diese sich faktisch in indirekte Bundesratswahlen verwandeln würden.

Der Überblick über die Entwicklung der Stimmenverhältnisse (im Detail nachzulesen bei Schindler 1988, 579) macht deutlich, daß im Laufe der ersten Legislaturperiode des Bundestages die parteipolitische Polarisierung im Bundesrat zunahm, und daß jedenfalls seit Oktober 1953 die Bundesregierung auf eine mit ihr politisch konforme Mehrheit im Bundesrat rechnen konnte, wenn eine Angelegenheit zwischen Regierung und Opposition hoch kontrovers wurde. 1952 bis 1953 trat allerdings vorübergehend eine Lage ein, in der tatsächlich die SPD von Fall zu Fall in der Lage war, im Bundesrat eine oppositionelle Mehrheit zustande zu bringen. Dabei war das durch den Zusammenschluß der drei südwestdeutschen Länder entstandene Baden-Württemberg ausschlaggebend, das eineinhalb Jahre lang von einer Koalition aus Sozialdemokraten und Liberalen unter Reinhold Maier (FDP) regiert wurde. Dieses Bündnis war ausschließlich landespolitisch bedingt. (Die beiden Parteien wollten in der Verfassunggebenden Landesversammlung gemeinsam insbesondere die Simultanschule durchsetzen.) Aber Maier, der zu Adenauer ein recht distanziertes Verhältnis hatte, mußte einerseits auf die sozialdemokratische Mehrheit seines Kabinetts Rücksicht nehmen, andererseits dem Umstand Rechnung tragen, daß seine Partei der Bonner Regierungskoalition angehörte. Diese Konstellation führte insbesondere in der Auseinandersetzung über das Vertragswerk zur Gründung einer Europäischen Verteidigungsgemeinschaft zu einer für die Bundesregierung kritischen Lage. Nach längerem Finassieren und Lavieren ließ Maier schließlich - vom Bundesvorstand seiner Partei unter starken Druck gesetzt und mit dem Parteiausschluß bedroht - die Verträge im Bundesrat passieren. Doch obwohl das gegen den Mehrheitsbeschluß seines eigenen Kabinetts geschah, blieben die Sozialdemokraten dann in der Stuttgarter Koalition, und zwar entgegen dem Willen ihres Bundesparteivorstands; ihr Einfluß auf die Landespolitik war ihnen wichtiger.

Andere Beispiele für das Oppositionspotential des Bundesrates aus jener Zeit sind das Zustandekommen des Betriebsverfassungsgesetzes von 1952 und das Scheitern des Wahlgesetzentwurfs der Bundesregierung im Jahre 1953. Auch beim Betriebsverfassungsgesetz hatte Reinhold Maier schließlich gegen die von der Opposition gewünschte Anrufung des Vermittlungsausschusses gestimmt, nachdem die baden-württembergische Entscheidung bis zuletzt offengeblieben war. Der Wahlgesetzentwurf von 1953 dagegen - der auf die Dezimierung der SPD zugeschnitten war - wurde schon im ersten Durchgang von einer Mehrheit aus den sozialdemokratisch geführten Landesregierungen und Baden-Württemberg abgelehnt; er scheiterte dann endgültig im Bundestag am Widerstand auch der FDP.

Das Ende der FDP/SPD-Koalition in Baden-Württemberg im Oktober 1953 befestigte zunächst die Position der Bundesregierung im Bundesrat. Sie wurde noch einmal gefährdet, als im Februar 1956 in Nordrhein-Westfalen die FDP aus der Koalition nach Bonner Muster ausbrach und gemeinsam mit der SPD den Ministerpräsidenten Karl Arnold stürzte. Das war ein eindeutig bundespolitisch motiviertes Manöver: Die FDP-Führung in Düsseldorf wollte eine Wahlgesetzänderung, welche die unabhängige Existenz der Liberalen bedroht hätte, über den Bundesrat zum Scheitern bringen. Der Vorgang hatte in der Tat erhebliche Rückwirkungen auf die Bonner Koalition und führte dort zum Übergang der FDP in die Opposition. Im Bundesrat war Adenauers Mehrheit schmäler geworden (sie hing in jedem Fall vom Fortbestand der CDU/FDP-Koalitionen in anderen Ländern ab), und die SPD hatte die Sperrminorität gegen Verfassungsänderungen, die sie Ende 1953 eingebüßt hatte, zurückgewonnen. Der christlich-demokratische Wahlsieg in Nordrhein-Westfalen im Juli 1958 schuf dann ein relativ klares und - bis zum Jahre 1966 - dauerhaftes Übergewicht der von der CDU geführten Länder. Unter diesen Bedingungen ließ die parteipolitische Konfrontation im Bundesrat weitgehend nach, bis sie schließlich auch im Bundestag - nach einer Periode der „angepaßten Opposition" der SPD - durch die Bildung der Großen Koalition stillgelegt wurde. Ernsthaften Widerstand im Bundesrat hatte die Bundesregierung am ehesten dann zu gewärtigen, wenn spezifische Länderinteressen auf dem Spiel standen, also beispielsweise und vornehmlich in Fragen der Finanzverfassung und der Verteilung des Steueraufkommens. Dagegen konnte eine an Parteifronten orientierte Opposition ihr nicht mehr gefährlich werden, und in Adenauers letzen Regierungsjahren konnte ein Autor gar beiläufig von der „wohl kaum praktischen Möglichkeit einer Opposition im Bundesrat" sprechen (Hesse 1962, 24).

Das heißt nicht, daß Parteipolitik aus dem Bundesrat verschwunden wäre. Aber die länderspezifischen Differenzierungen traten wieder stärker hervor. Es gab auf der einen Seite das Land Hessen als konsequentesten Verfechter oppositioneller Politik, während auf der anderen Seite Rheinland-Pfalz und Schleswig-Holstein (die als „arme" Länder ohnehin besonders stark am Einvernehmen mit der Bundesregierung interessiert waren) als treue Paladine des Bundeskanzlers in Erscheinung traten. Die Regierungschefs der sozialdemokratisch geführten Stadtstaaten, aber auch der „rote Welfe" Kopf in Niedersachsen und der streng föderalistische bayerische Sozialdemokrat Hoegner repräsentierten noch den alten Typus des Länderpolitikers, der auf seine Unabhängigkeit von der Bundespartei bedacht war. Die Bürgermeister Kaisen (Bremen) und Reuter (Berlin) ließen sogar zur Zeit der schärfsten außenpolitischen Auseinandersetzungen in den frühen fünfziger Jahren erkennen, daß sie der von Schumacher und seinem Nachfolger bekämpften Politik der Westintegration mit Sympathie

5.1. Adenauer und die Entdeckung der Interdependenz der Arenen

gegenüberstanden. Auf der anderen Seite suchten auch Ehard als bayerischer und Karl Arnold als nordrhein-westfälischer Ministerpräsident ihren autonomen politischen Entscheidungsspielraum zu bewahren.

Charakteristisch für diese Konstellation und die sich daraus ergebende Flexibilität der Länderpositionen waren die Auseinandersetzungen um den Entwurf eines „Freiwilligengesetzes" im Jahre 1955, das die Wiederbewaffnung der Bundesrepublik vorbereiten sollte: Eine Mehrheit des Bundesrates mit dem nordrhein-westfälischen CDU-Justizminister Sträter forderte aus verfassungsrechtlichen und verfassungspolitischen Bedenken und administrativen Zweckmäßigkeitserwägungen einschneidende Änderungen am Regierungsentwurf - ausdrücklich ohne die Wiederbewaffnung als solche in Frage stellen zu wollen. Rheinland-Pfalz und Schleswig-Holstein versuchten dagegen, ihn zu retten, während Hessen, das schon die Pariser Verträge abgelehnt hatte, bis zuletzt konsequent gegen das Gesetz stimmte. In einer solchen Konstellation konnte die Opposition von Fall zu Fall Einfluß auf Gesetzgebungsprozesse nehmen, indem sie die residuale Eigenständigkeit der Länderpolitik oder spezifisch landespolitische Interessenlagen ausnutzte. Es konnte beispielsweise zu Bündnissen der SPD-geführten Länder mit den „reichen" CDU-Ländern gegen die Bundesregierung und die sie unterstützenden „armen" Länder kommen. Von einer systematischen, parteipolitisch bedingten Konfrontation im Bundesrat konnte dagegen keine Rede sein. Ein besonders bemerkenswertes Beispiel ist die erste große Reform des Finanzausgleichs im Jahr 1955 (Renzsch 1991, 162 ff.): Für die SPD als Partei war das kein zentrales Thema, und es gab keine erkennbaren Ansätze einer Koordination zwischen der Bundestagsfraktion und den SPD-regierten Ländern. Für die sozialdemokratischen Ministerpräsidenten mußte es eher darauf ankommen, unter den Regierungschefs aus der CDU Verbündete zu gewinnen. Bei der CDU/CSU überwarf sich der Bundesfinanzminister Fritz Schäffer mit den Ländern, und auch die Bemühungen eines ad hoc einberufenen Ausschusses, die innerparteilichen Differenzen beizulegen, konnten nicht dauerhafte Übereinstimmung schaffen.

Das bedeutete zunächst, daß die Austragung von Parteienkonflikten zu einem unter verschiedenen Momenten wurde, die bei der Bildung wechselnder und punktueller Länderkoalitionen eine Rolle spielten. Insgesamt erschien der Bundesrat, durchaus im hergebrachten Sinne, bestimmt durch das Regelsystem des Aushandelns und der Kompromißbildung. Natürlich spielten unter diesen Umständen spezifisch administrative Gesichtspunkte als Entscheidungskriterien des Bundesrates eine besonders große Rolle. Man muß dabei übrigens berücksichtigen, daß die SPD seit ihrer Wahlniederlage 1953 auch im Bundestag immer weniger die Konfrontation suchte, vielmehr mit einer Strategie der „angepaßten Opposition" die Entscheidungen in Aushandlungsprozessen zu beeinflussen suchte. Dabei kam ihr der Umstand zustatten, daß auch die Regierungsmehrheit, selbst die CDU/CSU-Fraktion, vielfach - so zum Beispiel in der Wehrgesetzgebung, beim Kartellgesetz oder in der Sozialpolitik - nicht geschlossen auftrat.

Dieses Erscheinungsbild kann aber nicht so gedeutet werden, als habe insgesamt der Parteienwettbewerb seine Bedeutung für die föderative Politik verloren. Ganz im Gegenteil: Durch die „Gleichschaltung" der Mehrheit der Länder im Sinne der Bonner

Regierungskoalition war seine Dominanz so fest etabliert, war der Handlungsspielraum des Bundesrates so deutlich eingegrenzt, daß hier (wie auch im Bundestag) Raum für Aushandeln als sekundäres Regelsystem blieb. In der Diskussion über die Oppositionsrolle des Bundesrates nach 1969 ist die Formel einer „Überlagerung des Bundesstaatsprinzips durch das Parteienstaatsprinzip" aufgetaucht (Laufer 1972, 27 ; Leibholz/Hesselberger 1974, 111); diese Formel trifft aber eher für die fünfziger und sechziger Jahre zu. Das Hervortreten von Aushandeln in den Entscheidungsprozessen des Bundesrates beruhte damals nicht mehr in erster Linie auf einer grundsätzlich gouvernemental-administrativen Orientierung der Landespolitik und dem von daher abgeleiteten Kriterium der „Sachlichkeit", sondern zunächst einmal darauf, daß im Kalkül der Opposition im Bundesrat die politische Homogenität von Bundesregierung, Bundestags- und Bundesratsmehrheit eine feste Größe geworden war, die man - gerade im Interesse punktueller und begrenzter Erfolgschancen - gar nicht mehr prinzipiell in Frage stellte. Diese Homogenität war aber nicht systembedingt, sondern war nur die Folge eines relativ stabilen Wählerverhaltens, dem die CDU die Mehrheit sowohl im Bund als auch in der Mehrzahl der Länder verdankte. Doch sobald knappe Mehrheitsverhältnisse in Bund und Ländern zu divergierenden Konstellationen in Bundestag und Bundesrat führten, mußten die strukturellen Verwerfungen zwischen dualistisch-polarisiertem Parteienwettbewerb und den Aushandlungszwängen der bundesstaatlichen Arena zutage treten.

Sie wurde freilich noch einmal verdeckt durch das Experiment der Großen Koalition, die den Parteienwettbewerb zeitweise sistierte. Das ließ andererseits die Unterordnung des Bundesrates unter das Parteiensystem auf seine Weise deutlich werden. Wie wir früher schon sahen, beruhte das Bündnis auf einer verhältnismäßig streng durchgehaltenen Koalitionsdisziplin, und die haben auch die Länderregierungen nicht in Frage gestellt. Sie konnten zwar generelle oder spezifische Länderinteressen nachdrücklich vertreten, und sie haben das insbesondere bei der Finanzreform auch mit beträchtlichem Erfolg getan. Hier waren es die Interessengegensätze zwischen finanzstarken und finanzschwachen Ländern, die zeitweise in ernste Krisen führten (Renzsch 1991, 235 ff.), und dabei waren besonders die „reichen" Länder ohne Rücksicht auf ihre jeweilige politische Orientierung einig. Dagegen waren parteipolitisch akzentuierte „Extratouren" nicht gut möglich, weil das zu Spannungen im Regierungsbündnis hätte führen können, die man vermeiden wollte. Dabei war die untergeordnete Rolle der Länder noch dadurch unterstrichen, daß sie in den Entscheidungszentren der Koalition, insbesondere im „Kreßbronner Kreis", keine Möglichkeit zur Mitsprache hatten. Daß der Parteienwettbewerb in Bundestag und Bundesregierung sistiert war, stellte also wiederum eine wirksame Restriktion für den Handlungsspielraum im Bundesrat dar. Eine „Gleichschaltung" der Länderregierungen war unter diesen Umständen auch entbehrlich, allenfalls erleichterte die bundespolitische Konstellation in einzelnen Fällen (Niedersachsen 1967, Baden-Württemberg 1968) die zeitweilige Rückkehr zu Großen Koalitionen, die vorwiegend landespolitische Gründe hatten.

Aber schon im letzten Jahr der Großen Koalition im Bund zeigte sich, daß die Konzentration des Parteiensystems auf zwei große Parteien auf die Dauer eine Stillegung des Wettbewerbs zwischen ihnen nicht mehr zuließ. Da beide einen Führungsanspruch erhoben und auch die Erwartungen der Parteienbasis sich zunehmend am Modell der Machtkonkurrenz orientierten, nahmen die Reibungen spürbar zu. Nach der Bundestagswahl von 1969 ließ sich im Parteiensystem das Konfliktregelungsprinzip von Aushandeln und Einflußrepartierung nicht mehr halten, und es kam zur Bildung der sozialliberalen Koalition. Damit aber trat, befördert durch die Mehrheitsverhältnisse im Bundesrat, die Auflösung der Kongruenz von Parteiensystem und Bundesstaat zutage, an die man sich in der Vergangenheit gewöhnt hatte.

5.2. Die sozialliberale Koalition und die Konfrontation im Bundesrat

Die sozialliberale Koalition leitete einen neuen Entwicklungsabschnitt des Parteiensystems ein, der auch einen tiefen Einschnitt in das Verhältnis von Parteiensystem und Föderalismus bedeutete. Was Adenauer frühzeitig gelungen war, konnte die neue Koalition nie erreichen, nämlich die parteipolitische „Gleichschaltung" des Bundesrates mit dem Bundestag. 1969 gab es erstmals klar auseinanderlaufende Mehrheiten, und der CDU-Vorsitzende Kiesinger erklärte denn auch bald nach der Bildung der neuen Regierung zu wiederholten Malen, die Opposition werde diese Lage zu nutzen wissen. So sagte er in einem Interview: „Ich sehe im Bundesrat während dieser Legislaturperiode ... ein wichtiges Instrument für die Opposition. Wir haben eine solche Mehrheit. ... Und wir werden diese Mehrheit selbstverständlich benützen. Das ist durchaus legitim". (Zitiert nach Laufer 1970, Anm. 8). Kiesinger war ja der erste Bundeskanzler, in dessen Aufstieg sich bundes- und landespolitische Karriereabschnitte verschränkten. Bevor er 1958 Ministerpräsident von Baden-Württemberg wurde, war er jahrelang als Bundestagsabgeordneter Vorsitzender des Vermittlungsausschusses gewesen, also aus Erfahrung mit den Interdependenzen von Bundes- und Länderpolitik hervorragend vertraut. Darum erkannte er auch sofort die strategischen Chancen, die der CDU nach dem Weg in die Opposition verblieben waren.

Die Regierungsparteien SPD und FDP nahmen derartige Ankündigungen zunächst offensichtlich nicht ganz ernst, weil damals in den CDU- geführten Landesregierungen überwiegend auch Parteien der neuen Bonner Koalition vertreten waren (die FDP in Rheinland-Pfalz, Schleswig-Holstein und im Saarland, die SPD in Baden-Württemberg). Sie verließen sich also offenbar darauf, daß das Überlappen der Regierungsbündnisse in Bund und Ländern den Bundesrat neutralisieren würde. Und in der Tat konnte Heinz Laufer im Jahre 1970 darauf hinweisen, daß in Ländern wie Baden-Württemberg und Rheinland-Pfalz die Koalitionspartner der CDU darauf achteten, daß die Bundesratsstimmen nicht „obstruktiv" abgegeben wurden. Was damals aber noch nicht einkalkuliert wurde, war der Umstand, daß es der CDU in der Folge tatsächlich gelang - wie dies Kiesinger nach der Regierungsbildung von 1969 angekündigt hatte -, die FDP aus einer Reihe von Landtagen „heraus zu katapultieren" und die absolute Mehrheit zu gewinnen: So 1970 im Saarland, 1971 in Schleswig-Holstein. Außerdem gewann sie 1971 in Rheinland-Pfalz und 1972 in Baden-Württemberg die absolute Mehrheit (wie sie die CSU in Bayern schon seit 1962 besaß). In Baden-

Württemberg hatten die christlichen Demokraten im übrigen schon seit 1971 zunehmend ihre Mehrheit im Kabinett dazu benutzt, ihren sozialdemokratischen Koalitionspartner bei Beschlüssen über die Stimmabgabe im Bundesrat zu majorisieren. So sah sich die Bonner Regierungskoalition seit 1971 einer zunehmenden Oppositionsfront im Bundesrat gegenüber, vollends aber seit 1972, da nun alle oppositionellen Landesregierungen allein von der CDU gestellt wurden. Und an dieser Front scheiterte eine Reihe von Vorhaben, die im Programm der Koalition bedeutsam waren, jedenfalls insofern, als sie nur mit erheblichen Veränderungen verabschiedet werden konnten - vom Städtebauförderungsgesetz über die Steuerreform bis zum Hochschulrahmengesetz.

Tragweite und strategische Zielsetzung dieser Opposition im Bundesrat wurden in der öffentlichen Diskussion nicht immer ganz zutreffend eingeschätzt. Gewiß, Willy Brandt sprach von einer „Neinsage-Maschine". Aber zumal das Wort von der „Obstruktionspolitik" der CDU traf die Dinge nicht genau. Hier ist zunächst festzuhalten, daß die alten, länderspezifischen Frontstellungen nach wie vor im Bundesrat eine erhebliche Rolle spielten. In der Frage der Kraftfahrzeugsteuerreform war Einigkeit über ein System, das die herkömmliche Hubraumbesteuerung und zugleich die bisherige Einzahlung über die Finanzämter ablösen sollte, deshalb nicht zu erzielen, weil vor allem die SPD-Bundestagsfraktion im Interesse einer größeren Steuergerechtigkeit nur einer Regelung mit mehreren Steuerklassen zustimmen wollte, während eine Einheitsfront sämtlicher Länder wegen der angestrebten Verwaltungsvereinfachung nur einen einheitlichen Steuersatz zu akzeptieren bereit war, der allerdings zur Vermeidung von Steuerausfällen so hoch hätte liegen müssen, daß Kleinwagenbesitzer erheblich stärker belastet worden wären. Den Vorstellungen der SPD-Fraktion folgte keines der sozialdemokratisch regierten Länder, während sich auch keines der CDU-Länder am Gesetzentwurf der Bundestagsfraktion der CDU/CSU orientierte. In anderen Fällen gab es, wie in der Vergangenheit immer schon, Mehrheitsbildungen quer durch die Parteifronten. Aber auch in den seit 1970 immer häufiger werdenden Fällen, in denen eine CDU/CSU-Mehrheit sich gegen die Vorstellungen der Bundesregierung und Bundestagsmehrheit wandte, rechtfertigte das in der Mehrzahl der Fälle nicht den Vorwurf, hier sei versucht worden, die Arbeit der Gesetzgebungsorgane lahmzulegen (denn das bedeutet „Obstruktion").

Auch die pauschale Behauptung, der Bundesrat sei für die Interessen der Bundestagsopposition instrumentalisiert worden, ist eine ungebührliche Vereinfachung. In den Verteilungskonflikten über den Finanzausgleich waren eher die Interessen der (damals überwiegend „armen") CDU-Länder leitend, die der Bundesregierung und Bundestagsmehrheit erhebliche Zugeständnisse abtrotzten, indem sie sich im Vermittlungsausschuß die Hilfe der Bundestagsopposition zu Nutze machten (Renzsch 1989, 332 f.; Renzsch 1991). Zwar ließ sich in einigen Fällen das Ergebnis der Auseinandersetzungen im Bundesrat aus anderen Gesichtspunkten als denen der „Kraftprobe" kaum erklären, wie etwa bei der schon früher erwähnten Beratung der Verordnung über Höchstgeschwindigkeiten auf den Autobahnen. Doch in der Mehrzahl der Fälle haben diese Länder lediglich versucht, ihren von der Regierungskoalition abweichenden politischen Vorstellungen Eingang in die Gesetzgebung zu verschaffen.

5.2. Die sozialliberale Koalition und die Konfrontation im Bundesrat

Sie sind damit übrigens keineswegs immer erfolgreich gewesen. Das ergibt sich schon aus der Rollenverteilung im Gesetzgebungsverfahren. Denn wie wir schon sahen, hat die Bundesregierung dabei in der Regel die Rolle des „Agenda-Setzers", der einen Vorrang in der Gestaltungsfunktion hat, weil er den Löwenanteil an den Gesetzesinitiativen hält, während Bundesratsinitiativen weitaus geringere Verabschiedungschancen haben. Die Länder partizipieren deshalb nur insoweit an der Gestaltungsfunktion, als sie ihre Vetomöglichkeiten im Bundesrat einsetzen können. Damit hat die Regierung natürlich auch im Vermittlungsverfahren einen prozeduralen Vorsprung. Das gilt insbesondere dann, wenn die Regierungskoalition im Vermittlungsausschuß die Mehrheit hat, wie das bis zum Regierungswechsel in Niedersachsen von 1976 der Fall war. Im Gegensatz zur Vergangenheit, als dort nicht selten ganz unabhängig von Parteizugehörigkeit abgestimmt wurde (Beispiele bei Reinert 1966, 150 f.), blieben die Fronten in der ersten Phase der sozialliberalen Koalition auch im Ausschuß vielfach starr, so daß die Opposition überstimmt wurde. Sie blieb dann nicht nur bei Einspruchsgesetzen erfolglos, sondern mußte auch bei Zustimmungsgesetzen nicht selten schließlich nachgeben, weil weitere Verzögerungen oder gar das Scheitern der Entwürfe den Interessen der CDU/CSU-Länder geschadet hätten. In der Außenpolitik schließlich blieb die Opposition immer wieder vor jenem Schritt stehen, der die Handlungsfähigkeit der Bundesregierung gelähmt hätte. So ermöglichten 1976 die CDU-regierten Länder Niedersachsen und Saarland im Bundesrat die Annahme der Polen-Verträge, gegen die es innerhalb der CDU starken Widerstand gab.

Die strategische Zielsetzung, die der Politik der Oppositionsländer zugrunde lag, wurde zuerst von dem damaligen schleswig-holsteinischen Ministerpräsidenten Stoltenberg formuliert. Nachdem die CDU-Mehrheit des Bundesrates bei einer Reihe von Gesetzen den Vermittlungsausschuß angerufen hatte, darunter bei einem der wichtigsten Reformprojekte der Regierungskoalition, dem Städtebauförderungsgesetz (wo sie später einschneidende Änderungen durchsetzen konnte), sagte er in einem Interview am 14.7.1971: „Die Bundesregierung ist gut beraten, wenn sie einsieht, daß sie mit ihrer schwachen Mehrheit im Bundestag nicht alle Gesetze durchpauken kann, sondern mit unserer Mehrheit im Bundesrat rechnen muß." Der Bundesrat sollte also die Regierungskoalition unter Verhandlungszwang setzen und dazu veranlassen, die Vorstellungen der Minderheit weitgehend zu berücksichtigen. Stoltenberg machte das auch in der 7. Legislaturperiode - als die Mehrheit der Regierung im Bundestag recht solide geworden war - deutlich und wies am 18.4.1974 vor der Bundespressekonferenz darauf hin, daß seit 1969 vierzig Gesetzentwürfe der Bundesregierung und der Koalition aufgrund der Vorschläge des Bundesrates im Vermittlungsverfahren inhaltlich verändert worden seien. Und zwei Tage darauf ergänzte der CSU-Abgeordnete Höcherl, der Bundesrat habe in Erfüllung seines Verfassungsauftrags „zahlreiche Gesetze verbessert und damit die Regierung zu Kompromissen veranlaßt. Der Kompromiß - der Ausgleich unterschiedlicher Interessen - ist das Wesen der Demokratie." Bei außenpolitischen Entscheidungen von vitaler Bedeutung war die Opposition deshalb auch kooperationsbereit, wenn das erforderlich schien. Insbesondere hat Helmut Kohl seine Stellung als Oppositionsführer dazu benutzt, die Annahme der Verträge mit Polen gegen heftigen Widerstand in den eigenen Reihen möglich zu machen.

Um ihre Autonomie zurückzugewinnen, begann die Regierung Schmidt gegen Ende der siebziger Jahre mit der Suche nach gesetzgebungstechnischen Wegen, um den Umfang der zustimmungspflichtigen Gesetzgebung zu reduzieren. Das wurde nicht zuletzt durch eine Entscheidung erleichtert, die das Bundesverfassungsgericht 1974 im Streit um das 4. Rentenversicherungsänderungsgesetz fällte (BVerfGE 37, 383 ff.): Es handelte sich hier um eine Gesetzesnovelle, die zwar selbst keine zustimmungspflichtigen Vorschriften enthielt, die aber ein Zustimmungsgesetz änderte, und das Bundesverfassungsgericht hat damals klargestellt, daß - entgegen der vom Bundesrat lange vertretenen Rechtsauffassung - solche Gesetzesänderungen nur dann der Zustimmung des Bundesrates bedürfen, wenn sie „den nicht ausdrücklich geänderten Vorschriften über das Verwaltungsverfahren eine wesentlich andere Bedeutung und Tragweite" verleihen. Der sozialliberalen Koalition wurde dadurch die Möglichkeit eröffnet, nicht nur neue Gesetze auch gegen die Bundesratsmehrheit zu verabschieden, wenn sie keine zustimmungspflichtigen Bestimmungen enthalten, sondern auch Zustimmungsgesetze zu ändern, solange dabei solche Bestimmungen nicht tangiert werden. Einer der weiteren Wege, die schon damals in der Koalition erwogen wurden, bestand darin, ein Gesetzesvorhaben in zwei selbständige Entwürfe zu zerlegen: einen, der die strittigen (aber nicht zustimmungsbedürftigen) Vorschriften enthält, und einen anderen, der sich auf die Verfahrensregelungen beschränkt. So war man schon in der Vergangenheit wiederholt verfahren, als der Bundesrat noch die selbe Mehrheit wie der Bundestag aufwies, und das Bundesverfassungsgericht hat dagegen keine Einwände erhoben (Fromme 1976, 160 ff.). Der spektakulärste Fall, bei dem die Teilung eines Gesetzes von der sozialliberalen Koalition praktiziert wurde, war die Reform des Abtreibungsparagraphen im Jahre 1976, als die (nicht zustimmungspflichtige) Änderung des § 218 StGB getrennt wurde von den (zustimmungspflichtigen) „flankierenden Maßnahmen" (zum Beispiel Beratung der Schwangeren).

Insgesamt muß man aber festhalten, daß der Konfliktregelungsmechanismus des dualistischen Parteienwettbewerbs infolge der starken Stellung des Bundesrates bei zustimmungspflichtigen Gesetzen in einen koalitionsähnlichen Aushandlungsmechanismus umschlug. Damit tat sich die Regierungsmehrheit zunächst schwer: „Von der Reform des Ehescheidungsrechts bis zum Umweltschutz, der Neuregelung des Rechts der elterlichen Sorge bis zum Bodenrecht, der Krankenhausgesetzgebung bis zum kürzlich verabschiedeten Sparpaket der Bundesregierung: überall ist der Vermittlungsausschuß durch die unionsregierten Länder eingeschaltet worden, um - gegebenenfalls mit dem Druckmittel der Zustimmungsverweigerung - parteipolitisch begründete Änderungswünsche gegen das Parlament durchzusetzen", klagte 1982 die sozialdemokratische Bundesratsministerin Hessens und fügte hinzu, dies habe „zu einer erheblichen Einengung der Entscheidungshoheit der gewählten Volksvertretung Bundestag geführt" (Vera Rüdiger in: Seeliger 1982, 25).

In der Tat lief der Parteienwettbewerb wiederum leer, und es vollzog sich, durch unterschiedliche politische Mehrheiten bewirkt, eine eigentümliche Systemveränderung: An die Stelle der parlamentarischen Parteiregierung, die der aus den Wahlen hervorgegangenen Mehrheit die Möglichkeit einräumt, während eines befristeten Zeitraums in den von der Verfassung gezogenen Schranken ihr politisches Programm

5.2. Die sozialliberale Koalition und die Konfrontation im Bundesrat 145

zu verwirklichen, trat - vom Verfassunggeber wohl kaum so vorhergesehen - ein Gleichgewichtssystem. Man wird an das Prinzip von *„checks and balances"* im Regierungssystem der USA erinnert: Bekanntlich kann es da in dem Gleichgewichtsverhältnis zwischen Präsident und Kongreß durchaus geschehen, daß die Kongreßmehrheit politisch mit dem Präsidenten nicht übereinstimmt. Das zwingt dann zum Aushandeln von Kompromißlösungen, wobei freilich die lockere Struktur der amerikanischen Parteien die Kompromißfindung erleichtern kann. In mancher Hinsicht erinnert die Konstellation auch an jene, der sich in Österreich in den Jahren 1966 bis 1970 die Regierung der österreichischen Volkspartei unter Josef Klaus nach dem Bruch der zwanzigjährigen Großen Koalition gegenübersah: Da wichtige wirtschaftspolitische Gesetze, an denen besonders die Klientel der ÖVP interessiert war, aus eigentümlichen verfassungsrechtlichen Gründen nur mit Zweidrittelmehrheit verabschiedet werden konnten, gab dies den oppositionellen Sozialisten die Handhabe, der Regierung im Wege des „Junktim" wichtige Zugeständnisse abzutrotzen. Österreichische Autoren nannten das damals die „Bereichskoalition". Erst recht gab der CDU/CSU-Opposition die Mehrheit, über die sie im Bundesrat verfügte, einen nicht geringen Teil der Mitbestimmungsrechte, die sie als Partner einer Großen Koalition gehabt hätte (ausgenommen die Ämterpatronage) - dies aber ohne den Zwang, sich zugleich Mißerfolge zurechnen zu lassen.

Mit den Waffen des Verfassungsrechts war diesem durch das Gegengewicht des Bundesrates modifizierten Parlamentarismus nicht beizukommen. Zwar hat man auf seiten der sozialliberalen Regierungskoalition des öfteren verfassungsrechtliche oder verfassungspolitische Argumente gegen die Zulässigkeit des Verhaltens der Opposition vorgetragen; doch sie vermögen nicht zu überzeugen. Der Einwand, über den Bundesrat dürften nur spezifische Länderinteressen geltend gemacht, nicht dagegen die Politik der Bundesregierung durchkreuzt werden, führt nur dann weiter, wenn man als „Länderinteressen" lediglich verwaltungsorganisatorische und fiskalische Interessen der Länderadministration ansieht. Das mag in der Tat, soweit das Zustimmungserfordernis nach Art. 84 Abs. 1 und Art. 85 Abs. 1 GG betroffen ist, seinerzeit die Intention des Parlamentarischen Rates gewesen sein. Aber ein Vierteljahrhundert Verfassungspraxis, die durch den Konsens aller Parteien getragen war, hat dazu geführt, daß die Zuständigkeit des Bundesrates auch bei Zustimmungsgesetzen wesentlich weiter ausgelegt worden ist, und das kann nicht im Wege der Verfassungsauslegung rückgängig gemacht werden. Die Länderregierungen werden als „Länderinteressen" auch die Interessen der von ihnen vertretenen Landesvölker geltend machen dürfen, und sie sind durch das parlamentarische Regierungssystem in den Ländern nun einmal dazu legitimiert, diese Interessen nach ihrem Ermessen zu artikulieren. Brauchbare materielle Abgrenzungskriterien, wann das „Landesvolk" betroffen sein könnte - etwa: beim Bodenrecht ja, beim Abtreibungsparagraphen nein? -, werden sich kaum finden lassen. Und der des öfteren beschworene Grundsatz der „Bundestreue" wird schwerlich in diesem Zusammenhang herangezogen werden können.

Die herrschende Meinung scheint denn auch dahin zu gehen, daß das Grundgesetz es durchaus zulasse, über den Bundesrat die Politik der Bundestagsmehrheit zu konterkarieren: Der Bundesrat sei nun einmal „im Gesetzgebungsverfahren bei verfassungsändernden und Zustimmungsgesetzen neben dem Bundestag das zweite, gleichberechtigte Gesetzgebungsorgan", und wie eine etwaige ablehnende Mehrheit zustande komme, richte sich „allein nach den parlamentarischen Spielregeln und den Abstimmungsvorschriften". Die Motivation der Landesregierungen für ihr Abstimmungsverhalten sei „verfassungsrechtlich irrelevant" (Leibholz/Hesselberger, 110f.; ähnlich Laufer 1970, 326).

Freilich berücksichtigt diese legalistisch zweifellos korrekte Auffassung nicht den Umstand, daß sie unter bestimmten politischen Konstellationen schwer lösbare Krisen zulassen würde. Es ist wiederholt (so zum Beispiel 1974 von Ministerpräsident Stoltenberg) darauf hingewiesen worden, daß bei einer Zweidrittelmehrheit der Opposition im Bundesrat die Regierungsmehrheit im Bundestag nicht mehr ausreichen würde, um einen Einspruch des Bundesrates gegen nicht zustimmungspflichtige Gesetze zurückzuweisen (vgl. die Vorschriften des Art. 77 Abs. 3 und 4 GG). Seit dem Regierungswechsel 1976 in Niedersachsen hätte aber der Sturz oder die Wahlniederlage einer einzigen SPD/FDP-Landesregierung ausgereicht, um diese Konstellation herbeizuführen. Damit hätte die Opposition die Möglichkeit gehabt, die gesamte Gesetzgebungstätigkeit der sozialliberalen Bundesregierung zu konterkarieren. Im Sinne der eben referierten Argumentation wäre auch das durchaus korrekt und die Motivation wiederum verfassungsrechtlich irrelevant gewesen.

Nach einem verbreiteten Verständnis der Spielregeln des parlamentarischen Regierungssystems müßte die Bundesregierung aber, wenn ihr Programm keine Mehrheit findet, zurücktreten. (In der „alten" Bundesrepublik herrschte ja allgemein die Vorstellung, daß eine Minderheitsregierung wegen ihrer angeblich inhärenten Instabilität unerwünscht sei.) Es wäre dann der Fall denkbar, daß - bei unüberbrückbaren politischen Meinungsverschiedenheiten zwischen den Parteien der bisherigen Koalition und der Opposition - eine neue regierungsfähige Mehrheit nicht zustande kommt. Das Instrument der Vertrauensfrage kann nur beim Bundestag eingesetzt werden; eine oppositionelle Bundesratsmehrheit ließe sich damit nicht überwinden. Auch der Ausweg von Neuwahlen zum Bundestag könnte in eine Sackgasse führen, falls diese die bisherige Bundesregierung im Amt bestätigen.

Dies führt zu dem Schluß, daß das Grundgesetz entgegen den Intentionen des Parlamentarischen Rates die Möglichkeit unlösbarer Regierungskrisen zuläßt. Zwar hat der Parlamentarische Rat größten Wert darauf gelegt, im Verhältnis zum Bundestag die Handlungsfähigkeit der Regierung sicherzustellen; dem dienen insbesondere die Vorschriften der Art. 63 Abs. 4, Art. 67, Art. 68 und Art. 81 GG. Aber - wie bereits weiter oben gesagt - schon die Konstruktion des „Gesetzgebungsnotstandes" in Art. 81 GG zeigt, daß sich der Parlamentarische Rat den Bundesrat zwar als „Legalitätsreserve" bei Handlungsunfähigkeit des Bundestags, aber überhaupt nicht als potentielle Opposition vorgestellt hat. (Als 1972 zum ersten Male die Situation eintrat, auf die der Art. 81 gemünzt war - „Patt" im Bundestag, aber auch Scheitern des konstruktiven Mißtrauensvotums -, erwies sich der „Gesetzgebungsnotstand" als nicht praktikabel. Statt dessen mußte der verfassungsrechtlich höchst fragwürdige Ausweg einer vereinbarten Parlamentsauflösung gewählt werden.) Wenn der Göttinger Verfassungsrechtler und CDU-Bundestagsabgeordnete Hans H. Klein argumentierte, „das Grundge-

5.2. Die sozialliberale Koalition und die Konfrontation im Bundesrat

setz" habe die Möglichkeit einer oppositionellen Mehrheit im Bundesrat „in Kauf genommen" (H. H. Klein 1971, 329), dann trifft das allenfalls in dem formalen Sinne zu, daß es diese Möglichkeit nicht ausgeschlossen hat. Dies aber, weil der Parlamentarische Rat eine Struktur des Parteiensystems voraussetzte, wie sie für die Weimarer Republik charakteristisch gewesen war.

Zudem muß übrigens neben den Veränderungen in der Konfiguration des Parteienwettbewerbs (also der weiter oben untersuchten Konzentrationsbewegung) auch beachtet werden, wie sich die schon dargestellten vertikalen Verflechtungszusammenhänge in den Parteiorganisationen auf die Spielregeln des Parlamentarismus auswirken. Das sei hier illustriert an den bemerkenswerten Veränderungen in der Funktion eines eigentümlichen Instituts des deutschen parlamentarischen Verfahrens, nämlich dem Rederecht der Bundesratsmitglieder im Bundestag. Es handelt sich dabei um eine aus der Verfassung des Norddeutschen Bundes von 1867 und der Reichsverfassung von 1871 überlieferte Regelung: Jedes Mitglied des Bundesrates mußte auf Verlangen im Reichstag gehört werden, „um die Ansichten seiner Regierung zu vertreten, auch dann - so fuhr die Verfassung in Art. 9 fort -, wenn dieselben von der Majorität des Bundesrates nicht adoptiert worden sind." Die Weimarer Verfassung gestand in Art. 33, der das Rederecht der Mitglieder und Beauftragten der Reichsregierung im Reichstag regelte, auch den Ländern das Recht zu, „Bevollmächtigte zu entsenden, die den Standpunkt ihrer Regierung zu dem Gegenstande der Verhandlung darlegen." Es handelte sich hier also ursprünglich ganz deutlich um ein Privileg der Exekutiven, das der konstitutionellen Trennung von Regierung und Parlament entstammt. (Bis heute sind ja auch Regierungsbank und Bundesratsbank gleichgeordnet im Bundestag placiert, gegenüber den Abgeordnetenbänken.)

In der Praxis ist in der Weimarer Republik das Rederecht sowohl für einzelne Länderregierungen als auch für den Reichsrat als das die Gesamtheit der Länder repräsentierende Organ in Anspruch genommen worden; die Geschäftsordnung des Reichstags von 1922 räumte neben den Reichsministern und „Regierungsvertretern" auch „Bevollmächtigten des Reichsrats" das Rederecht ein (§§ 96, 97). Das Grundgesetz läßt beides zu, wenn es dieses Recht „den Mitgliedern des Bundesrates" zuschreibt (Art. 43 Abs. 2): Entweder kann der Bundesrat durch ausdrücklichen Mehrheitsbeschluß ein Mitglied mit der Abgabe einer Erklärung namens des Bundesrates betrauen, oder es kann ein Mitglied des Bundesrates die spezifischen Gesichtspunkte seines Landes vortragen (so der Bundestagsvizepräsident Carlo Schmid in der Bundestagssitzung vom 26.2.1958). Aber auch Art. 43 GG stellt das in den Zusammenhang der Rolle der Exekutive im parlamentarischen Verfahren: Es müssen, so der Text, „die Mitglieder des Bundesrates und der Bundesregierung" jederzeit im Bundestag gehört werden.

In den siebziger Jahren begann nun ein deutlicher Funktionswandel des Instituts: Immer häufiger griffen Bundesratsmitglieder wie die Ministerpräsidenten Kohl und Stoltenberg in allgemeinpolitische Debatten über Regierungserklärungen oder außenpolitische Verträge in einer Weise ein, die den Eindruck vermittelte, daß sie in ihrer Rolle als Mitglieder der christlich-demokratischen „Führungsmannschaft" sprachen und nicht im engeren Sinne als Länderpolitiker. Zwar eröffnete in der Regel ein Mitglied der CDU/CSU-Bundestagsfraktion als erster Sprecher der Opposition die Debatte, so zum Beispiel in der Aussprache über den Jahreswirtschaftsbericht 1976 (am 11. 3. 1976) der Abgeordnete Müller-Herrmann. Doch das Interesse der Öffentlichkeit konzentrierte sich naturgemäß auf die folgende Rede Stoltenbergs. Eine Kontroverse entstand bei der ersten Lesung des Rentenabkommens mit Polen am 26.11.1975, als Kohl nicht nur als erster Debattenredner, sondern auch ganz explizit als Führer der Opposition auftrat („Ich stehe hier aus eigenem Recht und spreche für meine Freunde von der CDU/CSU Deutschlands"). Während sich die Bundestagspräsidentin Renger mit einer milden Zurechtweisung begnügte („Herr Ministerpräsident, nur eine Bemerkung: Sie sind natürlich als Mitglied des Bundesrates hier; Sie sprechen selbstverständlich auch für Ihre Freunde von der CDU/CSU"), hat der sozialdemokratische Abgeordnete Claus Arndt die Streichung der Rede aus dem Bundestagsprotokoll verlangt, weil Kohl nicht in seiner Eigenschaft als Mitglied des Bundesrates, sondern ausdrücklich für die CDU/CSU gesprochen habe, „und dies sei rechtswidrig" (*Süddeutsche Zeitung*, 5. Dezember 1975). Hinter diesem Vorstoß stand noch eine herkömmliche Vorstellung vom parlamentarischen Regierungssystem, für die es ungewöhnlich ist, wenn als Führer der „parlamentarischen" Opposition ein Politiker auftritt, der dem Parlament gar nicht angehört. (Man erinnere sich, daß vor dem englischen Unterhaus nicht einmal ein Minister auftreten darf, wenn er dem Unterhaus nicht angehört. Aus diesem Grunde wurde schon 1922 entgegen manchen Erwartungen nicht der bisherige Außenminister Lord Curzon zum Premierminister berufen, sondern Bonar Law, denn Curzon durfte als erbliches Oberhausmitglied im Unterhaus nicht das Wort ergreifen.)

Die Entwicklung ist über die damals geführte Kontroverse (vgl. dazu Arndt 1976; Steffani 1976) längst hinweggegangen. Auch hier hat die Informalisierung, die den deutschen Parteienparlamentarismus zunehmend auszeichnet, ihren Niederschlag gefunden. Nach dem Regierungswechsel von 1982 begannen auch die Sozialdemokraten, sich der Bundesratsbank als einer Plattform zu bedienen, von der aus sich die Verklammerung von Bundes- und Länderpolitik öffentlichkeitswirksam sichtbar machen läßt, und die der Opposition eine privilegierte Chance bietet, in die Debatten einzugreifen. Nicht nur haben sich alle sozialdemokratischen Kanzlerkandidaten dieses Zugangs zum Forum des Parlaments bedient. Vielmehr ging die SPD dazu über, die Bundesratsbank systematisch in das Management der Bundestagsdebatten einzubeziehen. Beispielsweise fragte sie vor der Haushaltsdebatte 1997 den niedersächsischen Ministerpräsidenten Schröder, ob er von dort aus in seiner Eigenschaft als Wirtschaftssprecher der Partei auftreten wolle, und nachdem er darauf verzichtete, wurde an seiner Stelle der nordrhein-westfälische Wirtschaftsminister Wolfgang Clement zum Debattenredner bestimmt (*Süddeutsche Zeitung*, 25. November 1997).

Wenn man den Umstand berücksichtigt, daß sich im deutschen Föderalismus ein zunehmend enges Verbundsystem zwischen Bundes- und Landesexekutiven entwickelt hat, wird man in der Tat zu dem Schluß kommen müssen, daß der Gegensatz heute nicht mehr einfach zwischen „Regierung" und „parlamentarischer Regierungsmehrheit" auf der einen Seite, „parlamentarischer Opposition" auf der anderen Seite verläuft. Vielmehr verläuft die Scheidelinie sowohl durch den im Bund-Länder-Verhältnis verflochtenen Exekutivbereich als auch durch die Parlamente. In den siebziger Jahren zeigten zuerst die erwähnten Reden Kohls das Aufkommen einer Opposition an, in der sich sowohl zwischen Exekutiv- und Legislativbereich als auch zwischen Bundes- und Länderebene eine Fusion vollzogen hat. Seither ist die Frage unausweichlich geworden, ob die Bundesrepublik noch als parlamentarisches Regierungssystem im herkömmlichen Sinne bezeichnet werden kann oder ob sich nicht als Folge der Informalisierung ein einschneidender Verfassungswandel in Richtung auf eine „postparlamentarische" Mischform vollzogen hat, in der institutionelle Abgrenzungen weitgehend verschwimmen (vgl. Benz 1998).

5.3 Die kooperativen Planungsgremien im Parteienkonflikt

Das Wort von der „Blockade" im Bundesrat dramatisierte die zutage getretene Gegenläufigkeit von Parteienwettbewerb und Bundesstaat in einer Zuspitzung, die - wie schon gesagt wurde - die Intentionen der Oppositionsstrategie nicht angemessen erfaßte. Denn obwohl der Parteienwettbewerb mit Schärfe weiterging, lief die komplexe bundesstaatliche Maschinerie mit unvermindertem Arbeitstempo und produzierte nach wie vor eine beachtliche Zahl von Regulierungen, die schließlich einen Konsens gefunden haben. Es bleibt also noch genauer zu bestimmen, welche Entscheidungsbereiche eigentlich von der Gegenläufigkeit der beiden Teilsysteme betroffen waren. Ein Blick auf das Funktionieren der durch die Finanzreform geschaffenen Kooperationsgremien im Zeichen der „Polarisierung" ermöglicht präzisere Aussagen. Dabei ist es instruktiv, zunächst die Phase der keynesianischen Globalsteuerung und der Orientierung an „systempolitischen" Zielsetzungen ins Blickfeld zu nehmen, weil sich hier wegen des hohen Koordinierungsbedarfs, der diesen Strategien eigentümlich ist, die Problematik der Gegenläufigkeit besonders deutlich gezeigt hat.

Von Helmut Kohl als Ministerpräsidenten von Rheinland-Pfalz hat *„Der Spiegel"* (16.2.1976) das drastische Wort überliefert, er denke nicht daran, „für die Sozis Konjunkturpolitik zu machen". Die Bundesregierung wollte damals im Rahmen einer keynesianisch inspirierten Finanzpolitik die Zuwachsraten der öffentlichen Haushalte niedrig halten, um eine Überhitzung der Konjunktur zu vermeiden. Im Laufe des Jahres 1969 hatten sich auch Finanzplanungsrat und Konjunkturrat auf verschiedenen Sitzungen auf eine entsprechende Linie geeinigt (die Ziffern bewegten sich zwischen 7 und 8,8% Zuwachs der öffentlichen Gesamtausgaben gegenüber 1969). Die Bundesregierung hielt dementsprechend die Zuwachsrate des Bundeshaushalts bei 9,1%, und die sozialdemokratisch geführten Länder blieben überwiegend noch darunter. Dagegen überschritten die CDU-Länder diese Rate zum Teil ganz erheblich (Kock 1975, 209). Die Spitze hielt dabei Rheinland-Pfalz mit 22,6%, wie es scheint im Einklang mit dem Ausspruch seines Regierungschefs Helmut Kohl: „Sollen doch die Hessen antizyklisch steuern" (*„Der Spiegel"* vom 16.2.1976). Solche Interessengegensätze fanden dann auch darin ihren Ausdruck, daß zum Beispiel im Juli 1970 der Finanzplanungsrat seine Empfehlungen zur Haushaltsführung in den Gebietskörperschaften nur gegen die Stimme von Bayern und bei Stimmenthaltung von Baden-Württemberg, Schleswig-Holstein und dem Saarland (durchweg christlich-demokratisch regierte Länder) verabschieden konnte Das läßt allerdings nicht den weitgehenden Schluß zu, die parteipolitische Konfrontation im Bund habe automatisch dazu geführt, daß die von der Opposition geführten Länder die Haushalts- und Konjunkturpolitik des Bundes unterliefen. In längerfristiger Betrachtung scheint sich vielmehr zu ergeben, daß die Bedingungen und Zwänge, denen die Finanzpolitik von Bund und Ländern unterlag, zu vielfältig waren, als daß hier auf längere Zeit die Polarisierung der Parteien als bestimmender Faktor dominieren könnte.

„Eine eindeutige Beziehung zwischen parteipolitischer Couleur einer Landesregierung und ihrem finanzpolitischen Verhalten ist nicht zu belegen. Man kann allenfalls tendenziell davon ausgehen, daß solche Länder, die der Bundesregierung parteipolitisch verbunden sind, eher zu einer Unterstützung ihrer Stabilitätsbemühungen bereit sein werden" (Kock 1975,.89).

Gewiß ist es vorgekommen, daß eine SPD-geführte Bundesregierung und christlich-demokratische Länderregierungen gleichsam in schiefer Schlachtordnung gegeneinander zu Felde zogen: In den Auseinandersetzungen vor der Bundestagswahl von 1972 warf der Bundesminister für Wirtschaft und Finanzen, Helmut Schmidt, den CDU-Landesregierungen vor, die Stabilitätspolitik des Bundes zu unterlaufen, während andererseits christlich-demokratische Regierungschefs wie Stoltenberg und Goppel Klage führten, der Bund betreibe haushaltspolitische Konjunkturstabilisierung auf Kosten der Länder mit ihren dringenden Verpflichtungen in der Infrastrukturpolitik. Aber in diesem Konflikt spiegelte sich primär ein institutionelles Problem der Wirtschaftspolitik im Föderalismus: Die Zuständigkeit und Verantwortung für die Konjunkturpolitik liegt beim Bund und konnte kurzfristig den Vorrang erhalten, wenn sich in Zeiten der konjunkturellen Überhitzung ein Gegensatz zu den Interessen der Infrastrukturpolitik bei einer Expansion der öffentlichen Haushalte ergab. Dagegen war von der Zuständigkeit der Länder her gesehen hier eine weitaus höhere Priorität für die Infrastrukturpolitik vorauszusetzen. Wenn also, wie dies zu Anfang der siebziger Jahre der Fall war, in einer länger anhaltenden Boomperiode ein „Zielkonflikt" zwischen Konjunktur- und Infrastrukturpolitik zutage trat, wurde er infolge der institutionellen Kompetenzzuweisung in einen Interessengegensatz von Bund und Ländern umgesetzt. Daß gerade in einer Wahlkampfsituation die von der Opposition geführten Länder diesen Gegensatz deutlich artikulierten, war naheliegend. Aber die politische Bedeutung einer solchen Konstellation darf nicht überschätzt werden.

Wenn wir uns nun den „Gemeinschaftsaufgaben" zuwenden, dann läßt sich für die Planungsausschüsse „Regionale Wirtschaftsförderung" und „Agrarstruktur" erst recht kein starker Einfluß des Parteienkonflikts konstatieren. Zwar fanden sich in den siebziger Jahren Bayern und Baden-Württemberg verhältnismäßig häufig in einer Frontstellung gegen den Bund; diese beiden Länder lehnten auch in der Ministerkonferenz für Raumordnung das am 14.2.1975 verabschiedete Bundesraumordnungsprogramm ab. Und es mag wohl sein, daß eine solche süddeutsche Opposition damals weniger deutlich in Erscheinung getreten wäre, wäre nicht die Bundesregierung von entgegengesetzter Couleur gewesen. Und wenn man in Stuttgart und München klagte, man werde bei der Regionalförderung benachteiligt, zumal im Vergleich zu Nordrhein-Westfalen, so klang dabei nicht selten der Vorwurf an, daß dies mit der parteipoliti-

5.3. Die kooperativen Planungsgremien im Parteienkonflikt 151

schen Frontstellung zu tun habe. Aber in der Regel war es nur eine Minderheit der CDU/CSU-Länder, die so argumentierte, und ihre Kritik richtete sich nicht zuletzt gegen eine (begrenzte) Kursänderung, die schon unter der Großen Koalition mit den Regionalen Aktionsprogrammen vorgenommen wurde: Während bis dahin die Regionalförderung des Bundes vorwiegend auf stark landwirtschaftlich bestimmte strukturschwache Gebiete (von der Art der alten „Notstandsgebiete" wie Bayerischer Wald, norddeutsches Zonenrandgebiet, Hunsrück und Eifel) konzentriert war, wurde nun das nördliche Ruhrgebiet einbezogen, in dem vor allem die Krise des Steinkohlebergbaus eine zunehmende strukturelle Arbeitslosigkeit verursacht hatte. Andererseits reichten auch die Meinungsverschiedenheiten zwischen dem Bund und Bayern, das seit langem auf eine stärkere Streuung der Förderungsmittel unter Einbeziehung von weitaus mehr kleineren Gemeinden aus war, in die Zeit vor der sozialliberalen Koalition zurück. Gewiß, die Förderungsmaßnahmen im nördlichen Ruhrgebiet konnten auch den Zweck erfüllen, Stammwähler der SPD besser bei der Stange zu halten, und die bayerische Linie in der Wirtschaftsförderung war wohl mehr auf eine mittelständische Klientel der CSU zugeschnitten. Aber grundsätzlich ist es schwer, mit dem Instrumentarium der Regionalpolitik spezifisch parteipolitische Interessenlagen zu verfolgen oder gar politisch gestaltende „Reformpolitik" zu machen. Obwohl Kennziffern wie Einkommensrückstand, Beschäftigungsniveau („Arbeitsreservequotient") oder Infrastrukturdefizit einen gewissen Umverteilungseffekt produzieren können, sorgen doch die breite räumliche Streuung der Förderungsmaßnahmen und das Quotensystem dafür, daß diese Politik sich in eine Vielzahl schwach aggregierter Einzelentscheidungen auflöst. Damit repräsentiert die Regionalförderung einen Politiktypus, den man als „distributive" Politik charakterisiert hat (Lowi 1964). Nutznießer und etwaige Verlierer treten hier nicht als soziale Gruppen in Erscheinung, die womöglich als kollektiv Handelnde ihr Gewicht in die Waagschale werfen könnten. Je breiter die Streuung der Zuteilungsentscheidungen, desto weniger kann sich gegen eine solche Politik etwa Opposition formieren. Distributive Politik, wie sie von der Regional- und Agrarstrukturpolitik exemplarisch verkörpert wird, zeichnet sich vielmehr durch ein niedriges Konfliktniveau aus. Sie bietet daher praktisch keine Ansatzpunkte für eine Polarisierung im Sinne des dualistischen Parteienwettbewerbs.

Die Erfahrungen mit anderen Gemeinschaftsaufgaben zeigen darüber hinaus aber, daß der kooperative Föderalismus, wenn er funktionieren soll, offenbar darauf angewiesen ist, das politische Konfliktniveau dadurch zu senken, daß potentiell konfliktträchtige Materien auf das Niveau von distributiver Politik heruntertransformiert werden. Der erste Rahmenplan für den Hochschulbau war dafür sehr charakteristisch. Formal war er am Konzept der Gesamthochschule orientiert, aber dieses Ziel wurde „differenzierend angesprochen" (Feuchte 1972, 212): Die Palette möglicher Varianten reichte vom Ausbau oder Zusammenschluß von Hochschulen (in Form der „integrierten Gesamthochschule") über die Verbindung der Hochschulen durch gemeinsame Organe bei Aufrechterhaltung ihrer Selbständigkeit bis zum bloßen „Zusammenwirken" in solchen Fällen „in denen Gesamthochschulen nicht oder noch nicht gebildet werden können". Damit - so umschrieb es ein baden-württembergischer Ministerialdirektor - sollte „offensichtlich dem Stand der politischen Diskussion zur Gesamthochschule in möglichst großer Breite ohne gegenseitige Festlegung Rechnung getragen werden" (Feuchte 1972, a.a.O. Das Hochschulrahmengesetz hat übrigens in §5 diesen Formelkompromiß wörtlich übernommen.) Mit dieser Methode des kleinsten gemeinsamen Nenners umschiffte der Planungsausschuß jene Klippen, an denen die Beratung des Bildungsgesamtplans in der Bund-Länder-Kommission für Bildungsplanung (BLK) aufgelaufen war. Dort zeigten sich die Grenzen redistributiver Politik im System der Politikverflechtung.

Die Bildungsplanung ist ein besonders anschauliches Beispiel dafür, daß die Politikverflechtung von Bund und Ländern kein hohes Konfliktniveau verträgt. Sie wurde in zwei quer zu einander verlaufenden Konflikten regelrecht aufgerieben: auf der einen Seite dem Parteienkonflikt über einen tiefgreifenden Umbau des deutschen Bildungswesens, und auf der anderen Seite dem Ressourcenkonflikt mit der Finanzpolitik über die quantitativen Ausbauziele der Bildungspolitik. Ihre Leidensgeschichte begann am 25. Juni 1970, als Bund und Länder das Verwaltungsabkommen über die Errichtung der Bund-Länder-Kommission für Bildungsplanung schlossen, und sie endete 1982, ein halbes Jahr vor dem Ende der sozialliberalen Koalition, als das ganze Vorhaben von Bund und Ländern auch formell zu Grabe getragen wurde.

Ursprünglich war die Bildungsplanung ein zentrales Element des sozialliberalen Programms der „inneren Reformen". Ihr ehrgeiziges Ziel hatte die Bundesregierung im „Bildungsbericht 1970" so formuliert: Es sei „an der Zeit..., die grundlegenden Veränderungen des Bildungssystems umfassend, rasch und gemeinsam zu verwirklichen.... Mit der Entwicklung eines umfassenden, integrierten Gesamtschul- und Gesamthochschulsystems soll in der Bundesrepublik ein demokratisches und effizientes Bildungswesen entstehen". Und bei der Beratung des Bildungsgesamtplans haben die Vertreter des Bundes und der sozialliberalen Länder im Vertrauen auf ihre Dreiviertelmehrheit in der BLK zunächst auch versucht, eine Reihe von in hohem Grade kontroversen Innovationen durchzusetzen. Deren wichtigste war die Forderung, die integrierte Gesamtschule solle zur Regelschule werden. Schon in der Bundestagsdebatte vom 14.10.1970 über den Bildungsbericht hatte die Opposition diese Forderung mit der Begründung abgelehnt, die begonnenen und noch zu unternehmenden Modellversuche müßten erst ihre Tauglichkeit erweisen. Als dann Bundeswissenschaftsminister Leussink und die SPD/FDP-Länder in der BLK die Entscheidung zu forcieren versuchten, kam es in der 5. Sitzung am 1.3.1971 zu einer Kampfabstimmung, die mit dem Verhältnis von 17 zu 5 Stimmen eine Konstellation vorzeichnete, die für die weitere Arbeit am „Zwischenbericht" charakteristisch werden sollte. Im Mai 1971 legten die CDU-Länder zum dritten Entwurf des Zwischenberichts acht „Sondervoten" vor. Dieser Widerstand veranlaßte den (parteilosen) Bundesbildungsminister Leussink, sich um eine „große Koalition in der Bildungspolitik" zu bemühen, also um Kompromisse mit den Kultusministern der CDU, die es erlauben sollten, eine gemeinsame Front insbesondere gegenüber den Finanzministern aufzubauen. Das rief freilich erhebliche Kritik bei Bildungspolitikern der Koalition und in den nahestehenden Organisationen (insbesondere der Gewerkschaft Erziehung und Wissenschaft) hervor, und es reichte andererseits nicht hin, um den Widerstand der CDU-Länder in den entscheidenden Punkten zu überwinden: Beim „Zwischenbericht" erhielten sie drei

5.3. Die kooperativen Planungsgremien im Parteienkonflikt

Sondervoten aufrecht, nämlich gegen die Einführung der integrierten Gesamtschule als Regelschule vor Beendigung der laufenden Versuche, ferner gegen die Vorschrift, die Orientierungsstufe im Anschluß an die Grundschule (auf die man sich geeinigt hatte) grundsätzlich „schulformunabhängig" zu gestalten, und schließlich gegen das „Stufenlehrerkonzept" für die Angleichung der Qualifikation der Lehrer für die verschiedenen Schulstufen (Ausbildung nicht nach Schultypen getrennt, sondern einheitlich nach der Unterscheidung von Grund-, Mittel-, und Oberstufe). Die Auseinandersetzung drehte sich also im wesentlichen darum, ob der hergebrachte dreigliedrige Aufbau des Schulwesens und die ihm entsprechende Differenzierung der Lehrerbildung beseitigt oder in ihren Grundelementen erhalten bleiben sollten. Der Gegensatz konnte nicht beigelegt werden, und in dem schließlich nach drei Jahren (auf der Grundlage eines achten Entwurfs) verabschiedeten „Bildungsgesamtplan" erhielten die CDU/CSU-regierten Länder ihre Sondervoten aufrecht. Die Länder gingen dann in den strittigen Fragen getrennte Wege, und die sozialdemokratischen Kultusminister einigten sich, nachdem in KMK und BLK über die Reform der Lehrerbildung ein Konsens nicht zu erreichen war, auf die gegenseitige Anerkennung von Lehramtsprüfungen im Sinne des Stufenlehrer-Konzepts.

Das deutliche Ansteigen des Konfliktniveaus, das durch die Forderungen der Bildungsreformer hervorgerufen worden war, zeigt an, daß wir es hier nicht mehr mit „distributiver" Politik zu tun hatten, daß vielmehr die Interessen konfliktfähiger und konfliktbereiter sozialer Gruppen berührt wurden. So etwas geschieht in der Regel (wenn wir wieder die Typologie von Lowi zugrunde legen) bei „regulativer", erst recht bei „redistributiver" Politik. Unter „regulativer" Politik wird hier die Setzung allgemeiner Regeln verstanden, die sich zwar konkret erst in der Einzelfallentscheidung auswirken, aber dabei deutlich bestimmbare Kategorien von Individuen in jeweils gleicher Weise benachteiligen oder begünstigen können, etwa durch Eingriffe in Eigentumsrechte, wie zum Beispiel beim Planungswertausgleich in der Bundesbaugesetznovelle. „Redistributive" Politik greift noch unmittelbarer in die Interessen gesellschaftlicher Gruppen oder Klassen ein und ist dementsprechend noch stärker konfliktträchtig. Eine Verschärfung der Einkommensteuerprogression oder die Verstaatlichung des Gesundheitswesens wären denkbare Beispiele. Dabei wird „die Natur eines redistributiven Problems nicht durch das Ergebnis des Kampfes darüber, wie redistributiv eine Politik sein soll, bestimmt. Entscheidend sind Erwartungen, wie dies Ergebnis sein *kann* und zu sein droht" (Lowi 1964, 691).

Es kann nun kaum ein Zweifel darüber bestehen, daß die Pläne zur Beseitigung des traditionellen dreigliedrigen Schulwesens weithin als potentiell redistributiver Natur angesehen wurden. Nicht daß sie etwa ein Instrument für eine - wie auch immer verstandene „Überwindung des Kapitalismus" hätten sein können. Dieses Problem hat sich für die Bildungsreformer nie gestellt. Aber mit dem dreigliedrigen Schulsystem wurde eines der seit jeher wichtigsten Instrumente für die ungleiche Verteilung von sozialem Status und damit nicht nur für die gesellschaftliche Rangordnung, sondern auch für die konkrete Zuteilung von Lebenschancen in Frage gestellt. Wie immer man das Programm der integrierten Gesamtschule beurteilen mag - daß es in redistributiver

Weise die Interessen breiter gesellschaftlicher Schichten berührte und daher Konflikt provozieren mußte, liegt auf der Hand.

Eingriffe dieser Art sind nun aber im System parlamentarischer Mehrheitsregierung offensichtlich sehr viel eher möglich als in einem System, das auf Aushandlungsprozessen mit hohem Konsensbedarf beruht. Die Gesamtschule hat sich in England (wie auch in Hessen) mit Hilfe einer sozialdemokratischen Parlamentsmehrheit durchsetzen lassen. Der auf Konsensbildung durch Aushandeln gerichtete kooperative Föderalismus zieht dagegen redistributiver Politik enge Grenzen und macht auch die Durchsetzung von regulativer Politik schwer, wenn diese einflußreiche Gruppeninteressen berührt. Die Planung der „Gemeinschaftsaufgaben" wurde dort, wo es um distributive Politik ging, durch die Polarisierung im Parteiensystem nicht nennenswert beeinträchtigt. Wo aber redistributive Postulate eingeführt wurden, lief die kooperative Planung auf Grund. Nur wenn konflikträchtige Materien ausgeklammert und auf distributive Probleme reduziert wurden – wie bei der Hochschulplanung –, konnte das vermieden werden. Im großen und ganzen wird man auch die Auseinandersetzungen um zustimmungspflichtige Bundesgesetze im Bundesrat auf diesen Nenner bringen können: Konflikträchtig waren während der Regierungszeit der sozialliberalen Koalition insbesondere regulative und redistributive Projekte.

Im kulturpolitischen Föderalismus bedeutet somit Kooperation – sei es der Länder untereinander, sei es unter Einbeziehung des Bundes – ganz offensichtlich den Zwang zur Kooperation auch quer durch die parteipolitischen Lager. Leussinks Bemühungen um eine „Große Koalition der Bildungspolitik" entsprach den Funktionsbedingungen des kooperativen Bundesstaats; fast ein Jahrzehnt zuvor hatte der bayerische SPD-Vorsitzende Waldemar von Knoeringen eine ähnliche Formulierung gebraucht, als er forderte, der Kultusministerkonferenz „die Regierungsfunktion einer Großen Koalition der Kulturpolitik" zu übertragen (*Die Zeit* vom 2.2.1962). Das Konzept der „großen Bildungskoalition" lief jedoch den Erwartungen zuwider, die mit dem System des dualistischen Parteienwettbewerbs verbunden sind, und isolierte den Wissenschaftsminister von den Bildungspolitikern der Regierungsmehrheit.

Hinzu kam nun, daß auch eine konsensorientierte Bildungsplanung am Streit um Ressourcen auflief, und in diesem Streit hatte die ganze „vertikale Fachbrüderschaft" aus den Bildungspolitikern beider Lager auf längere Sicht die schlechteren Karten. Da das BLK-Abkommen die Erarbeitung eines „Bildungsbudgets" vorsah, mußte das Verhältnis zwischen Sachplanung und Finanzplanung geklärt werden, und hier ergab sich ein doppelter Interessengegensatz: zum einen der zwischen Bund und Ländern (ein potentieller Dauerkonflikt mit hohem Konsensbedarf, weil die Revisionsklausel des Art. 106 Abs. 4 GG die Steuerverteilung offenhält), zum andern der Ressortgegensatz zwischen Bildungs- und Finanzpolitik. Besonders der letztere wurde für die Öffentlichkeit augenfällig.

In einer Stellungnahme der Länderfinanzminister zum „Zwischenbericht" der BLK hieß es am 27.1.1972, die längerfristig (bis 1985) unterstellte Wachstumsrate des realen Bruttosozialprodukts (jährlich 4,8 %) sei unrealistisch, die erforderliche Erhöhung der Steuerbelastung und damit der Abgabenquote „gesamt- und finanzwirtschaftlich nicht vertretbar", und die angestrebte Steigerung des Bildungsanteils am öffentlichen Ge-

5.3. Die kooperativen Planungsgremien im Parteienkonflikt

samthaushalt „kaum vereinbar mit der Forderung, auch in anderen Aufgabenbereichen überproportionale Aufwendungen zu leisten". In jedem Falle setzten „Weiterentwicklungen im Bildungsbereich eine entscheidende Verbesserung der Finanzausstattung von Ländern und Gemeinden" voraus. Ein halbes Jahr später erklärte dann der Finanzplanungsrat (in seiner Empfehlung vom 14.9.1972), daß der im „Zwischenbericht" für 1975 anvisierte Finanzierungsrahmen von 58 Mrd. DM nicht realisierbar sei, vielmehr nur 53 Mrd. DM Bildungsausgaben finanzpolitisch vertreten werden könnten. Auch die längerfristigen Projektionen der Bildungsplaner kritisierte der Finanzplanungsrat: Die Erhöhung der Bildungsausgaben von 4,5% des Bruttosozialprodukts in 1970 auf 8% in 1980/1985 (so der „Zwischenbericht") sei nicht zu erreichen - nicht einmal eine Erhöhung auf 6 %. Der Finanzplanungsrat erklärte die Festlegung längerfristiger Eckwerte für die Bildungsplanung überhaupt für „zur Zeit" unmöglich und empfahl, die „langfristige Bildungsplanung stufenweise im Rahmen der Fortschreibung der mittelfristigen Finanzpläne der Gebietskörperschaften zu verwirklichen". Dieser Empfehlung stellte die BLK ihrerseits Finanzierungsvorschläge gegenüber (verabschiedet am 12.2.1973), die für 1975 von einem „erforderlichen Gesamtbetrag von 59,5 Mrd. DM" ausgingen und im einzelnen darstellten, welche Reformmaßnahmen bei einer Beschneidung des Finanzierungsrahmens aufgegeben werden müßten. Schließlich nahmen sich am 23.2.1973 die Regierungschefs von Bund und Ländern erneut dieses Problems an und beschlossen, daß der Bildungsgesamtplan für 1975 „zunächst auf der Grundlage eines Finanzierungssockels von 53,6 Mrd. DM mit Alternativen vorgelegt" werden solle, daß aber „die Frage der Finanzierung der weiteren, auch von den Regierungschefs bildungspolitisch für notwendig angesehenen Maßnahmen im Gespräch zwischen Bund und Ländern bis zu den jeweils erforderlichen Entscheidungsterminen zu klären" sei.

Zwei Aspekte dieser Auseinandersetzung sind in unserem Zusammenhang von besonderem Interesse. Der eine ist die Problematik der Querschnittskoordinierung: Nachdem durch die starke Betonung quantitativer Eckwerte der Bildungsplanung die Frage der Finanzierbarkeit in den Vordergrund gerückt worden war, ergab sich das institutionelle Problem, wie die divergierenden Zielvorstellungen der Sach-(Bildungs-)Planung einerseits, der Finanzplanung andererseits aufeinander abgestimmt werden könnten. Auf die Stellungnahme des Finanzplanungsrates reagierte der Vorsitzende der BLK, indem er an die Regierungschefs appellierte. Das lag zwar schon insofern nahe, als nach dem BLK-Abkommen diesen die endgültige Beschlußfassung über die Kommissionsempfehlungen vorbehalten war. Auch davon abgesehen waren aber die Inhaber der Richtlinienkompetenz die einzig mögliche Schlichtungsinstanz - vorausgesetzt, sie erzielten die erforderliche Übereinstimmung. Das hieß zugleich, daß im Planungssystem des kooperativen Föderalismus letztinstanzlich ein Gremium entschied, das in der Verfassung überhaupt nicht vorgesehen ist. Nicht nur trug sein informeller Charakter dazu bei, die Konsensschwelle hoch zu halten. Zudem konnte ein solches Koordinierungsverfahren im Wege der Gipfeldiplomatie nur zur konfliktausgleichenden Koordination in gravierenden Fällen geeignet sein, aber keinesfalls zu einer fortlaufenden gestaltenden Koordinierung, wie sie für „Systemplanung" unerläßlich gewesen wäre. Es blieb also in der Konstruktion, wie sie die Große Koalition eingeführt hat, ein erheblicher Koordinationsbedarf offen.

Der aus der ressortmäßigen Segmentierung entspringende Koordinationsbedarf aber verschärfte sich noch als Folge der unbewältigten parteipolitischen Interessengegensätze im bundesstaatlichen System. Die Kontroverse mit den Finanzministern hatte sich nicht zuletzt deshalb so zugespitzt, weil eben die Ziele der Bildungsplanung vorwiegend quantitativ formuliert waren, unter Vernachlässigung vor allem inhaltlich-curricularer Aspekte. Diese Akzentsetzung auf Quantifizierung war zwar durch die Vorgaben des BLK-Abkommens (Bildungsbudget, Abstimmung mit der Finanzplanung) mit bedingt. Aber sie hat sich offensichtlich noch stärker durchgesetzt als Folge des Dissenses, der sich in der BLK (zwischen SPD/FDP und CDU/CSU) in wichtigen Fragen der inhaltlichen und organisatorischen Ausgestaltung von Ausbildungsgängen ergeben hatte. In der Quantifizierung wünschenswerter (aber relativ willkürlicher) Lehrer-Schüler-Relationen konnten die Bildungspolitiker ihre Einigkeit wiederfinden. Die umstrittenen Eckwerte - hier 53, dort 58 Milliarden - waren angesichts ihrer teilweise recht fragwürdigen statistischen und planungstechnischen Basis im Grunde eher von symbolischem Gehalt, als daß sie eine praktisch brauchbare Entscheidungsgrundlage abzugeben geeignet wären (vgl. dazu Mäding 1974). Sie verschoben aber für die Öffentlichkeit das Problem auf die Einigungsprozesse über quantitativ-finanzpolitische Spielräume, während die unbewältigten inhaltlich-politischen Interessenkonflikte dadurch wenigstens teilweise verdeckt wurden.

Der Bund und die sozial-liberal regierten Länder versuchten angesichts dieser Restriktionen, ihr bildungspolitisches Programm wenigstens mit Hilfe von „Modellversuchen" für „Innovationen im Bildungswesen" voranzutreiben. Aber nachdem die niedersächsische Landtagswahl 1976 den CDU/CSU-regierten Ländern die Sperrminorität in der BLK brachte, vermochten diese auch die weitere Entwicklung solcher Modellversuche weitgehend zu blockieren. Seither war die Bildungsplanung vollends ins parteipolitische Patt geraten. Die Beratungen über eine Fortschreibung des Bildungsgesamtplans zogen sich von 1976 über Jahre hinweg, und den christlich-demokratisch regierten Ländern, die sich mit einer formellen Aufkündigung des Vorhabens schwer taten, kamen schließlich die Finanzminister indirekt zu Hilfe, indem sie 1982 den vorliegenden Fortschreibungsentwurf für nicht finanzierbar erklärten und einer längerfristigen Festlegung des Finanzrahmens faktisch eine Absage erteilten. Damit war das Projekt einer kooperativen Bildungsplanung endgültig gescheitert und wurde auch formell zu den Akten gelegt. Nach dem Regierungswechsel von 1982 gab es bei den CDU/CSU-Ländern starke Neigungen, die BLK ganz aufzulösen. Aber entgegen einem dahingehenden Beschluß der christlich-demokratischen Fraktionsvorsitzenden vom 29. April 1983 wollte die neue Bundesregierung an der Einrichtung festhalten, da dies ihr ja ein institutionalisiertes Mitspracherecht in der Bildungspolitik sicherte. Die BLK wurde zur Koordinierungsinstanz für „alle Bund und Länder gemeinsam berührenden Fragen des Bildungswesens" und zugleich für die Forschungsförderung, aber sie hat die ihr einst zugedachte zentrale Lenkungsfunktion verloren.

Aus dem Scheitern der Politikverflechtung am parteipolitischen Konflikt haben die sozialdemokratisch geführten Länder damals Auswege gesucht, die wenigstens den

5.3. Die kooperativen Planungsgremien im Parteienkonflikt

Erwartungen ihrer eigenen Parteigänger Rechnung trugen, nämlich Alleingänge von Fall zu Fall, bei denen bloß die Länder einer politischen Couleur kooperierten. Die Absprache der sozialdemokratischen Kultusminister über die gegenseitige Anerkennung von Lehramtsprüfungen im Sinne des Stufenlehrer-Konzepts habe ich schon erwähnt. Als die CDU/CSU-Ministerpräsidenten einem Abkommen, das die Finanzierung der laufenden Kosten der Universität Bremen durch die Gemeinschaft der Länder vorsah, mit der Begründung die Unterschrift versagten, daß an dieser (damals noch als „rote Kaderschule" abgestempelten) Hochschule die Meinungsvielfalt in Forschung und Lehre nicht gewährleistet sei, wurde es am 6.10.1971 nur von den sozialdemokratischen Länderchefs abgeschlossen. Schließlich haben sich Bund und SPD-Länder, nachdem der Gesetzentwurf zur Änderung dienstrechtlicher Vorschriften (über die Behandlung von extremistischen Bewerbern für den öffentlichen Dienst) am 20.2.1976 im Bundesrat gescheitert war, darauf verständigt, gleichwohl nach diesem von der Bundesratsmehrheit abgelehnten Entwurf zu verfahren; sie haben damit endgültig die von den Regierungschefs am 28.1.1972 beschlossenen Grundsätze zur Behandlung verfassungsfeindlicher Bewerber für den öffentlichen Dienst aufgekündigt.

Alleingänge solcher Art bedeuten natürlich einen Rückfall hinter das auf diesen Gebieten bereits erreichte Niveau kooperativer Unitarisierung. Sie sind aber kaum vermeidbar, wenn nicht in Kauf genommen werden soll, daß den politischen Parteien durch die Unitarisierung der eigene Gestaltungsspielraum verlorengeht, wie er zum System parlamentarischer Parteiregierung gehört. Insofern sie zugleich einen allgemeinen Anstieg der Konfliktbereitschaft im bundesstaatlichen System anzuzeigen scheinen, muß man darin kein nationales Unglück sehen. Problematisch ist allerdings, daß mit dieser gestiegenen Konfliktbereitschaft eine Neigung zur Frontenbildung einhergeht, die den individuellen politischen Bewegungsspielraum des einzelnen Landes zugunsten von politisch solidarisch handelnden Länderblöcken reduziert. In der BLK kam das schon in dem prozeduralen Detail zum Ausdruck, daß die Minister häufig nicht nur Beamten des eigenen Landes, sondern Ministern eines anderen Landes Sitzungsvollmacht erteilten, die der selben Ländergruppe angehörten, so daß mitunter die politische Leitung der Bundesländer nur durch wenige Stimmführer mit einem faktisch parteipolitischen Mandat vertreten war (Müller 1984, 111). Insbesondere mag solche Frontenbildung dazu führen daß besonders intransigente Parteigänger in die Lage kommen, ihrem jeweiligen Länderblock das Gesetz des Handelns aufzudrängen. Es kann beispielsweise fraglich erscheinen, ob sich wohl der baden-württembergische Kultusminister Hahn mit der Weigerung, das Abkommen über den Deutschen Bildungsrat zu verlängern, auch bei geringerer allgemeiner Konfliktintensität hätte durchsetzen können. So begrüßenswert es sein könnte, wenn die Bundesländer ihren eigenen politischen Gestaltungsspielraum nicht völlig den Kompromissen auf kleinstem gemeinsamen Nenner opfern, so notwendig erscheint es andererseits für die Flexibilität des kooperativen Föderalismus, daß es auch die einzelnen Bundesländer und nicht bloß solidarisch agierende Lager sind, die solchen Spielraum in Anspruch nehmen.

5.4. Die Informalisierung des Bundesstaates in der Ära Kohl

Der Regierungswechsel von 1982 stellte den parteipolitischen Gleichklang von Bundesregierung, Bundestagsmehrheit und Bundesratsmehrheit wieder her, wie er ähnlich in den fünfziger und sechziger Jahren schon bestanden hatte. Damals ließ sich beobachten, daß unter den Bedingungen eines solchen Gleichklangs die Länder ihr Eigeninteresse stark zur Geltung bringen. Man hätte deshalb erwarten können, daß sich mit dem Regierungswechsel von 1982 erneut jenes vertraute Muster einstellen und das Funktionieren der bundesstaatlichen Institutionen bestimmen würde. In der Tat erwiesen sich Eigeninteressen der Länder als eine der Ursachen dafür, daß die neue Bundesregierung ihr Programm marktorientierter Strukturreformen nur mit deutlichen Einschränkungen umsetzen konnte. Sie trugen dazu bei, daß die erste, 1988 im Rahmen des „Poststrukturgesetzes" verabschiedete Telekommunikationsreform nur eine begrenzte Deregulierung brachte (Grande 1989). Und auch die Gesundheitsreform stieß bei dem Versuch, den Krankenhaussektor in eine Politik der Kostendämpfung einzubeziehen, zunächst auf den Widerstand der Länder, die hier zugleich kommunale Interessen vertraten (Döhler 1990, 418 ff.). In beiden Sektoren gelangen weitergehende Reformen erst im zweiten Anlauf.

Aber vor allem in der Finanzpolitik war damit zu rechnen, daß der Gegensatz zwischen dem Bund und der Gesamtheit der Länder an Bedeutung zunehmen würde. Mit dem Niedergang der keynesianischen Globalsteuerung und mit der zunehmenden Einengung finanzpolitischer Spielräume in den achtziger und neunziger Jahren waren insbesondere die fiskalischen Interessenlagen von Bund und Ländern ähnlich geworden, weil beide unter dem Druck schrumpfender Ressourcen standen. Im Bereich der Gemeinschaftsaufgaben waren davon zwar keine schwerwiegenden Rückwirkungen auf die Parteienkonkurrenz zu erwarten, weil hier die Interessenkonstellationen nur schwach politisch aufgeladen sind. Dagegen ist das System des Finanzausgleichs hoch konfliktträchtig. Hier drohten einerseits verschärfte verteilungspolitische Gegensätze beim vertikalen Ausgleich zwischen dem Bund und der Ländergesamtheit. Zum andern war auch zu erwarten, daß angesichts der neuen Virulenz der Gegensätze zwischen armen und reichen Ländern sowie neuer spezifisch regionaler Problemlagen, wie der Anpassungskrise der Montanregionen, die Interessengegensätze im Bundesrat zunehmend quer zu den Parteilagern liefen - dies um so mehr, als auch die CDU-Dominanz bei den „armen" Ländern durch die Regierungswechsel im Saarland und dann in Schleswig-Holstein abbröckelte. Von daher konnte naheliegen, daß sich im Bundesrat - wie schon in den fünfziger und sechziger Jahren - wieder verteilungspolitische Allianzen der Länder über Parteifronten hinweg bildeten.

In der Tat brachen wiederum finanzpolitische Konflikte zwischen Bund und Ländern aus, und im Verlauf der achtziger Jahre gab es mehrfach Ansätze zu verteilungspolitischen Länderkoalitionen quer zum Parteienkonflikt. Die Auseinandersetzungen in den Jahren 1986/1987 begannen mit dem von der Regierungskoalition lancierten Projekt einer Einkommensteuerreform mit einer angestrebten Nettoentlastung von 30 Milliarden DM. Hier hätten die Länder und Gemeinden einen erheblichen Teil der Einnahmeausfälle verkraften müssen, und das hätte auch einige finanzschwache CDU-

5.4. Die Informalisierung des Bundesstaates in der Ära Kohl

Länder empfindlich getroffen. Die Ministerpräsidenten Bernhard Vogel (Rheinland-Pfalz), Ernst Albrecht (Niedersachsen) und Lothar Späth (Baden-Württemberg) sprachen sich Anfang 1987 gegen die geplante Senkung des Spitzensteuersatzes aus und warnten, die Bundesratsmehrheit könne sonst verloren gehen. In dieser Lage erregte dann ein Vorstoß von Albrecht im Februar 1988 besonderes Aufsehen, der ein Bündnis vor allem nord- und westdeutscher Länder zusammengebracht hatte, die sich durch ansteigende Sozialhilfekosten besonders belastet fühlten. Neben Niedersachsen gehörten dazu das (damals noch) gleichfalls CDU-regierte Schleswig-Holstein und die SPD-Länder Bremen, Hamburg, Nordrhein-Westfalen und Saarland. Albrecht forderte vom Bund, die Hälfte dieser Kosten zu übernehmen, und drohte damit, andernfalls die Steuerreform im Bundesrat an einer Mehrheit aus CDU- und SPD-Ländern scheitern zu lassen. Beobachter meinten damals, „der politische Jargon mit einer Zweiteilung des Bundesrates in A und B" habe „mit der Wirklichkeit längst nicht mehr zu tun" (Helmut Herles, „Mehr Farben als 'Schwarz' und 'Rot'", FAZ, 29. April 1988).

Das Schicksal der „Albrecht-Initiative" zeigte aber, daß es zu kurz griff, einfach auf heterogener gewordene Interessenlagen der Länder zu verweisen. Der Regierungswechsel von 1982 hatte nämlich keineswegs eine einfache Rückkehr zu der Konstellation vor 1966 gebracht. Das lag nun nicht etwa nur an möglicherweise veränderten Problemlagen und an veränderten Interessenlagen der Akteure. Die Beteiligten hatten vielmehr auch aus den Erfahrungen gelernt und hatten ihre Repertoires an Konfliktstrategien erweitert. Vor allem saß jetzt mit dem ehemaligen Ministerpräsidenten von Rheinland-Pfalz ein Virtuose bundesstaatlicher Aushandlungsprozesse im Kanzleramt, der aber zur selben Zeit seine Machtposition der Koalitionsbildung im polarisierten Parteiensystem verdankte. Für ihn kam es darauf an, ein außerordentlich komplexes institutionelles Gefüge politisch immer unter seiner Kontrolle zu behalten. Das erreichte er mit einer hoch entwickelten und bislang so nicht gekannten Technik der informellen Koordination. Ich habe schon früher darauf hingewiesen, daß die Informalisierung, mit der sich institutionell geregelte Konfliktaustragung gewissermaßen kurzschließen ließ, zu einem der markantesten Kennzeichen der Regierungstechnik in der Ära Kohl wurde. Aber während die Praxis der Koalitionsgespräche lediglich früher ausgebildete Entwicklungstendenzen des Koalitionsmanagements steigerte, wurden die Bund-Länder-Beziehungen durch die Informalisierung folgenreich verändert.

Das strategische Problem bestand für Helmut Kohl darin, die Eigendynamik der Länderinteressen so unter Kontrolle zu bringen, daß sie sich nicht in Wechselwirkung mit den inneren Spannungen innerhalb seiner Partei und der Regierungskoalition zu einer Gefährdung seiner Führungsposition aufschaukeln konnte. Diese Position war ja in den achtziger Jahren keineswegs so unangefochten, wie das für Adenauers Stellung in den fünfziger Jahren gelten konnte: Der bayerische Ministerpräsident Strauß blieb ein gefährlicher Rivale, und an der innerparteilichen Fronde, die 1988 Kohls Ablösung im Kanzleramt anstrebte, waren außer dem CDU-Generalsekretär Geißler auch die Ministerpräsidenten Späth und Albrecht beteiligt. Zwischen 1982 und 1987 und dann wieder ab 1988 hätte das Ausscheren eines einzigen von der CDU bzw. CSU geführten Landes die Bundesregierung um die Mehrheit im Bundesrat bringen können, und das wurde dem Bundeskanzler auch von Zeit zu Zeit durch abweichendes Stimmverhalten in frühen Stadien des Gesetzgebungsprozesses demonstriert. Es mußte Helmut Kohl deshalb darum gehen, die Sprengkraft der föderativen Verteilungskonflikte so zu dämmen, daß sie nicht seine Dominanz in der Koalition erschüttern konnte. Und zu guter Letzt gelang ihm das dann auch immer wieder - so lange er durch den politischen Gleichklang der Mehrheiten in Bundestag und Bundesrat begünstigt war - mit Hilfe der Informalisierung politischer Entscheidungsprozesse auch im Bund-Länder-Verhältnis. Die Konflikte um das Steuerreformprojekt 1986/1987 und um die „Albrecht-Initiative" zeigen exemplarisch, wie das funktionierte, nämlich durch Verhandlungen innerhalb der CDU, unter Ausschluß der SPD-regierten Länder.

Eine wichtige Voraussetzung dafür hatte die Parteireform der siebziger Jahre geschaffen. Unter Adenauer und Erhard hatte die CDU auf der Bundesebene noch keine funktionsfähigen Organisationsstrukturen gekannt. Es ist zwar falsch, die Reform, die seit 1973 vor allem von Kurt Biedenkopf als Generalsekretär vorangetrieben wurde, als „Zentralisierung" der Partei zu beschreiben. Die CDU blieb vielmehr eine „organisierte Anarchie", in der die Landesverbände erhebliche politische Spielräume hatten (Schmid 1990, 276 ff.). Aber die Parteireform trug erheblich zur Verbesserung der innerparteilichen Kommunikationsstrukturen bei (Schönbohm 1985, 149 ff.). So war die CDU unter Kohl in der Lage, effektiv auch die Prozesse der Interessenabklärung im bundesstaatlichen Verhältnis auf der Parteischiene am Bundesrat vorbei zu führen. Zur zentralen Koordinationsstelle wurde dabei das Präsidium der Partei, in dem seit den siebziger Jahren das Gewicht der Länderpolitiker stark zugenommen hatte (Haungs 1983, 79 f.; Haungs 1991). Präsidiumssitzungen, zu denen die Ministerpräsidenten der Partei hinzugezogen wurden, traten gewissermaßen an die Stelle des Vermittlungsausschusses. Bund-Länder-Konflikte konnten aber auch zwischen Vertretern der Bundesregierung und den von der CDU oder CSU geführten Landesregierungen behandelt werden, beispielsweise zwischen den Finanzministern beider Seiten. Das hatte schon nach dem Regierungswechsel 1982 begonnen, als Änderungen am Finanzausgleich (die bis dahin an der CDU-Mehrheit im Bundesrat gescheitert waren) nun CDU-intern ausgehandelt wurden. Das ausgehandelte Paket war nicht untypisch für Finanzausgleichskompromisse, aber neu war der Ausschluß der mitbetroffenen SPD-Länder von den Beratungen (Renzsch 1989), und das Ergebnis berücksichtigte im wesentlichen die Interessen der verschiedenen CDU-Länder, die hier im Streit gelegen hatten. Freilich war die Benachteiligung der sozialdemokratischen Länder eher ein Nebeneffekt der CDU-internen Koordinierung, nicht deren vorrangige Absicht. Es ging dem Bundeskanzler in erster Linie darum, der gestiegenen Heterogenität der Interessen im Unionslager durch Tauschgeschäfte so Herr zu werden, daß sie nicht das Erscheinungsbild der Partei nach außen beeinträchtigen konnte, und das fiel am leichtesten, wenn man sich zu Lasten der Ausgeschlossenen verständigte. Mit dem Grundsatz der „Bundestreue", wie ihn das Bundesverfassungsgericht in seinem berühmten Fernsehurteil von 1962 definiert hatte, war das gleichwohl kaum noch vereinbar. Und in der Tat erinnerte das Gericht in seinem Urteil vom 24. Juni 1986, in dem es das geltende Finanzausgleichsgesetz für verfassungswidrig erklärte, an diesen Grundsatz und forderte, daß Bundesregierung und Bundesgesetzgeber sich als „ehrliche Makler" betätigen müßten.

5.4. Die Informalisierung des Bundesstaates in der Ära Kohl

Diese Rüge hinterließ wenig Eindruck, und die parteipolitische Informalisierung der Bund-Länder-Beziehungen wurde konsequent fortgeführt. Mitte der achtziger Jahre konnte man den Vermittlungsausschuß gelegentlich als „Verfassungsinstitution im Wartestand" (Dietlein 1985) bezeichnen. In den fünf ersten Legislaturperioden (1949-1969) war er bei 11 % der vom Bundestag beschlossenen Gesetze angerufen worden, und selbst in der dritten Wahlperiode (1957-1961), als die Regierungskoalition sowohl im Bundestag als auch im Bundesrat über eine eindeutige Mehrheit verfügte, bei 11,56 % (oder, wenn man die nicht änderbaren Ratifikationsgesetze abzieht, bei über 17 %). Diese Quote stieg zwar während der sozialliberalen Koalition deutlich an. In der 8. Legislaturperiode (1976 bis 1980) wurden mehr als 30 % der Gesetze (ohne Ratifikationsgesetze) vor den Vermittlungsausschuß gebracht, und nach der folgenden Bundestagswahl bis zum Regierungswechsel am 1. Oktober 1982 sogar 37 %. Dann hörte das schlagartig auf, und die Vermittlungsstatistik der achtziger Jahre unterscheidet sich signifikant auch von jener der beiden Jahrzehnte 1949 bis 1969: In den drei Jahren, die auf den Regierungswechsel von 1982 folgten, wurde der Vermittlungsausschuß kein einziges mal angerufen. Und auch danach änderte sich das nur geringfügig. Insgesamt wurde der Vermittlungsausschuß in der 10. Legislaturperiode (1983 bis 1987) bei 6, in der 11. Legislaturperiode (1987 bis 1990) bei 13 Gesetzen angerufen (das waren 1,9 % bzw. 3,5 % der vom Bundestag verabschiedeten Gesetze), und zwar ausschließlich vom Bundesrat. Helmut Kohl selbst rühmte sich sogar in einer Konferenz mit den Länderministerpräsidenten, Vermittlungsverfahren weitgehend vermieden zu haben (Posser/Vogel 1989, 228). In der 8. bis 10. Wahlperiode scheiterte kein einziges Gesetz am Bundesrat, in der 11. Wahlperiode versagte der Bundesrat nur einmal die Zustimmung - beim Zweiten Gesetz zur Verbesserung des Wahlrechtes für die Sozialversicherungswahlen (Schindler 1994, 850).

Seine größte Herausforderung bestand dieses informelle Aushandlungssystem nun in den Auseinandersetzungen der Jahre 1986 bis 1988 über die Steuerreform und die „Albrecht-Initiative", mit der die Kohäsion der CDU auf eine harte Probe gestellt wurde. Der niedersächsische Ministerpräsident hatte angesichts der knappen Mehrheitsverhältnisse mit der Zustimmung zum Steuerreformgesetz ein Faustpfand, mit dem er die Bundesregierung erpressen konnte, um die Beteiligung des Bundes an den Sozialhilfekosten durchzusetzen. Aus der Sicht der armen Länder und der Gemeinden wäre eine solche Regelung auf längere Sicht nicht unattraktiv gewesen, denn für den Bund wäre der Anreiz, seinen eigenen Haushalt durch Problemverschiebung auf Kosten der Kommunen zu entlasten, geringer geworden. Aber außer der Bundesregierung standen auch die christlich-demokratisch geführten Regierungen von Baden-Württemberg, Hessen und Rheinland-Pfalz sowie Bayern gegen den Vorschlag, der ihnen keine Vorteile versprach, und Albrecht ließ sich in den innerparteilich geführten Auseinandersetzungen seine Forderung schließlich zugunsten des von Baden-Württemberg vorgeschlagenen „Strukturhilfe-Gesetzes" abhandeln, einer Art von zusätzlichem Finanzausgleich, der auch Bayern und Rheinland-Pfalz zugute kam, dagegen den norddeutschen SPD-Ländern deutlich geringere und den Kommunen überhaupt keine Vorteile brachte (Renzsch 1989). Mit der oben (in Abschnitt 3.1) eingeführten Unterscheidung von Verhandlungsstrategien kann man diese Verschiebung der Verhandlungsziele so interpretieren, daß am Anfang ein Versuch des *problem solving* stand, daß das Rationalitätsniveau aber schließlich auf Interessenausgleich durch *bargaining* reduziert wurde.

Die föderativen Entscheidungsstrukturen der achtziger Jahre lassen sich aber nicht einfach als eine Überlagerung des bundesstaatlichen Regelsystems durch eine parteipolitische Mehrheit beschreiben. Vielmehr waren Parteienwettbewerb und Föderalismus in einer Weise mit einander verknüpft, durch die sich die hergebrachte Logik sowohl der einen wie der anderen Arena eigentümlich veränderte. Der Bundeskanzler wollte den Verbundföderalismus so berechenbar halten, daß er die Machtverteilung im Parteiensystem nicht gefährdete, und deshalb beschritt er in den Bund-Länder-Beziehungen den Weg der *itio in partes* und etablierte auf der Parteischiene ein sekundäres Verhandlungssystem mit den Ländern, das sich für den Bund als sehr kostspielig erwies. Einen parteiübergreifenden Reformansatz, wie ihn der niedersächsische Vorstoß ermöglicht hätte, unterdrückte er, weil die Erfolgskalküle des Parteienwettbewerbs sein Handeln bestimmten und von daher die Wahrung der innerparteilichen Machtbalance den Vorrang hatte. Wenn Fritz Scharpf damals diagnostizierte, daß die Verbindung von Parteienkonkurrenz und föderaler Politikverflechtung eine Form der „antagonistischen Kooperation" erzeuge, die zum politischen Immobilismus tendiere (Scharpf 1989, 132), dann konnte auch die Auseinandersetzung um die Albrecht-Initiative als Beleg dienen.

Die Ironie der Geschichte wollte es dann, daß der Strukturhilfekompromiß zwischen den unionsregierten Ländern auch in seinen parteipolitisch intendierten Verteilungswirkungen nicht dauerhaft war. Die Verschiebung der Mehrheitsverhältnisse, die sich in den neunziger Jahren in den Ländern vollzog, hatte nämlich die paradoxe Folge, daß sich die parteipolitische Färbung der Nutznießer des Strukturhilfekompromisses erheblich veränderte: Am Ende kam er doch überwiegend sozialdemokratisch regierten Ländern zugute.

5.5. Die Nemesis der informellen Koordinierungspraxis

Die Praxis der Informalisierung zu Lasten der verfassungsrechtlich institutionalisierten Verfahren funktionierte - wie wir gesehen haben - auf der Basis gleichgerichteter Mehrheiten in den gesetzgebenden Körperschaften. Diese Voraussetzung war in den achtziger Jahren gegeben, doch zu Beginn der neunziger Jahre änderte sich das. Mit den niedersächsischen Landtagswahlen vom 13. Mai 1990 und der Aufhebung des alliierten Vorbehalts gegen das Stimmrecht Westberlins büßte die CDU die Mehrheit im Bundesrat ein. Sie gewann sie zwar vorübergehend noch einmal zurück, nachdem die Bonner Regierungskoalition nach der Vereinigung bei den Landtagswahlen in vier der fünf „neuen" Ländern die Regierung stellen konnte. Aber im April 1991 verlor die CDU nach fünfundvierzig Jahren die Kontrolle über Rheinland-Pfalz, und seither hatte sie auch nicht mehr die Mehrheit in Bundesrat. Die Praxis der informellen Koordinierung kehrte sich nun gegen den Bundeskanzler, der sie bisher so virtuos gehandhabt hatte, und die SPD-Parteivorsitzenden zeigten sich als gelehrige (wenngleich nicht immer erfolgreiche) Schüler.

5.5. Die Nemesis der informellen Koordinierungspraxis

Die Machtverschiebung im Bundesrat spiegelte sich unmittelbar in der Statistik der Gesetzesbeschlüsse wider. Wurde in der 10. und 11. Wahlperiode (1983 bis 1987 bzw. 1987 bis 1990) der Vermittlungsausschuß nur bei 1,9 bzw. 3,5 % der vom Bundestag verabschiedeten Gesetze angerufen (wobei keines bzw. 0,5 % dieser Gesetze schließlich scheiterten), so stieg in der 12. Wahlperiode (1990-1994) die Quote der Anrufungen auf 16,3 % und die der gescheiterten Gesetze auf 2,6 %. In der 13. Wahlperiode betrug bei den bis zum 6. April 1998 im Bundesrat behandelten Gesetzesbeschlüssen des Bundestags die Quote der Anrufungen des Vermittlungsausschusses 17,7 %, die der an der versagten Zustimmung gescheiterten Gesetze 4,7 %. Damit kam der zahlenmäßige Anteil der Anrufungen nahe an die Werte heran, die es während der sozialliberalen Koalition gab, und bei den endgültig gescheiterten Vorhaben lag er sogar deutlich darüber. Die Zahlen machen deutlich, daß der Vermittlungsausschuß wieder eine zentrale Rolle im Gesetzgebungsverfahren spielte. Wichtige Vorhaben der Koalition, so insbesondere 1993 die Einführung der Pflegeversicherung, ließen sich nur nach mühsamen Aushandlungsprozessen und mit entsprechenden Zugeständnissen an die Opposition durchsetzen. Wir werden allerdings sehen, daß auch die Umgehung des Vermittlungsausschusses durch informelle Verfahren an Bedeutung gewann.

Die Konstellation der neunziger Jahre war nämlich keine spiegelbildliche Replik der auseinanderlaufenden Mehrheitsverhältnisse, wie sie aus den siebziger Jahren in Erinnerung waren. Das hatte zum einen mit dem neuen Gegensatz von armen und reichen Ländern zu tun, von der gleich ausführlicher zu sprechen sein wird. Zum andern liegt das aber auch an der seither erfolgten Erosion des Dreiparteiensystems: Die neue oppositionelle Bundesratsmehrheit war infolgedessen nicht mehr so homogen, wie das ihr christlich-demokratisches Pendant zur Zeit der sozialliberalen Regierung überwiegend gewesen war. Damals wurde, nachdem im April 1972 die Landtagswahlen in Baden-Württemberg der letzten Landesregierung mit großer Koalition ein Ende gesetzt hatten, die Bundesratsmehrheit (mit Ausnahme des Zeitabschnitts von März 1977 bis Juni 1978) nur noch von reinen CDU-Länderregierungen gestellt. Eine vergleichbar homogene Mehrheit konnte die SPD in den neunziger Jahren nicht mehr aufbringen, denn sie blieb in einer Reihe von Ländern auf Koalitionspartner angewiesen, die in Bonn zur Regierungsmehrheit gehörten (zunächst überwiegend auf die FDP). Die SPD konnte deshalb ihre Position im Bundesrat in den neunziger Jahren nicht im selben Maße nutzen, wie das der CDU/CSU in den siebziger Jahren gelungen war. Überlappende Länderkoalitionen pflegen im Koalitionsvertrag - nach einer Übung, die es schon in den siebziger Jahren gab - die Stimmenthaltung des Landes im Bundesrat für solche Fälle zu vereinbaren, wo sich die Regierungsparteien nicht über ihr Votum einigen können. Diese „Bundesratsklausel" bedeutet zwar keinen Unterschied für das Vetopotential der Ländermehrheit bei Zustimmungsgesetzen, weil hier (da die Mehrheit der Mitglieder des Bundesrates zustimmen muß) eine Stimmenthaltung ebenso wirkt wie ein ablehnendes Votum. Aber bei Einspruchsgesetzen wird Stimmenthaltung dazu führen, daß die für den Einspruch erforderliche Mehrheit nicht zustande kommt.

Die Problematik komplizierte sich noch weiter in dem Maße, in dem die SPD auf die Grünen als Koalitionspartner angewiesen war. Auch hier wurde die Bundesratsklausel eingeführt. Zwar konnte man in der Regel davon ausgehen, daß SPD und die Grünen bei Konflikten mit der Regierungsmehrheit im Bunde an einem Strang zogen. Aber wie sich 1998 beim Streit um die Einführung des „großen Lauschangriffs" zeigen sollte, gab die Bundesratsklausel gelegentlich auch den Grünen ein ziemlich wirkungsvolles Instrument in die Hand, um Kompromisse der SPD mit der Regierungskoalition zu blockieren, weil jedenfalls für eine Verfassungsänderung eine Zweidrittelmehrheit der Mehrheit der Bundesratsmitglieder erforderlich ist und durch Stimmenthaltung einzelner Länder gefährdet werden konnte.

Wie wir schon früher gesehen haben, kann der Gang des Gesetzgebungsverfahrens im übrigen auch davon abhängen, welche Seite die Mehrheit im Vermittlungsausschuß hat. Zu Beginn der 12. Wahlperiode (Ende 1990) war das noch die Bundesregierung: Es gab insgesamt 18 Mitglieder aus den Koalitionsfraktionen des Bundestages und aus CDU-geführten Landesregierungen („B-Länder"), 13 aus den Oppositionsfraktionen und (oppositionell geführten) „A-Ländern", und einen Vertreter aus einem Land mit großer Koalition (Berlin). Im Mai 1998 waren dagegen aus den Bundestagsfraktionen acht Christdemokraten und ein Freidemokrat der Regierungsseite zuzurechnen, sechs Sozialdemokraten und eine Grüne der Opposition. Aus den Ländern kamen drei Vertreter christlich-demokratischer Landesregierungen, acht aus sozialdemokratisch oder rot-grün regierten Ländern, und fünf aus Ländern mit großen bzw. SPD-FDP-Koalitionen. Somit stellte die Opposition fünfzehn der 32 Mitglieder, während fünf Ländervertreter nicht von vornherein als festgelegt gelten konnten. Unter diesen befanden sich aber zwei sozialdemokratische Regierungschefs, so daß sich in der Regel eine Oppositionsmehrheit ergab. Die Mitglieder des Vermittlungsausschusses haben ja (nach Art. 77 Abs. 2 GG) ein freies Mandat, und deshalb kann der Vertreter des Landes im Bundesrat (der im allgemeinen zur stärksten Regierungspartei gehört) auch bei überlappenden Koalitionen nicht durch die Bundesratsklausel zur Stimmenthaltung verpflichtet werden. Allerdings kann es bei dieser Gruppe doch eine Tendenz zur Neutralisierung geben, schon weil das stellvertretende Mitglied eines Landes im allgemeinen von der zweitstärksten Koalitionspartei gestellt wird.

Von diesem Sonderproblem abgesehen hat sich aber auch im Vermittlungsausschuß trotz des freien Mandats ein relativ parteikonformes Abstimmungsverhalten zumindest bei solchen Vorlagen durchgesetzt, die zwischen Regierung und Opposition sehr kontrovers bleiben. So lange die Bundesregierung auf eine Mehrheit im Vermittlungsausschuß zählen kann, wird deshalb eine oppositionelle Bundesratsmehrheit letzten Endes zum Einlenken gezwungen sein, weil es sich die Länder unter Umständen überlegen müssen, ob sie ein Vermittlungsergebnis auch dann scheitern lassen wollen, wenn es ihren Vorstellungen nur teilweise entgegen kommt. Und bei Einspruchsgesetzen kann die Bundesregierung die Opposition leichter ignorieren, wenn sie eine Mehrheit des Vermittlungsausschusses auf ihrer Seite hat. Das kann sich aber erheblich ändern, wenn die Opposition die Mehrheit im Vermittlungsausschuß erringt, wie es während der sozialliberalen Regierungszeit von 1976 bis 1982 und während der konservativ-liberalen Phase seit dem Regierungswechsel in Sachsen-Anhalt 1994 der Fall war. Für so zustande gekommene Mehrheitsbeschlüsse hat sich in den neunziger Jahren der Ausdruck „unechtes Vermittlungsergebnis" eingebürgert, weil nun deren

5.5. Die Nemesis der informellen Koordinierungspraxis

spätere Ablehnung im Bundestag im allgemeinen als sicher galt. (1998 gab es allerdings in der Kontroverse über die Verfassungsänderung zum „großen Lauschangriff" eine spektakuläre Ausnahme, weil Teile der FDP hier eine Gelegenheit sahen, die rechtspolitische Eigenständigkeit der Liberalen innerhalb der Koalition zu demonstrieren.)

Daß die Koordination der Bundesratsmehrheit für die SPD viel schwieriger geworden war, hat aber nicht nur mit der erneuten Auffächerung des Parteiensystems und der daraus resultierenden größeren Vielfalt an Koalitionsmöglichkeiten zu tun. Hinzu kam der Umstand, daß die Interessenlagen der Länder sehr viel heterogener, und auch die Überschneidungen von finanzpolitischen Interessenkonstellationen einerseits, parteipolitischen Mehrheiten andererseits noch um einiges komplexer geworden sind. Jahrzehntelang konnte man davon ausgehen, daß die meisten armen Länder von der CDU beherrscht wurden. Das hat sich seit Mitte der achtziger Jahre zunehmend geändert, und seit Mai 1991 waren alle Länder der alten Bundesrepublik mit Ausnahme von Bayern und Baden-Württemberg sozialdemokratisch regiert. (Infolgedessen kontrollierte die SPD jetzt auch fast alle Länder, die Nutznießer des Strukturhilfegesetzes waren.) Andererseits wurde bis 1994 die Mehrheit der ostdeutschen Länder mit Ausnahme von Brandenburg von der Bonner Koalitionsmehrheit regiert (Berlin hatte inzwischen eine große Koalition). Die SPD hatte damals also eine überwiegend westdeutsche Basis, und das änderte sich erst, seit sie 1994 in Sachsen-Anhalt die Regierung bilden konnte und in zwei anderen Ländern (Thüringen und Mecklenburg-Vorpommern) in große Koalitionen unter CDU-Führung eintrat. Es zeigte sich nun, daß das komplizierte bundesstaatliche Gesetzgebungsverfahren vor allem bei nicht eindeutigen Mehrheitsverhältnisse in seinen Auswirkungen immer schwerer zu berechnen ist. Die SPD fand sich jetzt im Bundesrat in einer Lage, die jener der CDU in der ersten Dekade der Regierungszeit von Helmut Kohl nicht unähnlich war: Auch im Oppositionslager gab es eine erhebliche Heterogenität der Länderinteressen. Weil seit der Vereinigung die Finanzkraft der Länder noch mehr auseinander klaffte als zuvor, konnte der Bund hier die Chance sehen, sich in den föderalen Verteilungskonflikten die finanzielle Abhängigkeit der besonders ressourcenschwachen ostdeutschen Länder zunutze zu machen.

So kann es auch nicht wundernehmen, daß sich bei der SPD eine ähnliche informelle Koordinierungstechnik ausbildete, wie sie zuvor der Bundeskanzler praktiziert hatte. Und auch hier war die Partei das Bindeglied für die Koordination zwischen der Ländermehrheit und der Fraktion im Bundestag. Im Bereich der Steuer- und Finanzpolitik sollte eine Arbeitsgruppe der finanzpolitischen Kommission beim SPD-Parteivorstand, der die finanzpolitische Sprecherin der Bundestagsfraktion Matthäus-Maier und der nordrhein-westfälische Finanzminister Schleußer angehörten, die Positionen der Bundestagsfraktion und die Eigeninteressen der SPD-geführten Länder aufeinander abstimmen (Altemeier 1998, 121). In letzter Instanz beanspruchte jedoch der Parteivorsitzende die Koordinierungsfunktion. Als indes der 1993 in den Parteivorsitz gewählte Rudolf Scharping nach der Bundestagswahl 1994 das Amt des Ministerpräsidenten von Rheinland-Pfalz aufgab, um den Vorsitz der Bundestagsfraktion zu übernehmen, mußte er die Erfahrung machen, daß die Fraktion gegenüber den Ministerpräsidenten der Länder keine Führungsrolle beanspruchen konnte. Denn in der

Oppositionszeit war es zu einer starken „Föderalisierung" der Partei gekommen, und Rivalitäten zwischen sozialdemokratischen Ministerpräsidenten (die mitunter mit Aspirationen auf die Kanzlerkandidatur zusammenhingen) erschwerten die parteiinterne Koordinierung weiter. Erst dem saarländischen Ministerpräsidenten Oskar Lafontaine gelang es, zunächst Scharping im November 1995 auf dem SPD-Parteitag in einer aufsehenerregenden Kampfabstimmung den Parteivorsitz abzunehmen und dann die „lose verkoppelte Anarchie" der Partei (Lösche/Walter 1992) bis zur Bundestagswahl von 1998 stärker zusammenzuhalten.

Die Bundesregierung hatte bis dahin mehrfach die Erfahrung gemacht, daß die Front der SPD-geführten Länder an internen Interessengegensätzen - insbesondere in der Finanzpolitik - zerbrach. Vor allem die Steuerpolitik schien sich zwar auf den ersten Blick hervorragend dafür zu eignen, die Bundesregierung im Vermittlungsverfahren zu Zugeständnissen zu zwingen, weil die wichtigsten Steuergesetze zustimmungspflichtig sind, so daß auch Stimmenthaltungen großer Koalitionsregierungen in den Ländern Blockadewirkungen haben können. Aber die neunziger Jahre waren auch eine Zeit gravierender haushaltspolitischer Engpässe, und das mußte für das Kalkül der Länderpolitiker erheblich ins Gewicht fallen.

Das spektakulärste Beispiel für die begrenzte Berechenbarkeit sozialdemokratisch geführter Länderregierungen war die Auseinandersetzung um das Steueränderungsgesetz 1992 der Koalition im Winter 1991/1992, das die Regierung mit der von den ostdeutschen Ländern dringend gewünschten Aufstockung des „Fonds Deutsche Einheit" gekoppelt hatte, als einer neuen, für dringlich erforderlich gehaltenen Übergangslösung zur finanzpolitischen Unterstützung dieser Länder bis zur 1995 fälligen Neuordnung des Finanzausgleichs. Weil die Bundesregierung diese Fondsaufstockung nicht erneut durch Kredite finanzieren wollte, wollte sie die benötigten Mittel vor allem durch die Aufhebung des Strukturhilfegesetzes mobilisieren, das nach den inzwischen erfolgten Machtverschiebungen vor allem sozialdemokratisch regierten ärmeren Ländern zugute kam. Außerdem wollte sie aber auch den - vor allem bei der FDP nicht beliebten - Solidaritätszuschlag zur Lohn- und Einkommensteuer möglichst bald ablösen, und dafür strebte sie eine Erhöhung der Umsatzsteuer an, mit der sie auch die geplante Abschaffung der Gewerbekapitalsteuer (als Einstieg in eine Reform der Unternehmensbesteuerung) finanzieren wollte. Bei vorparlamentarischen Verhandlungen über die vertikale Umsatzsteueraufteilung und die Revision des Strukturhilfegesetzes in einer Bund-Länder-Arbeitsgruppe der Finanzminister kam es aber zu keiner Annäherung der Positionen, weil die Interessen der verschiedenen Länderblöcke und des Bundes zu weit auseinander lagen. Als dann die Bundesregierung einen Gesetzentwurf vorlegte, der ihren eigenen Vorstellungen entsprach, stellte sich die SPD-Bundestagsfraktion gegen diese Pläne und wollte im Gesetzgebungsverfahren anstelle der Umsatzsteuererhöhung eine Ergänzungsabgabe für Besserverdienende durchsetzen. Im Bundesrat gingen die Interessen der SPD-regierten Länder aber deutlich auseinander. Abgesehen davon, daß einigen von ihnen eine höhere Umsatzsteuer durchaus gelegen gekommen wäre, war Brandenburg - damals das einzige sozialdemokratisch regierte ostdeutsche Land - dringend auf die Aufstockung des „Fonds Deutsche Einheit" angewiesen. Nun gelang es zwar der SPD-Führung, die „A-Länder"

5.5. Die Nemesis der informellen Koordinierungspraxis

zunächst auf eine ziemlich kompromißlose Ablehnung der Regierungsvorschläge einzuschwören. Aber weil damit der Koalition auch die Kosten eines Kompromisses zunehmend zu hoch erschienen, änderte sie im Vermittlungsverfahren ihre Strategie und setzte erfolgreich darauf, das Land Brandenburg und das von einer Großen Koalition regierte Berlin aus der Ablehnungsfront im Bundesrat herauszubrechen, um das Regierungsvorhaben durchzubringen. Als sich die Parteiführung der SPD auf die Geschlossenheit der A-Länder verließ, wurde sie das Opfer einer gravierenden Fehlkalkulation, die ihre Ursache letztlich darin hatte, daß es ihr lange Zeit an Verständnis für die spezifischen Probleme der ostdeutschen Sozialdemokraten mangelte (Altemeier 1998).

Auch in der Folge zeigte sich in der finanz- und steuerpolitischen Gesetzgebung, daß eine konsequent durchgehaltene Oppositionspolitik der SPD-Bundestagsfraktion ihre Grenze an den Interessenlagen vor allem der finanzschwächeren sozialdemokratischen Länder fand. So versagten sich 1995 die Ministerpräsidenten Gerhard Schröder und Heide Simonis und der Hamburger Regierende Bürgermeister Voscherau noch einmal den Vorstellungen des Partei- und Fraktionsvorsitzenden Rudolf Scharping, als es um das Jahressteuergesetz 1996 ging. Die Fraktion mußte darauf verzichten, ihre weitgehenden Forderungen für das Kindergeld und das steuerfreie Existenzminimum im Vermittlungsverfahren durchzusetzen, weil sich die norddeutschen Länder weigerten, die dadurch zu erwartenden Einnahmeausfälle zu tragen.

Aber als sich nun die Bundesregierung durch solche Erfolge zu der Erwartung verleiten ließ, daß sie auch in Zukunft damit rechnen könne, die SPD-Länder bei finanz- und steuerpolitischen Auseinandersetzungen gegen einander ausspielen zu können, unterliefen auch ihr schließlich gravierende Fehleinschätzungen. Daß es im Steuerreformkonflikt 1997/1998 dem Parteivorsitzenden Lafontaine gelang, die Ablehnungsfront der sozialdemokratisch geführten Länder geschlossen zu halten, hing damit zusammen, daß die „Blockadestrategie" diesmal den Eigeninteressen der Länder nicht zuwiderlief, sondern ihnen entgegenkam. Auch der Bundesfinanzminister selbst hatte ursprünglich einer tiefgreifenden Steuerreform skeptisch gegenübergestanden. Er lehnte die auf eine solche Reform zielenden Vorschläge, die 1994 von einer Sachverständigenkommission unter dem Vorsitze des Betriebswirts Hans-Peter Bareis vorgelegt worden waren, zunächst ab, denn er mußte die Finanzierung der resultierenden Deckungslücke im Bundeshaushalt für sehr problematisch halten und beurteilte wohl auch die politische Durchsetzbarkeit der Reform ziemlich skeptisch. Dann geriet er aber unter den Druck sowohl des Koalitionspartners als auch von Kräften in der CDU, die in einer Steuerreform vom Typ der Bareis-Vorschläge die Chance einer Profilierung im Parteienwettbewerb sahen, und ließ sich schließlich zu einem Konfliktkurs mit der SPD bestimmen. Das zugrunde liegende Kalkül, man werde erneut die Front der SPD-regierten Länder aufbrechen können, war jedoch in der Perspektive eines erfolgreichen Verhandlungssystems äußerst waghalsig, weil der Bund kein für eine Ländermehrheit akzeptables Angebot machen konnte. Wollte der Bundesfinanzminister wie beim Steuergesetz 1992 einzelne sozialdemokratisch regierte Länder aus der Ablehnungsfront heraus brechen, dann hätte es einer Kompensation bedurft, die für solche Länder hinreichend attraktiv gewesen wäre. Die aber hatte er nicht - vielmehr ging er in die Verhandlungen mit der doppelten Zumutung, die Länder sollten mit 31 Milliarden DM nicht nur den Löwenanteil der angestrebten Nettoentlastung von 57 Milliarden DM finanzieren, sondern auch noch 1,4 % der von ihnen 1993 in den Solidarpaktverhandlungen dem Bund abgerungenen Umsatzsteueranteile wieder zurückgeben. Dieses Ansinnen lief der hergebrachten Logik finanzpolitischer Aushandlungsprozesse im Bund-Länder-Verhältnis dermaßen zuwider, daß es im Finanzausschuß des Bundesrates auf einstimmige Ablehnung stieß. Die Länder sollten, in den Worten des Hamburger Regierenden Bürgermeisters Voscherau, „auf offener Bühne finanzpolitischen Selbstmord begehen" (Handelsblatt, 29. April 1997). Es mußte sich unter diesen Umständen die Vermutung aufdrängen, dem Steuerreformvorschlag sei vor allem eine symbolische Funktion auf der Ebene des Parteienwettbewerbs zugedacht. Der Parteivorsitzende Oskar Lafontaine als Wortführer der SPD reagierte seinerseits in der Logik einer solchen Strategie der „symbolischen Politik": Er lehnte die Regierungsvorschläge - höchst öffentlichkeitswirksam - nicht zuletzt wegen der vorgesehenen Streichung der Steuervergünstigungen für Sonntagsschichten und Nachtarbeit ab, obwohl es gute arbeitsmarktpolitische Gründe gegeben hätte, derartige steuerliche Anreize zu beseitigen. Zwar opponierten wichtige sozialdemokratische Länderpolitiker gegen eine so entschiedene Konfrontation, aber es kam zu keinem Kompromißangebot, das für diese Länder hätte attraktiv sein können - der Bund hatte offensichtlich keine ausreichende Verhandlungsmasse. Zwar war der größeren Regierungspartei inzwischen offenbar deutlich geworden, daß das Steuerreformprojekt auf der Ebene des Parteienwettbewerbs nicht das an werbender Wirkung bringen würde, was man sich zunächst von ihm versprochen hatte. Aber auch der Versuch des CDU-Fraktionsvorsitzenden Wolfgang Schäuble, das Projekt durch eine erhebliche Reduktion der angestrebten Nettoentlastung für die Länder verhandelbar zu machen, scheiterte schließlich. Denn innerhalb der Koalition lief das wiederum den Interessen der FDP zuwider, die ja die Steuersenkungsforderung zu dem zentralen Element ihrer Identität innerhalb der Koalition erhoben hatte.

Mit der Koalitionsproblematik stoßen wir nun auf einen weiteren wichtigen Aspekt, durch den sich die Konfliktkonstellation der neunziger Jahre von jener der siebziger Jahre unterschied. In der sozialliberalen Koalition hatte die FDP - als Scharnierpartei im Parteiensystem - tendenziell ein eigenes Interesse, zur Kompromißfindung zwischen der Bundestagsmehrheit und der oppositionellen Mehrheit im Bundesrat beizutragen. Und so lange das Wirtschaftswachstum die gleichzeitige Befriedigung von Unternehmer- und Arbeitnehmerinteressen gestattete, hatte sie dafür auch den erforderlichen Konzessionsspielraum. Die koalitionsinterne „Bremserrolle" der FDP und die Rolle des Bundesrates wirkten damals gleichsinnig und stellten sozusagen ein Abstützungsgefüge dar. Damit ergab sich insgesamt ein zweistufiges, kompromißgeneigtes Aushandlungssystem, das eine zu ausgeprägte Polarisierung verhinderte. (Deshalb stellten auch die CDU-FDP-Länderkoalitionen für die damalige Bundestagsmehrheit kein so großes Problem dar.) Aber nach dem Koalitionswechsel von 1982 wurde der Abstand zwischen dem innen- und rechtspolitischen Positionen innerhalb der Partei und den wirtschafts- und sozialpolitischen Positionen so groß, daß eine von beiden zu Lasten der anderen akzentuiert werden mußte, und angesichts der Schwächung des

5.5. Die Nemesis der informellen Koordinierungspraxis

linksliberalen Flügels durch den Koalitionswechsel von 1982 schwang das Pendel zu kompromißlos angebotspolitischen wirtschaftsliberalen Positionen herüber. Diese Entwicklung kulminierte in den neunziger Jahren, als die Freien Demokraten immer deutlicher die Position einer vornehmlich klientelorientierten Flügelpartei bezogen, die an erfolgreicher Kompromißbildung zwischen CDU und SPD kein Interesse haben konnte. Das war wohl vor allem das Ergebnis von Erfahrungen, die sie in den Auseinandersetzungen über die Gesundheitspolitik gemacht hatten und die sich in dem Trauma des Lahnsteiner Kompromisses zwischen Koalition und SPD verdichteten.

Im Sommer 1992 hatte der Bundesgesundheitsminister Horst Seehofer zunächst mit den Gesundheitsexperten der Koalition die Grundzüge eines „Gesundheitsstrukturgesetzes" erörtert, das auf erhebliche Kosteneinsparungen im System der Gesetzlichen Krankenversicherung zielte. Es sah einerseits eine Begrenzung („Budgetierung") der Summe der Ausgabenzuwächse bei Ärzten, Zahnärzten, Krankenhäusern und Arzneimitteln vor, und zugleich eine Budgetierung der Verwaltungskosten der Krankenkassen. Andererseits sollten die Versicherten beträchtliche Selbstbeteiligungen in Kauf nehmen. Der Minister mußte aber befürchten, das Gesetz werde im Bundesrat von der SPD-Opposition blockiert werden. Darum setzte er dem Bundeskanzler auseinander, daß ohne eine wirkungsvolle Kostenbegrenzung die Kassenbeiträge vor dem Wahljahr 1994 weiter steigen müßten, und daß zudem (infolge der 1992 eingeführten Nettoanpassung der Renten) steigende Sozialversicherungsbeiträge zu geringeren Rentenerhöhungen führen würden, bis hin zu einer möglichen „Nullrunde" bei den Renten im Wahljahr 1994. Damit gewann er Kohls Zustimmung zur Einbeziehung der SPD in die Gesetzesvorbereitung. Bei einer viertägigen Klausurtagung mit den Gesundheitsexperten der Bundestagsfraktionen von Regierung und Opposition in Bad Lahnstein Anfang Oktober 1992 wurde ein Kompromiß ausgehandelt, der die vorgesehenen Budgetierungen bestätigte, aber eine erhebliche Reduktion der geplanten Selbstbeteiligung umfaßte, und zusätzlich eine stärkere Regulierung des Arzneimittelmarktes sowie die freie Wahl der Krankenkassen für fast alle Versicherten und einen „Risikostrukturausgleich" zwischen den Kassen (im wesentlichen zu Lasten der Ersatzkassen) vorsah. Die diese Einigung dominierenden Akteure waren der Minister und die Gesundheitspolitiker der SPD, während sich die FDP-Vertreter im wesentlichen auf einer Statistenrolle verwiesen sahen, und die Verbände wurden durch die Einigung vor vollendete Tatsachen gestellt. Die großen Bundestagsfraktionen hatten den Gesetzgebungsprozeß damit wirkungsvoll präjudiziert und ein Vermittlungsverfahren vermieden (Perschke-Hartmann 1994, 258 ff.).

Das Gesundheitsstrukturgesetz erwies sich als ein zwar nicht ausreichendes, aber bemerkenswert effektives Instrument, das nicht zuletzt die auf Pflichtmitgliedschaft beruhenden kassenärztlichen Verbände in den Dienst der Kostendämpfung stellte. Es verstärkte damit aber die Verteilungskonflikte innerhalb der Ärzteschaft und löste eine Protestwelle bei den Anbietern - von den Ärzten und Zahnärzten bis zu den Apothekern und der Pharmaindustrie - aus, die zu den traditionellen Anhängern der Koalition gehörten. Vor allem für die FDP wurde Lahnstein zu einer traumatischen Erfahrung, und sie zog daraus die Konsequenz, in Zukunft den Gesetzgebungsprozeß schon in der Vorbereitungsphase, die herkömmlicherweise von den Fachressorts dominiert wurde, dem Koalitionsmanagement zu unterwerfen. Die oben (in Abschnitt 2.6.) besprochenen Entwicklungstendenzen zur informellen Steuerung der Fachpolitiken durch Spezialistengespräche auf Koalitionsebene haben sich gerade infolge dieser Lernprozesse erheblich verstärkt. In der Tat gelang es der FDP in der Folge, die Fortführung des Lahnstein-Kurses in der Gesundheitspolitik zu verhindern und auf die Politik Seehofers starken Einfluß zu nehmen. Das fand seinen Niederschlag in einem Strategiewechsel des Ministers, der die Rolle der korporatistischen Steuerung durch die Zwangsverbände der Gesetzlichen Krankenversicherung allmählich reduzierte, insbesondere den Forderungen der Klientelgruppen der FDP entgegenkam und wieder sehr viel stärker auf Selbstbeteiligung der Versicherten setzte.

Dieser Kurswechsel setzte allerdings voraus, daß die Koalition in Zukunft strukturelle Eingriffe vermied, die der Zustimmung des Bundesrates bedurft hätten. Die gesetzgebungstechnischen Mittel zur Umgehung der Zustimmungspflicht, wie sie schon die sozialliberale Koalition in ihrer Spätphase zu entwickeln begonnen hatte, wurden nun systematisch genutzt, was häufig allerdings zu Lasten der Kohärenz der Gesetzgebung ging und die Gefahr bloßer Flickschusterei verstärkte. Diese Technik hatte aber ihre Grenzen, am deutlichsten in der Steuerpolitik, weil hier das Zustimmungserfordernis nicht umgangen werden kann. Doch das bedeutete bei der Steuerreform 1997/1998 zugleich, daß die Entscheidungsblockade vorprogrammiert war, weil die FDP die Einigung der beiden großen Parteien – das von ihr gefürchtete „Super-Lahnstein" – unbedingt zu verhindern entschlossen war. Und sie vermochte eine solche Einigung zu verhindern, weil Bundeskanzler Kohl mit der Koalition sein eigenes politisches Schicksal verknüpft hatte und ihren Bruch nicht riskieren konnte. Für die FDP mochte dagegen die Blockade der Institutionen den Vorteil haben, ihr Profil zu schärfen – wenn sich nichts bewegt, konnte sie vielleicht hoffen, daß dies eher den großen Parteien angelastet würde.

Als wichtigster Unterschied zwischen den Konstellationen in der sozialliberalen Ära und in den neunziger Jahren ist somit festzuhalten, daß infolge der Positionsverschiebung der FDP im Parteiensystem das „Blockadepotential" des Bundesrates jetzt immer in Zusammenhang mit der Dynamik der koalitionsinternen Willensbildung gesehen werden mußte. Diese Clearingprozesse stießen aber andererseits an eigentümliche Grenzen, weil sie sich nicht auf das Bund-Länder-Verhältnis erstrecken konnten. Was dem Bundeskanzler in Reaktion auf die Albrecht-Initiative gelungen war, nämlich eine Ländermehrheit über parteiinterne Aushandlungsprozesse einzubinden, das funktionierte hier nicht. Und das lag nicht nur daran, daß die Koalition ihre Bundesratsmehrheit verloren hatte, sondern auch darin, daß man zwar innerhalb der CDU Bundes- und Länderpolitik koordinieren konnte, aber nicht innerhalb der Koalition. Wie wir sahen, hatte der Primat der koalitionsinternen Konfliktregulierung (über die zunehmende Informalisierung der Regierungspraxis und insbesondere das Instrument der Koalitionsgespräche) zwar auf Bundesebene zu einer Aushöhlung des Ressortprinzips geführt. Das Koalitionsmanagement umfaßt aber nicht die Bund-Länder-Beziehungen, weil die FDP ja in den Ländern keine nennenswerte Rolle mehr spielte. Die Kontroverse über die FDP-Forderung nach einer weiteren Reduzierung des Soli-

5.5. Die Nemesis der informellen Koordinierungspraxis

daritätszuschlags, die im September 1997 zwischen den CDU-Ministerpräsidenten und der FDP ausbrach, führte vor Augen, daß auf der Seite der Bundestagsmehrheit die Länderebene zwar in (CDU-)*partei*interne Solidarisierungsprozesse eingebunden werden konnte, aber nicht unbedingt auch in *koalitions*interne.

Das führt nun auf eine letzte wichtige Beobachtung. In der ersten Hälfte der neunziger Jahre schien sich bei der Bundesregierung zunächst eine Neigung abzuzeichnen, der gestärkten Rolle der Opposition dadurch Rechnung zu tragen, daß man sie (oder ihr nahestehende Verbände) bei wichtigen Vorhaben in informelle, vorparlamentarische Aushandlungsprozesse einbezog. Damit ließ sich - und da liegt ein weiterer bemerkenswerter Unterschied zur sozialliberalen Ära - der Gesetzgebungsprozeß wirkungsvoll präjudizieren und im Ergebnis natürlich auch die Einschaltung des Vermittlungsausschusses entbehrlich machen. Man mag sich hier daran erinnern, wie Helmut Kohl in den achtziger Jahren darauf achtete, Vermittlungsverfahren von vornherein zu vermeiden. Indessen lag diesmal der entscheidende Unterschied darin, daß die informellen Verhandlungen nicht mehr auf der „Parteischiene" laufen konnten, sondern im Gegenteil - nach dem Ende der Gleichsinnigkeit von Bundestags- und Bundesratsmehrheit - parteiübergreifenden Charakter annehmen mußten.

Dabei hatte die Regierung dann aber die Wahl zwischen einer innerparlamentarischen und einer außerparlamentarischen Variante. Als innerparlamentarische Variante kann man Spitzengespräche der Fraktionsexperten einordnen, wie sie beim Lahnsteiner Kompromiß ausschlaggebend wurden. Die Turbulenzen, die der Lahnsteiner Kompromiß auslöste, zeigten aber, daß so etwas für den Zusammenhalt der Koalition erhebliche Risiken barg. Weit weniger riskant für den Regierungschef war demgegenüber die außerparlamentarische Variante, wie sie durch die „Kanzlergespräche" repräsentiert wurde, eine Form korporatistischer Diskussions- und Aushandlungsprozesse mit den Spitzenverbänden des Arbeitsmarktes. Die Kanzlerrunde war eine Erfindung aus der ersten Krisenphase des Vereinigungsprozesses (dazu Czada 1995a; Czada 1995c). Als „Bündnis für Arbeit" (ein Begriff, den zuvor der IG-Metall-Vorsitzende Klaus Zwickel in die Diskussion gebracht hatte) erreichte sie dann einen Höhepunkt mit dem Treffen vom 12. Februar 1996, bei dem ein nur aus nur 12 Personen bestehender Kreis von Spitzenvertretern der Bundesregierung und der Verbände eine gesetzliche Neuregelung der Frühverrentung beschloß, die wegen der starken Belastung der Rentenfinanzen durch dieses (ursprünglich aus arbeitsmarktpolitischen Gründen eingeführte) Instrument für notwendig gehalten wurde. In beiden Fällen - in Bad Lahnstein wie bei der Kanzlerrunde 1996 - führten die vorparlamentarischen Verhandlungen zu Gesetzentwürfen der Bundesregierung, die den Gesetzgebungsprozeß so gründlich präjudizierten, daß sie im weiteren Verfahren praktisch nicht mehr nennenswert verändert wurden. Auch hier war ein wichtiger Effekt, daß ein Vermittlungsverfahren von vornherein entbehrlich gemacht wurde, aber diesmal brauchte man die parlamentarische Opposition nicht formell einzubinden, weil sie die ihr nahestehenden Gewerkschaften ja nicht gut desavouieren konnte. Das spricht durchaus nicht gegen das Verfahren. Es kann gute Gründe geben, den Rekurs auf den Vermittlungsausschuß zu vermeiden. Denn wie wir schon früher gesehen haben, handelt es sich hier (anders als bei den aus Spezialisten zusammengesetzten *conference committees* des amerikanischen Vorbildes) um ein Gremium von Generalisten, die sich zwar von Spezialisten beraten lassen, andererseits aber mit einem knappem Zeitbudget arbeiten müssen. Das schafft zwar einerseits einen starken Einigungsdruck, aber es kann auch eigentümliche Rationalitätslücken zur Folge haben, wenn in komplexen Materien (zum Beispiel der Steuer- oder Sozialpolitik) unter solchem Zeitdruck neue Kompromißlösungen gefunden werden sollen, ohne daß die Akteure alle möglichen Konsequenzen der Detailregelungen zu überblicken in der Lage sind. Deshalb liegt die Vermutung nahe, daß in den eben genannten Fällen die vorparlamentarische Konsensbildung, bei der die Spezialisten unmittelbar eingebunden werden konnten, insgesamt tragfähigere Ergebnisse brachte, wenn es gelang, die Beratung vom Parteienwettbewerb zu entkoppeln.

Die FDP fand sich allerdings auch durch die Kanzlerrunde zunehmend in eine Randstellung gedrängt. Als das nächste derartige Spitzengespräch im Streit über die Kürzung der Lohnfortzahlung im Krankheitsfalle auseinander ging, nachdem auch auf der Seite der Unternehmerverbände die Gegner einer konsensorientierten Strategie (wie der BDI-Präsident Henkel) die Oberhand gewannen und der Kanzler sich auf ihre Seite schlug, kam dieses Ende der korporatistischen Abstimmung im „Bündnis für Arbeit" den Liberalen zweifellos gelegen. Als Verhandlungsforum, das den Parteienwettbewerb überbrücken konnte, blieb aber noch die Ebene der Bund-Länder-Verhandlungen auf der Ebene der Fachminister und Regierungschefs übrig, die sich insbesondere 1993 bei der Potsdamer Vereinbarung über den Finanzausgleich bewährte. Auch bei diesen „Solidarpakt"-Verhandlungen über die Neuordnung des bundesstaatlichen Finanzausgleichs wurde die Lösung bemerkenswerterweise in vorparlamentarischen Verhandlungsrunden gefunden, die dann das eigentliche Gesetzgebungsverfahren präjudizierten und damit auch ihrerseits am Vermittlungsausschuß vorbei eine Einigung ermöglichten: Das war zum einen die Konferenz der Ministerpräsidenten, in der die entscheidenden Kompromißvorschläge von der bayerischen Regierung kamen, zum andern eine gemeinsame Klausurtagung der Regierungschefs. (Zu dieser Tagung wurden auch die Vorsitzenden der Bundestagsfraktionen hinzugezogen, aber bezeichnenderweise spielten sie hier nur eine marginale Rolle.) Ausschlaggebend für den Erfolg war letztlich die Sorge der Länder vor den unkalkulierbaren Ergebnissen eines Aushandlungsprozesses, der sich innerhalb der eingeführten Verflechtungen von Föderalismus und Parteiensystem mit ihren eigentümlichen Rationalitätsdefiziten vollzogen hätte. Erfolgsbedingung für die geglückte Neuordnung des Finanzausgleichs war also die völlige Abkopplung des Verhandlungsprozesses von der Parteienkonkurrenz, die angesichts der unterschiedlichen Mehrheitsverhältnisse in Bundestag und Bundesrat schnell in Entscheidungsblockaden hätte führen können. Und der koalitionspolitische Störfaktor FDP war wirkungsvoll ausgeschaltet, weil die Freien Demokraten in der Länderpolitik keine nennenswerte Rolle mehr spielten und auf der Ebene der Ministerpräsidenten und Finanzminister nicht vertreten waren.

5.6. Die rot-grüne Koalition vor den bundesstaatlichen Kompromißzwängen

Die Bundestagswahl vom 27. September 1998 brachte einen deutlichen Wahlsieg der Sozialdemokraten, der es ihnen ermöglichte, zusammen mit den Grünen eine solide Bundestagsmehrheit zu bilden. Allen Spekulationen, der Wahlausgang werde eine Große Koalition von SPD und CDU erforderlich machen, war damit die Grundlage genommen. Die neue Regierungsmehrheit war um so zuversichtlicher, eine alternative Politik durchzusetzen, als sie auch über eine Mehrheit im Bundesrat verfügte. Es stellte sich freilich bald heraus, daß dem Arbeitsprogramm des Regierungsbündnisses auf weite Strecken der Charakter der Improvisation anhaftete, und handwerkliche Fehler ebenso wie latente programmatische Differenzen innerhalb der Führung der größeren Regierungspartei - die nach einem halben Jahr in dem spektakulären Rücktritt des SPD-Vorsitzenden und Finanzministers Oskar Lafontaine von allen seinen Ämtern kulminierten - gestalteten den Start ungewöhnlich holprig.

Hinzu kam, daß die rot-grüne Allianz im Bundesrat nur über 35 von 69 Sitzen verfügte, wenn man die von der SPD allein und von rot-grünen Koalitionen gestellten Landesregierungen berücksichtigt. Die Mehrheit betrug also lediglich eine Stimme. Daß der Wechsel der Mehrheit nichts mit einer neuen Konzentrationsbewegung im Parteiensystem zu tun hatte, zeigte sich bei der Landtagswahl in Mecklenburg-Vorpommern, die am selben Tage wie die Bundestagswahl stattfand: In Schwerin entschieden sich die siegreichen Sozialdemokraten für ein Regierungsbündnis mit der PDS. Zwar mochte man davon ausgehen, daß diese Koalition im Bundesrat in der Regel die neue Bundesregierung stützen würde (die Alternative, eine Große Koalition, hätte wegen der üblichen „Bundesratsklausel" im Koalitionsvertrag im Streitfall die Neutralisierung der Stimmen des Landes zur Folge gehabt). Aber es gab nun eine neue, zusätzliche Koalitionsvariante, und die Länderpolitik insgesamt büßte damit weiter an Berechenbarkeit ein.

Schon aus diesem Grunde konnte es nicht überraschen, daß der neue Bundeskanzler Schröder die Methode der informellen Koordinierung mit den Ministerpräsidenten seiner Partei, wie sie Helmut Kohl so konsequent gehandhabt hatte, seinerseits aufnahm. Die Regierungspraxis im Bund-Länder-Verhältnis entwickelt sich offenkundig in Lernprozessen, an denen - sozusagen reflexiv - auch die Opposition teil hat. Hier lag das um so näher, als Schröder ebenso wie sein christlich-demokratischer Vorgänger als Chef einer Landesregierung in den bundesstaatlichen Abstimmungsgepflogenheiten versiert war. Die Frage freilich, ob er der Versuchung widerstehen würde, den Vermittlungsausschuß in gleicher Weise wie Kohl zur „Verfassungsinstitution im Wartestand" zu machen, wurde bald gegenstandslos, denn die rot-grüne Bundesratsmehrheit hielt nicht einmal ein halbes Jahr. Schon vier Monate nach der Bundestagswahl ging Hessen bei der Landtagswahl unerwartet an die Opposition verloren, und eine Mehrheit für Zustimmungsgesetze ließ sich danach nur noch mit den Stimmen von Rheinland-Pfalz (SPD-FDP) und Mecklenburg-Vorpommern (SPD-PDS) gewinnen. Die FDP benutzte diese Chance, um bei der zwischen Regierungskoalition und CDU-Opposition heftig umstrittenen Änderung des Staatsangehörigkeitsrechts mit Hilfe ihrer Vetoposition in der Mainzer Landesregierung einen Kompromiß bei der Zulassung der doppelten Staatsangehörigkeit durchzusetzen. Von einem einzigen Bundesland aus, das im Bundesrat über ganze 4 Stimmen verfügte, ließen sich somit die Weichen für eine einschneidende politische Reform stellen, die dann in dieser Form beide gesetzgebende Körperschaften passierte.

Daß der Wählertrend sich - wie weiter oben gezeigt - bei Landtagswahlen leicht gegen die Bundestagsmehrheit kehren kann, erwies sich in der 14. Legislaturperiode besonders deutlich und früh. Hatte es in der Ära Kohl fast neun Jahre bis zum völligen Verlust der CDU-Bundesratsmehrheit gedauert, so erfolgt diesmal die spiegelbildliche Erosion der SPD-geführten Ländermehrheit überaus rasch. Nach Hessen ging im September des selben Jahres das Saarland an die CDU verloren, die bisherige sozialdemokratische Mehrheit in Brandenburg wurde durch eine Große Koalition abgelöst und die Stimmen des Landes im Bundesrat damit neutralisiert, und schließlich ging Thüringen (bis dahin seinerseits durch eine Große Koalition neutralisiert) in die alleinige Kontrolle der CDU über. Im November 1999 entfielen auf die verschiedenen Koalitionstypen in den Ländern folgende Bundesratssitze (in Klammern Salden der Veränderungen seit Jahresbeginn):

SPD allein 13 (- 12)
SPD und Grüne 10
SPD und PDS 3
SPD und FDP 4
SPD und CDU (Große Koalition) 11 (- 3)
CDU und FDP 11 (+ 5)
CDU bzw. CSU allein 17 (+ 7)

Die CDU/CSU ist seither zwar nicht in der Lage, Gesetze durch einen Einspruch aufzuhalten; denn auch unter Einschluß der CDU-FDP-Koalitionen verfügt sie nur über 23 Bundesratsstimmen, also nicht über die für eine Mehrheit erforderlichen 35 Stimmen. Aber für Zustimmungsgesetze ist die Regierung auf eine Verständigung mit den Christdemokraten angewiesen; die Regierungen der Großen Koalition (Berlin, Brandenburg und Bremen) enthalten sich ja im Konfliktfall der Stimme. Die Auswirkungen dieser Vetoposition der CDU kann die Bundesregierung als der „Agenda-Setzer" zwar in Grenzen halten, indem sie zur inzwischen vielfach erprobten Teilung von Gesetzgebungsvorhaben Zuflucht nimmt, bei der die zustimmungspflichtigen Materien als gesonderte Entwürfe eingebracht werden. Mit dieser Technik wurden insbesondere die wesentlichen Teile des finanzpolitischen „Sparpakets" vom Herbst 1999 zustimmungsfrei gemacht. Sehr viel schwieriger wurde es mit dem großen Gesundheitsreformprojekt der grünen Gesundheitsministerin Andrea Fischer, weil insbesondere die überaus umstrittene „Globalbudgetierung" der Gesundheitsausgaben als Kernstück des Vorhabens und auch die Neuordnung der Krankenhausfinanzierung der Zustimmung des Bundesrats bedurften.

Es gibt im Bundesrat somit ein polarisiertes Patt zwischen Rot-Grün und der CDU. Das hat allerdings die eigentümliche Folge, daß die Auswirkungen der Auffächerung des Parteiensystems auf die kontroversen Entscheidungsprozesse im Bundesrat begrenzt bleiben. Die PDS in Mecklenburg-Vorpommern mochte, nachdem sie in eine Koalition mit der SPD eingetreten war, zeitweise mit dem Gedanken spielen, sie könnte die vorübergehende Schlüsselstellung des Landes bei der Mehrheitsbildung im

5.6. Die rot-grüne Koalition vor den bundesstaatlichen Kompromißzwängen 175

Bundesrat für eine erfolgreiche Einflußnahme benutzen, wie das ja die FDP in Rheinland-Pfalz beim Staatsangehörigkeitsrecht vorgemacht hatte. Aber schon seit den Wahlen in Brandenburg und dem Saarland war diese Einflußchance der kleineren Parteien nicht mehr gegeben. Die Freien Demokraten kündigten zwar noch im Oktober 1999 an, sie wollten ihre Vetoposition in drei Landesregierungen (die sich aus der in den Koalitionsvereinbarungen üblichen Bundesratsklausel herleitet) in Zukunft dazu benutzen, um im Bundesrat ihr Profil zu schärfen (*Süddeutsche Zeitung*, 2. Oktober 1999). Das kann aber allenfalls noch heißen, daß die FDP Kompromißlösungen, wie sie etwa die Regierungsmehrheit mit der CDU aushandeln könnte, nicht mit tragen würde. Weil die Liberalen aber mit der angekündigten Strategie nur 15 von 69 Bundesratsstimmen zu neutralisieren in der Lage wären, könnten sie solche Kompromisse nicht verhindern. Die Grünen schließlich könnten über die Länderregierungen nur schwer Entscheidungen in Frage stellen, die sie als eine der Regierungsparteien im Bund zu verantworten haben. Unter den Bedingungen des polarisierten Patts spielen sich also die Auseinandersetzungen im Bundesrat im wesentlichen zwischen SPD und CDU als den zentralen Akteuren ab

Das führt nicht automatisch dazu, daß die Länderparteien sich der Linie der Regierungskoalition im Bunde unterordnen. Gegen die Sparpläne des Bundesfinanzministers Hans Eichel, der den zurückgetretenen Oskar Lafontaine ersetzt hatte, erhob sich insbesondere in den „armen" Ländern Brandenburg und Saarland (der Heimatbastion Lafontaines!) Widerspruch. Freilich wurde das den Ministerpräsidenten Stolpe und Klimmt von den Wählern nicht honoriert; Klimmt büßte sogar sein Amt ein. (Daß Schröder ihn unmittelbar nach dieser Wahlniederlage zum Bundesverkehrsminister machte, diente offensichtlich dazu, einen mit Lafontaine bislang eng verbundenen innerparteilichen Kritiker in die Kabinettsdisziplin einzubinden.) Gegen Steuerpläne der Koalition machten später sogar Ministerpräsidenten Front, die Schröders Linie nahestanden - so sein niedersächsischer Nachfolger Gerhard Glogowski, als es um die Besteuerung von Lebensversicherungen ging. Und der nordrhein-westfälische Regierungschef Wolfgang Clement erwog sogar, zusammen mit den CDU-Ländern eine (mühsam in der Regierungskoalition ausgehandelte) Freistellung von Gaskraftwerken bei der Ökosteuer zu verhindern, weil sie die Wettbewerbslage der Braunkohlenindustrie des Landes beeinträchtige. Aber gerade weil ein Machtwechsel bei den im Mai 2000 fälligen nordrhein-westfälischen Landtagswahlen für die rot-grüne Bundesregierung äußerst schwerwiegend wäre, könnten sich solche Absetzmanöver als gewagtes Spiel erweisen. Die Länderpolitik kann sich nur in begrenztem Maße von der bundespolitischen Polarisierung abkoppeln.

Dabei ist andererseits bemerkenswert, daß eine „Gleichschaltung" der Mehrheitsbildung in den Ländern unter bundespolitischen Gesichtspunkten, wie wir sie in den fünfziger und sechziger Jahren verschiedentlich beobachtet hatten, heute kaum noch ernsthaft versucht wird. Der Eigensinn der Landespolitik hat zweifellos zugenommen, und das kann als eine Entwicklung hin zu mehr „loser Kopplung" (in dem früher besprochenen Sinne) verstanden werden. Am ausgeprägtesten vollzieht sich diese Abkopplung weiterhin bei den finanzpolitischen Interessenkonflikten zwischen Ländern. Zwar hat der Gegensatz zwischen reichen und armen Ländern durch den Ausgang der ersten Landtagswahl nach Bildung der rot-grünen Regierung eine eigentümliche Zuspitzung erfahren: Die „Südschiene" der CDU/CSU-geführten reichen Länder ist durch Hessen verstärkt worden. Ursprünglich hatte nur Baden-Württemberg gegen die Neuordnung des Länderfinanzausgleichs bei den „Solidarpakt"-Verhandlungen von 1993 Widerstand geleistet. Bayern, dessen Ministerpräsident Streibl damals einen wichtigen Beitrag zur Einbeziehung der ostdeutschen Länder in den Finanzausgleich geleistet hatte, war unter seinem Nachfolger Stoiber auf die Stuttgarter Linie eingeschwenkt, und nun schloß sich Hessen unter seiner neuen CDU-Führung dieser Front an. Sie forderte nicht nur eine Neuordnung des Finanzausgleichs zu ihren Gunsten, sondern strebte auch die Regionalisierung der Sozialhilfe, der Gesetzlichen Krankenversicherung und der Krankenhausfinanzierung. Dies richtete sich - wie der Stuttgarter Ministerpräsident Teufel unverhohlen klar machte - gegen weitere Umverteilungsmaßnahmen zugunsten der ostdeutschen Länder im Bereich der sozialen Sicherungssysteme. Gemeinsam brachten die drei reichen CDU-Länder eine Bundesratsinitiative zur Umsetzung des Artikels 125 a Absatz 2 GG ein, die - unter der Flagge der Stärkung der Länderverantwortlichkeit - die Rückverlagerung einer Reihe von Gesetzesmaterien aus der konkurrierenden Bundeskompetenz in die Länderzuständigkeit forderte. Dabei sollten die Länder insbesondere für die Festlegung des Grundbetrags der Sozialhilfe und für die Regelungen der Krankenhausfinanzierung im Bereich der Krankenhausförderung und -planung zuständig werden, und dem überregionalen Finanzausgleich in der Gesetzlichen Krankenversicherung wollte der Antrag durch die Regionalisierung der Organisations- und Vertragsstrukturen im Krankenversicherungsrecht einen Riegel vorschieben. Von der Ländermehrheit wurde dieser Entwurf weitgehend zusammengestrichen, und dabei blieb dann auch die Verlagerung von Versammlungsrecht, Grundbuch und Handelsregister in Länderzuständigkeit auf der Strecke. Die Diskussion zeigte, daß im Verteilungskampf von Reich gegen Arm, der sich zunehmend mit dem Widerstand gegen eine weitergehende Umverteilung von West nach Ost verband, auch parteipolitische Affinitäten die Bildung von Länderblöcken erleichtern konnten. Für Rücksichten auf die „neuen" Länder, die in den frühen neunziger Jahren noch überwiegend von der CDU geführt worden waren, sahen die reichen CDU-Ländern des Westens nach den Machtverschiebungen, die in der Bildung einer SPD-PDS-Koalition in Schwerin kulminiert hatten, offenbar weniger Anlaß als in der Vergangenheit. Man wird das aber nicht überbewerten dürfen: Die Konfliktlinien des Parteiensystems lassen sich insgesamt nur in sehr begrenztem Maße mit spezifischen finanzpolitischen und wirtschaftlichen Interessen der Länder zur Deckung bringen, schon gar nicht mit einer Front zwischen Arm und Reich. Und im vorliegenden Fall scheint die parteipolitische Blockbildung im Dreieck Stuttgart-München-Wiesbaden eher zu seiner Isolierung beigetragen zu haben. Weitgehend unabhängig von der Polarisierung zwischen den Parteilagern gibt es zudem auch unter der rot-grünen Bundesregierung quer zu den Interessengegensätzen zwischen Ländern den finanzpolitischen Ressourcenkonflikt zwischen der Ländergesamtheit und dem Bund, der sich aus der kritischen Lage der Staatsfinanzen insgesamt speist und sich seit der deutschen Vereinigung verschärft hat. In der Haushaltspolitik steht hier (nach dem

5.6. Die rot-grüne Koalition vor den bundesstaatlichen Kompromißzwängen

Intermezzo Lafontaine) der Bundesfinanzminister Hans Eichel vor ganz ähnlichen Problemen wie sein Amtsvorgänger Theo Waigel.

Damit werden nun die Sozialdemokraten von der Nemesis ihrer Polarisierungsstrategie in den letzten Jahren der 13. Legislaturperiode eingeholt. Die Bundesratsmehrheit hatte ihnen zum Schluß eine wirkungsvolle Tribüne für symbolische Selbstdarstellung geboten. Unter der Führung von Oskar Lafontaine hatten sie ihrer Klientel für den Fall eines Wahlsiegs die Rücknahme des „Sozialabbaus" durch die konservativ-liberale Koalition versprochen, die von der Einführung eines „demographischen Faktors" in die Rentenberechnung bis zu den verschärften Selbstbeteiligungsregeln in der Gesetzlichen Krankenversicherung gereicht hatten. Als alternative Lösungen für die Finanzierungsprobleme des Sozialstaates wurden Maßnahmen wie die Einführung einer „Ökosteuer" auf den Energieverbrauch oder die Eindämmung versicherungsfreier Beschäftigungsverhältnisse angekündigt. Ob diese Rechnungen aufgehen würden, blieb offen, und wenn das Wahlergebnis eine Große Koalition erforderlich gemacht hätte (womit offenbar viele in der SPD rechneten), dann wären die Wahlversprechen natürlich in der Verhandlungsmasse aufgegangen. Doch nach dem unerwartet klaren Wahlsieg blieb nichts anderes übrig, als die wichtigsten Wahlversprechen einzulösen, obwohl sich schnell zeigte, daß die Finanzierungsprobleme offen blieben. Besonders deutlich wurde das, als die sich abzeichnende Finanzkrise der Rentenversicherung die Regierungsparteien zwang, die Bindung der Rentenhöhe an die Lohnentwicklung (zugunsten einer bloß inflationsbedingten Steigerung) zeitweise zu suspendieren. Das konnte nicht mehr sein als eine Überbrückungsmaßnahme bis zu einer tiefgreifenden Reform des hergebrachten Systems der Rentenversicherung. Daß sie von der Bundestagsmehrheit als zustimmungsfreies Gesetz gegen die anhaltende Kritik der Opposition auf den Gesetzgebungsweg gebracht wurde, war gleichsam die strategische Konsequenz aus der rentenpolitischen Polarisierung, die sich in der Endphase der vorangegangenen Legislaturperiode aufgebaut hatte. Zugleich war aber den meisten Akteuren klar, daß die unerläßliche große Reform nur im Konsens der großen Parteien zu bewerkstelligen sein würde, und daß ein solcher Verhandlungsprozeß den Abbau der Polarisierung voraussetzte.

Als generelle Folgerung aus dem Erfahrungen des ersten Jahres der rot-grünen Koalition läßt sich festhalten, daß Mehrheitsstrategien im Sinne des Westminster-Modells der Parteienkonkurrenz zunehmend schwieriger werden, je weniger die künftigen Mehrheitsverhältnisse in den Ländern berechenbar sind. Die Bereitschaft von Wählern, die Parteipräferenz zu wechseln, oder auch ihre Neigung, der Wahlurne aus Protest fernzubleiben – also das, was die Wahlforschung als „Unbeständigkeit" (*volatility*) der Wählerschaft bezeichnet – hat in neuerer Zeit erheblich zugenommen, und das schlägt dann insbesondere auf das Abstimmungsverhalten bei Landtagswahlen durch: Wie die Nachwahlen im britischen Wahlsystem, oder die *„mid-tern elections"* in den USA, werden sie immer mehr als Ventil benutzt, um der im Bunde regierenden Mehrheit eine Lektion zu erteilen. Wenn eine Partei oder Parteienkoalition eine Bundestagswahl gewinnt, dann wird sie zunehmend ins Kalkül ziehen müssen, daß sie nicht unbedingt auf eine gesicherte Bundesratsmehrheit bauen kann. Sie wird vielmehr schon bei ihrer Strategie im Bundestagswahlkampf einkalkulieren müssen, daß sie binnen kurzem oder längerem infolge einer anders gerichteten Machtkonstellation im Bundesrat unter Verhandlungszwang geraten könnte.

Offenbar befinden sich aber sowohl die Regierungsmehrheit als auch die Opposition in dem Dilemma, daß das „polarisierte Patt" im Bundesrat ein solches strategisches Umsteuern erschwert: So lange die Regierungskoalition als „Agenda-Setzer" jedenfalls die zustimmungsfreien Gesetze durch den Bundesrat bringen kann, wird sie versucht sein, auf Mehrheitsentscheidung zu Lasten von Konsensprozessen zu setzen. Der Opposition bietet andererseits die Vetomöglichkeit bei den Zustimmungsgesetzen die Chance, Verhandlungen zu erzwingen, ohne daß sie etwa die (nicht in jeder Hinsicht dankbare) Rolle des Juniorpartners in einer Großen Koalition übernehmen müßte. Unter Bedingungen eines „polarisierten Patts" bieten eben auch die bundesstaatlichen Institutionen eine der Tribünen für jene symbolische Selbstdarstellung der Parteien, die lösungsbedürftige gesellschaftliche Probleme auf die Folie der Polarisierung projiziert.

Kritiker der These von der strukturellen Verwerfung zwischen Parteienwettbewerb und Bundesstaat übersehen in der Regel diesen zentralen Sachverhalt: Das Parteiensystem mag heute komplexer geworden sein als vor einem Vierteljahrhundert, die Heterogenität der Länderinteressen mag zugenommen haben. Aber die institutionelle Chance für Oppositionsparteien, ohne formelle Mitverantwortung über den Bundesrat auf Entscheidungsprozesse Einfluß zu nehmen, hält das Grundmuster des polarisierten Parteienwettbewerbs am Leben und fördert auf beiden Seiten - bei der Regierung ebenso wie bei der Opposition - die Wahl suboptimaler Konfrontationsstrategien, mit denen sich insbesondere Strukturreformen mit hohem Konsensbedarf nicht durchsetzen lassen. Das hat sich in der Ära Kohl deutlich gezeigt, und das wiederholt sich mit umgekehrten Vorzeichen bei der Regierung Schröder. Ein korporatistisches Verhandlungssystem der Sozialpartner, wie es mit dem „Bündnis für Arbeit" anvisiert wird, kann diese Aufgabe der Konsensbildung allein nicht leisten. Schon die Erfahrung kleinerer westeuropäischer Länder - so insbesondere das vielberufene „Modell Holland" (Visser/Hemerijck 1998) - hat gezeigt, daß eine ausgehandelte Redimensionierung des Sozialstaats von einer starken Regierungskoalition getragen werden mußte, die durch ihre Zusammensetzung sowohl bei den Verbänden der organisierten Unternehmerschaft wie gegenüber den Gewerkschaften einen Vertrauenskredit hatte, zugleich aber gegenüber beiden Seiten auch Autorität und Durchsetzungswillen aufbrachte. Erst recht wäre in dem institutionell fragmentierten deutschen Gemeinwesen ein breiter Reformkonsens im Parteiensystem ein unerläßlicher Eckstein eines gesellschaftlichen Bündnisses, das den Sozialstaat funktionsfähig und gerecht halten und Beschäftigung und Wettbewerbsfähigkeit gleichzeitig sichern soll.

6. Entflechtungsstrategien und ihre Chancen

6.1. Engpässe im Verhältnis von Bundesstaat und Parteienparlamentarismus

Wir haben in der Entwicklung der zweiten deutschen Republik eigentümliche Engpässe im Verhältnis von Bundesstaat und Parteienparlamentarismus beobachtet. Die Behauptung der konservativen Staatsrechtslehre im Bismarckreich, Föderalismus und parlamentarische Regierungsweise seien grundsätzlich unvereinbar, ist freilich längst widerlegt. Die Erfahrung der Weimarer Republik hat gezeigt, daß eine bundesstaatliche Ordnung auch bei einem parlamentarischen Regierungssystem mit Parteienwettbewerb funktionieren kann. Erst infolge der Verbindung von bipolarem Parteienwettbewerb und Verbundföderalismus, das lehrt die Längsschnittperspektive, sind jene Engpässe im Entscheidungsprozeß aufgetreten, wie sie dann in der zweiten Hälfte der neunziger Jahre zu einer erneuten kontroversen Diskussion über bundesstaatliche „Entscheidungsblockaden" führten.

Das jüngste aufsehenerregende Beispiel, das Scheitern der Steuerreform 1997/1998, ist je nach Interessenlage sehr gegensätzlich bewertet worden. In der Öffentlichkeit breitete sich Kritik am „Reformstau" aus, der eine rechtzeitige und entschlossene Anpassung der deutschen Gesellschafts- und Wirtschaftsordnung an die Anforderungen einer sich wandelnden und „globalisierenden" Welt verhindere. Aber schon vor dem Verlust der CDU-Mehrheit im Bundesrat hatte Fritz Scharpf argumentiert, daß die „antagonistische Kooperation" bei der Verbindung von Parteienkonkurrenz und föderaler Politikverflechtung zum politischen Immobilismus tendiere (Scharpf 1989, 132). Der Begriff der „Reformblockaden" (zunächst in bezug auf die Gesundheitspolitik eingeführt: Mayntz 1990; Rosewitz/Webber 1990) wurde damals zu einem zentralen Thema der sozialwissenschaftlichen Diskussion.

Indes darf man selbst mit Blick auf die neunziger Jahre mit ihrer Konfrontation von Regierungsmehrheit und Bundesrat nicht den Blick für die wahren Proportionen der "Entscheidungsblockaden" verlieren. Denn in diesem Jahrzehnt hat der Gesetzgeber ja auch verschiedene wichtige und einschneidende Reformvorhaben wie die Einführung der Pflegeversicherung und die Privatisierung der Deutschen Bundesbahn und der Bundespost trotz gegensätzlicher Mehrheiten in Bundestag und Bundesrat schließlich im Konsens verabschiedet. Die letzte einschneidende Rentenreform wurde Ende 1997 zwar gegen den Widerstand der SPD und den Einspruch des Bundesrates beschlossen, aber daß ein Reformvorhaben auch ohne die Opposition durchgesetzt werden kann, spricht eher für als gegen die Handlungsfähigkeit der Institutionen. Man kann natürlich an manchen dieser Reformen vieles aussetzen, nicht nur an der Pflegeversicherung. Zum Beispiel wäre gewiß sehr viel gewonnen, wenn es gelänge, in einem großen Wurf eine einfachere und ökonomisch zweckmäßigere Ordnung der föderalen Finanzbeziehungen zu entwickeln. Aber man sollte dabei nicht vergessen, daß die meisten Beobachter es nach der deutschen Vereinigung für ganz unwahrscheinlich hielten, daß sich die neuen Verteilungsprobleme noch im Rahmen des hergebrachten Länderfinanzausgleichs bewältigen lassen würden. Wenn dann doch entgegen solchen Erwartungen 1993 eine passable Neuordnung des Finanzausgleichs zustande kam, dann ist das ein Beleg dafür, daß auch das schwerfällige bundesstaatliche Institutionensystem immer wieder zu Anpassungsprozessen imstande ist, die seine Funktionsfähigkeit aufrecht erhalten.

Andererseits läßt sich aber auch nicht bestreiten, daß die gegenläufigen Mehrheiten in Bundestag und Bundesrat in den Jahren 1997 und 1998 immer häufiger den Gesetzgebungsprozeß in Sackgassen führten – das reichte von der Steuerreform bis zur dringlichen Novellierung des Hochschulrahmengesetzes. Selbst die europarechtlich zwingend erforderliche Novellierung des Bundesnaturschutzgesetzes blieb, wie wir noch sehen werden, zunächst in Blockaden des Gesetzgebungsprozesses stecken. Die Konfrontation zwischen der Bundesregierung und der Ländermehrheit ging so weit, daß 1998 selbst die Wahl eines neuen Präsidenten für die „Stiftung Preußischer Kulturbesitz" trotz mehrfacher Anläufe zunächst scheiterte, weil bis zur Bundestagswahl weder der Bund noch die Länder bereit waren, dem jeweiligen Kandidaten der anderen Seite zuzustimmen. Unter welchen Bedingungen antagonistische Kooperation in Immobilismus umschlägt, bedarf also genauerer Bestimmung. Der zeitliche Zusammenhang drängt die Interpretation auf, daß die „Entscheidungsblockade" ein Merkmal der Endphase der Legislaturperiode war: Offenbar haben wir es hier mit einem Aspekt des Wahlkampfzyklus zu tun, der periodisch dem auf Machtbehauptung und Machtgewinn bezogenen Kalkül einen Aufmerksamkeitsvorrang sichert.

Dieser Hinweis darf aber nicht dazu verführen, das offenbar gewordene Strukturproblem herunterzuspielen. Allein schon der Umstand, daß eine Steuerreform, deren Dringlichkeit von keinem der wichtigen politischen Akteure in Zweifel gezogen wurde, dann ein ganzes Jahr in der (mehr oder weniger vagen) Erwartung aufgeschoben wurde, der Ausgang der nächsten Bundestagswahl werde eine Klärung der Kräfteverhältnisse bringen und die Entscheidungsblockade auflösen, weist auf eine gravierende Schwäche der Institutionen hin. Vordergründige Schuldzuweisungen, mit denen die beteiligten Seiten schnell zur Hand waren, können von der tiefer liegenden Problematik nur ablenken. Daß dies von nachdenklicheren Kritikern auch gesehen wird, zeigt sich daran, daß der „Reformstau" die Diskussion über fällige institutionelle Reformen neu belebt hat.

Die Antwort auf die Frage, welcher Art solche Reformen sein müßten und sein könnten, hängt aber sowohl von der Ursachenanalyse ab als auch von einer kritischen Einschätzung der Spielräume, die unser politisches System überhaupt für institutionelle Reformen eröffnet. Ich werde abschließend argumentieren, daß die Chance für tiefer eingreifende Reformen des bundesstaatlichen Systems, wie sie derzeit im Mittelpunkt des Meinungsaustausches stehen, 1990 unwiederbringlich vergeben wurde, und

6.1. Engpässe im Verhältnis von Bundesstaat und Parteienparlamentarismus 181

daß es fruchtbarer ist, über graduelle institutionelle Anpassungen nachzudenken, die eine Auflösung des beklagten „Reformstaus" befördern könnten.

Für jene Schulen der westdeutschen Politikwissenschaft, die in den fünfziger und sechziger Jahren im Westminster-Parlamentarismus das normative „Modell" für das westdeutsche Verfassungsverständnis sahen, mußte die Institution des Bundesrates als „funktionaler Defekt des Regierungssystems" erscheinen: „Die föderativen Systemnormen ... decken sich nicht mit dem Sinn der parlamentarischen Regierungsweise", denn die Bundesregierung sei „selbst im Falle einer 'harmonisierten' Mehrheit des Bundesrates veranlaßt, koalitionsähnliche Bindungen und Abmachungen einzugehen, will sie wirklich politisch Initiative entfalten" (Wildenmann 1963, 92, 95). Von einer solchen Position aus drängte sich der Schluß auf, daß es vom Zufall der jeweiligen politischen Konstellationen auf Länderebene abhängt, ob eine Bundesregierung von ihrer parlamentarischen Mehrheit so Gebrauch machen kann, wie es den Erwartungen entspricht, die sich an das System alternierender parlamentarischer Parteiregierung knüpfen. Es wird immer wieder geschehen können, daß bei wichtigen Vorhaben eine Mehrheit nur soviel Handlungsfreiheit genießt, wie die jeweilige Opposition ihr zuzugestehen bereit ist: Sie kann dann zwar die Initiative ergreifen, aber alles Feldgeschrei im Wahlkampf und im Parlament hilft letzten Endes nichts gegen den föderativen Aushandlungszwang. Wenn eine solche Konstellation länger dauert, dann verliert der Parteienwettbewerb die ihm im Modell des parlamentarischen Regierungssystems zugedachten Funktionen. Wahlen haben dann zwar zunächst noch eine Legitimationsfunktion: Sie dienen dem geregelten Erwerb von Regierungsämtern, sie absorbieren Protestpotential und kanalisieren politischen Konflikt. Aber der Zurechnungsmechanismus zwischen dem Wahlausgang und den Leistungen der Regierung am Ende der Legislaturperiode wird geschwächt: Das Ausbleiben von Erfolgen kann die Regierungsmehrheit auf das Konto der „Blockade" durch die Opposition schreiben. Andererseits aber kann sie gegenüber den Wählern nicht den vollen Beweis für ihre Überlegenheit antreten. Was in den Augen der Befürworter von dualistischem Parteienwettbewerb dieses System vor einem Vielparteiensystem mit Dauerkoalitionen auszeichnet, nämlich die klare Zurechnung von politischer Verantwortung, wird damit unmöglich (so auch Wildenmann 1963, a.a.O.). Das Parteiensystem funktioniert hinter einer Fassade von Konkurrenz faktisch als widerwillig durchgehaltene Große Koalition. Damit drängt sich die Frage auf, ob die föderalen Aushandlungszwänge nicht einen fühlbaren Legitimitätsentzug für das System parlamentarischer Parteiregierung bewirken könnten.

Der Vorwurf der „Reformblockade" ist nicht so neu, wie es in der zweiten Hälfte der neunziger Jahre mitunter scheinen mochte. Die sozialliberale Koalition, die 1969 mit einem Programm der „inneren Reformen" angetreten war und ihren Wahlsieg von 1972 als ein Mandat für eine solche Reformpolitik ansah, konnte sich damals mit ihren Vorwürfen gegen die „Reformblockade" der CDU im Bundesrat auf die Logik eines parlamentarischen Regierungssystems berufen, das man weithin als die Übertragung des Westminster-Modells auf die Bundesrepublik ansah. Diese Problemsicht vernachlässigte aber den Umstand, daß sich auch die CDU-Länderregierungen auf ein in demokratischen Wahlen begründetes Mandat berufen konnten. Und davon abgesehen muß man die Frage stellen, ob es wirklich der Legitimität des Gesamtsystems bei der Wählerschaft spürbar Abbruch tun mußte, wenn die Hoffnungen stark politisierter Parteigänger auf das Veränderungspotential des Parteienwettbewerbs durch die Aushandlungszwänge enttäuscht werden. Die Erfahrung hat solche spekulativen Erwartungen, wie ich sie selbst in der ersten Auflage dieses Buches erwog, nicht unbedingt bestätigt. Und nachdem mit der ersten Ölpreiskrise von 1973 die Reformspielräume spürbar schrumpften, verschob sich ohnehin die Problematik, vor allem unter der Kanzlerschaft von Helmut Schmidt. Blickt man heute auf die Erfahrungen der sozialliberalen Koalition in dieser zweiten Phase zurück, dann drängt sich eher der Eindruck auf, daß Schmidts Leistung als Kanzler über Jahre hinweg darin bestand, in einem spannungsreichen Spiel zwischen den Flügeln seiner Partei, Koalitionsrücksichten und einem oppositionell beherrschten Bundesrat verhandlungsdemokratische Politik zu treiben. Politische Führung besteht unter solchen Bedingungen darin, die Handlungsspielräume zu nutzen, die sich zwischen widerstreitenden Erwartungen an die Institutionen eröffnen. Freilich ist Parteienkonkurrenz in einem solchen Rahmen dann auch zu einem guten Teil symbolische Politik, und das gehört zu den Kosten eines komplexen Regierungssystems. Der Parteienwettbewerb im Bundesstaat ist nicht in erster Linie von einer *Legitimitäts*lücke bedroht, wie es in den siebziger Jahren scheinen mochte, sondern von einer *Effektivitäts*lücke.

Denn was die Blockadesituation der neunziger Jahre von jener der siebziger Jahre deutlich unterscheidet, ist der Umstand, daß Verhandlungslösungen in zunehmendem Maße an der mangelnden internen Kompromißfähigkeit der Regierungskoalition scheiterten. Hatte sich damals die Verhandlungslogik gegenüber der Wettbewerbslogik immer wieder durchgesetzt, so war jetzt die Regierungsseite selbst durch das interne Vetopotential von Klientelinteressen in ihrer Manövrierfähigkeit gelähmt. Zudem fiel ins Gewicht, daß Helmut Kohl Kanzlerschaft und Parteivorsitz in einer Hand vereinte. Diese Kumulation von Führungspositionen gab es in der sozialliberalen Koalition nicht, seitdem Helmut Schmidt Kanzler wurde, und darin kann man ein Element von loser Kopplung sehen, das zur größeren Kompromißfähigkeit der Koalition beitrug.

Weil man unterstellen kann, daß bei den Entscheidungsblockaden der 13. Legislaturperiode alle Akteure interessegeleitet und insofern „zweckrational" handelten, liegt die Erklärung nahe, daß es die komplexen institutionellen Verflechtungen sind, die sie in eine „Rationalitätsfalle" führen, der „sich niemand durch einseitige Aktion entziehen könnte, ohne seine Lage zunächst noch weiter zu verschlechtern" (Scharpf 1989, 122; vgl. dazu auch Scharpf 1985). Die naheliegende Folgerung aus diesem Befund wäre die Empfehlung, die Verflechtungszusammenhänge durch institutionelle Reformen aufzulösen. Hier aber gerät das politische System tendenziell in einen Verflechtungszirkel, weil solche Reformen wiederum an die Schranken der wechselseitigen Vetomöglichkeiten stoßen. Das muß nicht Anlaß für einen weitgehenden Reformdefaitismus werden, zwingt aber dazu, die Veränderungsspielräume realistisch zu analysieren. Sie sollten aber auch - und vor allem - im Parteienparlamentarismus gesucht werden und nicht in erster Linie im bundesstaatlichen System, denn das Parteiensystem ist offenbar wandlungsfähiger.

6.1. Engpässe im Verhältnis von Bundesstaat und Parteienparlamentarismus

Das bundesstaatliche Regelsystem ist nämlich infolge seiner Verankerung in einem komplizierten Institutionengefüge hochgradig „pfadabhängig": Es entwickelt sich zwar weiter und reagiert auf konjunkturelle Veränderungen seiner Umwelt, aber dabei kommt es nicht zu auffallenden Abweichungen von seinem einmal eingeschlagenen und institutionell stabilisierten Entwicklungspfad. Demgegenüber bewahrt das Parteiensystem zwar offensichtlich seine bipolare Grundstruktur, aber in diesem Rahmen verändert sich die Parteienkonfiguration - einschließlich der Koalitionsoptionen, die den Parteien zur Verfügung stehen - in Sprüngen. Solche Sprünge vollzogen sich 1969, dann mit dem Regierungswechsel 1982, und erneut 1991 mit der Verschiebung der Mehrheitsverhältnisse im Bundesrat, jeweils mit einschneidenden Auswirkungen auf das Verhältnis der gesetzgebenden Körperschaften. Und als aus der Bundestagswahl von 1998 eine „rot-grüne" Koalition siegreich hervorging, war das wiederum ein solcher Sprung. Wir hatten fürs erste wieder einheitliche Mehrheitsverhältnisse in Bundestag und Bundesrat, und damit schien sich erneut eine Lage zu ergeben, wie sie bis 1966 und dann wieder von 1982 bis 1991 bestanden hatte. Aber es zeigte sich binnen weniger Monate, daß damit die strukturelle Gegenläufigkeit von Parteiensystem und Bundesstaat, die wir hier untersucht haben, keineswegs behoben war. Vielmehr war damit das Strukturproblem allenfalls überdeckt, solange sich nicht im Parteiensystem selbst oder in den bundesstaatlichen Entscheidungsstrukturen einschneidende Veränderungen vollziehen. Denn solange es bei der Inkongruenz der Konfliktregelungsmuster im Parteiensystem einerseits, im Bundesstaat andererseits bleibt, wird eine etwaige politische Homogenität von Bundestag und Bundesrat stets nur zufälligen Charakter haben. Während mehr als 40 % der bisherigen Lebensdauer der Bundesrepublik wies der Bundestag andere Mehrheitsverhältnisse auf als der Bundesrat, und man kann diese Konstellation nicht mehr als Ausnahmesituation behandeln.

Vor einem Vierteljahrhundert habe ich in der ersten Auflage dieses Buches die Vermutung als „nicht unbegründet" bezeichnet,

> „daß auch in Zukunft der Wählertrend bei Landtagswahlen entgegen dem bei Bundestagswahlen verlaufen könnte. In den fünfziger und der ersten Hälfte der sechziger Jahre konnte die SPD vielfach bei Landtagswahlen beachtliche Stimmengewinne verbuchen, blieb bei Bundestagswahlen dagegen dahinter zurück. Seit 1969 schnitten hingegen die christlichen Demokraten in den Landtagswahlen im allgemeinen besser ab als bei Bundestagswahlen ... [und daher spreche] der Augenschein für die Vermutung, daß es auch in Zukunft der Bundestagsopposition im großen und ganzen leichter fallen könnte, die Landtagswähler für sich zu mobilisieren, als der jeweiligen Bonner Kanzlerpartei. Das aber würde bedeuten, daß die Eventualität unterschiedlicher Mehrheiten im Bundestag und Bundesrat auch für die Zukunft nicht ausgeschlossen werden darf. Es muß zum Beispiel auch mit der Möglichkeit gerechnet werden, daß sich die Konstellation der beiden letzten Legislaturperioden mit umgekehrten Vorzeichen wiederholt, daß also eine CDU-Bundesregierung es eines Tages mit einer SPD-Mehrheit im Bundesrat zu tun bekäme. Auch einem solchen Fall würde die Bundesregierung unter starken Kompromißzwang geraten."

Spätere Forschung hat diese Hypothese über das Wählerverhalten bestätigt (zuerst Dinkel 1977). Die damals formulierte bedingte Prognose erwies sich seit 1991 als zutreffend. Und man wird die Vermutung nicht von der Hand weisen können, daß auch die rot-grüne Bundestagsmehrheit es eines Tages wiederum mit einer von der CDU kontrollierten Mehrheit des Bundesrates zu tun haben könnte. Da dürfte die Vorstellung nicht ganz abwegig sein, daß sich in der rot-grünen Regierungskoalition dann durchaus ähnliche Probleme der Konsensbildung im Verhältnis zum Bundesrat ergeben könnten, wie sie zuletzt im Verhältnis von CDU und FDP zu beobachten waren. Die Prämisse dieser prognostischen Überlegungen ist allerdings, daß es bei dem hegemonialen Vorsprung der beiden miteinander konkurrierenden großen Parteien bleibt. Sollte etwa die CDU eines Tages auseinanderfallen (wie es den italienischen Christdemokraten widerfuhr), dann würden die Karten neu gemischt, und die Handlungslogik des Parteienwettbewerbs könnte sich markant verändern. Spekulationen dieser Art wurden vor allem in der Anfangsphase des Finanzskandals Ende 1999 laut, in dem die Partei zeitweise zu versinken drohte. Aber die schließlich erfolgreiche Entmachtung des langjährigen Parteiführers Helmut Kohl hat gezeigt, daß die deutschen Christdemokraten sich durch eine sehr viel größere organisatorische Kohäsion auszeichnen als ihre ehemaligen italienischen Gesinnungsfreunde.

Solange also im Parteiensystem der Bundesrepublik bipolarer Wettbewerb vorherrscht, wird angesichts des Umstandes, daß sich die institutionellen Kooperationszwänge des Bundesstaates erst recht als stabil erwiesen haben, die strukturelle Inkongruenz von Parteikonkurrenz und Föderalismus weiter bestehen. Und immer dann, wenn das zu ernsthaften institutionellen Friktionen führt - wie 1997/1998, und dann wieder 1999 nach dem Verlust der rot-grünen Bundesratsmehrheit -, kommt naturgemäß die Frage auf, ob diese Inkongruenz behoben oder aber ihren Auswirkungen gesteuert werden könnte. Die Spannungslage von dualistischem Parteienwettbewerb und Verflechtungsföderalismus läßt sich grundsätzlich nicht aufheben, so wie man auch - in der eingangs gewählten Metapher - geologische Verwerfungen nicht beseitigen kann. Es wäre deshalb auch nicht sehr realistisch, bei einer „Blockade" den konfligierenden Parteien einfach eine Kooperationsnorm vorzuhalten. Vielmehr müßte man nach institutionellen Vorkehrungen suchen, die Anreize zur Kooperation schaffen. Aus unsere Beobachtungen ergibt sich insbesondere die Frage, ob es nicht der Funktionsfähigkeit jener Vernetzungen zugute käme, wenn sich die engen Kopplungen des Parteiensystems mit den Institutionen des gewaltenteiligen Staates und vor allem die Kopplung von Parteienwettbewerb und bundesstaatlichen Institutionen lockern ließen.

6.2. Die Perspektive der Europäisierung

Nun kann man fragen, ob nicht die zunehmende Verlagerung wichtiger Entscheidungskompetenzen auf die Europäische Union, insbesondere auf die Brüsseler Kommission und auf den Ministerrat, binnen kurzem dazu führen muß, daß die hier erörterten Entscheidungsblockaden an Bedeutung verlieren. Die Auseinandersetzung über die Änderung des Bundesnaturschutzgesetzes im Frühjahr 1998 könnte auf den ersten Blick solchen Vermutungen Nahrung geben. Die Bundesrepublik war nämlich vom Europäischen Gerichtshof dazu verurteilt worden, diese Vorschriften an eine EU-

6.2. Die Perspektive der Europäisierung

Richtlinie zur Erhaltung der natürlichen Lebensräume anzupassen, nachdem sie drei Jahre damit gesäumt hatte. Weil es nun in diesem Zusammenhang unter Umständen durch die Ausweisung von Naturschutzgebieten auch zu Einschränkungen der Nutzung landwirtschaftlicher Flächen kommen konnte, verlangten Vertreter der Agrarinteressen dafür monetäre Entschädigungszusagen. Dieser Forderung versuchte der von der Bundestagsmehrheit verabschiedete Gesetzestext dadurch Rechnung zu tragen, daß er die Länder zu Ausgleichszahlungen verpflichtete, und dem versagte wiederum die Ländermehrheit im Bundesrat ihre Zustimmung. Es kam im Vermittlungsausschuß zu einer Kompromißlösung, die eine solche Kompensation durch die Länder nicht mehr vorsah, aber unter dem Druck der Landwirtschaftsvertreter in der CDU-Fraktion lehnte dann die Bundestagsmehrheit das Vermittlungsergebnis ab. Es sah also ganz so aus, als gäbe es hier ein weiteres Beispiel einer Entscheidungsblockade, die auch hier durch die mangelnde Kompromißfähigkeit der Regierungsmehrheit bedingt war. In diesem Fall ging es ja in erster Linie darum, daß die Länder aus finanziellem Eigeninteresse eine Lösung auf ihre Kosten verhindern wollten, und der ausgehandelte Kompromiß stieß auf das koalitionsinterne Vetopotential der Agrarinteressen. Nun hätte ein Scheitern des Gesetzes aber bedeutet, daß die Bundesrepublik von der Kommission mit spürbaren finanziellen Sanktionen belegt würde, wie sie für den Fall vorgesehen sind, daß ein Mitgliedsstaat bei der Umsetzung von Richtlinien untätig bleibt (und hier ist Deutschland ohnehin erheblich im Rückstand). Deshalb wurde ein neues Vermittlungsverfahren in Gang gesetzt, und diesmal lenkte die Bundestagsmehrheit endgültig ein. Dieser Vorgang kann offensichtlich so interpretiert werden, daß Blockadespielräume dort gering werden, wo man es mit zwingenden Vorgaben der Europäischen Union zu tun hat, und zwar einfach deshalb, weil hier auch die Entscheidungsspielräume der deutschen gesetzgebenden Körperschaften zunehmend begrenzt werden. Und weil man von der Erwartung ausgehen kann, daß der Vorrang der europäischen Rechtssetzung in Zukunft weiter expandieren wird, müßte das dann dazu führen, daß die Problematik gegenläufiger Mehrheiten in Bundestag und Bundesrat an Bedeutung verliert.

Bei genauerem Hinsehen liegen die Dinge allerdings etwas verwickelter. In der Diskussion über die Auswirkungen der europäischen Integration geht man im allgemeinen von der Erwartung aus, daß die Verlagerung von Entscheidungskompetenzen auf die europäische Ebene zu Lasten der Bundesländer gehen wird, weil die Bundesrepublik Deutschland insbesondere im Ministerrat von der Bundesregierung vertreten wird. An diesem Vorrang der Bundesebene werden weder die verstärkten Mitspracherechte der Länder bei der deutschen Mitwirkung an EU-Entscheidungen sehr viel ändern können, wie sie der 1993 eingeführte neue Art. 23 des Grundgesetzes vorsieht, noch die Vertretung der deutschen Bundesländer auf EU-Ebene (im „Ausschuß der Regionen"). Das eben erörterte Beispiel zeigt aber, daß die Länder jedenfalls bei der Transformation europäischen Rechts durch die deutsche Gesetzgebung im gewissem Maße ihre eigenen Interessen auch in Zukunft dank ihrer Vetopositionen im Bundesrat werden wahren können, während das Blockadepotential von Interessengruppen innerhalb des Parteiensystems durch die Europäisierung vermutlich stärker begrenzt wird. Entsprechende Restriktionen wird man wohl auch hinsichtlich des Blockadepotentials von Koalitionsparteien erwarten können

Generell wird man davon ausgehen können, daß die Europäisierung die Bedeutung konkurrenzdemokratischer Entscheidungsprozesse zugunsten von Verhandlungsstrategien verringern wird. Es gibt zwar manche Analogien zwischen den verhandlungsdemokratischen Strukturen der Bundesrepublik Deutschland und der Europäischen Union, hingegen bieten die Institutionen der Union keinen Ansatzpunkt für die Ausbildung von bipolarem Wettbewerb. Und die Konfiguration der Parteiensysteme in den Ländern der EU weist eine so große Variationsbreite auf, daß es sehr unwahrscheinlich ist, daß die europäischen Parteienbündnisse (wie sie sich im Europäischen Parlament konstituiert haben) jene Geschlossenheit erringen werden, die Voraussetzung für eine Dominanz konkurrenzdemokratischer Verfahren wäre. Das erlaubt jedoch nicht die weitgehende Schlußfolgerung, daß sich die in diesem Band untersuchte Problematik schon in naher Zukunft als obsolet erweisen wird. Aller Voraussicht nach wird es noch auf lange Zeit in wichtigen Regelungsmaterien - gerade auch in der Steuergesetzgebung - einen beträchtlichen Spielraum für nationalstaatliche Entscheidungen geben, und deshalb bleibt weiterhin dringlich zu überlegen, wie das Potential zur Selbstblockade des politischen Systems verringert werden kann. Die Fragen, die in der jüngsten Reformdiskussion gestellt werden, bleiben aktuell.

Diese Diskussion hat sich nun zunehmend auf die Frage konzentriert, wie eine Auflockerung der engen Entscheidungsverflechtungen im Verhältnis von Bundesstaat und Parteiensystem bewirkt werden kann. Bemerkenswerterweise setzen diesbezügliche Überlegungen bislang aber durchweg an der bundesstaatlichen Organisation an, und dabei sind längst nicht alle gängig gewordenen Rezepte auch einigermaßen realistisch und aussichtsreich. Vor allem die Forderungen nach einer grundsätzlichen und weitreichenden Entflechtung des Föderalismus lassen einen klaren Blick für Reformspielräume und Prioritäten vermissen.

6.3. Entflechtung des Bundesstaates?

Das Scheitern der Steuerreform löste 1998 bei den Anhängern des Projekts eine heftige Diskussion darüber aus, ob eine bundesstaatliche Organisation, die derartige „Reformblockaden" erlaube, nicht änderungsbedürftig sei. Besonders schrill, aber auch analytisch wenig durchdacht klang das etwa bei Hans-Olaf Henkel, dem Präsidenten des Bundesverbandes der Deutschen Industrie. Andere Kritiker äußerten sich dazu reflektierter, doch insgesamt wurde ein durchgängiges Leitmotiv erkennbar: Die derzeit diskutierten Reformvorstellungen kreisen zu einem guten Teil um die Frage, ob sich nicht die Entwicklung zum Verflechtungsföderalismus, die sich in der Bundesrepublik so außerordentlich verstärkt hatte, durch entschlossene institutionelle Veränderungsschritte spürbar korrigieren ließe. Das Ziel solcher Veränderungen wäre ein Konkurrenzföderalismus, der dem amerikanischen Föderalismusmodell sehr viel näher käme als dem „unitarischen Bundesstaat". Diese Zielsetzung läßt sich theoretisch durchaus plausibel begründen, weil institutionelle Veränderungen im föderativen

6.3. Entflechtung des Bundesstaates?

System, die eine Lockerung der Kopplungen bewirken, seine Störanfälligkeit reduzieren könnten. Nun habe ich zwar schon angedeutet, daß es analytisch zu kurz greift, wenn man die „Reformblockaden" in der 13. Legislaturperiode des Bundestages den bundesstaatlichen Institutionen anlastet. Gleichwohl bleibt einzuräumen - einmal abgesehen von den Auseinandersetzungen der Jahre 1996 bis 1998 -, daß die Vorzüge einer konkurrenzföderalistischen Organisation alles in allem die Kosten eines Verzichts auf das unitarische Verflechtungssystem bei weitem aufwiegen würden. Das soll hier aber nicht weiter ausgeführt werden, denn nicht alles, was (auch nach der Auffassung des Verfassers) wünschenswert wäre, ist auch politisch aussichtsreich. Und die vorgelegten Reformvorschläge leiden fast durchweg darunter, daß ihre Urheber ganz im Dunklen lassen, welche Durchsetzungsstrategien dafür zur Verfügung stehen könnten.

Über Chancen und Schranken einer Föderalismusreform lassen sich nun aus dem historischen Längsschnittvergleich wichtige Hinweise gewinnen. Eine Reorganisation des Bundesstaates hat es bislang in Deutschland immer nur in Zusammenhang mit einer tiefgreifenden Systemkrise gegeben, in der die Gesamtverfassung zur Disposition gestellt wurde. Das war 1806-1815 so, dann wieder 1867-1871, 1919, und schließlich 1945-1948. Das hat gute Gründe: Der Bundesstaat ist nicht bloß eine beliebige verfassungstechnische Konstruktion, sondern er ist zugleich eine komplexe und institutionell verfestigte Gleichgewichtslage von mannigfaltigen gesellschaftlichen Interessen. Tiefer ansetzende Eingriffe werden daher sehr schnell an Vetokoalitionen auflaufen, die sich nur dank außergewöhnlicher, krisenhafter Machtverschiebungen überwinden lassen. Eine Föderalismusreform kann deshalb nur als Politik der Krisennutzung gelingen, genauer gesagt: im Zusammenhang von Verfassungskrisen, die eine tiefgreifende Reorganisation des Staates auslösen. Aber Krisen einer solchen Größenordnung lassen sich nun einmal nicht nach Belieben veranstalten. Wird diese Prämisse vernachlässigt, dann läuft die verfassungspolitische Diskussion zwangsläufig ins Leere.

1990 hatte sich zwar mit dem Prozeß der deutschen Vereinigung die unerwartete Gelegenheit gegeben, über einen Prozeß der Verfassunggebung, wie ihn der Parlamentarische Rat mit dem Art. 146 GG vorgezeichnet hatte, die bundesstaatliche Organisation noch einmal zur Disposition zu stellen. Die deutsche Vereinigung war, objektiv gesehen, eine fundamentale Krise der mitteleuropäischen Ordnung, aber die westdeutsche Politik und öffentliche Meinung weigerten sich mehrheitlich, das zur Kenntnis zu nehmen. Eine große Koalition westdeutscher Besitzstandswahrer hatte sich zusammengefunden, die von ängstlichen konservativen Verteidigern einer bedroht geglaubten Eigentumsordnung bis zu linksliberalen Verfechtern eines neuen „Verfassungspatriotismus" reichte. Und in ihrer Verunsicherung durch die veränderte Lage in Mitteleuropa war sie dermaßen auf die Bewahrung des verfassungspolitischen *status quo* fixiert, daß sie die damit verbundenen Chancen der Institutionenpolitik nicht wahrnehmen wollte. Wer in den Diskussionen jenes Jahres darauf hinwies, daß die Funktionsfähigkeit des überkomplex gewordenen bundesstaatlichen Systems durch eine Vereinigung nach den Vorgaben des Artikels 23 noch fragwürdiger werden müsse, und daß nur eine durch Volkswahl unmittelbar legitimierte Konstituante in der Lage sein werde, mit einfacher Mehrheit die ineinander verschachtelten föderativen

Besitzstände radikal zur Disposition zu stellen (Lehmbruch 1990, 481), der predigte in der Wüste. Gewiß lassen sich manche guten Gründe dafür geltend machen, daß angesichts des außergewöhnlichen Entscheidungsdrucks der Vereinigungskrise das Konfliktpotential, mit dem man bei einer ganz neu ansetzenden Verfassunggebung rechnen mußte, den politischen Akteuren zu hoch erschien. Aber das war doch zugleich das Versagen einer risikoscheuen Führung, die sich des konstruktiven institutionellen Denkens seit langem entwöhnt hatte. Und nachdem jene Chance einer historisch einmaligen Krise vergeben wurde, geht die in den letzten Jahren aufgekommene Diskussion über eine grundlegende Reform des Bundesstaates an der verfassungspolitischen Wirklichkeit vorbei und erschöpft sich in intelligenten Sandkastenspielen.

Weitgehende Reformüberlegungen richten sich insbesondere auf die Rolle des Bundesrates im Gesetzgebungsverfahren. Wenn die Mitwirkung der Länder an der Bundespolitik über den Bundesrat in so starkem Maße für den Verlust ihrer politischen Autonomie verantwortlich ist, dann böte es sich offensichtlich an, entweder die Kompetenzzuweisungen im Rechtssetzungsprozeß zu modifizieren, die diese Mitwirkungsrechte begründen, oder aber die Bundesratskonstruktion zu ändern. Bei den Kompetenzzuweisungen sind diejenigen von besonderer Bedeutung, die sich aus der Finanzverfassung und dem Steuerverbund ergeben.

Beginnen wir zunächst mit der Institution des Bundesrates selbst. Der Übergang zum Senatssystem (etwa in der schon 1949 erwogenen Form, daß die Senatoren von den Landtagen nach dem Parteienproporz gewählt werden) wäre aber kein Ausweg, weil es hier wiederum zu auseinanderlaufenden Mehrheitsbildungen kommen könnte. Ein Nebeneinander von Volkskammer und föderativem Senat funktioniert ohne die Gefahr größerer Friktionen entweder dann, wenn - wie in den USA oder der Schweiz - das Parteiensystem überlappende und wechselnde Bündnisse begünstigt oder wenn die zweite Kammer ein deutlich geringeres politisches Gewicht hat (wie in Österreich, wo zwischen 1966 und 1970 zeitweise die SPÖ-Opposition die Mehrheit im Bundesrat hatte, der ÖVP-Regierung aber nur vorübergehende Schwierigkeiten machen konnte, da sie nur über das suspensive Veto verfügte). Ganz abgesehen davon, daß ohnehin in der Bundesrepublik für einen Übergang zum Senatsprinzip keine ernsthaften politischen Durchsetzungschancen bestehen dürften, wäre er im Hinblick auf die Struktur unseres Parteiensystems auch nur dann sinnvoll, wenn zugleich die Kompetenzen eines solchen Senats stark eingeschränkt würden.

Es würde folglich mit geringerem Aufwand verbunden sein, die Kompetenzen des bestehenden Bundesrates so zu mindern, daß der indirekte Zwang für die Länderregierungen, sich bundespolitisch stark zu engagieren, beseitigt würde. Eine rigorose Eindämmung der zustimmungspflichtigen Gesetze könnte voraussichtlich stark zur Wiedergewinnung der Autonomie von Länderpolitik beitragen. Auch eine bloße Minderung der Bundesratskompetenzen dürfte aber keine ernsthaften Realisierungschancen haben, da sie von den Ländern blockiert werden kann und mit Sicherheit auch blockiert werden würde. Es war schon die Rede davon, wie in den siebziger Jahren die Regierung Schmidt nach gesetzgebungstechnischen Wegen zu suchen begann, um den Umfang der zustimmungspflichtigen Gesetzgebung zu reduzieren, etwa durch die Zerlegung von Gesetzesvorhaben, um strittige (aber nicht zustimmungsbedürftige)

6.3. Entflechtung des Bundesstaates?

Vorschriften auszugliedern. Wie wir sahen, hat sich die Regierung Kohl in den neunziger Jahren wiederholt des selben gesetzgebungstechnischen Kunstgriffs bedient. Aber das läuft allzu oft auf gesetzestechnische Flickschusterei heraus, wo es womöglich auf größere und kohärente Reformschritte ankäme.

Eine weitergehende Überlegung, wie sie Bundeskanzler Helmut Schmidt vor dem Bundestag am 19. 2.1976 (in der abschließenden Lesung des Polenabkommens) angedeutet hat, ist Gedankenspiel geblieben: Die Bundesregierung könnte in Zukunft

> „darauf achten ..., daß die Bundesgesetze auf das materielle Recht, auf die gesellschafts-, wirtschafts- und außenpolitisch relevanten Fragen beschränkt bleiben und die Länder dann zur Ausführung solcher Gesetze verpflichtet bleiben, auch wenn sie damit politisch nicht einverstanden sind, auch wenn sie die notwendigen Verfahrensregelungen dann selbst erlassen müssen ... [Es werde dann] vielleicht der Öffentlichkeit überlassen bleiben müssen, ob und wie lange der Rückfall in administrativen Partikularismus hingenommen werden kann".

In der Tat hätte man damit nur den Weg gewählt, der in Art. 84 Abs. 1 GG ursprünglich als Regelfall konstruiert war: Daß Bundesgesetze - mit Zustimmung des Bundesrates - auch „die Einrichtung der Behörden und das Verwaltungsverfahren" regeln, wurde hier vom Satzbau her als Ausnahme ins Auge gefaßt. Die praktische Schwierigkeit liegt freilich darin, daß der Regelfall, in dem die Verfahrensvorschriften Ländersache bleiben, eher auf die klassischen „Eingriffsgesetze" des liberalen „Gesetzgebungsstaats" zugeschnitten ist als auf sozialstaatliche Leistungsgesetze oder gar auf „Reformen, die kein Geld kosten". Beispielsweise waren die kontroversen Kernstücke der sozialliberalen Novelle zum Bundesbaugesetz von 1976, wie insbesondere der Planungswertausgleich, ohne die zugehörigen Verfahrensvorschriften des Entwurfs entweder schwer praktikabel oder konnten allzu leicht unterlaufen werden. Andererseits sollte man freilich die Gefahr eines „administrativen Partikularismus" auch nicht überbewerten. Zum einen neigen ja die Länderverwaltungen zu einer unitarisierenden Verwaltungspraxis auch im Wege der Kooperation, und zum andern wären auch oppositionelle Länder durch den Grundsatz der Bundestreue gehindert, den Willen des Bundesgesetzgebers allzu offenkundig im Wege der Verwaltungspraxis zu unterlaufen. Sicherlich muß aber zugegeben werden, daß der inzwischen erreichte Einfluß des Bundesrates auf die Gesetzgebung (und der damit indirekt bewirkte Verlust an Autonomie der Länderpolitik) allenfalls korrigiert, aber nicht entscheidend reduziert werden kann. Bei der in der Vergangenheit vollzogenen Intensivierung der Bund-Länder-Verflechtungen, die ja ganz überwiegend als unvermeidlich angesehen wurde, ergab es sich aus der Logik der überlieferten deutschen Bundesstaatskonstruktion, den Bundesrat und damit die Länderregierungen stärker einzuschalten. So hat nicht nur die Gesetzgebungspraxis (über Art. 84 Abs. 1 GG) den Einfluß des Bundesrates gestärkt. Es hat parallel dazu auch eine ganze Reihe von Verfassungsänderungen gegeben, die als Kompensation für erweiterte Zuständigkeiten des Bundes das Erfordernis der Zustimmung des Bundesrates auf die betreffenden Materien ausweiteten (so 1971 durch Art. 74 a GG bei der Einführung der konkurrierenden Gesetzgebungszuständigkeit des Bundes für die Beamtenbesoldung). Welche Konsequenzen diese Entwicklung bei einer parteipolitischen Polarisierung im Bundesrat haben könnte - diese Überlegung ist in den Jahren der „angepaßten" SPD-Opposition der frühen sechziger Jahre und der Großen Koalition um so weniger ins Gesichtsfeld getreten, als damals erst recht nicht die Eventualität einer Oppositionsmehrheit im Bundesrat vorhergesehen wurde. Und auch später hat sie den Trend zum verstärkten Verbundföderalismus nicht bremsen können.

Eine effektive Entflechtungsstrategie könnte unter anderem darauf ausgehen, das Institut der konkurrierenden Gesetzgebung stark zu beschneiden. Denn die Mitwirkungsrechte des Bundesrates sind ja unter anderem auch im Zusammenhang mit dem immer weiteren Ausgreifen des Bundes in diesen Bereich so außerordentlich ausgedehnt worden, sei es, weil eine effektive Regulierung durch den Bund ohne einheitliche Organisation des Implementationsprozesses nicht möglich war, sei es auch (wie vielfach behauptet wird), weil die Länder Mitwirkungsrechte als Kompensation für neue Zentralisierungsschritte verstanden hätten. Aber weil der Bund schon jetzt den weitaus größeren Teil der einschlägigen Materien an sich gezogen hat, wäre eine solche Strategie nur dann wirklich aussichtsreich, wenn damit eine effektive Rückverlagerung von Regelungskompetenzen an die Länder verbunden wäre. In den Beratungen der Gemeinsamen Verfassungskommission von Bundestag und Bundesrat in den Jahren 1992 bis 1993 hat sich aber deutlich gezeigt, daß sowohl die Bundesregierung als auch große Teile des Bundestages einem solchen Verzicht auf Kompetenzen wenig geneigt sind. Die Änderungen des Art. 72 Abs. 2 GG, die eine künftige Inanspruchnahme der konkurrierenden Gesetzgebungskompetenz nur unter restriktiver formulierten Voraussetzungen gestatten wollen, werden sich als ein stumpfes Schwert erweisen. Selbst die relativ bescheidene Vorstellung, daß die Länder das Recht zur „Rückholung" einzelner Materien aus dem Bereich der vom Bund schon in Anspruch genommenen konkurrierenden Zuständigkeit bekommen sollten, stieß auf entschiedenen Widerstand. Man einigte sich schließlich, in den Worten des Kommissionsberichts, „auf eine *von der Bundesregierung eingebrachte*, deutlich abgeschwächte Form der Rückholklausel, die es *aus Gründen der Rechtssicherheit und Konfliktvermeidung* dem Bund überläßt, zu bestimmen, daß eine bundesgesetzliche Regelung durch Landesrecht ersetzt werden kann, wenn ein Bedürfnis im Sinne von Artikel 72 Abs. 2 GG nicht mehr besteht" (Hervorhebungen von mir, GL.). Es sind übrigens auch erhebliche Zweifel erlaubt, ob die Länder wirklich dazu bereit wären, sich verlorene Regelungsbefugnisse zurückzuholen und die damit gewonnenen Spielräume in Anspruch zu nehmen. Die Beharrungskraft von Verflechtungs- und Unitarisierungsmomenten hat sich in diesen Auseinandersetzungen deutlich gezeigt, und angesichts solcher Erfahrungen wird man weitere Diskussionen über eine Reform der bundesstaatlichen Kompetenzverteilung nur als politisch müßig bezeichnen können.

Die Blockade der Steuerreform 1997/1998 hat dann die Aufmerksamkeit besonders auf das finanzwirtschaftliche Verflechtungssystem zwischen Bund und Ländern gelenkt, denn die Vetomöglichkeiten des Bundesrates ergaben sich ja - ganz systemgerecht - daraus, daß Art. 105 Abs. 2 GG die Verabschiedung von Gesetzen über Verbundsteuern an die Zustimmung der Ländervertretung bindet. Der insbesondere von der Finanzwissenschaft inspirierten Kritik hat das neue Nahrung gegeben, und es mangelt nicht an mehr oder weniger ausgearbeiteten Entflechtungsvorschlägen. Sie laufen meist auf ein Trennsystem hinaus, in dem jede Seite ihre Aufgaben aus eigenen

6.3. Entflechtung des Bundesstaates?

Steuerquellen finanziert, und müssen konsequenterweise den Ländern auch die autonomen Besteuerungsrechte zurückgeben, die sie im Laufe eines Jahrhunderts allmählich an den Zentralstaat verloren haben. Derartige Vorschläge sind aber erst recht von geringer Praxisrelevanz, solange ihre Urheber nicht auch anzugeben wissen, mit welchen politischen Strategien man sie wohl umsetzen sollte. Die Effekte einer solchen Systemveränderung werden die Finanzministerien natürlich gleich auszurechnen suchen. Und es ist kaum ein Eingriff in die Finanzverfassung denkbar, in dem es nicht starke Gruppen von potentiellen Verlierern gibt. Deshalb wüßte man nur zu gern, mit welchen politischen Koalitionen die Reformer ihre Ziele durchsetzen und wie sie potentielle Vetokoalitionen neutralisieren wollen. Das wird in der Regel zumindest voraussetzen, daß den Verlierern ausreichende Kompensationen zugestanden werden, und eine solche Kompensationstechnik setzt natürlich voraus, daß es dafür ausreichende disponible Ressourcen gibt. Das mag in Zeiten eines starken Wirtschaftswachstums und dadurch beförderter fiskalischer Expansion vorstellbar sein, aber es läßt sich sehr viel schwieriger mit einer Politik der fiskalischen Austerität vereinen, wie sie den Reformbefürwortern in der Regel vorschwebt. Darüber hinaus aber setzen insbesondere jene weitgehenden Entflechtungsvorstellungen, die sich am finanzwirtschaftlichen Trennsystem der USA orientieren, einen einschneidenden Wertewandel bei den politischen und administrativen Eliten voraus. Insbesondere müßte die Vorstellung (wie sie der Liberale Höpker-Aschoff im Parlamentarischen Rat so erfolgreich vertreten hatte), daß das Steuersystem den Steuerungsbedürfnissen in einem einheitlichen Wirtschaftsgebiet Rechnung zu tragen habe, gegenüber einer Wettbewerbsorientierung zurücktreten, die ein tiefgreifend verändertes Staatsverständnis voraussetzt. Das alles sind gewiß diskussionswürdige Postulate, und ich habe in dieser Untersuchung auch nicht verhehlt, daß ich auf einer normativen Diskussionsebene den Konkurrenzföderalismus für die dem Verbundföderalismus überlegene Alternative halte. Aber solche normativen Postulate laufen sehr schnell an den Grenzen auf, die durch die „Pfadabhängigkeit" und Persistenz von institutionellen Arrangements und Wertvorstellungen gezogen sind. Deshalb sollte sich die Politik eher an der Erwartung orientieren, daß die in der deutschen Gesellschaft dominierenden, durch und durch unitarisch geprägten Wertvorstellungen sich auf absehbare Zeit behaupten werden. Eine Entflechtung, die sich an der finanzwissenschaftlichen Modellvorstellung des Äquivalenzprinzips und an einem idealisierten Bild des amerikanischen Föderalismus orientiert, also auf eine fundamentale Veränderung des deutschen Föderalismus hinausläuft, streift schon wegen der Komplexität des Veränderungsprozesses die Grenzen zur Utopie.

Andere Autoren argumentieren deshalb auch, daß sich eine realistischere Reformperspektive eher darauf richten solle, an den Ursachen für den immer weiter vorangeschrittenen Verflechtungstrend anzusetzen. Dabei denken sie in erster Linie an den Zuschnitt der Länder, weil sich unter den nun einmal gegebenen Bedingungen dominierend unitarischer Wertvorstellungen aus dem finanzwirtschaftlichen Gefälle zwischen armen und reichen Ländern das Erfordernis eines komplizierten Umverteilungsprozesses durch den Länderfinanzausgleich ergibt, um die Einheitlichkeit (oder auch nur „Gleichwertigkeit") der Lebensbedingungen herzustellen. Die neu erwachte

Neugliederungsdiskussion hat es auf eine Länderreform abgesehen, die „größere und leistungsfähigere" Länder schaffen soll. Aber die Paradoxie dieser Diskussion liegt darin, daß sie selbst zutiefst der unitarischen Denktradition verhaftet bleibt. Die Animosität gegen die so viel beklagte Ineffizienz des Zuschnitts der Ländergrenzen ist letztlich ein historisches Erbe der Kritik des bürgerlichen Liberalismus an der deutschen „Kleinstaaterei", in der man (natürlich ganz zu Recht) ein historisches Erbe des dynastischen Prinzips erblickte. Als Versatzstück der Föderalismusdiskussion begegnet uns der Neugliederungs-Topos samt der Kritik an der geringen Leistungsfähigkeit der kleinen Länder schon in der Mitte des 19. Jh., so beim frühen Treitschke (1886, 86, 150 ff.), der das allerdings sehr deutlich als ein spezifisches Problem der deutschen Föderalismustradition begriff. Und die sozialtechnologische Vorstellung, die dahinter steckt, reflektiert ihrerseits die historische Erfahrung der großen Korrekturen am territorialen Zuschnitt des Alten Reiches, mit denen Napoleon I. 1803-1806 begonnen hatte und die dann 1815, 1866 und wieder 1945/1946 (mit der Auflösung Preußens) weitergeführt wurden. Doch schon dieser geschichtliche Rückblick sollte eigentlich ausreichend klar machen, daß eine solche Länderreform immer nur nach einer militärischen Auseinandersetzung von siegreichen Mächten durchgesetzt werden konnte. 1867/71 aber wurden mit der Konstituierung des deutschen Nationalstaates als Bundesstaat die Ländergrenzen prinzipiell unantastbar, und selbst die Weimarer Republik, die ansonsten die Länderautonomie durchaus einzuschränken in der Lage war, hat nur in einigen wenigen Extremfällen (von denen der Zusammenschluß der thüringischen Kleinstaaten der wichtigste war) den territorialen Zuschnitt zu ändern vermocht. Wenn vergleichbare Neugliederungspläne weder in den USA noch in der Schweiz je ernsthaft erwogen werden, dann hat das seinen Grund darin, daß hier der Föderalismus demokratische Ursprünge hat - auch das hat schon Treitschke gesehen (1886, 160, 190). In der Schweiz scheiterte sogar die Wiedervereinigung des Kantons Basel, der 1830 durch eine demokratische Revolte der Landschaft gegen die patrizische Oligarchie geteilt worden war, obwohl die Ursachen der Teilung längst obsolet sind und raumordnerische Rationalität es zweifellos geboten hätte, dieses eng verflochtene Ballungsgebiet wieder zusammenzuführen. Zu verkennen, daß im demokratischen Föderalismus die Selbstbestimmung der Länder eine äußerst schwer überwindbare Schranke für territoriale Eingriffe darstellt, ist der gemeinsame Denkfehler aller Projektemacher, die sich seit Hugo Preuß daran versucht haben. Es mag ja geschehen, daß die - zweifellos wünschenswerte - Vereinigung von Berlin und Brandenburg schließlich doch gelingt, oder daß der Stadtstaat Bremen angesichts seiner Finanznöte eines Tages die weiße Fahne aufzieht. Aber große Neugliederungsprojekte von der Art, wie sie 1972 von der Ernst-Kommission vorgestellt wurden, ermangeln ebenso wie die zuvor erwähnten Vorschläge zur finanzwirtschaftlichen Entflechtung einer realistischen Einschätzung der strategischen Spielräume für die Neutralisierung der Vetokoalitionen, mit denen es jedes demokratische Gemeinwesen nun einmal zu tun hat.

Nun werden die Schwierigkeiten, die sich einer tiefgreifenden Reorganisation des Bundesstaates entgegenstellen, in der deutschen Politik und in der Politikwissenschaft durchaus gesehen. Andererseits sollte auch nicht die Folgerung gezogen werden, daß die Unitarisierung und Politikverflechtung, also die enge Kopplung des föderativen

6.3. Entflechtung des Bundesstaates?

Systems, einer schicksalhaft unumkehrbaren Entwicklung zuzuschreiben sei, und daß es gar keine Reformspielräume gebe. Selbst wenn man von der Überlegung ausgeht, daß sich weder das System der verflochtenen Kompetenzzuweisungen noch der verteilungspolitische *status quo* in den Finanzbeziehungen von Bund und Ländern nennenswert (nämlich durch spürbare Entflechtungs- und Umschichtungsschritte) revidieren lassen, sind doch graduelle institutionelle Reformen vorstellbar, die eine Verstärkung der Verflechtungstrends bremsen können. Schon eine Stabilisierung des bestehenden Gleichgewichts könnte die Wahrscheinlichkeit verringern, daß immer wieder neue sekundäre Verteilungskonflikte aufbrechen. Sehr attraktiv wäre unter diesem Gesichtspunkt beispielsweise der Vorschlag, die Lastenverteilungsregeln des Art. 194 a GG so zu ändern, daß dem Bund in Zukunft die Finanzierungspflicht für solche zusätzlichen Aufgaben zukommt, die er als Gesetzgeber veranlaßt (vgl. Renzsch 1998, 356). Ähnlich wie seinerzeit schon bei der „Albrecht-Initiative" (hinsichtlich der Sozialhilferegelungen) liegt dem die Überlegung zugrunde, daß der Bund sich dann vermutlich bei der Ausschöpfung seiner konkurrierenden Gesetzgebungszuständigkeit deutlicher zurückhalten und der eigene Gestaltungsspielraum der Länder sich entsprechend vergrößern würden. Schon seit den achtziger Jahren hat der vorsichtige Rückzug des Bundes aus der Politikverflechtung - wie Joachim Jens Hesse und Arthur Benz gezeigt haben - in der Länderpolitik eigentümliche Anpassungsprozesse ausgelöst und die Bereitschaft zu eigenständiger Ausschöpfung solcher Spielräume bewirkt (Hesse/Benz 1990).

Daß sich die neuere Diskussion so sehr auf Fragen der bundesstaatlichen Organisation fixiert hat, ist letzten Endes auch ein Indiz für die Ambivalenz der öffentlichen Meinung gegenüber dem Föderalismus. Die gewaltenhemmenden Wirkungen der bundesstaatlichen Organisation werden zwar positiv bewertet, so lange sie der eigenen Interessenlage nicht im Wege stehen, aber die Kosten der Gewaltenhemmung werden beklagt. Diese Ambivalenz hat sich seit der nationalliberalen Föderalismuskritik des 19. Jahrhunderts nicht grundlegend verändert. Soweit die Diskussion über die Reform des Bundesstaates am Problem der „Reformblockaden" ansetzt, müßte man aber zunächst genauer bestimmen, welchen spezifischen prozeduralen Engpässen in der „antagonistischen Kooperation" von Parteiensystem und Föderalismus die beobachteten Entscheidungsblockaden zuzuschreiben sind. Wenn wir das Scheitern der Steuerreform 1997/1998 analysieren, dann war der eine Engpaß die Zustimmungsbedürftigkeit der Bundesgesetzgebung über Steuern, deren Ertrag den Ländern (ganz oder zum Teil) zufließt (Art 105 Abs. 3 GG). Da diese Vorschrift eine systematisch notwendige Konsequenz aus der (in Art. 106 Abs. 3 festgelegten) Ausgestaltung der Einkommen- und Körperschaftssteuer als Verbundsteuer ist, bedürfte es einer grundlegenden Änderung der Finanzverfassung, um diesen Engpaß zu beseitigen, und wie wir gesehen haben, gibt es unter den obwaltenden Umständen keine realistische Aussichten für eine solche tiefgreifende Reform. Daher liegt es nahe, sich Gedanken über den anderen Engpaß zu machen, nämlich die mangelnde Kompromißfähigkeit der Bundesregierung in der Endphase der Verhandlungen, die vor allem durch die unüberwindbaren Differenzen in der Regierungskoalition bedingt war. Wie ich schon früher erwähnt habe, ist ja die Bundesregierung im Gesetzgebungsprozeß der „Agenda-Setzer", der mit seiner

Initiative im wesentlichen bestimmen kann, worüber im Bund-Länder-Verhältnis überhaupt verhandelt wird, während die Länder nur kraft ihrer Vetomöglichkeiten den Verhandlungsprozeß beeinflussen. Das System der „antagonistischen Kooperation" kann aber auf die Dauer nur funktionieren, wenn die Regierung (als der „Agenda-Setzer") über ein ausreichendes Maß an strategischer und prozeduraler Flexibilität verfügt, also auch über Kompromißfähigkeit. Wenn nun diese funktionsnotwendige Flexibilität durch Rigiditäten des Parteiensystems beeinträchtigt wird, wie das im vorliegenden Fall geschah, dann liegt es nahe zu überlegen, ob Reformen nicht besser bei der Organisation des Parteienwettbewerbs ansetzen sollten. Dabei wäre auch hier nicht so sehr an tiefgreifende institutionelle Änderungen zu denken als vielmehr an gradualistische Verfahrensreformen und Anpassungen der Spielregeln, die eine Auflockerung der durch das *Parteiensystem* bewirkten Kopplungen erlauben würden.

Dafür spricht auch folgende Überlegung: Indem sich die Diskussion auf den Bundesstaat als das gegenüber dem Parteienwettbewerb viel stärker institutionalisierte Teilsystem konzentriert, scheint sie auch von der Prämisse auszugehen, daß sich stark institutionalisierte Strukturen sozialtechnologisch leichter verändern lassen. Wir müssen aber mit der Tatsache leben, daß der Bundesstaat vom Verfassungsgeber prinzipiell unantastbar gemacht worden ist, und daß diese Unantastbarkeit auf der Ebene der Verfassungsnormen sich durch den hohen Institutionalisierungsgrad der Verflechtungszusammenhänge noch verstärkt hat. Deshalb sollte man sich fragen, ob nicht Reformen, die an den schwächer institutionalisierten Strukturen des Parteiensystems ansetzen, womöglich eine größere Effektivität versprechen.

6.4. Flexibilisierung des Parteienwettbewerbs

Wenn hier nun nach Reformen an der Organisation des Parteienwettbewerbs gefragt wird, meint das nicht die immer wieder aufgeworfene Frage, ob man etwa mit dem Instrument der unmittelbaren Volksbeteiligung die so gerne beklagten Verkrustungen der parlamentarischen Demokratie aufbrechen sollte. Hier kann zwar die verfassungspolitische Problematik der Referendumsdemokratie nicht systematisch erörtert werden. Für unsere Problemstellung ist aber zunächst der Hinweis wichtig, daß Volksbegehren und Volksentscheid in der Regel nur zwei Antwortmöglichkeiten auf eine von den Initianten vorformulierte Frage zulassen, nämlich Ja oder Nein. Damit wird hier eine eigentümliche Schwäche des bipolaren Parteienwettbewerbs noch potenziert: Wenn schon die Wahl den Stimmbürger nur vor einfache Alternativen stellen kann, so gilt erst recht für die Referendumsdemokratie, daß sie keine differenzierenden Antworten zuläßt, wie sie bei komplexen Sachverhalten gefordert sind. Als Instrument für eine sachadäquate Problemlösung (*problem solving*) ist das Referendum daher ganz unangemessen. In der Europapolitik der Schweiz bewirkt die Referendumsdemokratie noch schwerwiegendere Entscheidungsblockaden, als das bisher in der deutschen Variante von *divided government* der Fall gewesen ist, weil es hier auch keine institutionalisierten Vermittlungsmechanismen gibt: 1992 standen sich bei der gescheiterten Volksabstimmung über den Beitritt zum „Europäischen Wirtschaftsraum"

6.4. Flexibilisierung des Parteienwettbewerbs

nicht nur die jeweiligen Mehrheiten in deutscher und welscher Schweiz und in Stadt und Land gegenüber, sondern auch das Votum der politischen Klasse im Parlament einerseits, die Mehrheit des „Souveräns" andererseits.

Vor allem aber lassen sich mit Volksentscheiden nicht jene komplexen Konfliktlagen entwirren, die im Verhältnis von Parteienkonkurrenz und Bundesstaat auftreten können. Die Weimarer Verfassung hatte zwar die Möglichkeit vorgesehen, Einsprüche des Reichsrats durch einen Volksentscheid zu überstimmen, aber das ist nie praktisch geworden. Wollte man heute auf dieses Instrument zurückgreifen, dann liefe das auf eine ganz erhebliche Schwächung der verfassungsrechtlichen Position der Bundesländer hinaus, wie sie mit dem vom Grundgesetz gewollten Föderalismus schwerlich vereinbar wäre. Man kann sich zwar vorstellen, daß in einem unitarisch verfaßten Staat Entscheidungsblockaden in einer gesetzgebenden Körperschaft durch eine Volksbefragung aufgelöst werden. Würde man aber in die Bund-Länder-Beziehungen mit dem Instrument der direkten Demokratie eingreifen, dann liefe das auf einen massiven Zentralisierungsschub hinaus.

Man muß gleichwohl über die Rigiditäten des Parteienwettbewerbs nachdenken. Das darf nicht mit wohlfeiler und undifferenzierter Parteienkritik verwechselt werden. Denn das Parteiensystem leistet heute einen unersetzlichen Beitrag zum Funktionieren des Bundesstaates. Die Bundesrepublik hat sich zu einem institutionell zugleich stark dezentralisierten und intern verflochtenen System entwickelt, und nach der Vereinigung ist dieses komplexe Gebilde für sein Funktionieren in noch ausgeprägterem Maße auf wirkungsvolle Koordinierungsmechanismen angewiesen. Die Reibungsverluste wären viel zu groß, die Transaktionskosten viel zu hoch, wenn nicht die formalisierten Kooperationsstrukturen von den informellen Vernetzungen über das Parteiensystem gestützt und damit zugleich entlastet würden. Würde man das Parteiensystem vom Bundesstaat radikal abkoppeln, wie das manchen Kritikern des polemisch sogenannten „Parteienstaates" vorschwebt, dann wären gravierende Friktionen innerhalb des Bundesstaates leicht absehbar. Doch wo die parteipolitischen Vernetzungen sich so verfestigen, daß sie die Anpassungsflexibilität der Teilelemente lähmen, wirken sie kontraproduktiv. Das habe ich hier mit dem Begriff der engen Kopplung beschrieben. Bislang haben die konkurrierenden Steuerungszentren des Parteiensystems - also beispielsweise die Parteiführung der Bundes-CDU - beharrlich und erfolgreich daran gearbeitet, die früher zum Teil noch recht autonomen Akteure in Bund und Ländern möglichst „auf Vordermann" zu bringen. (So kann man hier den Begriff der engen Kopplung in volkstümliche Redeweise übersetzen.) Die oben dargestellte Entwicklung von der „Albrecht-Initiative" zum Strukturhilfegesetz war dafür ein anschauliches Beispiel. Und wie wir gesehen haben, lassen sich auch im Koalitionsmanagement sehr ausgeprägte Kopplungseffekte beobachten. Gewiß gibt es auch gegenläufige Tendenzen, etwa im Machtgewinn der Ministerpräsidenten in der SPD mit ihrem so charakteristischen Eigensinn, aber das verstärkt dann wieder das Bestreben der Parteiführung, eine möglichst enge Kopplung herzustellen. Das gerne so genannte „System Kohl" war nicht zuletzt durch das Bestreben charakterisiert, Kopplungen im Interesse der Machtbehauptung auch durch Informalisierung möglichst eng zu halten, und darin lag eine wesentliche Ursache für die Entscheidungsblockaden., in die es schließlich geriet. Denn je enger die Kopplung eines Systems ist, um so größer wird tendenziell auch seine Störanfälligkeit, weil es dann an Puffern fehlt, die Störungen elastisch auffangen und Blockaden vermeiden helfen. Wenn die Reform- und Innovationsfähigkeit des politischen Systems gesteigert werden soll, dann wird es auf die Flexibilisierung des Parteienwettbewerbs ankommen. Und das würde heißen, zwischen einer allzu *engen* Kopplung einerseits, und andererseits einer radikalen *Ab*kopplung, wie sie manchen Parteienstaatskritikern vorschwebt, den Mittelweg der *losen* Kopplung zu suchen.

Man darf nämlich nicht übersehen, daß unter den gegebenen institutionellen Bedingungen die Koordinierungsfunktion des Parteiensystems in der Handlungslogik des Parteienwettbewerbs ihre Schranke findet. Hier dreht es sich zunächst einmal um Machterwerb und Machtbehauptung, und die Koordination der autonomen Akteure in Bund und Ländern ist nicht *Ziel* des Parteienwettbewerbs, sondern - wenn es denn gut geht - sein *Nebenprodukt*. Deshalb ist die Verbindung von Konkurrenzdemokratie und Föderalismus so störanfällig. Wenn dann noch Verhandlungssysteme in die konkurrenzdemokratische Arena eingelagert sind, wie das insbesondere bei Regierungskoalitionen der Fall zu sein pflegt, dann kann diese zusätzliche Verschachtelung von Spielen (*„nested games"*: Tsebelis 1990) das noch steigern. Restriktionen der Entscheidungsrationalität, wie sie schon im einfachen Modell der Zweiparteienkonkurrenz sichtbar werden, können also durch in Koalitionen eingebaute Profilierungskonkurrenz noch verstärkt werden. Verhandlungsergebnisse innerhalb der konkurrenzdemokratischen Arena (zum Beispiel Koalitionsabsprachen) können die Flexibilität der Akteure beeinträchtigen, wenn es darum geht, Entscheidungsprozesse zwischen dem Parteiensystem und der bundesstaatlichen Arena zur Deckung zu bringen. Das Scheitern der Steuerreform 1997/1998 ist ein Beispiel dafür. Blockaden dieser Art sind auch nicht nur im Verhältnis der CDU zu einer FDP denkbar, die zur Flügelpartei geworden war. Die Entscheidungsblockaden der 13. Legislaturperiode legen vielmehr ein grundsätzlicheres Problem der deutschen Politik bloß.

Wenn davon die Rede ist, daß es institutionelle Rigiditäten der deutschen Politik sind, die Reformen so schwer machen, dann darf man das deutsche Parteiensystem dabei nicht auslassen. Die seit der Gründung der „alten" Bundesrepublik etablierten Spielregeln des Parteienwettbewerbs zeichnen sich durch eben solche institutionellen Rigiditäten aus. Eine ältere Forschergeneration (vor allem durch Ferdinand Alois Hermens und seine Schüler repräsentiert) hatte noch die möglichen Funktionsschwächen der Koalitionsbildung gesehen, aber sie lokalisierte das Übel, das man überwinden müßte, in der Vielparteienstruktur. Bei einer solchen Konfiguration des Parteiensystems war in ihrer Sicht Koalitionsbildung eine ebenso unerwünschte wie unvermeidliche Konsequenz, denn wegen ihrer normativen Orientierung am Westminster-Modell war es für sie geradezu ein Axiom, daß eine Regierung nur als Mehrheitsregierung funktionieren könne. Deshalb konzentrierten sich ihre Reformvorschläge auf die Einführung eines „mehrheitsbildenden" Wahlsystems (etwa in der Art des anglo-amerikanischen Mehrheitswahlrechts), das Regierungskoalitionen entbehrlich machen sollte. Doch seitdem am Ende der sechziger Jahre der in der Großen Koalition unternommene Versuch einer solchen Wahlrechtsreform stecken blieb, weil sich in der

6.4. Flexibilisierung des Parteienwettbewerbs

SPD die Skeptiker durchsetzten, muß man dieses Projekt eines Umbaus des Parteiensystems durch einen gezielten tiefgreifenden institutionellen Eingriff als erledigt ansehen. Das geltende Wahlsystem hat inzwischen eine hohe Legitimität erlangt und gilt auch im Ausland vielfach als Vorbild für eine gelungene Verbindung von Parteienproporz und Personenwahl, und man wird nicht mehr ernsthaft daran rütteln wollen.

Man darf indes vor den Rigiditäten des Parteienwettbewerbs in der Bundesrepublik und insbesondere vor den möglichen Entscheidungsschwächen von Koalitionsregierungen nicht schon deshalb die Augen verschließen, weil die Deutschen nun einmal offensichtlich mit einem Vielparteiensystem leben wollen. Denn jene Rigiditäten ergeben sich nicht zuletzt aus der weit verbreiteten apodiktischen Überzeugung, daß zu den unverzichtbaren Grundlagen des parlamentarischen Regierungssystems das Prinzip der Mehrheitsregierung gehöre. Daraus resultiert aber unter den Bedingungen eines Vielparteiensystems ein Zwang zur Koalitionsbildung, der sich eher mit politischem Immobilismus abfindet als mit der Bildung einer Minderheitsregierung. Aus den Erfahrungen der Weimarer Republik, die in diesem Zusammenhang mitunter bemüht werden, läßt sich indes nicht schlüssig folgern, daß die Minderheitsregierungen der zwanziger Jahre in besonderem Maße für die Instabilität der Republik verantwortlich waren. Es war ja zuletzt die mangelnde Konsensfähigkeit und innere Schwäche der Großen Koalition unter dem Reichskanzler Hermann Müller, die 1930 zum Ende des parlamentarischen Regierungssystems führte. Lehren für den in fünfzig Jahren gefestigten Parlamentarismus der Bundesrepublik Deutschland lassen sich aus den Erfahrungen jener Krisenjahre nicht so umstandslos herleiten, wie man das mitunter versucht.

Zudem zeigt auch der internationale Vergleich, daß eine solche Sichtweise zu kurz greift. Minderheitsregierungen kommen in parlamentarischen Regierungssystemen bemerkenswert häufig vor und sind an Effektivität den Mehrheitsregierungen nicht so unterlegen, wie man bei uns oft meint (Nolte 1988, 235 f.). Insbesondere in den skandinavischen Ländern mit ihren Vielparteiensystemen von ausgeprägter entwicklungsgeschichtlicher Dauerhaftigkeit gehören sie zu den legitimen Traditionen des parlamentarischen Umgangs mit komplexen Konfliktlinien (*cleavages*). Gewiß verlangt das Regieren dabei sowohl der Regierungspartei selbst als auch den anderen Parteien ein hohes Maß an Beweglichkeit ab, aber gerade das kann der situationsgerechten Problembewältigung durchaus zugute kommen.

Die Abwägung solcher Alternativen ist hierzulande freilich durch die Diskussion über das schon erwähnte „Magdeburger Modell" belastet. Über dem vordergründigen Aufsehen, das dieses Experiment einer Minderheitsregierung erregt hat, sind seine institutionenpolitischen Implikationen in der westdeutschen Teilöffentlichkeit mit ihrer tief eingewurzelten Fixierung auf das Dogma der Mehrheitsregierung weithin nicht verstanden worden. Als im Jahr 1994 der Sozialdemokrat Reinhard Höppner - als Ostdeutscher nicht mit den Glaubensartikeln des westdeutschen Parteienparlamentarismus groß geworden - in Sachsen-Anhalt eine Minderheitsregierung aus SPD und Bündnis90/Grünen bildete, hat die CDU des Landes die strategischen Chancen nicht begriffen, die ihr diese parlamentarische Konstellation eröffnete. Und als kurzatmige westdeutsche Wahlkampfstrategen das Experiment dann (vor dem Hintergrund des überlieferten westdeutschen Axioms der Mehrheitsregierung) als verkapptes Bündnis der SPD mit der PDS interpretierten, verkannten sie die Chance, die das Modell der Minderheitsregierung auch einer künftigen CDU-Führung unter Umständen einmal bieten könnte, wenn sie denn mit der erforderlichen strategischen Phantasie ausgestattet sein sollte.

Hier soll die Minderheitsregierung gewiß nicht zum Leitbild parlamentarischer Regierungsweise hochstilisiert werden. Daß das Grundgesetz der Mehrheitsregierung den Vorrang gibt, hat weiterhin gute Gründe. Aber es läßt eine Minderheitsregierung durchaus zu und hat sogar durch die Einführung des konstruktiven Mißtrauensvotums (Art. 67 GG) für ihre Stabilisierung Vorsorge getragen. Deshalb kann sie gerade im Verhältnis zum Bundesrat in der privilegierten Rolle des Agenda-Setzers durchaus handlungsfähig sein, solange sie es versteht, von Fall zu Fall parlamentarische Gesetzgebungsmehrheiten zu mobilisieren. Das könnte unter Umständen den Rigiditäten von Koalitionsregierungen abhelfen und zur Auflockerung der engen Kopplungen des heutigen deutschen Parteienparlamentarismus beitragen.

Es kann dabei nicht einfach darum gehen, pauschal den „Parteieneinfluß" zurückzudrängen wie dies manche simplifizierenden Kritiker anregen. Gerade unter den spezifischen entwicklungsgeschichtlichen Voraussetzungen des deutschen Föderalismus, eines institutionell stark fragmentierten Systems mit hohem Koordinationsbedarf, kommt es auf eine Vernetzung des bundesstaatlichen Systems an, die nicht nur durch die Bürokratien hergestellt wird. Die Vernetzung durch das Parteiensystem kann sich durch relative Flexibilität auszeichnen, insofern sich die Parteien „opportunistisch" an den sich wandelnden Umweltanforderungen und Wählererwartungen orientieren, und Alternativen zu dieser opportunistischen Flexibilität lassen sich nur schwer vorstellen. Es gibt andererseits eigentümliche Rationalitätsfallen dieser Vernetzung von Akteuren, die innerhalb des Vernetzungszusammenhangs organisatorische oder individuelle Eigeninteressen verfolgen. Sie wirken sich dann besonders dysfunktional aus, wenn die engen Kopplungen in Parteien und Koalitionen gewissermaßen die Kommunikationserfordernisse des Bundesstaates überschießen. Die Regierungskoalition geriet im Steuerreformkonflikt 1997/1998 in solche Rationalitätsfallen und ließ die der Situation angemessene „opportunistische" Flexibilität vermissen. Das führt nun auf die Frage, wie weit sich realistischerweise eine Lockerung jener Kopplungen institutionell bewerkstelligen läßt. Gelegentlich mag die Trennung kumulierter Positionen (wie Kanzlerschaft und Parteivorsitz) hilfreich sein, wie in den späteren Jahren der sozialliberalen Koalition. Aber auch die Minderheitsregierung könnte gewisse Möglichkeiten bieten, den parlamentarischen Entscheidungsprozeß selbst zu flexibilisieren, und würde damit einen Beitrag zur Auflockerung institutioneller Rigiditäten leisten.

Die Beobachtungen der zurückliegenden Jahre sprechen darüber hinaus für die Vermutung, daß der Engpaß des Verflechtungssystems, der für die Entscheidungsblockaden in erster Linie verantwortlich ist, im Prozeß der Gesetzesvorbereitung liegt. Erfolgreiche Prozesse der Konsensbildung hat es vor allem dort gegeben, wo man von dem inzwischen etablierten Verfahren der Gesetzesvorbereitung in ressortzentrierten Koalitionsarbeitsgruppen ausnahmsweise abging. Daher liegt die Überlegung nahe,

6.4. Flexibilisierung des Parteienwettbewerbs

durch Verfahrensänderungen die engen Kopplungseffekte aufzulockern, die sich hier zunehmend eingestellt haben. Solche Reformen könnten sich an bewährten Vorbildern aus anderen europäischen Ländern orientieren, beispielsweise an der schwedischen Kombination eines breit angelegten Begutachtungsverfahrens (*remiss*) mit der Beratung in vorparlamentarischen Kommissionen (*utredningar*), die aus Parlamentariern, Beamten, Verbändevertretern und Experten zusammengesetzt und im allgemeinen deutlich auf Problemlösung hin orientiert sind (Meijer 1956; Heclo 1974, 42 ff.). Dieses Beispiel zeigt, daß es hier nicht um Entpolitisierung geht. Aber es gelingt in der Regel, die Gesetzesvorbereitung von einer zu engen Orientierung am Wahlkalkül und den von da abgeleiteten *bargaining*-Strategien abzukoppeln. Das hat gewiß auch mit einer in vielen Jahrzehnten ausgebildeten politischen Kultur zu tun, und wenn man das Modell auf deutsche Strukturen übertragen wollte, käme es unter anderem darauf an, daß derartige Kommissionen ein Mandat zu umsetzungsorientierter Arbeit eingeräumt wird, das durch ausreichende eigene Autorität abgestützt ist.

Davon abgesehen verdienen alle Anpassungsprozesse im Parteiensystem selbst Unterstützung, die eine Auflockerung allzu enger Kopplungen bewirken können. Das gilt vor allem für jene Entwicklungen, die den Bemühungen der Bundesländer um größere Eigenständigkeit entgegenkommen, insbesondere im Verhältnis von Bundes- und Länderparteien. Während sich im System der Bundestagsparteien die Kopplungsdichte eher noch verstärkt hat, haben sich im bundesstaatlichen System die Kopplungseffekte seit den späten siebziger Jahren gelockert, und das hat dort neue innovatorische Kräfte freigesetzt. In welchem Maße die föderative Organisationsstruktur der großen Parteien die eigenständige Politikentwicklung auf Länderebene beförderte, hat Josef Schmid (1990a; 1990b) am Beispiel der CDU eingehend herausgearbeitet. Es liegt nahe zu fragen, inwieweit solche adaptiven Prozesse in den bundesstaatlichen Strukturen und in den Parteiorganisationen zu politischer Innovation ohne institutionelle Blockaden beitragen, und inwieweit sie sich verstärken lassen.

Bibliographischer Anhang

Ergänzende Hinweise zum Forschungsstand

Dieses Buch richtet sich nicht nur an ein spezialisiertes Publikum von Sozialwissenschaftlern. Ich bin im Text mit Einzelnachweisen zur Literatur und Auseinandersetzungen sparsam umgegangen, um die Lesbarkeit nicht zu beeinträchtigen. Für Fachkollegen und Studenten folgen hier einige Hinweise zum Forschungsstand, um die in den Text eingearbeiteten Verweise zu ergänzen.

Bei Theodor Eschenburg habe ich gelernt, auf die entwicklungsgeschichtliche Dimension einer politikwissenschaftlichen Strukturanalyse zu achten, die Institutionen als Bedingungsfaktoren politischen Handelns begreift. Heute bezeichnet man eine solche Forschungsperspektive auch als „historischen Institutionalismus" (Steinmo/Thelen 1992). Das ist aber keine neue Mode, sondern Anknüpfung an bewährte Forschungstraditionen einer historisch fundierten Sozialwissenschaft. Sie sollte nicht als Gegenposition zu jener neueren Forschungsperspektive verstanden werden, die Politik als rationales Wahlhandeln (*rational choice*) versteht. Beide sind insofern komplementär, als die Entwicklungsgeschichte von institutionellen Arrangements aus kollektiven Lernprozessen besteht, in denen sich rationales Wahlhandeln im Rahmen jener Begrenzungen kollektiver Rationalität vollzieht, die uns die neuere Organisationsforschung zu verstehen gelehrt hat. Das ist der theoretische Ansatz, der diesem Buch zugrunde liegt.

Gegenüber der Erstauflage habe ich meine Bewertung der hier untersuchten Entwicklungen in einigen Punkten revidiert. Die damals im Anschluß an Harry Eckstein (1960; 1969) zugrunde gelegte Hypothese, daß bei der Verknüpfung verschiedener Subsysteme des politischen Systems deren Konfliktregelungsmuster und Entscheidungsregeln „kongruent" sein müßten, wenn nicht die Akteure inkonsistenten Verhaltenserwartungen ausgesetzt sein sollten, ermangelte nicht nur der ausreichenden empirischen Fundierung, sondern vernachlässigte auch die Einsicht, daß Organisationen durchaus beträchtliche interne Spannungen und Widersprüche verarbeiten können. Die aus Ecksteins spekulativer Hypothese abgeleiteten Überlegungen über einen möglichen Legitimationsverlust des Parteienwettbewerbs verkannten zudem - wie Steffani (1983) kritisch und zutreffend bemerkt hat - die „verhandlungsdemokratischen" Effekte, die sich aus dem Zusammentreffen von Koalitionsproblematik und föderativen Strukturen ergaben. Zumal dem Zusammenhang zwischen der Koalitionsbildung im Bund und in den Ländern hatte ich nicht genügend Aufmerksamkeit geschenkt, und darum unterschätzte ich auch das Ausmaß, in welchem das konfliktmoderierende

Potential überlappender Koalitionen (wie es schon in meiner damaligen Sicht für die Weimarer Republik und die Anfänge der Bundesrepublik bestimmend war) auch in der sozialliberalen Ära noch eine gewisse Wirkung entfaltete.

Unlängst hat Roland Sturm (1999) noch eine Auseinandersetzung mit der Erstauflage veröffentlicht und dort zutreffend herausgearbeitet, inwiefern sich das Parteiensystem im Vergleich zum Erscheinungsjahr 1976 verändert hat. Seine kritischen Folgerungen verfehlen freilich weitgehend meine Intentionen, weil er mir eine Reihe von Hypothesen und Vorhersagen unterschiebt, die sich in dem Buch gar nicht finden.

Zu 1.1: Den Begriff des „Regelsystems" verwende ich in Anlehnung an Burns und Flam (1987). Eine Typologie von vier „zentralen soziopolitischen Prozessen", die gewisse Berührungspunkte mit der hier skizzierten Typologie innenpolitischer Konfliktregelung aufweist, findet sich zuerst bei Dahl und Lindblom (1953). Zur Theorie der Konkordanzdemokratie („consociational democracy") vgl. Lehmbruch (1967) und die Beiträge bei McRae (1974). Daß „bargaining" und „partisan mutual adjustment" als „policy-making method" dem Wettbewerb disziplinierter Parteien um alternierende Parteiregierung überlegen seien, hat insbesondere Lindblom (1965) zu zeigen versucht.

Mit dem Begriff „Polarisierung" beschreibe ich hier - wie in der Erstauflage - die Intensität des Wettbewerbs um die Machtausübung. Darin unterscheide ich mich von dem seither von Sartori (1976, 126 ff.) eingeführten Sprachgebrauch, der das Ausmaß ideologischer oder programmatischer Distanz zwischen den Parteien bezeichnen will. Daß Sartori die Vokabeln „Polarisierung" und „bipolares System" in terminologisch inkonsequenter Weise nebeneinander verwendet, halte ich für wenig glücklich, weil die „bipolaren Systeme" (zu denen er die Bundesrepublik rechnet) nicht „polarisiert" im Sinne seiner Definition sind.

Zu 2: Die Entwicklung des deutschen Parteiensystems seit dem 19. Jahrhundert ist (unter besonderer Berücksichtigung der Rolle des Wahlrechts) eingehend von Fenske (1974) dargestellt worden. Aus der älteren Literatur ist insbesondere die Arbeit von Sigmund Neumann (1965; erstmals 1932) nach wie vor von Bedeutung. Die sozialgeschichtlich fundierte Strukturanalyse des deutschen Parteiensystems von Lepsius (1966) führt die zuerst von Duverger (für Frankreich) entwickelte These weiter, daß die komplexe Struktur des Vielparteiensystems der Überlagerung von Konfliktfronten zu verdanken sei, die verschiedenen Entwicklungssequenzen entstammen. Lipset/Rokkan (1967) haben darüber hinaus in ihrer (eng verwandten) Analyse die Metapher vom „Einfrieren" dieser sich überlagernden Konflikte eingeführt. Zum Konzentrationsprozeß im Parteiensystem nach dem Zweiten Weltkrieg vgl. besonders die Daten in dem materialreichen Werk von Kaack (1971) und die Ausführungen von Hennis (1974). Für die Schlüsselentscheidungen zur Koalitionsbildung im Bund und zum Durchbruch der Polarisierung 1948/1949 ist nicht zuletzt Schwarz (1981) von Interesse. Repräsentativ für den neuere Forschungsstand zur Entwicklung des Parteiensystems ist vor allem der Sammelband von Gabriel u.a. (1997). Über die Koalitionsbildungen in den Ländern vgl. jetzt insbes. Jun (1994, mit der tabellarischen Übersicht S. 163-168 für die Jahre 1947-1992).

Zu 3.1. bis 3.3.: Die hier vorgetragene Auffassung war in ihrer ursprünglichen Formulierung stark von der Skepsis gegenüber der seinerzeit verbreiteten Vorstellung vom deutschen „Sonderweg" bestimmt, als einer Abweichung vom Normalpfad demokratischer Entwicklung, wie ihn vor allem das britische Modell repräsentieren sollte. Inzwischen wird diese These in der historiographischen Diskussion zunehmend in Frage gestellt (besonders nachdrücklich durch Blackbourn/Eley 1984; als abwägende Bilanz vgl. Wehler 1995, 449 ff.). Das Funktionieren der bundesstaatlichen Institutionen unter der Bismarckverfassung und die Zusammenhänge mit der Entwicklung des Parlamentarismus hat Manfred Rauh (1973) eingehend dargestellt. Die vorliegende Analyse stützt sich streckenweise auf seine Arbeit, freilich ohne sich seine allzu vereinfachende These von der „Parlamentarisierung" zu eigen zu machen. Der strukturellen Komplexität der „wilhelminischen Polykratie" (dazu zuletzt Wehler 1995, 1000 ff.), auf die schon Richard Thoma (1930, insbes. 79f.) aufmerksam gemacht hat, tragen solche Stilisierungen nicht ausreichend Rechnung (vgl. dazu auch Zwehl 1983).

Daneben sind aus der älteren Literatur noch Bilfinger (1923) sowie Kaufmann (1917), Smend (1916) und Triepel (1907, 1938) von Bedeutung. Für die Weimarer Republik habe ich insbesondere die grundlegende Untersuchung von Gerhard Schulz (1963) sowie Waldemar Besson (1959) herangezogen. Für die Entwicklung der Reich-Länder-Beziehungen in der Finanzverfassung vgl. insbesondere die Arbeiten von Peter-Christian Witt (1970; 1983).

Zu 3.4.: Hier liegt insbesondere die Untersuchung von Foelz-Schroeter (1974) zugrunde. Zur Orientierung der Länderpolitik nach dem Zweiten Weltkrieg vgl. außerdem Niethammer (1967) und Eschenburg (1976).

Zu 4.1: Als einführende Gesamtdarstellungen des deutschen Föderalismus sind jetzt insbesondere die Arbeiten von Laufer/Münch (1997) und von Kilper/Lhotta (1996) zu erwähnen. Zur Entwicklung der unitarischen Interpretation der bundesstaatlichen Verfassung und der verfassungspolitischen Unitarisierungspraxis ist jetzt vor allem auf die gründliche Untersuchung von Stefan Oeter (1998) zu verweisen. Daneben kann die Studie von Konrad Hesse (1962) - auch wenn man ihren verfassungstheoretischen Wertungen kritisch gegenübersteht - als immer noch interessante frühe Analyse der Entwicklungstendenzen im Föderalismus der Bundesrepublik gelten. Aus der älteren Literatur über den Bundesrat ist insbesondere auf die Arbeit von Neunreither (1959a) sowie auf Pinney (1963) und Laufer (1972) zu verweisen. Die informelle Koordinierungspraxis außerhalb des Bundesrates hat Fröchling (1972) eingehend dargestellt. Über die Rolle der Ländervertretungen siehe noch Laufer/Wirth (1974). Einen neueren beschreibenden Überblick über die Verfahren der Selbst- und Bund-Länder-Koordinierung hat Leonardy (1991) gegeben; zur verfassungsrechtlichen Problematik vgl. Kisker (1971). Von der älteren Koordinierungspraxis in der Kulturpolitik geben Aktenpublikationen ein anschauliches Bild (Deutschland 1965; vom Brocke/Krüger 1994). Vgl. außerdem die Denkschrift von C.H. Becker (1919) und die Darstellungen von Führ (1972, 1973). Über die institutionellen Formen der Länderkooperation vor Gründung der Bundesrepublik hat schon Friedrich Klein (1949) unterrichtet.

Zu 4.3: Vom normativen Modell eines „echten" Föderalismus ausgehend hat Heidrun Abromeit (1992) das System der Kompetenzzuweisungen an Bund und Länder im deutschen Föderalismus sehr kritisch als "verkappten Einheitsstaat" beschrieben. In einer neuen Untersuchung des Zusammenhangs von sozialstaatlicher Entwicklung und Unitarisierung hat Ursula Münch (1997) herausgearbeitet, daß sich hier neben zentripetalen durchaus auch zentrifugale Tendenzen beobachten lassen. Auch vergleichende Untersuchungen von Rainer-Olaf Schultze (1982; 1984) haben die These von einer wohlfahrtsstaatlich bedingten zwangsläufigen Unitarisierung in Frage gestellt. Zu den Zusammenhängen zwischen der politischen Unitarisierung und der Zentralisierung der Arbeitsbeziehungen einerseits, gegenläufigen Dezentralisierungstendenzen andererseits ist die Untersuchung von Herrigel (1996, bes. 262 ff.) von besonderem Interesse.

Zu 4.4: Fritz Scharpfs Untersuchung über die „Politikverflechtung" (Scharpf, Reissert et al. 1976; vgl. auch 1977) ist zu Recht zur einflußreichsten Interpretation jener eigentümlichen Variante des kooperativen Föderalismus geworden, die sich mit der Finanzreform der Großen Koalition durchgesetzt hat. Sie erschien kurz nach dem Abschluß der Erstauflage dieses Buches, und man kann unsere Analysen als komplementär lesen. Zu verweisen ist auch auf die Sektorstudien, die in diesem Forschungszusammenhang entstanden sind (Bentele 1979; Garlichs 1980). Über die Fortentwicklung dieser Perspektive siehe Scharpf (Scharpf 1990). - Zur „systempolitischen" Problematik der Finanzreform von 1969 vergleiche man neben dem Gutachten der Kommission für die Finanzreform (1966) aus der älteren Literatur insbesondere Haller (1968). Für die Wirtschaftspolitik hat Fritz Weller (1967) solche Überlegungen damals am ausführlichsten vorgetragen. Zur Praxis der Finanzplanung ist aus jener Zeit neben Zunker (1972) insbesondere Matzerath (1972) für unsere Fragestellung wichtig, während der föderative Aspekt der Stabilitätspolitik von Kock (1975) behandelt worden ist. Über die Arbeit der Gremien findet sich auch bei Fröchling (1972) eine Reihe von Hinweise. Zu einzelnen Gemeinschaftsaufgaben siehe die Beiträge von Peter Becker (1972), Feuchte (1972) und Pruns (1973), zur Bildungsplanung und ihren Koordinationsproblemen Mäding (1974), Staff (1973) und Naschold (1974). Für den Gesamtzusammenhang ist auf Feuchte (1973) zu verweisen. Die Bemühungen um einen sektorübergreifenden „integrierten Planungsverbund" von Bund und Ländern, die im Zwischenbericht 1972 der Enquêtekommission Verfassungsreform kulminierten, habe ich in Kapitel 14 der ersten Auflage dieser Untersuchung dargestellt und kritisch diskutiert; sie gehören inzwischen der Zeitgeschichte an, und deshalb habe ich darauf verzichtet, sie in die Neubearbeitung aufzunehmen.

Zu 5: Der umfassendste vergleichende Überblick über die Mehrheitsverhältnisse in Bundestag und Bundesrat findet sich im „Datenhandbuch zur Geschichte des Deutschen Bundestages" (Schindler 1999). Die Informationen zur Zusammensetzung des Vermittlungsausschusses verdanke ich seinem Geschäftsführer, dem Stellvertretenden Direktor des Bundesrates Dr. Christian Dästner.

Welche Rolle der Parteienkonflikt im Bundesrat gespielt hat, haben für die fünfziger Jahre vor allem Heidenheimer (1958), Neunreither (1959 a, b, c) und Pinney (1963) untersucht. Die Auseinandersetzungen über den EVG-Vertrag sind bei Baring (1969) behandelt. Vgl. außerdem die Erinnerungen von Reinhold Maier (1966). Die Rolle des von der Oppositionspartei beherrschten Bundesrates zur Zeit der sozialliberalen Koalition hat Friedrich Karl Fromme (1976) für die 6. und 7. Legislaturperiode gründlich untersucht. „Kritische Anmerkungen zur Obstruktionspolitik der CDU/CSU im

Bundesrat" wurden kurz vor dem Ende der sozialliberalen Koalition für die bayerischen Sozialdemokraten zusammengetragen (Seeliger 1982).

Thomas König hat die Konfliktkonstellation der neunziger Jahre mit Hilfe von abstrakten formalisierten, aber scharfsinnigen und anregenden Modellen analysiert, die - wie die vorliegende Untersuchung - von der Unterscheidung divergierender Handlungslogiken ausgehen und unter anderem nach den jeweiligen Handlungsspielräumen von Bundesregierung und sozialdemokratischer Ländermehrheit fragen (König 1997, 1998; 1999, vgl. auch König/Bräuninger 1997).

Zu 6: Wolfgang Renzsch (1995) weist mit Recht auf die Koordinierungsfunktionen der politischen Parteien hin, vernachlässigt hier aber die möglichen Dysfunktionen der engen Kopplung und der Handlungslogik des Parteienwettbewerbs. Daß die Parteien „auch unter gegenläufigen Mehrheiten ... einen wesentlichen Beitrag zur Interessenaggregation" leisten (Renzsch 1999), ist nur die eine Seite der Medaille. Denn nicht alle Koordinierungsleistungen resultieren in angemessenen Problemlösungen: Ihre Ergebnisse können zumal dann suboptimal sein, wenn zwar die Institutionen Verhandlungsprozesse erforderlich machen, die Selektionskriterien aber vom Primat der Machtbehauptung im Parteienwettbewerb diktiert werden. Am Beispiel des Strukturhilfegesetzes hatte das der Autor selbst gezeigt (Renzsch 1989; vgl. oben S.164).

Einige meiner Überlegungen im letzten Abschnitt berühren sich insbesondere mit Erwägungen zur „postparlamentarischen Demokratie", die Arthur Benz (1998) vorgelegt hat. Zu den insgesamt durchaus positiven Erfahrungen mit skandinavischen Minderheitsregierungen ist in erster Linie auf die Arbeiten von Kaare Strom (1984, 1986, 1990) zu verweisen. Über das „Magdeburger Modell" vgl. Renzsch/Schieren (1997) und die anschließende (teilweise etwas vordergründige) Kontroverse in der „Zeitschrift für Parlamentsfragen".

Literaturverzeichnis

Abkürzungen:
APSR: American Political Science Review
APuZ: Aus Politik und Zeitgeschichte (Beilage zur Wochenzeitung „Das Parlament")
AöR: Archiv des öffentlichen Rechts
CPS: Comparative Political Studies
DÖV: Die Öffentliche Verwaltung
FAZ: Frankfurter Allgemeine Zeitung
JöR: Jahrbuch des öffentlichen Rechts
PVS: Politische Vierteljahresschrift
SuS: Staatswissenschaften und Staatspraxis
SZPW: Schweizerische Zeitschrift für Politische Wissenschaft
VjHZG: Vierteljahreshefte für Zeitgeschichte
VVDStRL: Veröffentlichungen der Vereinigung deutscher Staatsrechtslehrer
WP: World Politics
ZParl: Zeitschrift für Parlamentsfragen

Abelshauser, Werner (1980): Staat, Infrastruktur und interregionaler Wohlstandsausgleich im Preußen der Hochindustrialisierung. in: Staatliche Umverteilungspolitik in historischer Perspektive, hg. v. F. Blaich

Abromeit, Heidrun (1984): Mehrheitsprinzip und Föderalismus, in: An den Grenzen der Mehrheitsdemokratie: Politik und Soziologie der Mehrheitsregel, hg. v. B. Guggenberger und C. Offe

Abromeit, Heidrun (1992): Der verkappte Einheitsstaat

Abromeit, Heidrun (1993): Interessenvermittlung zwischen Konkurrenz und Konkordanz

Altemeier, Jens (1998): Föderale Finanzbeziehungen unter Anpassungsdruck: eine vergleichende Untersuchung zur Regelung vereinigungsbedingter Verteilungskonflikte in der bundesdeutschen Verhandlungsdemokratie. Diss.rer.soc. Konstanz

Anschütz, Gerhard (1924): Der deutsche Föderalismus in Vergangenheit, Gegenwart und Zukunft, in: VVDStRL 1

Arndt, Claus (1976): Zum Rederecht der Mitglieder des Bundesrates im Bundestag, in: ZParl 7

Baring, Arnulf (1969): Außenpolitik in Adenauers Kanzlerdemokratie

Becker, Carl-Heinrich (1919): Kulturpolitische Aufgaben des Reiches

Becker, Peter (1972): Die Gemeinschaftsaufgabe „Verbesserung der regionalen Wirtschaftsstruktur", in:
Die Verwaltung 5

Bell, Daniel (1960): The end of ideology: on the exhaustion of political ideas in the fifties

Bentele, Karlheinz (1979), Kartellbildung inder Allgemeinen Forschungsförderung

Benz, Arthur (1992): Mehrebenen-Verflechtung: Verhandlungsprozesse in verbundenen Entscheidungsarenen, in: Horizontale Politikverflechtung: zur Theorie von Verhandlungssystemen, hg. v. A. Benz u.a.

Benz, Arthur (1994): Kooperative Verwaltung: Funktionen, Voraussetzungen und Folgen

Benz, Arthur (1995a): Verfassungspolitik im kooperativen Bundesstaat, in: Die Reformfähigkeit von Industriegesellschaften, hg .v. K. Bentele u.a.

Benz, Arthur (1995b): Verhandlungssysteme und Mehrebenenverflechtung im kooperativen Staat, in: Regierungssystem und Verwaltungspolitik, hg. v. W. Seibel und A. Benz

Benz, Arthur (1998): Postparlamentarische Demokratie? Demokratische Legitimation im kooperativen Staat, in: Demokratie - eine Kultur des Westens?, hg. v. M. Greven
Bericht über den Verfassungskonvent auf Herrenchiemsee v.10.-25. 8.1948 (1948)
Besson, Waldemar (1959): Württemberg und die deutsche Staatskrise 1928-1933
Bilfinger, Carl (1923): Der Einfluß der Einzelstaaten auf die Bildung des Reichswillens
Bilfinger, Carl (1924): Der deutsche Föderalismus, in: VVDStRL 1
Bilfinger, Carl (1929): Der Streit um das Panzerschiff A und die Reichsverfassung, in: AöR 16
Black, Duncan (1958): The theory of committees and elections
Blackbourn, David/Geoff Eley (1984): The peculiarities of German history: bourgeois society and politics in nineteenth-century Germany
Blümel, Willi (1968): Bundesstaatsrechtliche Aspekte der Verwaltungsvorschriften, in: AöR 93
Broughton, David/Emil Kirchner (1986): The FDP and coalitional behaviour in the Federal Republic of Germany, in: Coalitional behaviour in theory and practice, hg. v. G. Pridham
Burns, Tom R./Helena Flam (1987): The shaping of social organization
Christin, Olivier (1997): La paix de religion: l'autonomisation de la raison politique au XVIe siècle
Czada, Roland (1993): Die Treuhandanstalt im Umfeld von Politik und Verbänden, in: Treuhandanstalt: das Unmögliche wagen, hg.v. W. Fischer, H. Hax und H. K. Schneider
Czada, Roland (1995a): Der "kooperative Staat" in Prozeß der deutschen Vereinigung, in: Der kooperative Staat: Krisenbewältigung durch Verhandlung? hg. v. R. Voigt
Czada, Roland (1995b): Der Kampf um die Finanzierung der deutschen Einheit, in: Einigung und Zerfall: Deutschland und Europa nach dem Ende des Ost-West-Konflikts, hg.v. G. Lehmbruch
Czada, Roland (1995c): Kooperation und institutionelles Lernen in Netzwerken der Vereinigungspolitik, in: Gesellschaftliche Selbstregelung und politische Steuerung, hg.v. R. Mayntz und F. W. Scharpf
Dahl, Robert/Charles Lindblom (1953): Politics, economics and welfare
Dietlein, Max (1985): Verfassungsinstitution im Wartestand, in: Zeitschrift für Rechtspolitik 18
Dinkel, Reiner (1977): Der Zusammenhang zwischen Bundestags- und Landtagswahlergebnissen, PVS 18
Döhler, Marian (1990): Gesundheitspolitik nach der "Wende": Policy-Netzwerke und ordnungspolitischer Strategiewechsel in Großbritannien, den USA und der Bundesrepublik Deutschland
Döhler, Marian/Philip Manow (1992): Korporatisierung als gesundheitspolitische Strategie, in: SuS 3
Döhler, Marian/Philip Manow (1997): Strukturbildung von Politikfeldern: das Beispiel bundesdeutscher Gesundheitspolitik seit den fünfziger Jahren
Domes, Jürgen (1964): Mehrheitsfraktion und Bundesregierung: Aspekte des Verhältnisses der Fraktion der CDU/CSU in zweiten und dritten Deutschen Bundestag zum Kabinett Adenauer
Downs, Anthony (1957): An economic theory of democracy
Duverger, Maurice (1959): Die politischen Parteien
Eckstein, Harry (1960): A theory of stable democracy (wiederabgedruckt als Anhang in: ders., Division and cohesion in democracy: A study of Norway, 1966)
Eckstein, Harry (1969): Authority relations and governmental performance, in: CPS 2
Eschenburg, Theodor (1976): Regierung, Bürokratie und Parteien 1945 -1949, in: VjHZG 24
Fenske, Hans (1974): Strukturprobleme der deutschen Parteiengeschichte
Feuchte, Paul (1972): Hochschulbau als Gemeinschaftsaufgabe, in: Die Verwaltung 5
Feuchte, Paul (1973): Die bundesstaatliche Zusammenarbeit in der Verfassungswirklichkeit der Bundesrepublik Deutschland, in: AöR 98
Foelz-Schroeter, Marie Elise (1974): Föderalistische Politik und nationale Repräsentation 1945-1947: Westdeutsche Landesregierungen, zonale Bürokratien und politische Parteien im Widerstreit
Fröchling, Helmut (1972): Der Bundesrat in der Koordinierungspraxis von Bund und Ländern
Fromme, Friedrich Karl (1976): Gesetzgebung im Widerstreit: Wer beherrscht den Bundesrat? Die Kontroverse 1969-1976
Frowein, Jochen A. (1973): Gemeinschaftsaufgaben im Bundesstaat, in: VVDStRL 31
Führ, Christoph (1972): Zur Schulpolitik der Weimarer Republik, 2. Aufl.
Führ, Christoph (1973): Kompetenzverteilung und Bildungsreform, in: Bildung und Bildungspolitik in der Bundesrepublik Deutschland, Hg. v. C. Dannemann u. a.

Gabriel, Oscar W., u.a. (1997), Parteiendemokratie in Deutschland
Garlichs, Dietrich (1980), Grenzen staatlicher Infrastrukturpolitik: Bund/Länder-Kooperation in der Fernstraßenplanung
Germann, Raimund E. (1975): Vollzugsföderalismus als Forschungsobjekt
Grande, Edgar (1989): Vom Monopol zum Wettbewerb? Die neokonservative Reform der Telekommunikation in Großbritannien und der Bundesrepublik Deutschland
Grawert, Rolf (1967): Verwaltungsabkommen zwischen Bund und Ländern in der Bundesrepublik Deutschland
Grawert, Rolf (1968): Finanzreform und Bundesstaatsreform, in: Der Staat 7
Grodzins, Morton (1966): The American system.
Guggenberger, Bernd/Claus Offe (1984): Politik aus der Basis - Herausforderung der parlamentarischen Mehrheitsdemokratie, in: An den Grenzen der Mehrheitsdemokratie: Politik und Soziologie der Mehrheitsregel, hg.v. B. Guggenberger und C. Offe
Haller, Heinz (1968): Wandlungen in den Problemen föderativer Staatswirtschaften, in: Finanzarchiv, N.F., 27
Hasselsweiler, Ekkehart (1981): Der Vermittlungsausschuß: Verfassungsgrundlagen und Staatspraxis
Haungs, Peter (1983): Die Christlich Demokratische Union Deutschlands (CDU) und die Christlich Soziale Union in Bayern (CSU), in: Christlich-demokratische und konservative Parteien in Europa 1, hg. v. H.-J. Veen
Haungs, Peter (1991): Parteipräsidien als Entscheidungszentren der Regierungspolitik - das Beispiel der CDU, in: Regieren in der Bundesrepublik II, hg. v. H.-H. Hartwich und G. Wewer
Heclo, Hugh (1974): Modern social politics in Britain and Sweden
Heidenheimer, Arnold (1958): Federalism and the party system: The case of West Germany, in: APSR 52
Heidenheimer, Arnold (1960): Adenauer and the CDU: The rise of the leader and the integration of a party
Hempel, Wieland (1969): Der demokratische Bundesstaat
Hennis, Wilhelm (1974): Die Rolle des Parlaments und die Parteiendemokratie, in: Die Zweite Republik, Hg. v. R. Löwenthal/H. P. Schwarz
Herrigel, Gary (1996): Industrial constructions: The sources of German industrial power
Hesse, Joachim Jens/Arthur Benz (1990): Die Modernisierung der Staatsorganisation
Hesse, Konrad (1962): Der unitarische Bundesstaat
Jesse, Eckhard (1985): Wahlrecht zwischen Kontinuität und Reform: eine Analyse der Wahlsystemdiskussion und der Wahlrechtsänderungen in der Bundesrepublik Deutschland 1949-1983
Jun, Uwe (1994): Koalitionsbildung in den deutschen Bundesländern
Kaack, Heino (1971): Geschichte und Struktur des deutschen Parteiensystems
Kaiser, Joseph H. (1966): Einleitung: Der Plan als ein Institut des Rechtsstaats und der Marktwirtschaft, in: Planung II, hg. v. J. H. Kaiser
Kantzenbach, Erhard (1966), Die Funktionsfähigkeit des Wettbewerbs
Kaufmann, Erich (1917): Bismarcks Erbe in der Reichsverfassung 1917 (Wiederabdruck in: Autorität der Freiheit, Gesammelte Schriften, Band I, 1960)
Kilper,Heiderose/Roland Lhotta (1996): Föderalismus in der Bundesrepublik Deutschland
Kirchheimer, Otto (1957): Wandlungen der politischen Opposition, in: ARSP 43
Kisker, Gunter (1971): Kooperation im Bundesstaat
Kisker, Gunter (1975): Neuordnung des bundesstaatlichen Kompetenzgefüges und Bund-Länder-Planung, in: Der Staat 14
Klein, Friedrich (1949): Neues deutsches Verfassungsrecht
Klein, Hans H. (1971): Parteipolitik im Bundesrat?, in: DÖV 24
Knoke, Thomas (1966): Die Kultusministerkonferenz und die Ministerpräsidentenkonferenz
Kock, Heinz (1975): Stabilitätspolitik im föderalistischen System der Bundesrepublik Deutschland
Kommission für die Finanzreform (1966): Gutachten über die Finanzreform in der Bundesrepublik Deutschland
König, Thomas (1997): Politikverflechtungsfalle oder Parteienblockade? in: SuS 8, 135-159.

König, Thomas/Thomas Bräuninger (1997): Wie wichtig sind die Länder für die Politik der Bundesregierung bei Einspruchs- und Zustimmungsgesetzen?, in ZParl 28, 605-628.

König, Thomas (1998), Regierungswechsel ohne politischen Wandel? Ein Vergleich des wirtschaftspolitischen Handlungsspielraums der Regierung Kohl, einer Regierung Schröder, einer Großen Koalition und einer SPD-Alleinregierung, in: ZParl 29, 478-495.

König, Thomas (1999), Von der Politikverflechtung in die Parteienblockade? Probleme und Perspektiven der deutschen Zweikammergesetzgebung, in: M. Kaase/G. Schmid, Hg., Eine lernende Demokratie: 50 Jahre Bundesrepublik Deutschland (WZB-Jahrbuch 1999), 63-85

Köttgen, Arnold (1954, 1962): Der Einfluß des Bundes auf die deutsche Verwaltung und die Organisation der bundeseigenen Verwaltung. Berichtszeit: Legislaturperiode des 1. Bundestages, in: JöR 3; Berichtszeit: 2. und 3. Legislaturperiode, in: JöR 11

Krippendorff, Ekkehart (1962): Das Ende des Parteienstaates?, in: Der Monat

Laufer, Heinz (1970): Der Bundesrat als Instrument der Opposition, in: ZParl 1

Laufer, Heinz (1972): Der Bundesrat

Laufer, Heinz/Jutta Wirth (1974): Die Landesvertretungen in der Bundesrepublik Deutschland

Laufer, Heinz/Ursula Münch (1997): Das föderative System der Bundesrepublik Deutschland

Lehmbruch, Gerhard (1967): Proporzdemokratie: Politisches System und politische Kultur in der Schweiz und in Österreich

Lehmbruch, Gerhard (1971): The ambiguous coalition in West Germany, in: Studies in Opposition, Ed. Rodney Barker

Lehmbruch, Gerhard (1988): Parteiensysteme, in: Staatslexikon, 7. Aufl., Band 4

Lehmbruch, Gerhard (1990): Die improvisierte Vereinigung: die Dritte deutsche Republik, in: Leviathan 18

Lehmbruch, Gerhard (1996): Die korporative Verhandlungsdemokratie in Westmitteleuropa, in: SZPW 2

Lehmbruch, Gerhard/Philippe C. Schmitter, Hg. (1982): Patterns of corporatist policy-making

Leibholz, Gerhard/Hesselberger, Dieter (1974): Die Stellung des Bundesrates und das demokratische Parteiensystem in der Bundesrepublik Deutschland, in: Der Bundesrat als Verfassungsorgan und politische Kraft

Leonardy, Uwe (1991): The working relationship between *Bund* and *Länder* in the Federal Republic of Germany, in: German federalism today, hg. v. C. Jeffery und P. Savigear

Lepsius, Rainer M. (1966): Parteiensystem und Sozialstruktur. Zum Problem der Demokratisierung der deutschen Gesellschaft, in: Wirtschaft, Geschichte und Wirtschaftsgeschichte, Festschrift für Friedrich Lütge

Liepelt, Klaus/Mitscherlich, Alexander (1968): Thesen zur Wählerfluktuation

Lijphart, Arend (1968): Typologies of democratic systems, in: CPS 1

Lijphart, Arend (1969): Consociational democracy, in: WP 21

Lindblom, Charles (1965): The intelligence of democracy

Lipset, Seymour Martin/Stein Rokkan (1967): Cleavage structures, party systems, and voter alignments: an introduction, in: Party systems, and voter alignments: cross-national perspectives, hg. v. S. M. Lipset /S. Rokkan

Loewenberg, Gerhard (1966): Parliament in the German political system

Loewenberg, Gerhard (1969): Parlamentarismus im politischen System der Bundesrepublik Deutschland

Lowi, Theodore (1963): Towards functionalism in Political Science: The case of innovation in party systems, in: APSR 57

Lowi, Theodore (1964): American business, public policy, case studies and political theory, in: WP 14

Lutz, Burkart (1984): Der kurze Traum immerwährender Prosperität

Mäding, Heinrich (1974): Bildungsplanung und Finanzplanung

Maier, Reinhold (1966): Erinnerungen 1948-1953

March, James G./Herbert Simon (1958): Organizations

Matzerath, Horst (1972): Konjunkturrat und Finanzplanungsrat, in: Archiv für Kommunalwissenschaft II

Mayntz, Renate (1990). Politische Steuerbarkeit und Reformblockaden: Überlegungen am Beispiel des Gesundheitswesens. SuS 3

Mayntz, Renate (1993): Policy-Netzwerke und die Logik von Verhandlungssystemen, in: Policy-Analyse: Kritik und Neuorientierung, hg. v. A. Héritier

McRae, Kenneth, Hg. (1974): Consociational democracy

Meijer, Hans (1956): Kommittépolitik och kommittéarbete

Mirkine-Guetzévitch, Boris (1928): Les constitutions de l'Europe nouvelle

Müller, Volker (1984): Die Krise der Bund-Länder-Bildungsplanung. Magisterarbeit Universität Konstanz.

Münch, Ursula (1997): Sozialpolitik und Föderalismus

Naschold, Frieder (1974), Schulreform als Gesellschaftskonflikt

Neumann, Sigmund (1965): Die Parteien der Weimarer Republik

Neumark, Fritz (1967): Planung in der öffentlichen Finanzwirtschaft, in: Rationale Wirtschaftspolitik und Planung in der Wirtschaft von heute, hg. v. E. Schneider

Neunreither, Karlheinz (1959 a): Der Bundesrat zwischen Politik und Verwaltung

Neunreither, Karlheinz (1959 b): Federalism and West German bureaucracy, in: Political Studies 7

Neunreither, Karlheinz (1959 c): Politics and bureaucracy in the West German Bundesrat, in: APSR 53

Niedermayer, Oskar (1997): Das gesamtdeutsche Parteiensystem, in: Parteiendemokratie in Deutschland, hg. v. O. W. Gabriel, O. Niedermayer und R. Stöss

Niethammer, Lutz (1967): Die amerikanische Besatzungsmacht zwischen Verwaltungstradition und politischen Parteien in Bayern 1945, in: VjHZG 15

Nolte, Detlef, Ist die Koalitionstheorie am Ende? in: PVS 29

Oeter, Stefan (1998), Integration und Subsidiarität im deutschen Bundesstaatsrecht:: Untersuchungen zur Bundesstaatstheorie unter dem Grundgesetz

Olson, Mancur (1969): The principle of "fiscal equivalence": The division of responsibilities among different levels of government, in: American Economic Review 59

Paulsen, Friedrich (1921): Geschichte des gelehrten Unterrichts, 3. Aufl., 2. Bd.

Perschke-Hartmann, Christiane (1994): Die doppelte Reform: Gesundheitspolitik von Blüm zu Seehofer

Pinney, Edward (1963): Federalism, bureaucracy and party politics in West Germany: The role of the Bundesrat

Posser, Diether/ Friedrich Vogel (1989): Der Vermittlungsausschuß, in: Vierzig Jahre Bundesrat, hg. vom Bundesrat

Pruns, Herbert (1973): Zur Revision des Grundgesetzes. Gemeinschaftsaufgabe, Verbesserung der Agrarstruktur und des Küstenschutzes (GemAgrG), in: DÖV 26

Rauh, Manfred (1973): Föderalismus und Parlamentarismus im wilhelminischen Reich

Reinert, Harri (1966): Vermittlungsausschuß und Conference Committees

Renzsch, Wolfgang (1989): Föderale Finanzbeziehungen im Parteienstaat: eine Fallstudie zum Verlust politischer Handlungsmöglichkeiten, in: ZParl 20

Renzsch, Wolfgang (1991): Finanzverfassung und Finanzausgleich

Renzsch, Wolfgang (1994): Föderative Problembewältigung: zur Einbeziehung der neuen Länder in einen gesamtdeutschen Finanzausgleich ab 1995, in: ZParl 23

Renzsch, Wolfgang (1995): Konfliktlösung im parlamentarischen Bundesstaat, in: Der kooperative Staat, hg. v. R. Voigt

Renzsch, Wolfgang/Stefan Schieren (1997), Große Koalition oder Minderheitsregierung: Sachsen-Anhalt als Zukunftsmodell des parlamentarischen Regierungssystems in den neuen Bundesländern? ZParl 28

Renzsch, Wolfgang (1998). Die Finanzierung der deutschen Einheit und der finanzpolitische Reformstau. Wirtschaftsdienst 78

Renzsch, Wolfgang (1999), Meist sinnvolle Ergänzung und nicht Konflikt: Zum Verhältnis von Parteiendemokratie und Föderalismus in Deutschland. FAZ 12. September 1999

Riker, William H. (1962): The theory of political coalitions

Rosewitz, Bernd/ Douglas Webber (1990): Reformversuche und Reformblockaden im deutschen Gesundheitswesen

Roth, Götz (1954): Fraktion und Regierungsbildung
Roth, Guenther (1963): The Social Democrats in Imperial Germany
Rudolph, Hermann (1989): Eine Zeit vergessener Anfänge: Die sechziger Jahre, in: Politische Kultur und deutsche Frage: Materialien zum Staats- und Nationalbewußtsein in der Bundesrepublik Deutschland
Rudzio, Wolfgang (1991), Informelle Entscheidungsmuster in Bonner Koalitionsregierungen, in: Regieren in der Bundesrepublik II, hg. v. H.-H. Hartwich und G. Wewer
Saalfeld, Thomas (1995), Parteisoldaten und Rebellen: eine Untersuchung zur Geschlossenheit der Fraktionen im Deutschen Bundestag (1949-1990)
Sartori, Giovanni (1976), Parties and party systems: a framework for analysis
Schäuble, Wolfgang (1991), Der Vertrag. Wie ich über die deutsche Einheit verhandelte
Schick, Allen (1969): System politics and systems budgeting, in: PAR 29
Schiffers, Reinhard (1996): Weniger Länder - mehr Föderalismus?
Schindler, Peter (1999): Datenhandbuch zur Geschichte des Deutschen Bundestages 1949 bis 1999
Schmid, Josef (1990a): Bildungspolitik der CDU, in: Gegenwartskunde 39
Schmid, Josef (1990b): Die CDU: Organisationsstrukturen, Politiken und Funktionsweisen einer Partei im Föderalismus
Schmitter, Philippe C. (1974): Still the century of corporatism?, in: Review of Politics 36
Schmitter, Philippe C./Gerhard Lehmbruch, Hg. (1979): Trends toward corporatist intermediation
Schneider, Hans (1961): Verträge zwischen Gliedstaaten im Bundesstaat, in: VVDStRL 19
Schönbohm, Wulf (1985): Die CDU wird moderne Volkspartei
Schreckenberger, Waldemar (1992): Veränderungen im parlamentarischen Regierungssystem, in: Staat und Parteien, hg. v. K. D. Bracher
Schreckenberger, Waldemar (1994): Informelle Verfahren der Entscheidungsvorbereitung zwischen der Bundesregierung und den Mehrheitsfraktionen, in: ZParl 25
Schultze, Rainer-Olaf (1982): Politikverflechtung und konföderaler Föderalismus, in: Zeitschrift der Gesellschaft für Kanada-Studien 2
Schultze, Rainer-Olaf (1984): Entwicklungen des Föderalismus in Deutschland, Kanada, Australien: Wider den Fatalismus unbefragter Unitarisierungsannahmen, in: ZParl 15
Schultze, Rainer-Olaf (1992): Föderalismus, in: Die westlichen Länder (Lexikon der Politik, Band 3), hg. v. Manfred G. Schmidt
Schulz, Gerhard (1963): Zwischen Demokratie und Diktatur, Bd. 1
Schumpeter, Josef (1947): Capitalism, socialism and democracy
Schwarz, Hans-Peter (1981): Die Ära Adenauer: Gründerjahre der Republik; 1949-1957
Schwarz, Hans-Peter, Hg. (1991): Konrad Adenauers Regierungsstil
Seeliger, Rolf, Hg. (1982): Der Bundesrat als Blockadeinstrument der Union
Seibel, Wolfgang (1994): Das zentralistische Erbe, in: APuZ B 43-44/94, 3-13
Shonfield, Andrew (1965): Modern capitalism: the changing balance of public and private power
Smend, Rudolf (1916): Ungeschriebenes Verfassungsrecht im monarchischen Bundesstaat, in: Festgabe für O. Mayer zum 70. Geburtstag (hier zit. nach: Staatsrechtliche Abhandlungen, 2. Aufl., 1968)
Ständige Konferenz der Kultusminister der Länder in der Bundesrepublik, Hg. (1965): Zur kulturpolitischen Zusammenarbeit der Länder 1868 bis 1918. Dokumentation Nr. 16
Staff, Ilse (1973): Neue Perspektiven der Bildungsplanung, in: DÖV 26
Steffani, Winfried (1976): Zum Rederecht der Mitglieder des Bundesrates im Bundestag, in: ZParl 7
Steffani, Winfried (1983), Die Republik der Landesfürsten, in: Regierung, Bürokratie und Parlament in Preußen und Deutschland von 1848 bis zur Gegenwart, hg. v. G.A. Ritter
Steinmo, Sven, u.a., Hg. (1992), Structuring politics: historical institutionalism in comparative analysis
Stoltenberg, Gerhard (1965): Legislative und Finanzverfassung 1954/55. Parlamentarische Willensbildung in Bundestag, Bundesrat und Vermittlungsausschuß, in: VjHZG 13
Strom, Kaare (1984), Minority governments in parliamentary democracies, in: CPS 17
Strom, Kaare (1986), Deferred gratification and minority governments in Scandinavia, in: Legislative Studies Quarterly 11
Strom, Kaare (1990), Minority government and majority rule

Sturm, Roland (1999), Party competition and the federal system: the Lehmbruch hypothesis revisited, in: Recasting German federalism: the legacies of unification, hg. von Charlie Jeffery.
Thaysen, Uwe (1985): Mehrheitsfindung im Föderalismus: Thesen zum Konsensualismus in der westdeutschen Politik, in: APuZ B35/85
Thoma, Richard (1930): Das Staatsrecht des Reiches, in: Handbuch des Deutschen Staatsrechts, hg. v. G. Anschütz und R. Thoma
Treitschke, Heinrich von (1886): Historische und Politische Aufsätze. Zweiter Band: Die Einheitsbestrebungen zertheilter Völker
Triepel, Heinrich (1907): Unitarismus und Föderalismus im Deutschen Reich
Triepel, Heinrich (1938): Die Hegemonie
Tsebelis, George (1990): Nested games: rational choice in comparative politics
Varain, Heinz Josef (1964): Parteien und Verbände. Eine Studie über ihren Aufbau, ihre Verflechtung und ihr Wirken in Schleswig-Holstein 1945-1958
Veen, Hans Joachim (1973): Die CDU/CSU-Opposition im parlamentarischen Entscheidungsprozeß
Visser, Jelle/ Anton Hemerijck (1998):Ein holländisches Wunder? Reform des Sozialstaates und Beschäftigungswachstum in den Niederlanden.
Voigt, Rüdiger, Hg. (1995): Der kooperative Staat: Krisenbewältigung durch Verhandlung?
VomBrocke, Bernhard/Peter Krüger, Hg. (1994): Hochschulpolitik im Föderalismus: die Protokolle der Hochschulkonferenzen der deutschen Bundesstaaten und Österreichs 1898 bis 1918
Weber, Max (1964): Wirtschaft und Gesellschaft (hier zitiert nach der „Studienausgabe")
Wehler, Hans-Ulrich (1995): Deutsche Gesellschaftsgeschichte. Band 3
Weick, Karl E. (1985): Der Prozeß des Organisierens
Weller, Fritz (1967): Wirtschaftspolitik und föderativer Staatsaufbau in der Bundesrepublik Deutschland
Wengst, Udo, Hg. (1985): Auftakt zur Ära Adenauer
Wildenmann, Rudolf (1963): Macht und Konsens als Problem der Innen- und Außenpolitik
Witt, Peter Christian (1970): Die Finanzpolitik des Deutschen Reiches von 1903 bis 1913
Witt, Peter Christian (1992) Finanzen und Politik im Bundesstaat - Deutschland 1871-1933, in: Huhn, Jochen/Witt, Peter-Christian, Hg., Föderalismus in Deutschland
Zinn, Georg August (1969): Die Ministerpräsidentenkonferenz - ein Element bundesstaatlicher Kooperation, in: Festschrift für Adolf Arndt zum 65. Geburtstag
Zunker, Albrecht (1972): Finanzplanung und Bundeshaushalt
Zwehl, Konrad von (1983): Zum Verhältnis von Regierung und Reichstag im Kaiserreich (1871-1918), in: Regierung, Bürokratie und Parlament in Preußen und Deutschland von 1848 bis zur Gegenwart, hg. von G.A. Ritter

Sachregister

Agenda Setzer 27, 119, 143, 193, 198
Äquivalenzprinzip 61, 191
Arenen 11 f., 19, 27, 29, 32, 134-141, 162, 196
    Siehe Parteiensystem, Bundesstaat
Auftragsverwaltung 92, 94
bargaining 17, 26, 31, 67, 162, 199, 201
Begutachtungsverfahren 199
Bizone 41, 80
    Länderrat 80, 90, 102 f.
BLK
    Siehe Bund-Länder-Kommission für Bildungsplanung
Bundesergänzungszuweisungen 127, 132
bundesfreundliches Verhalten 62
Bundesrat
    Bundesrat (RV 1871) 31, 60, 63 f., 66, 68, 70-74, 78, 90 f., 94 f., 149
    Reichsrat (WRV 1919) 60, 68-71, 73-79, 89, 94, 99, 134, 147
    Bundesrat (GG 1949) 5, 10 f., 22, 27, 61, 64, 71, 77-82, 84 ff., 89-92, 94 ff., 98-100, 103, 118, 122, 126, 134, 136-149, 154, 157 ff., 161-166, 168 f., 171 f., 177 f., 179-185, 188-190, 198, 202 f.
Bundesratsausschüsse 46, 94, 96 f.
Bundesratsbank 63, 147
    Rederecht 147
Bundesratsklausel 163 f., 173, 175
Bundesratspräsident 42, 134 ff.
Bundesverfassungsgericht 91, 125, 127, 144, 160
bündischer Unitarismus Siehe Unitarismus
Bund-Länder-Kommission für Bildungsplanung (BLK) 10, 117, 126, 152, 154-157
Bürokratie 15, 18, 31, 59, 63, 65, 67, 78, 86, 94, 96, 108 f., 110 f., 198
    Länderbürokratien 64, 68, 79, 92, 95-97, 110
check and balances 145
DDR 49, 52, 112, 127, 130 f.

Föderalisierung 128
Dezentralisierung 20, 108, 125-128, 203
distributive Politik 151, 153 f.
Dotationswirtschaft 93, 118, 122
Einheitlichkeit der Lebensverhältnisse 65, 104, 108, 111, 115, 124, 129, 191
Einspruch (WRV 1919) 60, 68 f., 71, 73, 195
Einspruchsgesetze 71, 97, 146, 163 f., 174
Finanzausgleich 61, 92, 101, 122, 124-127, 129-132 f., 136, 139, 142, 158, 160 f., 166, 175 f., 180, 191
Finanzplanungsrat 117, 119, 121 f., 149, 151, 155, 157
Flügelparteien und Scharnierparteien 50 f., 53 f., 81 f., 169, 196
Föderalismus 11 f., 19, 24 f., 27 f., 30, 59-64, 70, 74, 78, 82, 89, 91 f., 98, 104, 107, 112, 114, 128 f., 150, 179, 186 f., 192 ff., 198, 202
    dualer (separativer) Föderalismus 59 f., 125
    Konkurrenzföderalismus 185 f., 189 ff.,
    kooperativer Föderalismus 10, 60 f., 203
    Verbundföderalismus 26, 30, 162, 179, 190 f.
Fonds Deutsche Einheit 130, 132, 166
Fraktionsdisziplin, Fraktionsmanagement 56
Franckensteinsche Klausel 61 f., 114
Gefälle zwischen finanzstarken und finanzschwachen Ländern 124, 191
Gemeinschaftsaufgaben 116 ff., 120, 122, 125 f., 150 f., 154, 158, 203
    Planungsausschüsse 117 f., 122, 150, 152
    Agrarstrukturverbesserung 93, 117, 120 f., 150
    Bildungsplanung Siehe Bund-Länder-Kommission für Bildungsplanung
    Hochschulbau 117, 120, 125, 151

Sachregister

regionale Wirtschaftsförderung 93, 117, 120 f., 150
Gesetzgebungsnotstand 81, 146
Gleichgewichtigkeit der Länder 63, 74, 97, 134
Gleichschaltung der Länder 29, 85, 135, 139 f., 175
Globalsteuerung 115, 126, 149
Handlungslogik 11 f., 14, 17 f., 19 ff., 27 f., 30, 184, 196, 204
Informalisierung der Regierungspraxis 55-58, 64, 148 f., 158-162, 170, 173
Inkongruenz *Siehe* Kongruenz
Institutionen 28, 180, 183
 institutionelle Anreize 17 f.
integrierter Planungsverbund 116, 123, 203
Interessenausgleich *Siehe* bargaining
itio in partes 25, 84, 136, 162
Kanzlergespräche 171,
Karrieremuster 86 f., 141
Keynesianismus 50, 113 ff., 118, 123 f., 158
Koalitionen und Koalitionsmanagement 10, 11, 17, 20 ff., 29, 36-40, 42-50, 53, 55-58, 75, 79, 81, 135 f., 159, 164, 168, 170, 173 ff., 195, 197 f.
 minimum winning coalition 40 f.
Kongruenz und Inkongruenz von Handlungslogiken 11, 19, 30, 89, 141, 183 f.
Konjunkturrat 118, 120, 149
Konkordanzdemokratie 17, 24, 32, 201 *Siehe* Regelsysteme, Verhandlungsdemokratie
Konkurrenzdemokratie 18, 19-23, 25 f., 28, 30, 41, 123, 134, 186, 196 *Siehe auch* Parteienwettbewerb
konkurrierende Gesetzgebung 189 f., 193
Konzentrationsbewegung *Siehe* Parteiensystem
konzertierte Aktion 17, 114, 116
Koordinierung 11, 96, 101, 111, 113-15, 118, 123, 149, 155, 195
 horizontale (Selbst-)Koordinierung 70, 98, 100-103, 109, 116 f., 202
 vertikale (Bund-Länder-)Koordinierung 93 f., 99, 103, 111, 114, 116 f., 196, 202
 informelle Koordinierung 10, 158-162, 162-172, 195

Kopplung, enge und lose 29, 54, 58 f., 175, 182, 184, 187, 192, 194 f., 198
Korporatismus und Korporatismustheorie 24, 28, 32, 115 f., 171 f., 174 f., 178
Länderbevollmächtigte 64 f., 84, 95 f., 147
Länderministerkonferenzen 64, 84, 94 f., 101 ff., 104, 117, 150, 172
 Finanzministerkonferenz 64, 69, 99, 101 f., 132, 152, 154, 156, 172
 Kultusministerkonferenz 99-102, 117, 154
Länderneugliederung 122, 124, 128 f., 192
Länderrat *Siehe* Bizone
Lernprozesse, kollektive 10, 12, 17 f., 23 f., 26, 38, 41, 43, 46 f., 55, 109, 134, 159, 170, 173, 200
Matrikularbeiträge 61 f.
Mehrheitsentscheidungen, Mehrheitsprinzip 15 ff., 19 f., 24, 34, 42, 97
Minderheitsregierung 48 f., 81, 146, 197 f.
 Magdeburger Modell 53, 197
minimum winning coalition *Siehe* Koalitionen
Ministerkonferenzen *Siehe* Länderministerkonferenzen
Ministerpräsidentenkonferenz 42, 69, 77, 84 f., 94, 101 f., 115, 136, 155
Mischverwaltung 93 f.
Obstruktion 142, 203
Opposition 16, 21, 36, 41-45, 50, 52 f., 55, 82, 86 f., 136 ff., 146 ff., 150, 163 f., 165, 171, 189
Oppositionsfilter 38, 50
Parlamentarischer Rat (1949) 64, 78 f., 81 f., 89, 91, 94, 97, 114, 145 f., 187, 191
Parlamentarisierung, parlamentarisches Regierungssystem 11 f., 27, 32, 35 ff., 57, 67, 70, 74 ff., 82, 89, 145, 148 f., 179, 181, 202
Parlamentarismus 16, 31, 34 f., 43, 47, 53, 67 f., 135, 148, 202
Parlamentarismus, rationalisierter 57
Parteiensystem 9, 11 f., 14, 16-21, 27, 31-34, 36-44, 46, 48 f., 53 f., 58 ff., 67, 75, 82, 90, 141, 147, 163, 165, 170, 173, 178, 181 f., 184 ff., 193-196, 198 f., 201
 Konzentrationsbewegung 37-45, 48, 89, 140, 201

Parteienwettbewerb 10 f., 13, 15 ff., 18-22, 24, 28 f., 32, 35, 38, 40-43, 45, 50, 59, 74 f., 79 f.82, 113, 123, 129, 135, 139, 141, 144 f., 147, 149, 162, 167 f., 172, 179-182, 194, 196, 200 f.
    bipolarer   20, 43, 45, 179, 183 f., 194, 201
Pfadabhängigkeit   12, 191
Pluralismus, segmentierter   32, 34 ff.
Polarisierung   20, 30, 37 f., 41, 52, 54, 75, 79 f., 82, 96, 134 f., 137, 149 f., 154, 168, 175, 177 f., 201
Politikverflechtung   112-123, 125, 152, 156, 162, 179, 193, 203
Politische Kultur Siehe Regelsysteme
Preußen   36, 63-66, 68-73, 75, 89, 99, 105, 108, 124, 128, 136, 192
    Hegemonie 63, 65 f., 68 ff., 71, 75 f., 90, 97, 99, 134
    Dualismus Preußen-Reich   69-71, 73 f., 76
    Abgeordnetenhaus   66
Problemlösung (problem solving)   26, 29, 98, 162, 194, 199
Proporz   17, 34 ff., 41, 65, 80, 188, 197
Prozeßpolitik Siehe Systempolitik
Rechtsverordnungen   60, 91, 118
redistributive Politik   152 f.
Referendumsdemokratie   68 f., 194
Regelsysteme   11, 13, 15 ff., 18 f., 24, 28, 30 ff., 34 f., 54, 134, 139 f., 162, 183, 201
regulative Politik   153 f.
Reichsreform   69, 74
Ressourcenabhängigkeit, wechselseitige   62, 114
Rückholklausel   190
Scharnierpartei   50 f., 75, 82, 168
    Siehe auch Flügelparteien
Schweiz   17 f., 25, 27, 30, 32, 59, 99, 105 f., 110, 188, 192
    Vollzugsföderalismus   107
Selbstkoordinierung   70, 94, 96, 98 ff., 102 f., 109, 116 f., 202
Senatsprinzip   68, 77 f., 188
Sonderweg, deutscher   31 f., 202
Spiele, strategische   28, 40, 196
Steuerreform   5, 61, 142, 158, 160 f., 167 f., 170, 179 f., 186, 190, 193, 196, 198

Steuertrennung Siehe Trennsystem
Steuerverbund   61, 91 f., 114, 188, 190, 192 f.
Strategie, Strategierepertoire   12, 18, 27 f., 89, 178, 199
System- (oder Prozeß-)politik   113, 115 f., 118, 120 ff., 149, 203
Trennsystem, finanzwirtschaftliches   61, 91, 116, 190
Treuhandanstalt   131
übereinstimmende Bundesratsbeschlüsse   99
Unitarisierung   59 f., 62 f., 68, 89-99, 103-112, 116 f., 157, 189 f., 192, 203
Unitarismus, bündischer   63, 65, 89-98
USA   20, 30, 46, 59, 67, 105 ff., 110 f., 113, 145, 188, 191 f.
Verbundföderalismus Siehe Föderalismus
Verbundsteuern Siehe Steuerverbund
Vereinigung, deutsche   49, 52-54, 101, 112, 126, 127-133, 162, 165, 171, 176, 180, 188
Verfassung (Deutschland)
    Reichsverfassung 1871   12, 31, 60-63, 66, 98, 147, 202
    Weimarer Verfassung   36, 60, 68 f., 74, 76, 147, 195
    Verfassungsreform (1993)   126, 190
Verhandlungsdemokratie   17 ff., 24-28, 30, 32, 123, 182, 186, 200
Verhandlungssysteme   19, 24-27, 28 f., 31-37, 116, 162, 167, 196
Vermittlungsausschuß   79, 84, 143 f., 160, 163 f., 172 f., 185
    conference committees   79, 172
vertikale Fachbrüderschaften   126, 154
Verwerfung, strukturelle   10-13, 27, 178, 184
vorparlamentarische Kommissionen   199
Westminster-Modell   20 f., 32, 41, 54, 59, 177, 181, 196
Zentralisierung   59, 68, 89, 92, 98 f., 106, 115 ff., 121 f., 125, 130, 132, 190, 195
Zustimmungsgesetze   60 f., 79, 91 f., 104, 114, 118, 134, 143 ff., 146, 154, 163, 167, 170, 173 f., 178, 185, 188, 193

ZUM THEMA

Udo Kempf
Von de Gaulle bis Chirac
Das politische System Frankreichs
3., neubearb. und erw. Aufl. 1997. 432 S. Br. DM 58,00
ISBN 3-531-12973-2

„(...) Es ist eine reichhaltige Quelle von Daten über Frankreich und erlaubt vor allem einen qualifizierten Über- und Einblick in das Wesen und die Funktionsweise des Landes und seiner Gesellschaft. (...)"
Dokumente, 3/99

Klaus von Beyme
**Das politische System
der Bundesrepublik Deutschland**
Eine Einführung
9., neu bearb. und aktual. Aufl. 1999. 475 S. Br. DM 28,00
ISBN 3-531-13426-4

Der seit vielen Jahren in Lehre und Studium bewährte Band ist vor allem dem schwierigen Prozess der deutschen Einigung gewidmet. Außen- und innenpolitische Hindernisse des Prozesses werden dargestellt. Die Schwierigkeiten des Zusammenwachsens von Ost- und Westdeutschland werden mit der Analyse der Institutionen – Parteien, Bundestag, Regierung, Verwaltung, Verfassungsgerichtsbarkeit und Föderalismus – und der politischen Prozesse – Wahlverhalten, Legitimierung des Systems, Durchsetzung organisierter Interessen und Führungsauslese – verknüpft.

Eberhard Schneider
Das politische System der Russischen Föderation
Eine Einführung
1999. 330 S. mit 6 Abb. und 11 Tab. wv studium, Bd. 187. Br. DM 36,00
ISBN 3-531-22187-6

Die Transformation ist in Russland auf der föderalen Ebene durch die Annahme einer neuen Verfassung, die sich zu den Menschenrechten, zur Gewaltenteilung sowie zum Parteienpluralismus bekennt, und die Etablierung der zentralen staatlichen Organe Präsident, Parlament (Staatsduma und Föderationsrat), Regierung sowie Judikative formal abgeschlossen. Auf der mittleren Ebene hat sich noch kein eigentliches Parteiensystem entwickelt. Das Verhältnis der Zentrale zu den Regionen ist weiterhin problematisch.

Politische Systeme

www.westdeutschervlg.de

Abraham-Lincoln-Str. 46
65189 Wiesbaden
Tel. 06 11. 78 78 - 285
Fax. 06 11. 78 78 - 400

Erhältlich im Buchhandel oder beim Verlag.
Änderungen vorbehalten. Stand: April 2000.

Westdeutscher Verlag

AUS DEM PROGRAMM

Politikwissenschaft

Oscar W. Gabriel, Oskar Niedermayer, Richard Stöss (Hrsg.)
Parteiendemokratie in Deutschland
1997. 575 S. Br. DM 58,00
ISBN 3-531-13060-9

Dieser Band liefert eine umfassende Bestandsaufnahme der Parteiendemokratie in Deutschland. Er beschäftigt sich auf breiter Grundlage sowohl mit der strukturellen als auch mit der funktionalen Dimension von Parteiendemokratie, analysiert also auf der einen Seite inner- und zwischenparteiliche Strukturen sowie deren Bestimmungsfaktoren und auf der anderen Seite die Funktionen der Parteien und deren Erfüllung.

Thomas Ellwein, Everhard Holtmann (Hrsg.)
50 Jahre Bundesrepublik Deutschland
Rahmenbedingungen - Entwicklungen - Perspektiven
1999. 665 S. Politische Vierteljahresschrift, Bd. 30/1999. Br. DM 98,00
ISBN 3-531-13182-6

Der Band umfasst mehr als 40 Einzelbeiträge, die, in der Form knapper wissenschaftlicher Essays, in insgesamt 6 Abschnitten zusammengefasst werden: Entwicklungsgeschichte der Bundesrepublik und der DDR, Verfassung und Verfassungswandel, Kontinuität und Veränderung der öffentlichen Aufgaben, Die Gebietskörperschaften und ihre Verflechtung, Institutionen und Verfahren der Politik, Akzeptanz und Erneuerung.

Klaus von Beyme
Die parlamentarische Demokratie
Entstehung und Funktionsweise 1789 - 1999
3., völlig neubearb. Aufl. 1999. 557 S. mit 40 Tab. Br. DM 118,00
ISBN 3-531-13319-5

In dieser Untersuchung zeichnet von Beyme systematisch die historische Entwicklung des parlamentarischen Systems seit der französischen Revolution nach. Was im 19. Jahrhundert „Demokratisierung" genannt wird, ist - so die These des Buches - allenfalls Parlamentarisierung. Die Demokratisierung setzte umfassend erst um 1918 ein und hat schon konsolidierte parlamentarische Systeme in eine schwere Krise gestürzt. Erst in der zweiten (1945 ff), in der dritten (1970er Jahre in Südeuropa) und in der vierten Welle der Demokratisierung (1989 ff) in Osteuropa kam es zu einer erneuten Konsolidierung des parlamentarischen Systems.

www.westdeutschervlg.de

Erhältlich im Buchhandel oder beim Verlag.
Änderungen vorbehalten. Stand: April 2000.

Abraham-Lincoln-Str. 46
65189 Wiesbaden
Tel. 06 11. 78 78 - 285
Fax. 06 11. 78 78 - 400

MIX
Papier aus verantwortungsvollen Quellen
Paper from responsible sources
FSC® C105338

If you have any concerns about our products,
you can contact us on
ProductSafety@springernature.com

In case Publisher is established outside the EU,
the EU authorized representative is:
**Springer Nature Customer Service Center GmbH
Europaplatz 3, 69115 Heidelberg, Germany**

Printed by Libri Plureos GmbH
in Hamburg, Germany